# 大学体育新教程

黄 麒 张广俊 刘 亮 主编

苏州大学出版社

**图书在版编目（CIP）数据**

大学体育新教程 / 黄麒，张广俊，刘亮主编. —苏州：苏州大学出版社，2022. 8
ISBN 978-7-5672-3983-8

Ⅰ. ①大… Ⅱ. ①黄… ②张… ③刘… Ⅲ. ①体育-高等学校-教材 Ⅳ. ①G807. 4

中国版本图书馆 CIP 数据核字（2022）第 110602 号

**书　　名**：大学体育新教程

**主　　编**：黄　麒　张广俊　刘　亮
**责任编辑**：周建兰
**助理编辑**：施　然
**装帧设计**：刘　俊

**出版发行**：苏州大学出版社（Soochow University Press）
**社　　址**：苏州市十梓街 1 号　**邮编**：215006
**印　　刷**：苏州市深广印刷有限公司
**邮购热线**：0512-67480030
**销售热线**：0512-67481020

**开　　本**：787 mm×1 092 mm　1/16　**印张**：18　**字数**：416 千
**版　　次**：2022 年 8 月第 1 版
**印　　次**：2022 年 8 月第 1 次印刷
**书　　号**：ISBN 978-7-5672-3983-8
**定　　价**：49. 00 元


苏州大学出版社营销部　电话：0512-67481020
苏州大学出版社网址　http://www. sudapress. com
苏州大学出版社邮箱　sdcbs@ suda. edu. cn

# 前言

习近平总书记指出，要努力构建德智体美劳全面培养的教育体系，形成更高水平的人才培养体系。这是高校坚持社会主义办学方向、落实立德树人根本任务的关键所在。构建德智体美劳全面培养的教育体系，必须把德智体美劳作为一个整体予以考虑，并揭示德智体美劳“五育”之间的内在联系与相互融合、相互促进的发展逻辑。体育教育是教育体系的重要组成部分。高等学校的体育教育是学生接受体育教学的最后阶段，也是学校体育向社会体育过渡的阶段，更是建设社会主义精神文明和促进学生全面发展的关键阶段。大学体育是以习近平新时代中国特色社会主义思想作为引领，以身体运动实践为主体的教育活动，是学校文化的重要组成部分。大学体育是集大学生体育技能、身体素质、心理健康、道德情操、文化素养提升于一体的教育过程，对于培养德智体美劳全面发展的社会主义建设者和接班人具有重要意义。因此，大学体育要“学知识”“练技能”“强体质”“铸精神”，全面贯彻执行党的教育方针，落实教育部、国家体育总局颁布的《全国普通高校体育课程教学指导纲要》《国家学生体质健康标准》等的要求，强化立德树人、健康第一的理念，增强学生的体质，培养学生的终身体育意识，注重发展学生个性心理素质，促进学生德智体美劳诸方面全面发展，使学生成为德才兼备、体魄强健的社会主义事业的接班人。

为了更好地提高教学质量和加强体育课程的建设，根据学校生源的特点和国家及学校关于大学体育建设的政策精神要求，在认真总结多年的体育教学实践和同类型高校的体育教学经验后，我们组织多位专家和优秀的一线体育教育工作者，以体育课程建设和体育技能习得的客观规律为基础，结合本校的体育教学实践经验和现代大学生的体育爱好需求，编写了这本《大学体育新教程》。

本书各章的编写任务安排如下：1. 理论部分。第一章由张广俊编写，第二章由张凯编写，第三章由张广俊编写，第四章由黄麒编写。2. 实践部分。第五章由易鑫编写，第六章由张广俊编写，第七章由黄麒编写，第八章由马建桥编写，第九章由黄麒编写，第十章由张凯编写，第十一章由王靖编写，第十二章由周万辉编写，第十三章由张元萍编写，第十四章由张元萍编写，第十五章由程颖编写，第十六章由程颖编写，第十七章由易鑫编写，第十八章由马建桥编写。

本教材的整体编排工作由刘亮老师进行全程指导。全书的原始教学演示图由各章节的编写老师负责收集、汇总、编排，由马建桥老师统一进行优化绘制。由于编写时间较为仓促及编者水平有限，对于教材中存在的问题与不足，敬请广大读者批评指正。

编　者

2022 年 5 月于苏州

# Contents 目录

## 理论部分



## 实践部分

# 理论部分

# 第一章 大学体育

现代体育包括学校体育、竞技体育和群众体育三个基本方面。学校体育是全面发展学生的身体，增强学生的体质，传授体育知识、技能，提高学生的运动技术水平，培养学生的道德和意志品质的有目的、有计划、有组织的教育过程。大学体育隶属我国学校体育的范畴，主要指非体育专业大学生在大学期间所接受的学校体育教育。根据“健康第一”的指导思想和终身体育的要求及《国家学生体质健康标准》《“健康中国 2030”规划纲要》，其含义是传授体育文化与体育运动技能，增强学生体质，提高学生身心健康水平，增强学生适应社会竞争能力的有目的、有计划、有组织的教育过程。

## 第一节 体育的概念

### 一、体育的定义

“体育”一词，据资料记载，最早是由法国人于 1760 年在法国的报刊上论述儿童身体教育问题时首先启用的［Education Physique（法）］。现在国际上普遍用“Physical Education”泛指“体育”。它的本意是指以身体活动为手段的教育，直译为身体的教育。

19 世纪中叶，德国和瑞典的体操传入我国，随后清政府在兴办的洋学堂中设置了体操科。大约在 1902 年，“体育”这一术语由日本留学生传入我国。随着西方文化不断涌入我国，学校体育的内容从单一的体操向多元化发展，课堂上出现了篮球、田径、足球等项目。许多有识之士提出不能把学校体育课称为体操科了，必须理清概念层次。1923 年，《中小学课程纲要草案》正式把体操科改为体育课。从此，“体育”一词成了学校中身体教育的专门术语。

“体育”一词在含义上也有一个演化过程。它刚传入我国时，是指身体的教育，作为教育的一部分出现，是一种与维持和发展身体的各种活动有关联的教育过程，与国际上理解的“体育”（Physical Education）是一致的。随着社会的进步和体育事业的不断发展，其目的和内容都大大超出了原来“体育”的范畴，体育的概念也出现了“广义”和“狭义”的解释。广义的体育是指体育运动，其中包括体育教育、竞技运动和身体锻炼三个方面；狭义的体育是指体育教育。近年来，不少学者对“体育”的概念提出了一些解释，但比较趋于一致的解释为：体育是一种以身体活动为媒介，以谋求个体身心健康、全面发展为直接目的，并以培养完善的社会公民为终极目标的社会文化现象或教育过程。体育的这一定义既说明了它的本质属性，又指明了它的归属范畴，同时也把自身从与其邻近或相似的社会现象中区别出来。但是，体育的概念并非一成不变的，随着社会的发展和进步，对体育的认识也将有所发展。

### 二、体育的起源与发展

体育作为人类文化的重要组成部分是随着人类社会的发展而逐渐形成和发展起来的。据史学家和考古学家的研究，人类早在原始时代就把走、跑、跳跃、投掷、攀登、爬越等作为最基本的生产劳动和日常生活的技能、本领传授给下一代。这是人类教学的萌芽，也是体育活动的萌芽。体育的发展与教育、军事、科学技术的发展，以及人们的宗教活动、休闲娱乐活动有着密切的关系。必须指出的是，体育在其整个历史发展过程中，受一定的政治、经济制约，并为一定的政治、经济服务。体育的发展大致经过了三个时期：原始的体育萌芽时期，自觉从事体育时期，形成与完善体育制度时期。经过这三个时期，现代体育体系逐步形成。

## 第二节 学校体育的地位与功能

### 一、学校体育的地位

学校体育是学校教育的重要组成部分，它与德育、智育紧密结合，肩负着为社会培养德智体美劳全面发展人才的历史使命。学校体育是全民健身的重点，是终身体育和竞技体育的基础，是发展我国体育事业的战略重点。

#### （一）学校体育与全面发展教育

全面发展教育，是指为促进受教育者的全面发展而实施的德育、智育、体育等多方面的教育。学校体育是全面发展教育的重要组成部分。学校体育在全面发展教育中的地位是由学校体育的功能及社会发展对学校体育的要求所决定的。学校体育既是学校教育的重要内容，也是学校教育的重要手段。

中共中央、国务院发布的《中国教育改革和发展纲要》（以下简称《纲要》）是指导我国20世纪80年代乃至21世纪初教育改革和发展的纲领性文献。《纲要》明确提出了教育必须为社会主义现代化建设服务，必须与生产劳动相结合，培养德智体美劳全面发展的建设者和接班人的教育方针，确立了体育在全面发展教育中的地位，赋予了学校体育新的使命，并给学校体育的改革和发展指明了方向。

##### 1. 学校体育与德育

学校体育不仅可以健身，而且可以育德。在体育课的教学中和课外体育活动中，学生共同协作、相互竞争的机会比其他课程多，容易暴露思想、行为方面的问题，因此，体育具有培养品质的较好条件。特别在爱国主义、集体主义、服从组织、遵守纪律、诚实勇敢、勤劳、坚毅、机智和进取心等品质的培养上，体育可以发挥较大的作用。

2. 学校体育与智育

学校体育能为智力开发提供良好的物质基础，是一种增强智力的手段。人的智力发展是建立在大脑这个物质基础之上的。研究证明，一个人的智力水平与其大脑的物质结构和功能状况有确切关系。坚持体育锻炼，能保证大脑能源物质与氧气的充足供应，促进大脑神经细胞发育，有利于提高大脑皮层细胞活动的强度，增强均衡性、灵活性及分析综合能力，为智力发展创造良好的生理条件。有的科学家认为，从一个人脑细胞的反应速度就可以看出他思考的速度和智力。许多体育活动不仅是体力活动，也是智力活动，如人们在游戏或篮球比赛中，表现良好体力的同时，又有着高度的智力表现，既斗力，又斗智。参加体育锻炼，还可以培养学生敏锐的感知能力、全面的观察能力、良好的记忆力、灵活的思维力、丰富的想象力等，能使学生头脑清醒、精力充沛，提高学习效率。

3. 学校体育与美育

马克思说："有健全的身体，才有健全的精神。"这是说人的精神与身体的不可分割性。身体美显著的特点是生命美、活力美、能动性美，这些又是精神美的体现。学校体育是对学生实施美育的有效途径。体育活动可以使学生身体各部分的骨骼和肌肉都得到均衡、协调的发展，培养学生的形体美、动作美、姿态美、仪态美、心灵美，增强学生感受美、鉴赏美、表现美、创造美的能力。

总之，学校体育与德育、智育、美育等紧密结合，相互促进，相辅相成，对促进学生全面发展具有重要的作用。

（二）学校体育与全民健身

随着全民健身计划的发布与落实，经常参加体育活动的人数已有所增长，人民体质明显增强，群众参加体育活动的时间逐渐延长、体育消费额等逐步加大，群众体育健身活动的环境和条件有较大的改善。

1. 学校体育在全民健身中的地位和意义

学校体育对增强民族体质、提高民族素质具有重要意义。当前，世界正处在激烈的国际竞争和新技术革命的挑战时代。世界范围的经济竞争、综合国力竞争，实质上是科学技术和民族素质的竞争。《纲要》提出身体素质是民族素质的组成部分，民族体质的强弱，民族素质的优劣，关系到一个民族、一个国家的兴衰存亡。青少年的体质水平是一个民族素质水平的象征和标志。他们在学校期间，正处在长身体的关键时期。体育锻炼是影响学生身体生长发育的重要而积极的因素。因此，抓好学校体育工作，引导学生积极地参加体育锻炼，不仅能促进他们身体的正常生长发育，增强他们的体质，而且能培养他们对体育的兴趣、习惯，发展他们的运动能力，为他们终身从事体育锻炼、维护自身健康打下良好的基础。

抓好学校体育，对扩大我国体育人口、促进体育社会化具有积极的作用。学校体育人口是我国体育人口的重要组成部分。抓好学校体育，使学生受到良好的体育教育，对推动我国体育的普及，促进全民健身运动的开展，扩大体育人口，加速体育社会化的进程，都具有积极的作用。

2. 学校体育与终身体育

什么是终身体育？目前说法不一。一般认为终身体育是指人们在一生中所进行的身体锻炼和所受到的各种体育教育的总和。一个人出生后，接受的正规和非正规的体育教育分为若干教育阶段和多种方式，如学前体育、学校体育、社会体育。因此，我们可以认为社会成员从生到死都要受到连续的有系统的体育教育。

终身体育是在现代终身教育思想的影响下形成的。20 世纪 60 年代，法国著名成人教育家保罗·朗格朗提出终身教育思想。他认为教育应该是每个人从生到死的持续过程。这一思想已成为一种有影响的国际教育思潮。终身体育是终身教育的一个组成部分。20 世纪下半叶以来，社会革命和科学技术革命大大地改变了社会的生产方式和人们的生活方式。一方面，现代社会对人体的质量要求，以及人们对健康、文明、愉快的休闲生活的要求越来越高；另一方面，现代文明给人体的健康带来了某些不良的影响。为了适应高速度、高强度、快节奏的工作和现代文明对人体提出的挑战，终身体育应运而生。顾名思义，终身体育不能只局限于学校体育，而要经历学前体育、学校体育和社会体育的连续过程。社会的每个成员都要接受学校教育，而学校阶段体育是终身体育的关键环节，也是终身体育的基础。这主要表现在以下两个方面：

首先，学校体育要为终身体育打好体质基础。在学校学习的学生，他们正处在身心发展的关键时期。遵循学生身心发展规律，施以良好的体育教育，能有效地促进学生身体形态、机能与素质的正常发展，增进学生的健康，增强学生的体质，既有利于学生在校期间的健康成长，使之精力充沛地投入学习，也可以为学生走上社会后的学习、工作、生活和从事终身体育打下坚实的体质基础。

其次，学校体育要培养学生终身体育的意识、习惯和能力。学校体育是一个有目的、有计划的体育教育过程。在这个教育过程中，学生学习、掌握系统的体育科学知识与技能及科学锻炼身体的原理与方法。一方面，学校体育可以促进学生身体健康，增强体质；另一方面，可以培养学生终身体育的意识、习惯和能力。终身体育的意识一般可理解为对终身体育的认识。只有认识了终身体育的价值，锻炼身体才能成为自觉的行动。终身体育的习惯一般可以理解为在认识的前提下，坚持体育锻炼而形成对体育锻炼的兴趣，进而形成习惯。终身体育的能力可以理解为从事终身体育的本领。有了体育锻炼能力，才能更好地从事终身体育。锻炼能力主要包括自学、自练、自评、创造能力等。自学能力是指学生掌握体育知识与技能的本领；自练和自评能力一般是指学生在体育锻炼中根据自身情况及实际条件，对体育锻炼的内容进行选择、组织，以及对生理负荷调控和对效果评定等的本领；创造能力一般是指学生创造性运用已掌握的体育知识与技能的本领。这些能力互相联系构成了终身体育能力的整体。学生对这种能力的掌握与运用能使自身终身受益。

（三）学校体育与健康教育

世界卫生组织（WHO）在其宪章中对健康做出的定义是：健康不仅仅是没有疾病或不虚弱，而是身体的、精神的健康和社会适应良好的总称。这使健康概念大大超出了疾病的范围，把人体的健康与生物的、心理的和社会的关系紧密地联系起来。健康教育的目的是改善、维持和促进个体及社会的健康状况。

健康教育是以传授健康知识、建立卫生行为、改善环境为核心内容的教育，即通过有计划、有组织、有系统的教育活动，促使人们自愿地进行有利于健康的行为，消除或降低危险因素，降低发病率、伤残率和死亡率，提高生活质量，并对教育效果做出评价。学校健康教育的任务是使学生从小养成良好的生活习惯和行为模式，达到最佳的健康状态。学校体育的主要目标也是通过体育活动增进学生的健康，增强学生的体质。因此，学校体育教育和健康教育，在增进学生的健康方面是相一致的。它们通过各自的侧重点（学校体育通过积极主动的身体活动来锻炼身体、增强体质；学校健康教育以良好的行为习惯和个体自我保健能力的培养作为重点）来共同完成增进学生健康、增强学生体质的任务。学校体育也只有与学校健康教育相结合，才能更好地实现学校体育的目标。

（四）学校体育与竞技运动

学校体育对培养体育人才、提高竞技运动水平具有重要意义。国内外许多高水平的优秀运动员，都是通过在学校长期、系统的训练培养出来的。因此，学校体育是培养体育后备人才的摇篮。

## 二、学校体育的功能

学校体育的功能是指学校体育所发挥的有利作用或效能。

（一）学校体育的本质功能

强身健体是学校体育最主要的本质功能。

学校体育的健身功能主要表现在：增强大脑的工作能力，促进人的生长发育，增强人体功能，调节人的心理，增强人的适应能力。

（二）学校体育的一般功能

随着社会的发展和对学校体育认识的不断深化，对学校体育的认识也从单一的生物功能逐渐向多元功能即生物的、心理的、社会的功能等转化。学校体育的功能被不断地认识与开发。

1. 教养功能

所谓教养，是指使受教育者掌握一定的科学概念和规律，并有相应的实践能力，包括知识、技能和技巧。体育的教育作用就是使受教育者懂得有关体育的知识，掌握体育运动的技术和技能。

2. 教育功能

所谓教育，是指使受教育者按一定的目的形成特定的个性品质，包括世界观、政治思想、道德品质、情操、美感等。学校体育中的教育功能表现为通过体育活动对学生进行思想教育、意志品质与道德作风的培养。

3. 促进个体社会化功能

个体社会化即人的社会化。社会化是一个人学习他所属的社会中的人们必须掌握的生活技能、行为规范和价值体系，以取得社会生活适应性的过程，也指一个人由生物的人变成社会的人的过程。人刚出生时，只是一个生物的人，要成长为一个社会的人，一个被社会或群体需要的人，就得学习社会或群体的规范，知道社会或群体对他的期待，从而逐步具备作为这一社会或群体的成员所应具备的知识、技能、态度情感和行为。在人的社会化过程中体育活动有着非常重要的作用。不论作为内容还是作为手段，体育运动都是不可缺少的。美国社会心理学家海兰考曾提出："如果把体育运动忽然从世界上和人们的意识中消灭掉（这当然是不可能的），只要人的社会化过程不变，体育运动很快还会诞生，也许还会再造出形式与现在完全一样的体育运动。"

人刚出生时，在生理上几乎完全不能自理，适应环境的能力也很差，连最简单的坐、立、走都不会。人的基本技能都是靠后天学习获得的。体育运动是人们获得基本活动技能的重要途径。儿童在游戏中学会走、跑、跳、攀爬、搬运等最基本的生活技能，增强他们的基本活动能力。同时儿童在游戏中通过模拟成人的各种活动，模仿各种社会角色的动作和行为，学会适应社会生活。各级学校中的学生在法定的体育课和课外体育活动中，进一步增强了自身的身体活动能力，掌握了更多的基本技能，包括基本生活技能和劳动技能。

学校体育本身是一个有章可循、有一定约束力的社会活动，又是在教师的直接组织和教育下进行的，对培养学生遵守社会生活准则有一定的帮助。在学校体育中，由于场地大、活动多，班级与班级之间、小组与小组之间、个人与个人之间交往频繁，这不仅增强了师生间的联系，也使学生之间的交往增多。同时，在体育活动中学生所扮演的角色经常发生变化，使人际关系更趋复杂，这些均有利于培养学生处理人际关系的能力。

4. 美育功能

体育和美育都是整个教育的一部分，都是培养全面发展的人的有机组成部分。由于美育只能潜移默化地借助某些媒介来实施，而艺术又是审美意识的集中表现体，长期以来，许多人将美育与艺术教育等同起来，忽略了在其他领域内进行美育的尝试。近代著名教育家蔡元培先生曾提出"凡是学校设有的课程都与美育有关"的论断。在体育与美育密切相关的教育思想和"健、力、美"高度统一的现代体育标志被公认的今天，我们完全可以理直气壮地说体育教学具有实施美育的有利条件和可能。

体育教学有别于其他学科的教学的一个明显的特点是，体育课不仅需要有教师的讲解，而且需要有示范，需要用具体的技术动作形象揭示知识，从而引发学生的学习动机，使学生通过活的形象、动的画面去理解知识，并以此为媒介产生求新的种种渴望。一方面，教师可以充分利用语言这一工具以其圆润悦耳的声调、充实饱满的音量、抑扬顿挫的节奏、直观生动的讲解，再配以优美、准确、舒展、大方的技术示范等自成系列、独具一格的教学环节，把教学内容活灵活现地呈现在学生面前，让学生去感知、去体味、去理解；另一方面，教师可以以形象直观的讲解和示范，充分向学生展示体育教学所特有的语言美、人体美、和谐美、技术美、动静美，让学生去欣赏、去想象、去体验，这样可以使学生在感知知识、技术和能力的同时，获得感性认识，产生羡慕、欣赏、对比、向往、实践的感知意向，产生审美情趣，直至产生积极的跃跃欲试的心理需求。从美育的目的看，审美教育始终离不开感性的形象，而体育教学恰恰具备这一优势。需要特别强调的是，体育教学过程中突出的形象性更符合学生的心理特点和审美需求，因此，也就更容易为他们所自觉接受。

5. 促进学生个性全面发展功能

我们正生活在一个现代化新时代中。这个时代不仅强烈地呼唤着人类要以自身鲜明的个性适应时代、改造时代、创造时代，而且更希望人类以自身良好积极的个性，走向健康、和谐的未来。然而，良好、积极的个性不是天生的，它需要教育的引导、培植与塑造。儿童期与青春期是人的个性健康发展的两个关键时期。在这两个时期个性如果受到不良因素的影响，就容易出现异常。我国当代教育改革对个性教育的关注始于 20 世纪 80 年代后期，热于 20 世纪 90 年代至今。我国的个性教育研究已超出了理论的范围，并走向教育实践，创造出了多种多样的个性教育模式，如愉快教育、成功教育、创造教育、主体性教育、和谐教育等概念。学校体育几乎也在同时提出了快乐体育、成功体育、和谐体育等概念。健康的身体是良好个性形成的基础，而良好个性和社会价值的实现更要以健康的身体作为保障。

学校体育的功能分为本质功能与一般功能。它是对传统学校体育单一生物观的发展，启示我们应全方位、多层次地来认识学校体育，不仅从生物的，还要从心理的、社会的等多视角来看待学校体育。这不是淡化、削弱学校体育的本质功能——强身健体，而是对学校体育功能认识的深化。全面了解学校体育的功能，可以使学校体育在学校教育中发挥更大的作用。值得注意的是，学校体育的各个功能并不是孤立存在的，它们是相辅相成的，既相互联系，又相互促进，共同完成学校体育对人的培养作用。

## 第三节　学校体育的主要特征与发展形势

### 一、我国现阶段学校体育的主要特征

（1）社会主义方向性特征：学校体育必须紧扣学校教育的总目标，依据社会和国家对人才培养的要求，以促进学生身心全面发展为己任，担负起一部分教育职能，与德育、智育、美育等密切配合，培养有理想、有道德、有文化、有纪律、全面发展的社会主义建设人才。学校体育只有坚持社会主义方向，才能适应社会政治经济的需要。

（2）发展的不平衡性特征：学校体育在管理、经费的投入、体育师资的数量与质量、学生的体育基础与体质状况、发展速度与水平等方面都表现出极大的地区差异和学校个体差异。只有认识到这种发展的不平衡性特征，才能从实际出发，因势利导，积极地发展我国学校体育。

（3）统一性与灵活性特征：鉴于我国现阶段学校体育发展的不平衡性，为了适应各校不同情况与不同需要，国家对学校体育实施统一领导、宏观管理，并在此基础上允许各地根据自己的实际情况灵活安排，把统一性和灵活性有机地结合起来。

### 二、我国现阶段学校体育的发展趋势

1. 学校体育目标向多元化方向发展

随着社会的进步，人们已经突破单一的生物体育观，向着生物、心理、社会三维体

育观转变，对学校体育的认识发生了巨大变化，对学校体育目标的追求也越来越广泛。学校体育目标概括起来主要有：增进健康、增强体质的目标，教养的目标，教育的目标，竞技的目标，娱乐的目标，促进学生个性发展的目标，等等。

2. 学校体育向着追求阶段效益和长远效益相结合的方向发展

随着终身体育思想的确立，学校体育也向着追求阶段效益和长远效益相结合的方向发展，重视对学生体育兴趣与爱好，以及独立锻炼身体的能力、身体娱乐的能力、体育欣赏的能力和体育意识的培养。

3. 学校体育向着与健康教育相结合的方向发展

健康教育是以传授健康知识、建立健康行为、改善环境为核心内容的教育。学校体育与健康教育的结合已成为我国学校体育整体改革的发展方向。

4. 学校体育逐渐向整体化方向发展

学校体育包括体育课与课外体育活动两部分。过去，人们对体育课研究较多，对课外体育活动不够重视。近年来人们重视从全面育人和终身体育的目标出发，强调学校体育的整体性。

5. 学校体育教学方法与手段向多样化、现代化方向发展

教学方法向发展个性、培养兴趣、充分挖掘学生潜在能力的方向发展，我国也初步建立了综合的体育教学方法体系。近年来我国还引进了许多新的体育教学方法，如发现法、程序法等。

6. 学校体育管理逐渐向科学化方向发展

目前我国基本建立健全了学校体育的组织领导机构。国家出台了一系列有关学校体育工作的法规，包括《学校体育工作条例》《国家体育锻炼标准》《中学体育器材设施配备目录》《全国普通高等学校体育课程教学指导纲要》《国家学生体质健康标准》等。

## 第四节　《国家学生体质健康标准》测试的内容

### 一、《国家学生体质健康标准》单项指标与权重（表 1-1）

**表 1-1　单项指标与权重**

| 单项指标 | 权重/% |
|---|---|
| 体重指数（BMI） | 15 |
| 肺活量 | 15 |
| 50 米跑 | 20 |
| 坐位体前屈 | 10 |
| 立定跳远 | 10 |
| 引体向上（男）/1 分钟仰卧起坐（女） | 10 |
| 1 000 米跑（男）/800 米跑（女） | 20 |

注：体重指数（BMI）= 体重（千克）/身高的平方（米$^2$）。

## 二、《国家学生体质健康标准》单项评分标准（表 1-2 至表 1-8）

**表 1-2　体重指数（BMI）单项评分表**　　单位：千克/米²

| 等级 | 单项得分 | 大学（男） | 大学（女） |
|---|---|---|---|
| 低体重 | 80 | ≤17.8 | ≤17.1 |
| 正常 | 100 | 17.9~23.9 | 17.2~23.9 |
| 超重 | 80 | 24.0~27.9 | 24.0~27.9 |
| 肥胖 | 60 | ≥28.0 | ≥28.0 |

**表 1-3　肺活量单项评分表**　　单位：毫升

| 等级 | 单项得分 | 男生 | | 女生 | |
|---|---|---|---|---|---|
| | | 大一、大二 | 大三、大四 | 大一、大二 | 大三、大四 |
| 优秀 | 100 | 5 040 | 5 140 | 3 400 | 3 450 |
| | 95 | 4 920 | 5 020 | 3 350 | 3 400 |
| | 90 | 4 800 | 4 900 | 3 300 | 3 350 |
| 良好 | 85 | 4 550 | 4 650 | 3 150 | 3 200 |
| | 80 | 4 300 | 4 400 | 3 000 | 3 050 |
| 及格 | 78 | 4 180 | 4 280 | 2 900 | 2 950 |
| | 76 | 4 060 | 4 160 | 2 800 | 2 850 |
| | 74 | 3 940 | 4 040 | 2 700 | 2 750 |
| | 72 | 3 820 | 3 920 | 2 600 | 2 650 |
| | 70 | 3 700 | 3 800 | 2 500 | 2 550 |
| | 68 | 3 580 | 3 680 | 2 400 | 2 450 |
| | 66 | 3 460 | 3 560 | 2 300 | 2 350 |
| | 64 | 3 340 | 3 440 | 2 200 | 2 250 |
| | 62 | 3 220 | 3 320 | 2 100 | 2 150 |
| | 60 | 3 100 | 3 200 | 2 000 | 2 050 |
| 不及格 | 50 | 2 940 | 3 030 | 1 960 | 2 010 |
| | 40 | 2 780 | 2 860 | 1 920 | 1 970 |
| | 30 | 2 620 | 2 690 | 1 880 | 1 930 |
| | 20 | 2 460 | 2 520 | 1 840 | 1 890 |
| | 10 | 2 300 | 2 350 | 1 800 | 1 850 |

表 1-4 50 米跑单项评分表 单位：秒

| 等级 | 单项得分 | 男生 | | 女生 | |
|---|---|---|---|---|---|
| | | 大一、大二 | 大三、大四 | 大一、大二 | 大三、大四 |
| 优秀 | 100 | 6.7 | 6.6 | 7.5 | 7.4 |
| | 95 | 6.8 | 6.7 | 7.6 | 7.5 |
| | 90 | 6.9 | 6.8 | 7.7 | 7.6 |
| 良好 | 85 | 7.0 | 6.9 | 8.0 | 7.9 |
| | 80 | 7.1 | 7.0 | 8.3 | 8.2 |
| 及格 | 78 | 7.3 | 7.2 | 8.5 | 8.4 |
| | 76 | 7.5 | 7.4 | 8.7 | 8.6 |
| | 74 | 7.7 | 7.6 | 8.9 | 8.8 |
| | 72 | 7.9 | 7.8 | 9.1 | 9.0 |
| | 70 | 8.1 | 8.0 | 9.3 | 9.2 |
| | 68 | 8.3 | 8.2 | 9.5 | 9.4 |
| | 66 | 8.5 | 8.4 | 9.7 | 9.6 |
| | 64 | 8.7 | 8.6 | 9.9 | 9.8 |
| | 62 | 8.9 | 8.8 | 10.1 | 10.0 |
| | 60 | 9.1 | 9.0 | 10.3 | 10.2 |
| 不及格 | 50 | 9.3 | 9.2 | 10.5 | 10.4 |
| | 40 | 9.5 | 9.4 | 10.7 | 10.6 |
| | 30 | 9.7 | 9.6 | 10.9 | 10.8 |
| | 20 | 9.9 | 9.8 | 11.1 | 11.0 |
| | 10 | 10.1 | 10.0 | 11.3 | 11.2 |

表 1-5 坐位体前屈单项评分表 单位：厘米

| 等级 | 单项得分 | 男生 | | 女生 | |
|---|---|---|---|---|---|
| | | 大一、大二 | 大三、大四 | 大一、大二 | 大三、大四 |
| 优秀 | 100 | 24.9 | 25.1 | 25.8 | 26.3 |
| | 95 | 23.1 | 23.3 | 24.0 | 24.4 |
| | 90 | 21.3 | 21.5 | 22.2 | 22.4 |
| 良好 | 85 | 19.5 | 19.9 | 20.6 | 21.0 |
| | 80 | 17.7 | 18.2 | 19.0 | 19.5 |

续表

| 等级 | 单项得分 | 男生 | | 女生 | |
|---|---|---|---|---|---|
| | | 大一、大二 | 大三、大四 | 大一、大二 | 大三、大四 |
| 及格 | 78 | 16.3 | 16.8 | 17.7 | 18.2 |
| | 76 | 14.9 | 15.4 | 16.4 | 16.9 |
| | 74 | 13.5 | 14.0 | 15.1 | 15.6 |
| | 72 | 12.1 | 12.6 | 13.8 | 14.3 |
| | 70 | 10.7 | 11.2 | 12.5 | 13.0 |
| | 68 | 9.3 | 9.8 | 11.2 | 11.7 |
| | 66 | 7.9 | 8.4 | 9.9 | 10.4 |
| | 64 | 6.5 | 7.0 | 8.6 | 9.1 |
| | 62 | 5.1 | 5.6 | 7.3 | 7.8 |
| | 60 | 3.7 | 4.2 | 6.0 | 6.5 |
| 不及格 | 50 | 2.7 | 3.2 | 5.2 | 5.7 |
| | 40 | 1.7 | 2.2 | 4.4 | 4.9 |
| | 30 | 0.7 | 1.2 | 3.6 | 4.1 |
| | 20 | -0.3 | 0.2 | 2.8 | 3.3 |
| | 10 | -1.3 | -0.8 | 2.0 | 2.5 |

**表 1-6 立定跳远单项评分表** 单位：厘米

| 等级 | 单项得分 | 男生 | | 女生 | |
|---|---|---|---|---|---|
| | | 大一、大二 | 大三、大四 | 大一、大二 | 大三、大四 |
| 优秀 | 100 | 273 | 275 | 207 | 208 |
| | 95 | 268 | 270 | 201 | 202 |
| | 90 | 263 | 265 | 195 | 196 |
| 良好 | 85 | 256 | 258 | 188 | 189 |
| | 80 | 248 | 250 | 181 | 182 |
| 及格 | 78 | 244 | 246 | 178 | 179 |
| | 76 | 240 | 242 | 175 | 176 |
| | 74 | 236 | 238 | 172 | 173 |
| | 72 | 232 | 234 | 169 | 170 |
| | 70 | 228 | 230 | 166 | 167 |

续表

| 等级 | 单项得分 | 男生 | | 女生 | |
|---|---|---|---|---|---|
| | | 大一、大二 | 大三、大四 | 大一、大二 | 大三、大四 |
| 及格 | 68 | 224 | 226 | 163 | 164 |
| | 66 | 220 | 222 | 160 | 161 |
| | 64 | 216 | 218 | 157 | 158 |
| | 62 | 212 | 214 | 154 | 155 |
| | 60 | 208 | 210 | 151 | 152 |
| 不及格 | 50 | 203 | 205 | 146 | 147 |
| | 40 | 198 | 200 | 141 | 142 |
| | 30 | 193 | 195 | 136 | 137 |
| | 20 | 188 | 190 | 131 | 132 |
| | 10 | 183 | 185 | 126 | 127 |

**表 1-7 男生引体向上单项评分表和女生一分钟仰卧起坐单项评分表** 单位：次

| 等级 | 单项得分 | 男生 | | 女生 | |
|---|---|---|---|---|---|
| | | 大一、大二 | 大三、大四 | 大一、大二 | 大三、大四 |
| 优秀 | 100 | 19 | 20 | 56 | 57 |
| | 95 | 18 | 19 | 54 | 55 |
| | 90 | 17 | 18 | 52 | 53 |
| 良好 | 85 | 16 | 17 | 49 | 50 |
| | 80 | 15 | 16 | 46 | 47 |
| 及格 | 78 | | | 44 | 45 |
| | 76 | 14 | 15 | 42 | 43 |
| | 74 | | | 40 | 41 |
| | 72 | 13 | 14 | 38 | 39 |
| | 70 | | | 36 | 37 |
| | 68 | 12 | 13 | 34 | 35 |
| | 66 | | | 32 | 33 |
| | 64 | 11 | 12 | 30 | 31 |
| | 62 | | | 28 | 29 |
| | 60 | 10 | 11 | 26 | 27 |

续表

| 等级 | 单项得分 | 男生 | | 女生 | |
|---|---|---|---|---|---|
| | | 大一、大二 | 大三、大四 | 大一、大二 | 大三、大四 |
| 不及格 | 50 | 9 | 10 | 24 | 25 |
| | 40 | 8 | 9 | 22 | 23 |
| | 30 | 7 | 8 | 20 | 21 |
| | 20 | 6 | 7 | 18 | 19 |
| | 10 | 5 | 6 | 16 | 17 |

**表 1-8　耐力跑单项评分表**

| 等级 | 单项得分 | 男生 | | 女生 | |
|---|---|---|---|---|---|
| | | 大一、大二 | 大三、大四 | 大一、大二 | 大三、大四 |
| 优秀 | 100 | 3′17″ | 3′15″ | 3′18″ | 3′16″ |
| | 95 | 3′22″ | 3′20″ | 3′24″ | 3′22″ |
| | 90 | 3′27″ | 3′25″ | 3′30″ | 3′28″ |
| 良好 | 85 | 3′34″ | 3′32″ | 3′37″ | 3′35″ |
| | 80 | 3′42″ | 3′40″ | 3′44″ | 3′42″ |
| 及格 | 78 | 3′47″ | 3′45″ | 3′49″ | 3′47″ |
| | 76 | 3′52″ | 3′50″ | 3′54″ | 3′52″ |
| | 74 | 3′57″ | 3′55″ | 3′59″ | 3′57″ |
| | 72 | 4′02″ | 4′00″ | 4′04″ | 4′02″ |
| | 70 | 4′07″ | 4′05″ | 4′09″ | 4′07″ |
| | 68 | 4′12″ | 4′10″ | 4′14″ | 4′12″ |
| | 66 | 4′17″ | 4′15″ | 4′19″ | 4′17″ |
| | 64 | 4′22″ | 4′20″ | 4′24″ | 4′22″ |
| | 62 | 4′27″ | 4′25″ | 4′29″ | 4′27″ |
| | 60 | 4′32″ | 4′30″ | 4′34″ | 4′32″ |
| 不及格 | 50 | 4′52″ | 4′50″ | 4′44″ | 4′42″ |
| | 40 | 5′12″ | 5′10″ | 4′54″ | 4′52″ |
| | 30 | 5′32″ | 5′30″ | 5′04″ | 5′02″ |
| | 20 | 5′52″ | 5′50″ | 5′14″ | 5′12″ |
| | 10 | 6′12″ | 6′10″ | 5′24″ | 5′22″ |

# 第二章

# 体育锻炼对健康的影响

在大学阶段的教育实践中，积极组织学生参与体育锻炼，能够让学生在体育锻炼活动中提高自身的综合素质，陶冶学生的情操，促使学生能够长时间保持理想的身体状态。所以高校应该全面加强对体育锻炼的重视，并针对体育锻炼探索系统化的教育措施，以期能够真正发挥出体育锻炼的重要作用，切实促进学生的健康成长。体育锻炼是一种很好的促进身心发展的方法，不仅能够增进身体健康，增强免疫力，还能缓解心理上的不良情绪，使人保持乐观的心态。

## 第一节　体育锻炼对人体生理机能的影响

人体是一个结构十分复杂并具有多种机能的机体，又是一个完整的统一的机体。各系统、组织器官相互作用、相互影响、相互促进，在运动中无论做什么动作，各系统、组织器官都会受到不同程度的影响。不同的体育运动项目有不同的特点，所以对机体的影响也不同。总的来说，经常进行一定生理负荷量的体育锻炼，能促进人体各组织器官的新陈代谢，使人体的结构和机能得到改善和提高，从而增强体质，促进健康。

### 一、体育锻炼对身体形态的影响

#### （一）对骨骼的影响

人体从事体育锻炼的项目不同，对人体各部分骨骼的影响也不同。经常从事以下肢活动为主的项目，如跑、跳等，对下肢骨的影响较大；而从事以上肢活动为主的项目，如举重、投掷等，对上肢骨的影响较大。体育锻炼的效果并不是永久的。体育锻炼停止后，对骨骼的影响作用也会逐渐消失，因此，体育锻炼应该经常化。同时，体育锻炼的项目要多样化，以免造成骨骼的畸形发展。

#### （二）对关节的影响

科学、系统的体育锻炼，既可以加强关节的稳定性，又可以提高关节的灵活度和运动幅度。体育锻炼可以增加关节面软骨和骨密度的厚度，并可使关节周围的肌肉发达、力量增强、关节囊和韧带增厚，因而使关节的稳定性加强。在增加关节稳定性的同时，由于关节囊、韧带和关节周围肌肉的弹性和伸展性增强，关节的运动幅度和灵活度也大大增加。

#### （三）对肌肉的影响

运动员的肌肉块明显大于一般人，这说明体育锻炼和运动训练可以使肌肉体积增大。体育锻炼对肌肉体积的影响非常明显，进行一般的力量训练就可以使肌肉增大。

（四）对脂肪的影响

（1）胖的人，脂肪过多堆积，严重影响身体形态。其在活动时比其他人需要消耗更多的能量，心肺功能的负担也重，因此，心脏病和高血压发生的可能性更大。要维持适宜的体内脂肪，就必须注意能量吸收和能量消耗之间的平衡。体育锻炼是控制脂肪增加的重要手段。优秀运动员的体脂百分比明显低于正常人的体脂百分比。

（2）瘦的人，体内脂肪过少，影响身体形态。体育锻炼对瘦的人的影响是复杂的，它随体育活动形式不同而产生正或负的影响。长期有规律的运动训练使人的肌肉体积增加，瘦体重增加，这一点在运动员身上有明显体现。一般以往或多年来不参加运动者，在增加运动量后会使瘦体重增加。身体比较健康者，为使瘦体重增加则需要借助力量训练，如体操、摔跤、举重等。在具有同样身高的人群中，参加力量训练者的体重可比不参加者高出20%~30%，高出的体重几乎全都是瘦体重，由此证实运动不仅能减少体脂，而且能增加瘦体重。

## 二、体育锻炼对心肺功能的影响

心肺功能的强弱是人体健康的重要基础。经常参加体育锻炼的人，心肌细胞能获得更充足的氧气及营养，产生营养性肥大，使心脏重量增加，容积增大。一般人心脏质量为300 g左右，心容积约为75 mL；而运动员的心脏可增至400~500 g，心容积可达100 mL以上。此外，心肌增粗，使心肌收缩力增强，每搏输出量多，因而安静时心跳次数比一般人慢。一般人心率为75次/分左右，而经常运动的人可减少至50~60次/分，高水平的耐力运动员更少，这被称为运动性心动徐缓。生理学者曾对一些40~80岁坚持长跑锻炼的人做心脏检查，发现这些人的心脏无论大小和功能均类似不从事锻炼的20岁左右的年轻人的心脏，这进一步证实了体育锻炼对心脏的良好影响。

体育锻炼还能大大地增强呼吸系统的功能。经常进行锻炼，能使呼吸肌发达，变得强壮有力，肺活量明显增大。体育锻炼时，由于肌肉需要更多的氧气，呼吸次数可由安静时的每分钟12~16次增至每分钟40~50次，每次吸入的空气量由安静时的500 mL增加至2 500 mL，使每分钟的肺通气量达80~150 L。胸部活动性增强，促使大部分肺泡充分张开，不但对肺泡弹性的保持及改善十分有益，同时也增加了气体交换与储存氧气的能力。

## 三、体育锻炼对身体素质的影响

通常人们把人体在肌肉活动中所表现出来的力量、速度、耐力、灵敏及柔韧等机能统称为身体素质，也即人体在体育运动、劳动和日常活动时，在中枢神经的调节下，各器官系统所表现出的各种技能的能力。身体素质主要包括五项内容：力量、耐力、速度、灵敏、柔韧。身体素质的发展水平取决于肌肉的解剖生理特点、肌肉工作时的供能情况，以及内脏器官与神经系统的调节能力，它既受先天遗传因素的影响，又有赖于后天的主动锻炼。鉴于上述指标与内容都是衡量体力强弱的标志，因此，身体素质作为增强人体活动能力的基础，是保证人类生存的重要条件，其发展水平是影响人类生存能力的重要因素。

（1）力量是指克服对抗力的能力。它是身体素质中最基本的部分，是其他素质的基础。有些运动如果没有力量，可以说是无法完成的。训练可以使肌纤维增粗，增加肌肉中蛋白质的含量，并改善神经系统的调节能力，从而发展力量素质。

（2）速度是指在单位时间里完成动作的次数或使身体快速移动的能力。速度素质的表现形式有反应速度、动作速度和周期性运动中的移动速度。速度素质在很多运动项目中都起着重要作用，有的项目是以速度的快慢来衡量成绩的。速度素质的优劣取决于肌肉力量的大小、技术动作的正确与合理及神经过程的灵活程度等。发展速度素质主要借助提高一般身体素质，特别是肌肉的力量与弹性、动作的协调性、发展耐力和柔韧性等。

（3）耐力是指机体长时间持续工作的能力，也可以看作对抗疲劳的能力。耐力素质包括一般耐力和专项耐力。一般耐力是指小强度或中等强度进行长时间工作的能力，专项耐力是根据不同运动项目的特点所需要的能力。

（4）灵敏素质主要取决于大脑皮质神经过程的灵活性。灵敏素质主要在多组合、高难度、技术性强的运动中得到发展。

（5）柔韧是指大幅度完成动作的能力。它取决于肌肉、韧带等软组织的伸展性和弹性，也取决于神经支配工作肌肉紧张与放松的协调能力。良好的柔韧素质可以使动作舒展美观。有些高难度的动作没有一定的柔韧素质就难以完成。

## 第二节　体育锻炼对心理健康的影响

### 一、心理健康概述

心理健康是指能积极调节自己的心理状态，适应环境的变化，并能富有建设性地发展和完善个人的生活。心理健康具体表现在以下几个方面。

（1）智力正常。观察力敏锐、思维活跃、想象力丰富、注意力集中、记忆力强等都是心理健康的重要表现。

（2）有安全感。心理健康的人能够接纳自己的一切，很少受情绪的支配，能承受挫折、恐惧和不幸。

（3）心情愉快，情绪稳定。心理健康的人，满意、快乐等积极情绪多于忧伤、痛苦等消极情绪，并且能够调节、控制自己的情绪，不会狂喜狂怒，不会忽悲忽喜。

（4）意志坚强。心理健康的人有决心，有信心，有恒心，有理想，不怕困难，不畏艰险，勇于克服人生道路上的种种困难。

（5）对自己有充分的了解，并能做出恰当的自我评价。心理健康的人能客观、正确、全面地认识自己，摆正自己的位置。

（6）具有较强的适应能力。心理健康的人，不怕到新的环境中去学习、工作和生活，能够积极、主动地适应环境的变化。

（7）人际关系和谐。心理健康的人乐于帮助人、关心人，也相应地得到别人的帮助和关心，与周围的人相处融洽、愉快。

## 二、体育锻炼对心理健康的影响

（一）体育锻炼可以促进智力的发展，提高智力水平

正常的智力是正确认识客观世界的前提条件，是心理健康的基础。经常参加体育锻炼，可以促进大脑的开发，促进神经系统功能的增强，使大脑获得更多的营养物质，增强大脑的记忆和思维等能力，提高人的智力水平。研究表明，就一般人而言，智力因素相差很小，非智力因素则相差很大。体育锻炼可以使人的情绪稳定、性格开朗，这些非智力因素对人的智力发展起着促进作用。

（二）体育锻炼可以调控情绪，改善情绪状态

情绪状态是衡量体育锻炼对心理健康的影响的最主要指标，是人对客观现实的态度的体现。心理健康与个人的情绪状态密不可分。健康的情绪状态是治疗疾病、增进健康的良药，而患得患失、忧郁、沮丧、焦躁、烦恼的不良情绪则是疾病的诱因。体育锻炼一方面可以帮助人们转移不愉快的情绪，另一方面可以使不良情绪得到充分的发泄，从而调解情绪，改善情绪状态。

（三）体育锻炼有助于培养良好的意志品质

意志品质既是在克服困难的过程中表现出来的，也是在克服困难的过程中培养起来的。良好的意志品质不仅是大学生提高学习效率的重要保证，也是大学生走上工作岗位后获得成功的基础。体育运动具有竞争性、艰难性等特点。参加体育运动有助于培养个体勇敢顽强、坚持不懈的意志品质。体育锻炼是培养人的意志品质的重要途径。

（四）体育锻炼有助于改善人际关系

随着社会经济的发展及人们生活节奏的加快，许多生活在大城市的人越来越缺乏适当的社会联系。体育锻炼既可以使人与人之间相互产生亲近感，从而有利于改善人际关系，也可以使个体的社会交往需要得到满足。这有利于个体忘却工作、生活上的烦恼，减轻精神压力，消除孤独感。

（五）体育锻炼可以预防和治疗心理疾病

研究表明，体育锻炼可以预防和治疗心理疾病。美国的一项调查显示，1 750 名心理医生中，有 80%的人认为体育锻炼是治疗抑郁症的有效方法之一，有 60%的人认为应将体育锻炼作为一种治疗方法来消除焦虑症。

# 第三节 体育锻炼的科学训练方法

## 一、体育锻炼的基本原则

体育锻炼的原则是体育锻炼客观规律的反映，是练习者从事锻炼实践、选择锻炼内容、运用锻炼方法必须遵循的基本准则。在体育锻炼过程中，只有正确地理解和运用体

育锻炼的原则，才能使体育锻炼获得最佳效果。

（一）全面性原则

全面性原则是指体育锻炼应全面发展身体的各个部位、各器官系统的机能，以及各种身体素质和活动能力，追求身心的和谐发展。体育锻炼不仅应包括不同身体部位的活动，更重要的是还应该包括多种项目和不同性质的活动，以加强全面锻炼。身体各系统都是相互联系、相互制约的，身体某一方面的发展必然会影响到其他方面的发展；而全面发展，就能相互促进，共同提高。大学生年龄多处在 17~23 岁这个身体发育逐渐成熟的阶段，具有一定的可塑性。因此，在体育锻炼中贯彻全面性原则尤为重要。从体育项目对人体锻炼的作用来看，进行体育锻炼也应有所侧重。如短跑主要是发展速度，投掷、举重主要是发展力量，长跑则侧重于发展耐力，球类运动则以发展灵敏性、协调性为主。进行体育锻炼，可以某一项目为主，辅以其他锻炼项目，不要过分注重单一性锻炼。进行全面锻炼，能使身体素质获得全面发展，使个体能更快地掌握运动技术，增强体质。

（二）FIT 原则

FIT 由次数（Frequency）、强度（Intensity）和时间（Time）这三个英文单词的首字母构成。FIT 原则是人们从事以健康为目的的运动所必须采取的基本监控原则。要想在安全的锻炼过程中取得良好的效果，就必须科学地控制锻炼次数、强度和时间。

1. 锻炼次数

锻炼次数指每周进行体育锻炼的次数。要想获得良好的体育锻炼效果，每周至少应该进行 3~5 次体育锻炼。

2. 锻炼强度

有氧运动的强度控制可以通过测量心率来实现。在进行有氧运动时，心率应该控制在最大心率的 60%~80%。锻炼强度大小的监测必须遵守循序渐进的原则，必须充分考虑自己目前的身体状况和健康水平。

3. 锻炼时间

锻炼时间指每次锻炼的持续时间。为加强心肺循环系统的耐力，每次锻炼应持续 20~30 分钟。教师在上中长跑课时所采用的手段就是控制锻炼强度和锻炼时间，有时要求学生在固定的时间里进行持续有氧运动（控制时间），有时要求学生在固定的时间内完成特定的距离（控制强度）。

（三）超负荷原则

超负荷原则是指在进行体育锻炼时，身体或特定的肌肉受到的刺激程度强于不锻炼时或已适应的刺激程度。在进行体育锻炼时只有遵循超负荷原则，身体素质才能逐渐得到提高。要提高有氧耐力水平，可以通过增加每周的锻炼次数、延长每次锻炼的持续时间和加大每次锻炼的强度来实现。肌肉力量练习的超负荷，可通过增加器械的重量、增加练习的次数或组数及缩短每组练习的间歇时间来实现。

超负荷原则同样适用于发展关节和肌肉的柔韧性。这可通过增加肌肉的拉伸长度、延长拉伸持续时间和加大关节活动的幅度来实现。虽然超负荷锻炼可以使身体健康素质逐渐得到提高，但这并不意味着每次必须练到筋疲力尽。事实上，即使不进行超负荷的练习，一般性的锻炼也能保持和提高身体健康水平，只不过要花更长的时间进行锻炼才能取得良好的锻炼效果。

（四）循序渐进原则

循序渐进原则是指体育锻炼必须根据人体身心发展规律和个人实际情况，在锻炼的内容、方法、运动负荷等方面逐步提高，使机体功能不断得到改善和提高。循序渐进是人体适应环境的基本规律，人体对内、外环境变化的适应是一个缓慢的由量变到质变的过程。只有遵循这个规律，才能取得良好的锻炼效果，否则非但不能增强体质，还可能引起机体损伤和运动性疾患，损害身体健康。青年人争强好胜，违背体育锻炼的渐进规律，鲁莽从事，使机体超负荷运转，这样容易造成机体损伤。年轻时生命力旺盛，可能暂时看不到什么反应，但久而久之就会留下隐患。因此，进行体育锻炼不能急于求成。坚持循序渐进原则要做到以下三个方面。

1. 选择合理的锻炼内容

在锻炼的内容上，锻炼者要根据自己的身体状况合理选择。体质不同，锻炼起点也不同。体质较好的人，可以选择比较剧烈的运动方式，如各种竞技运动项目；体质较差的人，开始锻炼时可以选择比较缓和的运动，如慢跑、徒手操、武术、乒乓球等；患慢性疾病的人，可选择保健体育的一些内容，如太极拳、散步等。当体质逐渐变好时，锻炼内容也可以逐步由缓和变为较剧烈的运动。

2. 运动量逐步加大

机体对运动量的承受能力有个缓慢的适应过程。锻炼时运动量应由小到大，逐步增加。一开始，锻炼时间要短，运动量不要过大，待机体适应后再逐步加大。如果运动量长期停留在一个水平上，机体的反应能力就会越来越小。机体机能是按照“刺激—适应—再刺激—再适应”的规律有节奏地增强的，运动量也应随着节奏来安排。病后或中断锻炼后再进行锻炼，尤其要注意循序渐进，以免发生意外。

3. 每次锻炼过程要循序渐进

每次锻炼前要做好准备活动，锻炼后要做好整理活动，如长跑前先进行 5~10 分钟的慢跑，长跑后也不要马上停下来。

（五）安全性原则

安全性原则要求锻炼者在体育锻炼的过程中保护好自己，做到安全第一。安全性原则主要包括以下六点。

（1）在制订或实施锻炼计划前，一定要进行体检，得到医生的许可。如果患有某种疾病或有家族遗传病史，就需要找医生咨询，在有医务监督的条件下按照医生的建议进行锻炼。

（2）在有条件的情况下，请运动医学专家根据你的体质健康状况制定运动处方，其可以指导你有目的、有计划地进行安全、科学的锻炼。

（3）锻炼前必须做好充分的准备活动，克服内脏器官的生理惰性，防止出现运动损伤。

（4）饥饿或疲劳时应暂缓锻炼，疾病初愈不宜进行较大强度的锻炼。

（5）锻炼后，要注意做好整理、放松活动。这有利于身体的恢复。

(6) 在锻炼过程中不要大量饮水，以免加重心脏的负担或引起身体及肠胃的不适。运动后不宜立刻洗冷水澡。

（六）环境监控原则

1. 太阳射线对人体的影响

在体育锻炼时，强烈的阳光会对暴露在外的皮肤造成很大的伤害。紫外线可使局部皮肤毛细血管扩张充血，使表皮细胞遭到破坏，导致皮肤发红、水肿，出现红斑；过量紫外线照射还会引起光照性皮炎、眼炎、白内障、头痛、头晕、体温升高及精神异常等症状。红外线的穿透能力较强，常用于消炎镇痛，改善局部营养，治疗运动创伤、神经痛和某些皮肤病。但是，过强的红外线照射会对机体有害，它会使局部组织温度变高，甚至造成灼伤。当头部受强烈阳光照射时，红外线可使脑组织的温度上升而引起全身机能失调。因此，要尽量避免在强烈阳光下进行体育锻炼，同时还要选择在反射率低的场所进行锻炼。

2. 热环境中的体育锻炼

人体运动时，不管外界的温度如何，体内产热量都会大幅度增加，剧烈运动时的产热量比平时增加 100 倍以上。体内产生的这么多热量，在高温环境下很难在短时间内向外散发，便会蓄积在体内，使体温升高，引起一系列的机能失调，甚至死亡。因此，锻炼者在热环境中进行体育锻炼时首先必须采取防暑措施，否则就会有患热射病的危险。应尽量避免在酷暑下锻炼，在热环境下锻炼时一定要及时补充水分，通过增加排汗量来促进体内热量的散发。其次要控制练习的强度和时间，且要穿合适的服装，既要保护皮肤不被红外线灼伤，又要通风透气，保证体热的散发，防止热射病的发生。

3. 冷环境中的体育锻炼

在寒冷的环境条件下进行锻炼，可以增强人体对外界环境变化的适应能力和对疾病的抵抗能力。但是，冷环境可使肌肉的黏滞性增大，伸展性和弹性降低，工作能力减弱，容易导致运动损伤。为了避免冷环境给运动带来不利影响，首先，锻炼者在运动前首先要做好准备活动并延长准备时间；其次，不要张大嘴呼吸，避免冷空气直接刺激喉咙而引起呼吸道感染和咳嗽等；再次，要注意耳、手、足的保温，防止这些部位被冻伤。另外，在运动时不要穿太厚的服装，以免在运动中出汗较多，导致运动后感冒。运动后要及时穿好衣服保持体温。

4. 湿度对体育锻炼的影响

在气温适中时，空气的湿度对人体的影响不大，而在高温和低温时，较大的湿度对人体十分不利。湿度越大，人体通过蒸发散热的途径就越容易受到阻碍，人体产热和散热的平衡就会被打破，机体的正常功能将受到不良影响。在一般情况下，适宜的湿度为 40%~60%。在气温过高或过低的情况下，空气湿度越低越好；当气温高于 25 ℃时，空气湿度以 30%为宜。

5. 避免在空气污染的环境中进行锻炼

大气污染物的种类很多，有一百多种，其中对人类有较大威胁的是烟雾尘、硫化物、氮化物、卤化物、有机物等。大气中的污染物一般通过呼吸系统进入人体，也可以通过接触皮肤、黏膜、结膜等危害人体。

大气中的臭氧和一氧化碳是影响体育锻炼效果的两种重要污染物。它们可导致胸腔发闷、咳嗽、头痛、眩晕及视力下降等，严重的还会导致支气管哮喘。

一氧化碳可减少血液中血红蛋白的数量，削弱血液的运输能力，从而直接影响锻炼效果。汽车排放的尾气中含有大量的一氧化碳，因此，锻炼者要避免到车流量大的马路边散步或跑步。出现沙尘暴、可吸入颗粒物较多或大雾天气时，锻炼者也应停止户外训练。

## 二、体育锻炼的基本方法

体育锻炼的方法是指根据人体发展规律，运用各种身体练习和自然因素来发展身体的途径和方式。体育锻炼的方法是贯彻体育锻炼原则、达到体育锻炼目的的桥梁。在运用方法的过程中，锻炼者应从实际出发，灵活应用，但应有主有从。

### （一）重复锻炼法

在运动锻炼的过程中，多次重复同一练习，两次（组）练习间安排相对充分的休息，从而增加负荷的锻炼方法叫重复锻炼法。此方法的关键是两次练习之间的间歇相对充分，这样可有效地增强锻炼者的无氧、有氧混合代谢能力，提高各种技术应用的熟练性与机体的耐久性。重复次数的不同，对身体的作用就不同。重复次数越多，身体对运动反应的负荷量就越大。如果重复次数不断增加，就有可能使身体的负荷超过极点，乃至破坏机体的正常状态而造成伤害。重复锻炼主要是为了追求负荷程度，而不在于改正错误动作。因此，运用重复锻炼法的关键是掌握好负荷的有效价值范围，并据此调节重复次数。在重复锻炼中，如何控制负荷和怎样去重复才能达到理想效果，应视情况而定。通常认为，普通大学生运动时心率控制在 130~170 次/分是较适宜的，在这个范围内，心室血液充盈，每搏输出量及氧气的运输量等均达到最佳状态，并且锻炼者可以持续地运动；心率低于 130 次/分，则意味着健身效果不大，应增加重复次数；心率超过 170 次/分，则需要减少重复次数，或安排足够的时间间歇。运用重复锻炼法还要注意根据锻炼项目的不同特点和个人的不同体质状况随时加以调整，以免机械呆板，从而产生厌倦情绪。

### （二）间歇锻炼法

在运动的过程中，多次锻炼间歇时间有严格规定。使机体处于不完全恢复状态下反复进行锻炼的方法叫间歇锻炼法。该方法的关键是严格控制时间，使机体处于不完全恢复状态，要求每次练习的负荷时间较长，负荷强度适中。此方法可使锻炼者的心脏功能明显增强；通过调节负荷强度，可以使机体各机能产生与锻炼项目相匹配的适应性变化；同时增强有氧代谢供给能力，增强体质。

间歇锻炼法同重复锻炼法一样，间歇的时间也要依据负荷的有效价值标准而定。一般来说，当心率低于有效价值标准时，间歇时间应缩短；而当心率高于有效价值标准时，间歇时间可延长。一般心率在 130 次/分左右时，锻炼可再次开始。间歇时，不要做静止休息，可边活动边休息，如慢速走步、放松手脚、伸伸腰腿或做深而慢的呼吸等。轻微活动可使肌肉对血管起到按摩作用，帮助血液回流，排出代谢所产生的废物。

（三）连续锻炼法

在运动锻炼的过程中，为了保持有价值的负荷量而不间断地连续进行运动的方法称为连续锻炼法。此方法要求负荷强度较低，负荷时间较长，无间断地连续进行运动。从增强体质出发，需要间歇就停一会儿，需要连续就接二连三地进行下去，所以不能仅讲究间歇，还要讲究连续。连续、间歇、重复都是在整个锻炼过程中实现的。连续、间歇、重复等因素各有作用。连续的作用在于将负荷量维持在一定的水平上，使身体充分地受到运动的作用。连续锻炼时间的长短，同样要根据负荷价值有效范围而定。通常认为，当心率在 140 次/分左右时，连续锻炼 20～30 分钟可使机体的各个部位都长时间地获得充分的血液和氧的供应，因而能有效地发展有氧代谢能力。

（四）循环锻炼法

循环锻炼法由几个不同的练习点组成。一个点上的练习一经完成，练习者就迅速转移到下一个点。练习者完成了各个点上的练习，就算完成了一次循环。循环练习法对技术的要求不高，且各项目都采用比较轻度的负荷练习，因此，练习起来既简单有趣，又能进行综合锻炼，可以获得全面发展的良好效果。

（五）变换锻炼法

变换锻炼法可以有效地调节生理负荷，增强兴奋性，强化锻炼意识，克服疲劳和厌倦情绪，增强锻炼效果。刚参加锻炼时，可多做些诱导性练习和辅助性练习。随着锻炼水平的提高，锻炼者可加大练习的难度，如用越野跑代替在田径场的长跑等。锻炼条件的变化，可使锻炼者的大脑皮质不断产生新异的刺激，增强其兴奋性，激发其锻炼的兴趣，从而增强机体的承受能力，增强锻炼效果。另外，对锻炼的内容、时间、动作速率等不断提出新的要求，可有效地调节生理负荷，使机体不断产生适应性变化，进而达到更好地锻炼身体的目的。

（六）游戏锻炼法

游戏锻炼法是指采用游戏的形式锻炼身体的方法。这种方法可以加强兴奋性，激发锻炼者对运动的兴趣。在嬉笑娱乐中锻炼身体、愉悦身心，有助于减轻压力，释放激情。采用游戏锻炼法时，运动量可以根据锻炼者的实际情况而有所不同。

（七）竞赛锻炼法

竞赛锻炼法是指在近似模拟或真实的比赛条件下，按比赛的规则和方式锻炼身体的方法。锻炼者在竞赛条件下，可以相互交流经验，有助于全面提高技、战术水平，增强心理承受能力，培养意志品质，形成积极向上、敢于拼搏的生活态度。

## 三、体育锻炼计划的制订

（一）提前掌握相关信息

在制订运动计划之前，制订者应当对锻炼者的基本情况进行大致的了解，了解的内容主要包括外部环境信息与锻炼者的个人信息。外部环境信息主要包括锻炼者工作或生活的环境、家庭经济状况、可利用的运动设施情况等。锻炼者的个人信息包括运动的目的、是否患有疾病、之前的运动状况、运动喜好等。

（二）进行健康体检

运动计划的制订者应当关注锻炼者个人的健康状况，可以提前对其进行相应的健康检查，以确定其是否患有不适宜运动的疾病。在确定其没有这类疾病后再进行运动负荷的检验，从而保障锻炼者在锻炼的过程中始终保持良好的身体状况。健康检查的内容包括心电图、血压、肝肾功能等指标。与此同时，制订者还要对锻炼者是否具有遗传病史和当前的身体情况进行询问，确保其没有相关不适应体育锻炼的心血管疾病等。

（三）进行运动负荷试验与体力测验

制订运动计划需要对锻炼者进行锻炼负荷试验，重点是了解锻炼者的身体是否患有疾病和测试其承受负荷的能力。测试负荷的方法有很多，应当按照检查的目的及锻炼者的自身情况来确定。当前比较常用的方法有递增负荷试验，这种方法需要利用功率自行车等道具，逐步加大锻炼者的负荷，同时对锻炼者的某些生理指标进行测量，直到接受测试的人达到一定的用力程度。体力的测验包括对锻炼者爆发力、柔韧性等与运动能力相关的身体指标进行测验。进行这样的测验是为了在制订运动计划时为锻炼者选择科学的运动强度。测量最大摄氧量是测验体力的最好方法，但是这一方法对于技术与设备的要求较高，对于普通的锻炼者的测量不太适用。当前，十二分钟跑步法与台阶试验法是使用较为普遍的体力测试方法。

## 四、体育锻炼的运动处方

（一）运动处方的概念

运动处方是指由康复医师、康复治疗师及体育教师、社会体育健身指导员、私人健身教练等，根据患者或体育健身者的年龄、性别及一般医学检查、康复医学检查、运动试验、身体素质或体能测试等结果，按其年龄、性别、健康状况、身体素质及心血管、运动器官的功能状况，结合主客观条件，用处方的形式制定对患者或体育健身者合适的运动内容、运动强度、运动时间及频率，并指出运动中的注意事项，以达到科学地、有计划地进行康复治疗或预防健身的目的。

（二）运动处方的分类

1. 根据运动处方对象分类

（1）健身运动处方。其对象是全民健身运动的参加者，包括身体基本健康的中老年人、长期从事脑力劳动的人群、中青年人和在校学生等。这类运动处方的目的是指导人们采取适当的体育活动，科学地进行体育锻炼，以增强体质、增进健康、预防疾病、延缓衰老。

（2）康复治疗性运动处方。其对象是经过临床治疗达到基本治愈，但有不同程度身体机能下降或功能障碍的患者。这类运动处方的目的是通过运动疗法帮助患者提高身体机能，缓解疾病症状，减轻或消除功能障碍，恢复肢体功能，增强患者的生活自理能力和工作能力。

（3）竞技训练运动处方。以提高专业运动成绩和身体素质为目的的运动处方称为竞技训练运动处方。

2. 根据运动处方锻炼作用分类

（1）全身耐力运动处方。该处方以加强心肺功能为主要锻炼目标，早期用于发展身体耐力素质，提高体育锻炼者的心肺功能和训练水平，并且可以维持锻炼者的合理的身体成分，消除亚健康的状态，预防心脑血管疾病和部分内分泌性疾病，如冠心病、“三高”症状和糖尿病等。

（2）力量运动处方。其主要作用是提高肌肉的力量。力量运动处方的实施，使锻炼者肌肉受到刺激，提高肌肉的生理横断面和肌肉的维度，增加肌肉的力量，改善肢体运动的功能。在中老年锻炼者中，这类处方可以起到减缓肌肉萎缩速度，预防骨质疏松的作用。

（3）柔韧性运动处方。这类运动处方的目的是提高锻炼者的身体柔韧性素质。对于中老年锻炼者，柔韧性运动处方能预防关节运动幅度因年龄增长、组织功能退化而下降等情况。

（三）运动处方的作用

1. 增进身体健康

增进身体健康包括两个方面，其一是预防疾病，保持身体良好的工作状态；其二是改善身体状态，增强人体对环境变化的适应能力。

2. 提高身体机能

按照科学的运动处方进行长期系统的体育锻炼，可以使人体的肌肉结构得到改善，增加肌肉力量、耐力和爆发力，并提高身体的灵敏性、技巧性、平衡性等，加强运动能力。

3. 治疗疾病

把合理科学的体育运动当作康复疗法的一种手段，严格地按处方进行，可以大大增强运动中的安全感，尽可能减少意外危险。

（四）运动处方的内容

1. 运动目的

每个锻炼者的目的和需求各不相同，有的是为了塑身减肥，有的是为了健身或改善心血管系统的功能和代谢水平，有的是为了预防文明病、老年病，有的是为了增加肌肉，还有的是为了放松精神和神经，所以运动处方应根据各人的运动目的来制定。

2. 运动项目

选择合适的运动项目时，应综合考虑以下条件，以利于健身锻炼的安全、持久、实效：经医学检查许可；运动方式、运动强度、运动量符合本人的体力；为本人喜欢的项目并具有运动经验；场地、器材设备允许使用；有同伴与指导者。

依据运动时能量代谢特征，可将健身运动项目分为有氧、无氧及混合性活动。现代运动处方中，运动形式一般包括三大类：

（1）有氧耐力运动项目。例如，步行、慢跑、登山、游泳、划船、滑冰、越野滑雪、登楼梯及室内功率自行车等运动。

（2）伸展运动及健身操。例如，广播体操、武术、健身操、舞蹈及各类医疗体操和矫正体操等。

（3）力量性锻炼。有克服自身体重的练习，如引体向上、俯卧撑、爬绳等；也有克服器械阻力的练习，如杠铃、哑铃、力量训练器。一般力量负荷采用中等强度，每次进行8~10组练习，每组重复8~12次，每周至少锻炼2次。

3. 运动强度

运动强度是指运动时人体承受刺激的大小，它反映了运动时的剧烈程度，是衡量运动量的重要指标之一，是运动处方定量化与科学性的核心问题。在体育运动中，人们常用简易指标心率来确定和控制运动强度。

（1）测量运动强度的简单办法。

运动后，10秒钟脉搏数乘以6就是1分钟的运动强度。适宜运动的强度范围可用靶心率来控制。靶心率是指能获得最佳效果并能确保安全的心率。以本人最高心率的70%~80%的强度作为标准。计算公式是：

最大心率 = 220 －年龄

心率储备 = 最大心率－安静心率

靶心率（最适宜心率）=（最大心率－安静心率）×70%＋安静心率

如某大学生20岁，安静心率为70次/分，则他的最大心率为200次/分，心率储备为130次/分，最适宜运动心率为161次/分。

（2）按心率确定运动强度的方法。

① 年龄减算法。

运动适宜心率 = 180（或170）－年龄

注意：此法是用于身体健康的人。60岁以上或体质较差的中老年人应用170减去年龄。

② 美国学者根据运动时心率和强度相关关系提出的相关标准。

心率为160次/分的锻炼强度大约是最高心率80%的强度；心率为140次/分的锻炼强度大约是最高心率70%的强度；心率为120次/分的锻炼强度大约是最高心率60%的强度；心率为110次/分的锻炼强度大约是最高心率50%的强度。

4. 运动时间

对于中老年人，强度小而时间长的运动处方能产生较好的效果；对于青少年，短时间的激烈运动的处方对增进健康有很好的促进作用。

（1）必要的运动时间（20~60分钟）。

一般一次运动锻炼持续有氧运动20~60分钟，按运动强度及身体条件决定必要的运动时间。

（2）时间与强度的配合。

每次持续时间与运动强度的配合，可以明显地改变运动量。一般来说，健康成年人应当采用中等强度、长时间的运动；体力弱而时间又充裕的人，可以采用小强度、长时间的运动。

5. 运动频度

每周3~4次是最适宜的锻炼频度，不仅能使锻炼效果得到充分的积累，而且不会导致过度的疲劳。如果频率增加为每周4次或5次，效果也可能会相应提高，但频率不能过高，否则会造成过度疲劳，降低身体的机能。

（五）运动处方的制定

运动处方的制定包括如下步骤：

1. 了解锻炼者的基本情况

这是制定运动处方最基本的依据，包括锻炼者的性别、年龄、职业、既往疾病史、身体锻炼习惯和现状，以及睡眠、食欲等情况。

2. 对锻炼者的身体健康状态进行诊断

制定者通过健康诊断，了解锻炼者的健康状况，从而准确制定运动处方。可采用医学检查诊断健康。

3. 测试锻炼者的生理机能状态和运动负荷能力

这是为了对锻炼者的生理机能状态和运动负荷能力进行检测和评定。一般要进行两种状态下的生理机能测试：安静状态和定量负荷状态。主要测试指标有安静心率、血压、运动时最大吸氧量等生理指标。定量负荷多采用逐级递增负荷运动试验。这是利用功率自行车等仪器进行的测试。

4. 测试锻炼者的身体素质综合状况

这是为了对锻炼者的身体素质综合状况进行检查评定。测定的内容包括身体各部分的力量、速度、耐力、灵敏性、柔韧性等。

5. 制订运动处方方案

在完成上述调查、测定及结果评价后，制订者可依据身体锻炼的原则、方法及锻炼者的实际情况制订包括运动项目、运动强度、运动时间、运动频率等内容的锻炼方案。

一次锻炼的时间通常为 45 分钟左右，其内容分为三部分：准备部分、基本部分和结束部分。准备部分为 5~10 分钟，采用强度较小的步行、慢跑、伸展性体操或太极拳等项目进行，使机体机能逐步提高，以适应强度较大的运动。基本部分是处方的主要活动内容，运动内容应根据锻炼目标的需要而制定，如为发展心肺功能（增加耐力）采用达到靶心率的有氧运动（如跑步、骑自行车等），并至少维持几分钟。结束部分约 5 分钟，通常做一些放松体操、散步或自我按摩、牵拉练习等，目的是防止因剧烈运动突然停止，血液集中于四肢，回心血量锐减，导致脑贫血甚至休克症状。

6. 实施锻炼方案

实施锻炼方案是指按照运动处方进行锻炼。值得注意的是，锻炼者在锻炼 4~6 周后，应该再次进行测定。一方面检验运动处方锻炼的效果；另一方面便于制定者根据锻炼中的实际情况，修改、调整新的运动处方方案，从而保证体育锻炼取得理想的效果。

# 第三章 运动损伤与防护

## 第一节 运动损伤概述

随着现代竞技体育竞争的日益激烈，运动员训练的强度和难度也逐渐增大，随之而来的意外伤害及慢性损伤概率也逐年增加。近年来，全民健身普及，社会上马拉松跑团、羽毛球俱乐部的兴起及校园足球、篮球等各种运动项目的推广，使各类运动损伤的出现概率越来越高。在美国，50%以上的健身活动是在运动医学专家或者健身教练的指导下进行的。而我国得到健身指导的人群仅占总数的10%左右，加上一些原本应该具备相关运动防护知识的教师与教练员经验不足，以及部分医生只具备临床医学知识，不具备运动医学知识，未能完善地进行医务监督，导致运动损伤的发生率增高。学习研究运动损伤，有助于掌握运动损伤的发生与发展规律，了解运动损伤的防护与训练思路，降低运动损伤的发生率，了解运动损伤的康复治疗思路，提高运动损伤的治愈率。

### 一、运动损伤发生的原因

运动损伤发生的原因众多，从运动者本身来说，包括主观原因和客观原因两个方面。主观原因是由运动员自身的不足所造成的，比如赛前准备不足、体能储备不足、技术动作不合理、精神不集中、选择与自身水平不符的难度动作或强度等。客观原因则包括运动项目的自身特征及场地、器械、医务监督缺乏等。可见，运动损伤的发生具有一定的规律性。掌握其发生的规律性，就可以有效降低运动损伤的发生率。

1. 运动员训练水平不足

从运动训练学角度分析，训练学包括基础身体训练和专项技术训练两类。而运动成绩的获得需要运动员心理、技能、体能、战术、智能五个方面素质的综合应用。任何一个方面出现问题，就可能导致动作应用的不合理，造成运动损伤。从生理学的角度讲，运动技能的形成是条件反射的建立过程。在这个过程中，若训练水平不够、动作要领掌握不好、战术运用不当、心理过于紧张，则会导致运动技能形成过程中条件反射的定型不能很好巩固，就容易造成意外伤害。

2. 运动员的生理状态不良

运动员的生理状态不良，一方面是运动员的生物节律造成的，另一方面是长期的大负荷训练致运动性疲劳造成的。比如女运动员正好在生理周期时比赛，容易造成运动成绩下滑。另外，长时间的大强度训练，会导致运动员疲劳的积累。当运动员疲劳时，即使平时非常熟练的运动技术动作也会发生变形，从而引起严重的损伤。因此，为了防止意外事故的发生，必须禁止在剧烈运动后，接着进行技术复杂和要求精确的动作。

3. 准备活动不充分

运动前进行准备活动，无论对专业运动员还是对体育爱好者都非常重要。准备活动的意义主要有三个方面。第一，可以提高肌肉温度，预防运动损伤。体育锻炼前进行一定强度的准备活动，可使肌肉内的代谢加强，肌肉温度增高。一方面，可使肌肉的黏滞性下降，提高肌肉的收缩和舒张速度，增强肌力；另一方面，可以增加肌肉、韧带的弹性和伸展性，减少由于肌肉剧烈收缩造成的运动损伤。第二，可以提高内脏器官的机能水平。内脏器官的生理惰性较大，即当活动开始，肌肉发挥最大功能水平时，内脏器官并不能立即进入最佳活动状态。在正式开始体育锻炼前进行适当的准备活动，可以在一定程度上预先动员内脏器官，使内脏器官达到较好的状态。另外，进行适当的准备活动还可以减轻开始运动时内脏器官的不适应所造成的不舒服感。第三，可以调节心理状态。体育锻炼不仅是身体活动，而且是心理活动。现在越来越多的研究认为心理活动在体育锻炼中起着非常重要的作用。体育锻炼前的准备活动可以起到心理调节作用，接通各运动中枢间的神经联系，使大脑皮层处于最佳的兴奋状态，从而投身于体育锻炼之中。

4. 比赛及教学训练的组织安排不合理

（1）缺乏医务监督。在比赛或训练时缺乏医务监督，或因教练员、运动员不重视医生的意见，允许伤病或过度疲劳的运动员参加比赛或训练，常常容易引起创伤或促使运动员伤病加重，甚至可引起更严重的后果。

（2）不遵守训练原则。训练原则包括自觉性原则、积极性原则、系统性原则、循序渐进性原则、个别对待原则等。在训练过程中，不遵守这些原则，也易发生运动损伤。

（3）缺乏保护。常见的情况是教练员保护方法失当或未予以保护，或运动员缺乏自我保护意识等，这都是发生运动损伤的重要原因。

（4）场地器材、天气等原因。场地器材、保护用具、服装不符合标准，也是发生运动损伤的原因之一，如田径比赛跑道不平、太硬，沙坑内有杂物，器械固定不良、质量欠佳等，都可能导致伤害事故的发生。

体育项目很多在户外进行。自然环境好坏不仅影响运动成绩，有时也是致伤的原因。如雨后运动场地湿滑，夏天气温太高容易发生疲劳或中暑，寒冬气温过低造成肌肉僵硬、运动不协调，从而导致肌肉、韧带等损伤的发生。

## 二、运动损伤的特点与分类

### （一）运动损伤的特点

运动损伤的部位与运动项目、专项技术特点有着密切的关系。比如足球运动员常见的损伤部位是足踝，因为他们在比赛过程中足踝承担的任务不仅仅是对抗中的稳定，还有精细运动。每个项目都会因为专项技术特点而有各自易伤的部位。总的来说，运动损伤的发生具有以下普遍性特点。

(1) 小伤、轻伤多。

(2) 软组织损伤多。

(3) 慢性损伤多。

(4) 复合性损伤多。

(二) 运动损伤的分类

运动损伤的分类方法主要有以下几种。

1. 按损伤时间分类

(1) 急性损伤。

(2) 慢性损伤。

2. 按损伤轻重分类

(1) 轻度损伤。

(2) 中度损伤。

(3) 重度损伤。

3. 按损伤部位分类

(1) 软组织损伤。

(2) 关节与软骨损伤。

(3) 骨组织损伤。

(4) 神经损伤。

(5) 内脏损伤。

## 第二节 不同项目常见的运动损伤

### 一、田径运动

田径运动包括跑、跳和投掷等，属于体能主导类的项目。体能主导类项目的损伤主要是能量供应不足或者能量失衡导致的动作变形引发损伤，不同项目其损伤的性质和程度也各不相同。田径运动是各项运动项目的基础。有调查资料显示，田径运动中常见损伤部位所占的比例大致如下：膝关节损伤约占40%，跟腱损伤、髋关节损伤、臀部损伤各约占15%，足和踝关节损伤共约占10%，腰背部损伤约占5%。田径运动的损伤主要集中在以腰、踝、膝、大腿、小腿等为主的部位，损伤性质则大多是肌肉、肌腱损伤，而韧带、滑膜和骨损伤次之。

(一) 跑步项目

在中、高速跑的过程中，足底承受着几倍于体重的负荷。由于力的传导作用，膝关节不仅承受压迫力，还受到旋转力的影响，常可造成髌骨、髌腱、膝关节周围软组织、股四头肌及股二头肌的损伤。关节软骨摩擦增加还可能导致软骨损伤。

短跑时常遇到的损伤有大腿后部肌肉拉伤、足踝腱鞘炎、跟腱纤维撕裂及跟腱腱围炎等。例如，赛跑时急停会引起髂前上棘处的肌肉拉伤、踝关节与膝关节扭伤、足趾部骨折等；短跑起跑用力踏蹬时，常发生股后肌群的坐骨结节连接处的牵拉伤，或偶发生跟腱断裂，等等。

中长跑损伤发生率较低，但身体多因过度紧张或疲劳而出现肌肉僵硬等现象。由于下肢训练过多，有时可导致膝外侧疼痛综合征、胫前肌腱鞘炎、胫腓骨疲劳性骨膜炎或骨折等。另外，长跑过程中还可能会发生摔倒而擦伤皮肤或骨折等。

跨栏项目最易引起大腿后肌肉拉伤。跨栏运动中骨盆前倾增加了腰部的负荷，可造成腰部肌肉的积累性劳损；行进中反复起跳和落地动作会增加对髌骨的磨损而导致髌骨软化症等。

（二）跳跃项目

跳跃运动需要速度和爆发力，属于速度主导型的项群。跳跃动作在着地时所产生的冲击力较大，此外，身体某些部位由于突然减速，冲击力的传导和吸收负荷都明显增加。如着地时股四头肌需强烈收缩，吸收冲击力，以维持膝关节的稳定和角度，故膝关节应力十分集中，极易导致膝关节的韧带及半月板损伤；髌骨对股骨髁的冲击加速了髌骨关节面的软骨磨损和软骨细胞变性；跳跃时背伸动作过频还可引起腰部肌肉疼痛、腰椎损伤，甚至椎弓崩裂和腰椎滑脱。

跳远助跑时跑道不平或太滑、沙坑太硬或有石块、跳高过杆或落地时姿势不正确等，易导致踝关节韧带捩伤或骨折、足跟挫伤、膝关节的韧带与半月板损伤、前臂骨折及肩部挫伤等。撑竿跳高运动项目除上述损伤外，还可因竿的折断或不正确的落地，而引起头及脊柱的伤害，但比较少见。为了预防这些损伤的发生，跳高助跑的跑道应平而不滑。练习前应检查横杆与架子的质量。为了减少制动时的冲击力量，跳鞋的后跟内应垫橡胶海绵，跳坑内的沙子应松散而干净。跳高无论是跨越式、背越式，还是俯卧式，初学时都应从低杆跳起，先学腾空及转身姿势。学习三级跳不应做长距离和高速度的助跑。助跑的跑道过硬或技术不良，都可能引起踝关节骨折、韧带损伤、跟腱损伤及跟骨下脂肪垫挫伤等。

（三）投掷项目

标枪、铅球、链球和铁饼等都属于投掷项目，属于力量主导型的项群。运动员中肘关节骨性关节炎（投掷肘）和肩袖损伤非常普遍。因为在投掷过程中，肘关节被强制性固定在外翻位，前臂轻度旋前，肘轻度屈曲时，内侧副韧带紧张，在投掷动作一瞬间，肘内侧部位软组织易出现轻微损伤。

1. 手榴弹与标枪

由于掷手榴弹与标枪时对腰、膝、肩、肘的动作要求很高，所以这些部位也最容易发生损伤。标枪最常见的损伤为肩袖伤、肘内侧副韧带及肌肉捩伤、肘的骨关节病等。导致肩损伤的原因主要有肩柔韧性差、大结节与肩峰及喙肩韧带反复摩擦；或投枪时姿势不符合技术要求，如出枪前躯干转体时间过早、转肩落后于转体等。肘关节损伤多由于枪出手时枪尖偏高、偏外，未充分利用腰及下肢力量，集中在前臂用力，致使肘负担过重、外翻力过大；或因出手时鞭打动作过大，肘关节受到过度牵拉而韧带等结构受累。腰部力量不足及疲劳可能是腰损伤的重要原因。膝损伤最常见的是髌骨软骨病或伸膝腱膜炎，这主要是助跑之末，小腿突然制动，使髌骨的软骨与股骨反复撞击或肌肉反复牵扯所致。此外，手榴弹投掷技术错误，还会发生肱骨的骨折，受伤时常常合并桡神经麻痹。

2. 铁饼

掷铁饼时最易发生的损伤是髌骨软骨病、髌腱捩伤及伸膝腱膜炎，这是由于掷铁饼经常需要运动员在膝半蹲位置支撑、扭转用力所致。做半蹲位模仿动作或投掷动作过多，或技术动作不正确，都会引发髌、股关节软骨损伤。常犯的技术错误动作是蹲起时身体旋转而足未同时旋转。这样会产生膝关节有扭转动作，从而加重髌、股关节软骨摩擦，久之软骨则发生软化剥脱等病理改变。

3. 链球

链球项目是运动员两手握着链球的把手，和球同时旋转，最后加力使球脱手而出。因此，最常见的损伤是斜方肌拉伤和腱袖损伤。

4. 铅球

推铅球时常见的损伤有掌指关节扭伤、指深屈肌腱拉伤，或因出手时球由指间滑出而致蚓状肌拉伤。此外，左侧腰方肌也常因投球时腰的突然侧倾而拉伤。个别运动员为了加强腿的后蹬力量，过多地重复“膝半蹲起”的动作练习，因而容易引起髌骨软骨病。

## 二、球类运动

球类活动比较普遍，特别是篮球、足球、排球、乒乓球、羽毛球在群众中尤其受欢迎。球类运动对技能的要求非常高，属于技能主导类项群，根据项目的不同又分为同场对抗型和隔网对抗型。隔网对抗型项群相对于同场对抗型项群，造成的损伤更多的是由动作表现错误引起的，具有项目的规律性。而同场对抗型项群有着激烈的身体对抗，更容易造成损伤，且损伤的形式多样。

（一）篮球

篮球是一种高对抗性的运动，篮球运动造成的损伤非常多见，可分为急性损伤和慢性损伤两种类型。

急性损伤最常见的原因主要有跌倒、跳起或抢球时落地不稳（踩在别人脚上或被踩），急停、急转、冲撞，或因场地不平、场地过滑而摔倒，等等。外伤最轻的仅仅是擦伤，重的可以发生骨折或脱位。一般常见的有踝关节韧带捩伤或骨折、膝的韧带及半月板损伤、手指挫伤及腕部舟状骨骨折等。

篮球运动中慢性损伤的种类很多，其中最影响运动训练与技术发挥的是髌骨软骨病、髌尖末端病、髌腱腱围炎。这些损伤发生的主要原因是滑步进攻与防守、急停与踏跳上篮等动作。这些动作都需要膝半蹲发力，若局部训练过多过久，必然引起膝关节负担过重而使其韧带等周围结构受到微细损伤，最后导致上述慢性损伤的发生。运动员需要加强全面训练使全身肌群协调发展，在比赛中更加重视团队合作，才可能减少运动损伤的发生。

（二）足球

足球运动是损伤发生率最高的运动项目之一。该项目 85% 以上的损伤发生在四肢。

损伤中除一般常见的擦伤及挫伤外，踝关节的扭伤最常见；其次是大腿后肌群和内侧肌群的拉伤、股四头肌等前群肌肉的挫伤；膝关节损伤又次之，并主要集中在半月板撕裂、膝交叉韧带断裂、髌骨骨折、髌骨软骨病等。膝关节损伤虽然少见，但一旦发生，治疗较为困难。膝部伤病是阻碍运动员参加正常训练和比赛的重要因素。

足球运动损伤的发生，总结起来有以下几方面的原因。

（1）动作转换：比赛时紧张地争夺、疾跑与铲球，易引起大腿与小腿的肌肉拉伤与断裂。突然改变体位，小腿的突然扭转、内收或外展，可引起膝、踝关节的韧带及骨的损伤。

（2）球击伤：如面部的擦伤、挫伤，腹部及阴囊、睾丸等处的挫伤。球击伤最典型而常见的是守门员的手指损伤，如拇指、食指或其他手指的韧带损伤与关节脱位。

（3）踢伤：比赛时大小腿常常被对方膝及小腿等部位踢撞，引起肌肉挫伤、皮下血肿、肌肉断裂及骨的损伤（最常见的如胫骨骨折、胫骨创伤性骨膜炎）等。

（4）摔倒：运动员在争球、冲撞或疾跑时，若场地凸凹不平就很容易摔倒，由此也会增加发生损伤的机会。常见的有擦伤、膝和肘部创伤性滑囊炎、髌骨骨折、脑震荡等。

（5）其他原因：除上述情况外，足球运动员又常因劳损发生慢性损伤，如踝关节创伤性骨关节病（又名“足球踝”）、耻骨炎及髌骨软骨病等。另外，技术不正确、不遵守训练原则、场地不好、忽视使用保护装备（护肘、护膝及护腿等）、过度疲劳及裁判的原因等，都可导致运动损伤的发生。

（三）排球

排球最常见的损伤部位是肩、膝和腰部，拦网时，手指关节扭伤、骨折及脱位也不少见。

肩部损伤以肩撞击综合征、肩袖损伤、肱二头肌腱腱鞘炎为最多，多因肩部无力、扣空球或扣球技术错误（如肩外展 90°屈肘扣球）而引起。一次或多次扣球姿势不正确，还会引起肩胛上神经麻痹，出现冈上肌和冈下肌麻痹。

膝部损伤以髌骨软骨病、股四头肌末端病为最多。这些损伤多见于习惯用单足起跳、落地的运动员，如改为双足跳，则多可避免；起跳或救球造成的膝关节扭伤，常常伤及半月板。另外，救球倒地膝触地的直接撞击，可致髌骨及股关节面软骨损伤。

腰部损伤以肌肉劳损、椎板骨折与棘突骨膜炎较多。扣球要求身体的腰背极度后弯再猛力向前，如果胸背及髋向后伸幅度不够大，单用腰极度后弯很易伤及腰部。此外，扣球、封网、倒地救球等，也可以导致腰背、臀部的挫伤及上下肢其他关节韧带的捩伤或扭伤。

（四）乒乓球

乒乓球的基本动作包括击球动作、步法和全身协调动作。击球动作如扣杀、削球、提拉、推挡等，主要和肩、肘、腕关节的柔软性和肌力有关。步法是髋、膝、踝关节柔软性的表现。股四头肌、大腿部屈膝肌、小腿三头肌的肌力是步法灵活的保证。全身协调动作主要与腰部动作有关。腰部力量直接影响着躯体左右摆动时的柔软性、力度和速度。有资料表明，乒乓球运动损伤中占首位的是腰部损伤，其次是膝关节和肩关节损伤。

腰对保持身体平衡、抽球时协助用力、旋转等起重要作用，易劳损。由于一手握拍，很多运动员腰两侧肌肉发达程度不一致。握拍手对侧腰肌发达，造成腰肌力不平衡，也是引起腰痛的原因。腰痛包括腰肌劳损和筋膜性腰痛症、腰椎间盘突出症、腰椎椎弓崩裂和滑脱等。这些都与腰部肌肉过度使用和快速突然的回旋活动有关。

膝关节损伤多为半月板损伤，这主要是由于乒乓球运动经常单侧下肢负重转体。膝关节负重而突然旋转可造成半月板的挤压断裂，有时伴有膝交叉韧带损伤。运动前充分进行下肢关节和肌肉的准备运动，被认为是预防膝关节损伤的最好方法。

肩关节损伤多为肱二头肌长头腱炎症、肩袖及腕部损伤等，多是由过度练习单一动作或动作技术不合理造成的。乒乓球运动时肩的活动度很大，而且无论是横握拍还是直握拍，攻球时肩部都发挥很大力量。每天练习提拉、抽球数千次，久之肱二头肌长头腱、肩袖及其周围滑囊、韧带慢性劳损不可避免。由于腕关节旋转活动较多，所以腕软骨盘损伤常有发生。

（五）羽毛球

对专业运动员来说，从事羽毛球运动，反应的敏捷性、关节的柔韧性和肌肉的爆发力等基本素质必须过硬。身体的负担主要集中在上肢肩胛带、肘部和腰部。

肩部损伤是羽毛球运动的主要伤病。大力抽杀及不同方向的救球，肩袖腱反复受到牵拉和摩擦，很易致肩袖损伤。

肘部损伤也十分常见，主要有肘外侧前臂伸肌群或内侧前臂屈肌群的起点处损伤。损伤机制是起点处肌腱组织发生微细断裂。肘内侧损伤是由扣球动作所致。外侧损伤则类似网球肘。若在前臂伸肌的肌腹部使用支持绷带，可以使肱骨外上髁方向的力得到释放，达到预防和改善肘外侧的疼痛症状的作用。

反复跳跃、急跑骤停使下肢的应力主要集中于膝部，造成髌韧带、髌骨附着部微小断裂，最后发展成慢性劳损。膝部伤病还有膝滑膜皱襞损伤，常见于膝内侧。这是由于羽毛球运动员常处于膝半屈状态。该体位则容易将内侧滑膜皱襞挤压入股骨内侧髁和髌骨内侧关节面之间，从而引起膝关节滑膜炎。

（六）网球

网球运动是耐力和力量为主的运动项目。在球场上运动员时常保持腰前倾、膝关节半屈位状态，以便起动、移位、防守或进攻，因此，常常发生腰部肌肉劳损和创伤性筋膜炎。

由于正拍击球力量大，防守时被动受力也大，故肩、肘、腕部的损伤在网球运动中都可发生。肩袖损伤、肘的内外上髁炎、创伤性滑膜炎、腕凸症等，特别是肘外上髁炎（又称肘外侧疼痛综合征、网球肘）最为常见。

## 三、体操

体操包括的内容很多，在正规的比赛项目中，男子体操包括自由体操、鞍马、吊环、跳马、双杠、单杠 6 个项目；女子体操有自由体操、高低杠、平衡木、跳马 4 个项目。

体操属于表现难美型项群。高难度的技术要求使得运动员发生的损伤具备项目特异性。损伤产生的原因主要是体操的动作技术较复杂，较难掌握，而且运动员大都在器械上练习，一旦摔下就很易受伤。此外，器械设备不合安全要求、保护与自我保护方法不当、训练的安排未遵循训练原则等，也会导致体操运动损伤。运动实践证实，长时间大运动量的训练所致精神疲劳、局部疲劳，是引起急慢性损伤的重要原因。

（一）慢性损伤

体操运动损伤以慢性损伤为主，主要是训练强度过大或过度训练、比赛组织安排不当等导致的。常见的慢性损伤主要有以下几种。

（1）髌骨软骨病、髌腱腱围炎：系因反复半蹲起跳、高处落地，膝关节反复受到冲击而微细损伤逐渐积累，引起髌骨和股骨的软骨、伸膝筋膜、髌腱等组织结构发生变性、增生等病理改变而致。

（2）手腕、踝关节创伤性腱鞘炎：在练习鞍马、自由体操、高低杠、平衡木等项目时，手腕过多支撑用力，或足过多踏跳、落地及足尖支撑等，使腕、踝部肌腱反复受到牵拉摩擦，久之腱鞘受损变性、增生而发展成慢性炎症。

（3）腕桡骨骨骺损伤：手腕长期进行支撑动作，腕部血管受压，血液循环障碍，会引起腕桡骨骨骺缺血性损伤。晚期可致桡骨发育短小，造成远侧尺桡关节脱位或半脱位。

（4）肩袖损伤：在吊环、单杠、高低杠等项目中，过多的转肩、悬吊及扭转动作可致肩袖反复受到牵拉，引起肩袖肌损伤或肌腱炎。

（5）脊柱损伤：由过多的不正确的“做桥”、后手翻及腰部后伸摆动等所致。常常引起棘突骨膜炎、椎板疲劳性骨折、椎体骨骺炎及腰肌慢性劳损等。

（6）肘关节骨软骨炎：多在跳马、自由体操、吊环等项目中，由过多的上臂支撑所致。如跳马支撑动作除推手之外，常伴有前臂的旋转甚至内外翻动作，此动作可引起肱骨小头骨软骨损伤、骨质增生。

（7）股骨头损害：近年来，体操运动员年龄逐渐少儿化。弹跳、落地等动作对髋关节冲击力较大。少儿髋臼未完全发育，髋臼连接处（髋骨、坐骨、耻骨的接合部分）骨化结构并未形成，此时髋关节负荷过早、过大，必然影响到髋关节的稳定而造成股骨头骨骺的损伤。由于髋关节损伤起病缓慢、早期症状不典型，所以很易漏诊而延误防治。久病会影响髋关节内部及其周围组织的血液循环，严重时可导致股骨头坏死。

（二）急性损伤

（1）上肢损伤：常见的有肘关节内侧韧带损伤与肘关节后脱位等肘部损伤。这种损伤主要由失手落地时，单臂伸直或半屈曲位向后撑地，肘突然外展所致。轻者发生肘的内侧副韧带损伤或断裂，重者发生肱骨内上髁骨折，甚至发生脱位。落地支撑还能引起肱三头肌腱撕脱骨折，有时也可引起肘的桡骨脱位及尺骨骨折，少年运动员还可发生肱骨髁上骨折。

（2）下肢损伤：落地时两膝未并拢，最易导致膝关节内侧副韧带损伤和踝部扭伤。

（3）摔伤：多因器械倒塌或从器械上摔下所致。头部着地易引起颈椎的骨折脱位，臀部落地多引起胸腰椎骨折，腕部支撑可引起前臂尺桡骨、腕舟状骨骨折等。此外，器械擦伤、扎伤及撕裂伤也很常见。

## 四、跳水

跳水运动员的运动损伤较为常见，主要有腰背肌肉筋膜炎、颈椎病、髌尖末端病、肩袖损伤等，也可有前臂骨折和腕舟骨骨折。视网膜剥离为跳水运动员的特有损伤，而且后果严重。

除专项训练引起损伤外，身体的辅助训练也是导致跳水损伤发生的重要原因，如弹网训练很易引起膝、踝及腰的损伤等。另外，如果运动员动作失误，入水前头撞击跳板，可引起头颈部损伤；如果头部误撞池边，则会造成非常危险的损伤，可能引起颈椎骨折脱位、截瘫，甚至死亡。

## 五、摔跤和柔道

摔跤和柔道属于接触性对抗性运动项目，损伤发生率很高，而且急性损伤比慢性损伤更为常见。

摔跤容易引起腰背部肌肉筋膜损伤、膝关节韧带撕裂、肢体和肋骨的脱位与骨折、脑震荡，以及其他部位的挫伤、擦伤和撕裂伤等。例如，耳壳挫伤、撕裂及软骨炎等处理不当，常引起耳壳畸形“摔跤耳”的形成。

中国式摔跤及柔道由于需要用手抓住对方的背心或柔道服，所以手部损伤较常见，主要有屈指肌腱腱鞘炎等。中国式摔跤所致运动损伤中除上述损伤外，还经常见到因“踢绊”所致的胫骨的创伤性骨膜炎等。在损伤类型方面，柔道及古典式摔跤运动员膝、肘及肩部创伤多见，而且柔道及古典式摔跤均有搂抱动作，故还可造成胸肋挫伤、挤压伤或肋软骨骨折等。柔道常用关节技使对方肘关节过度背伸，久之引起肘的骨性关节炎。

## 六、拳击与散打

拳击和散打都属于接触性、对抗性强的竞技运动，双方都有强烈的身体攻击，故运动损伤多且严重。除提高技术外，身体素质甚为重要。比赛和训练时要严格训练、严格执行规章制度，以及加强裁判工作、医务监督，不同等级的运动员绝对禁止比赛。当两个运动员技术相差悬殊时，裁判和医生应及时制止继续比赛，以免运动员发生严重损伤。

### （一）拳击

拳击是一种很普及的运动项目。拳击运动损伤以颈、脑损伤占首位，而且损伤较重，有急性的脑外伤、急性硬膜下出血、脑震荡甚至脑挫伤，常致伤残甚至危及生命。及时诊断及治疗非常重要。

拳击急性损伤多见于擦伤、挫伤及骨折等。擦伤、挫伤多见于头面部，以眼部周围组织最为常见，骨折常发生在鼻骨及第一掌骨等部位。急性损伤还可见膝、踝、掌指关节囊韧带损伤等。慢性损伤以脑损伤更为常见，这与多回合比赛头部经常被击打有关。头部经常被打击致脑内组织有小出血点，久之脑软化，产生症状被称为“拳醉”，即步态蹒跚、神昏不清等。头部被击打还可引起眼部及耳听力损伤。另外，慢性损伤还可见腰肌劳损、足部疲劳性骨折、骨膜炎等，这可能与过多的弹跳有关。

（二）散打

散打也属于对抗性、攻击性较强的项目。损伤的种类和性质与拳击运动损伤比较相似，但发生的概率较小。散打时上下肢都可以进攻对方，而且摆腿技巧使用频率更高，还有单腿支撑，甚至360°转体等动作。所以，散打损伤主要是膝、踝、足关节韧带损伤。

### 七、举重

举重损伤发生原因有的是训练或技术水平不够，有的是训练中违反纪律、粗心大意，也有一些损伤是日积月累，逐渐出现的。举重运动员最常见的损伤部位是腕、肘、肩、腰及膝。

无论是抓举还是挺举，举重运动员在提铃或翻腕时，手腕的屈肌及腰部的伸肌都要有很大的收缩力量，因此，时常引起肱骨内上髁部的肌腱撕裂或撕脱骨折，腰部伸肌的捩伤及手腕部的韧带捩伤。另外，在抓举时，肩肘及腰部的突然过度背伸，常常引起肩袖损伤、前锯肌损伤、脊椎棘突骨膜炎、椎板骨折、肘的创伤性滑膜炎及骨关节病等急慢性损伤。膝关节以半月板损伤、髌骨软骨病及伸膝腱膜炎较多见，多系突然下蹲或起立时，膝不当地内收扭转所致。举起杠铃时站立不稳、晕厥或铃片失脱会引起严重砸伤，如胫腓骨骨折、脊椎骨折等。

由于青少年的脊柱骨质矿物质少，虽然他们的肌肉有力，可以举起很大重量，但脊柱椎体的骨质不能承担，以致发生压缩骨折甚至脱位。因此，青少年练习举重时，尤其是非举重专项的青少年运动员做身体素质训练时应注意，一是重量不宜太大，要循序渐进，逐步增加重量，绝对禁止贸然大重量试举；二是一定要有教练员在场监督、保护。

## 第三节　运动损伤的预防与治疗

### 一、运动损伤的预防原则

减少运动损伤的发生，关键是能够遵循运动损伤的预防原则，针对不同项目而充分了解预防方法。这就要求教练员、医生、科研人员及运动员本人必须掌握相应的预防知识，在运动训练中遵循如下原则。

（一）加强全面系统的训练，提高机体对运动的适应能力

对不同运动项目，注意容易损伤部位及相对薄弱部位的训练，是预防运动损伤的一种积极手段。其中主要的训练是加强肌肉力量的训练，肌力不够或肌群活动不协调常常会造成损伤。如运动员中常见的腰背痛、腰肌劳损，常常是背伸肌与腹肌的肌力比的失衡而造成的。因此，有人提出为防止腰部肌肉伤病的发生，提高运动员腹肌的肌力的训练是非常必要的。再如，膝关节伸肌群（股四头肌）和屈肌群（股二头肌、半腱半膜

肌、小腿三头肌等）的肌力不协调，常造成股后肌的拉伤或膝关节损伤等。

（二）科学合理地安排运动量是预防运动损伤的有效方法

盲目追求大运动量的训练，必然导致运动损伤的发生。科学训练具有五大要素：全面性、渐进性、个体性、反复性、意识性。全面性是指要全面系统地训练；渐进性是指训练负荷要逐步加大；个体性是指训练时必须因人而异，性别、年龄、体力、技术熟练程度不同，训练量和训练内容、方法也应不同；反复性是指运动员通过反复训练，建立起相应的条件反射；意识性是指教练员、运动员必须掌握运动项目的不同会相应带来哪些不同的运动损伤，做到心中有数，事先加以防范。

（三）充分做好准备活动和放松活动

在训练、比赛或体育课之前，做好充分的准备活动，运动以后做好放松活动，是预防运动损伤的重要手段。训练比赛前的准备活动，既能使基础体温升高、深部肌肉的血液循环加快、肌肉的应激性上升、关节柔韧性增强，也能调整赛前心理、减轻紧张感和压力感。从预防损伤的角度看，放松活动和准备活动是同等重要的。放松活动是一种消除疲劳、促进体力恢复的良好方法。放松活动应包括慢跑、呼吸体操及各肌群的伸展练习。剧烈运动后进行放松，可使心血管系统、呼吸系统仍保持在较高功能水平，有利于偿还运动时所欠的氧债，改善肌肉血液循环，减轻肌肉酸痛和僵硬程度，消除局部疲劳，对预防运动损伤发生有良好作用。

（四）加强运动中的保护和帮助

运动的保护或帮助方法不当、缺乏保护与帮助，常会引起运动损伤。运动中适当的保护与帮助可增强运动员的信心，避免一些意外事故的发生。同时运动员还应学会各种自我保护的方法，例如，从高处摔下或落地时必须双腿屈膝并拢，使双腿相互保护，以免扭伤膝关节和踝关节；当重心不稳、快要摔倒时，要学会各种滚翻动作，以缓冲与地面的直接撞击，切忌直臂撑地；等等。

此外，普通健身人群和运动员还必须学会使用各种支具的保护方法。例如，预防“足球踝”的绷带裹扎法；为防止手及腕损伤，拳击运动员使用的绷带裹手法；防止足弓下陷的粘膏支持带及防止腰伤的皮围腰的使用方法；等等。

（五）加强运动员的医务监督工作

加强运动员的医务监督主要是定期并按需要对运动员进行体格检查，特别是根据运动专项的发病特点及部位进行仔细检查，以尽早发现各种劳损性损伤，必要时应定期做X线检查，通过检查发现潜在性疾病并及时给予治疗。选拔新运动员时，必须进行详细的伤病检查。因伤不能从事大运动量训练或先天畸形，或从伤情特点来看恰好是本专项多发病，从治疗的角度来看较困难或需要时间较长的这一类运动员，不宜参加集训。例如，有髌骨软骨病的运动员不宜参加篮球、铁饼、跳高等运动，椎板骨折者不宜参加举重与体操，等等。

加强运动员自我监督，促使运动员关注训练和比赛过程中自身反应，获得最直接的资料并反馈，对于教练员调整训练计划、安排运动量、预防运动损伤具有重要意义。其方法除了包括一般所熟知的内脏器官的机能自我检查方法之外，还包括根据不同项目的特点及外伤发病规律制定的一些特殊的自我监督方法。例如，参加易损伤肩袖的项目的运动员每日应做肩的反弓试验（肩上举170°时再用力后伸），出现疼痛即为阳性；参加易致髌骨软骨病运动的运动员应于开始运动时做单腿半蹲站起检查，出现膝痛或膝软征象即为阳性；参加易致胫腓骨疲劳性骨膜炎、足屈肌肌腱腱鞘炎运动的运动员每日应做足尖后蹬地试验，伤部出现疼痛即为阳性等。出现以上阳性反应之后，运动员应立即就医，并根据伤情的轻重重新安排训练计划。

（六）建立队医、教练、运动员预防运动损伤的协作关系

运动员应该了解运动项目可能发生损伤的机制，对可能出现的损伤有一定的心理准备，增强预防损伤和自我保护的意识。教练应该增强预防损伤的意识，科学安排训练并做好保护工作。队医必须掌握运动外伤的处置和保健知识，负责急救、协助检查运动强度的大小，并做好医务监督。同时运动队应该经常举行有关体育理论和运动损伤知识的讲座和讨论，建立队医和教练相互学习的制度。队医和教练应结合本队的损伤发病情况，理论联系实际进行分析、讨论。这样将有助于双方不断提高理论水平，统一认识，进一步融洽协作关系。

## 二、运动损伤的治疗原则

运动损伤分急性损伤和慢性损伤。损伤的急、慢性不同，处理原则亦不太相同。如急性损伤的处理原则为早期止血、消肿；而慢性损伤的处理原则主要是对症治疗，减轻疼痛、恢复功能。

（一）急性损伤

1. 肌肉拉伤

损伤特点：肌肉拉伤主要指肌肉主动强烈地收缩或被动过度地拉长所造成的肌纤维微细损伤、肌肉部分撕裂或完全断裂。这是一种作用于肌肉的间接损伤，在运动员中较常见。肌肉拉伤的病理变化主要是炎性反应、水肿，有时伴出血。肌肉拉伤后伤处疼痛、压痛、肿胀、肌肉紧张或痉挛，触之发硬；受伤肌肉主动或被动拉伸时，疼痛加重；皮下淤血，运动功能障碍，肌肉出现收缩畸形。肌纤维部分断裂时，伤处可摸到凹陷；肌腹中间完全断裂时，出现双驼峰畸形；一端完全断裂时，肌肉收缩呈球状畸形。

治疗原则：肌纤维少量断裂或损伤较轻时，应及时停止运动，并立即冷敷，可用冰块冷敷或冷水冲洗15~30分钟以使小血管收缩，减少局部充血水肿，并加压包扎、抬高患肢、局部制动，切忌搓揉按摩及热敷；24小时后可使用外用止痛药、外敷中药、痛点封闭；48小时后可行理疗按摩处理。肌纤维大部分断裂或完全断裂时，经加压包扎等急救处理后，应尽快就医，及早做手术缝合。非甾体化合物抗炎药物的应用对于伤后数天内缓解炎性反应与疼痛有一定帮助。虽然口服皮质激素亦可控制炎症，但其短期应用后对青少年可产生副作用，所以其不宜作为首选药物应用。在开始的时候为了减轻疼痛，可进行局部制动，但长期的制动则不利于组织愈合，甚至导致肌萎缩与力量减弱，这一点必须加以注意。

2. 肌肉挫伤

损伤特点：肌肉挫伤者身体局部受到钝性外力打击或关节部位突然过猛扭转而引起

的软组织损伤。轻度损伤局部仅有疼痛、压痛、肿胀、功能障碍；重者可因皮下出血形成血肿或瘀斑，疼痛和功能障碍明显。肌肉挫伤病理变化与肌肉拉伤有所不同，早期组织变化为血肿形成与炎性反应，然后由致密结缔组织的瘢痕取代血肿，甚至可出现异位骨化。肌肉挫伤常见于股四头肌和胫骨前肌，在对抗性运动项目中经常发生，如在足球比赛中，运动员大腿前外侧经常被顶撞，引发挫伤。

治疗原则：轻度损伤不需特殊处理，经冷敷处理 24 小时后可用活血化瘀酊剂，轻手法理疗。较严重的扭挫伤，经冷敷处理后外敷新伤药，加压包扎、抬高患肢，同时给镇静止痛药；如合并骨折，固定后应立即就医，进一步处理。损伤早期一般禁忌按摩疗法，因为按摩可能会造成更多的内部组织出血。在无疼痛的状态下，鼓励病人早期活动，以促进挫伤的肌肉组织愈合。

3. 血肿

损伤特点：血肿多数是由外伤直接形成的闭合性损伤，常常合并挫伤。其基本病理是组织内出血，出血压力推开组织而形成一个局限性空间。组织局部出现波动是血肿的基本表现。血肿位置在浅表时很容易诊断，但位于肌肉组织间的血肿有时难以判断，抽吸检查则是十分必要的。

治疗原则：早期采用冰袋和绷带压迫包扎。出血较多时可穿刺抽出积血，排出已出的积血，对促进出血的吸收、加速损伤组织的愈合有非常重要的意义。穿刺应严格无菌操作，局部制动，避免剧烈活动和按摩，以免加重出血。

4. 韧带损伤

韧带损伤是指韧带因受暴力过度牵伸，导致不同程度的韧带纤维及其附着处的断裂。韧带连结于骨与骨之间，其主要功能是维持关节的稳定性，保护关节在生理范围内活动。外力所致的关节异常活动，超越韧带所能承受范围时就会导致韧带损伤。根据损伤程度，韧带损伤可分为三度。

Ⅰ度损伤：即轻度损伤。韧带只有部分纤维被拉断，局部有轻度出血，没有明显功能丧失，检查时韧带功能没有减弱。Ⅰ度损伤在治疗方面，由于韧带功能减弱不明显，一般只需要对症治疗，不需严格固定，但仍应引起重视，不能使关节负重运动。

Ⅱ度损伤：即中度损伤。韧带部分断裂，并存在一定程度的功能丧失。其撕裂的程度可小可大，功能的丧失亦随撕裂程度有所不同。Ⅱ度损伤必须强调伤肢的保护，将伤肢制动在不使韧带受到牵伸的位置，使韧带挫伤端不至于受力而回缩分离，并使组织撕裂部分在愈合过程中，通过正常疤痕组织的联结而被取代。如果韧带撕裂严重，大部分断裂，在没有及时制动的情况下，则在愈合过程中将有永久性的大块疤痕形成，使韧带的张力减低，成为该段韧带的薄弱点，以后运动中很容易再度导致损伤。

在Ⅱ度损伤中，韧带未完全断裂，其残留部分可稳定关节结构。断裂韧带虽然并未过度回缩，但其愈合时间与完全断裂相似，大约需要 6~10 周，甚至长达 4 个月。一般经过非手术治疗后，患者局部疼痛、瘀血、肿胀，在 2~3 周可逐渐消退，关节可无痛，完成正常关节活动，但关节不稳定风险加大。运动员韧带损伤后，经过及时合理的早期治疗，病程进展顺利，损伤愈合状态良好，但制动的时间过短或运动员过早参加了专项训练，会导致关节不稳定，使得整个疗程延长，甚至引发再度损伤，造成更严重的韧带

Ⅲ度损伤。

Ⅲ度损伤：也就是重度损伤，是指韧带完全断裂并完全丧失其功能。这种损伤往往韧带断端呈现出显著分离、回缩现象。由于有效的愈合取决于断离的韧带端是否能对接，所以将韧带断端复位对合是治疗的关键所在。对韧带Ⅲ度损伤，必须住院早期手术治疗，术后还需要外固定治疗。

不同程度韧带损伤的处理原则见表 3-1。

**表 3-1 韧带损伤处理原则**

| 韧带损伤 | 撕裂程度 | 处理原则 |
| --- | --- | --- |
| Ⅰ度损伤 | 极少量撕裂 | 运动防护、功能训练 |
| Ⅱ度损伤 | 部分撕裂 | 康复治疗、运动防护、功能训练 |
| Ⅲ度损伤 | 完全撕裂 | 手术、康复治疗、运动防护、功能训练 |

5. 关节扭伤

损伤特点：在外力作用下，关节发生超常范围活动时，可引起关节囊或韧带损伤，称为关节扭伤。轻度的关节扭伤，仅使关节囊和韧带的少量纤维撕裂；严重者则使纤维完全断裂，同时合并关节脱位和滑膜的损伤。

处理原则：单纯性关节扭伤若只有部分纤维撕裂可按软组织损伤处理，立即采用冷敷、加压包扎、外敷中草药等方法。48 小时后可以进行理疗。在关节的肿胀和疼痛减轻之后，在加强运动防护的前提下，患者应尽早进行结合运动专项的伤肢功能锻炼，以防止组织粘连。但功能锻炼应把握好时机，如果运动过早，会使急性扭伤变成慢性损伤，引起关节囊增生、关节肿大，经常疼痛而影响正常功能。

6. 骨骺损伤

损伤特点：骨骺损伤多发生于青少年。从解剖上骨骺可分为压力型骨骺和牵拉型骨骺两大类型。压力型骨骺损伤多见于关节内，牵拉型骨骺损伤则多发于关节外的肌腱附着点等部位。骨骺损伤可分为急性骨骺损伤和慢性骨骺损伤。急性牵拉型骨骺损伤多为骨骺撕脱分离；急性压力型骨骺损伤多为骨骺骨折或分离。慢性骨骺损伤可引起骨软骨病。慢性压力型骨骺损伤以骨坏死、囊变、碎裂及变形为主。骨骺损伤可以引起继发畸形，导致较为严重的骨关节功能障碍，其预后与严重程度和骺板的生长潜力有关。骨骺损伤可造成局部疼痛、压痛、肿胀、畸形或功能障碍。X 线检查可以显示其异常改变。

处理原则：急性损伤治疗应准确复位，复位后制动固定，处置中不可加重骺板损伤，并应做到随访观察。慢性损伤者应避免活动，做到局部制动、适当休息，并采用热敷、理疗等方法。

7. 关节脱位

损伤特点：关节脱位是指关节面失去正常的对应结构，也称脱臼。脱位后由于关节面位置异常，关节功能丧失。关节脱位常伴有软组织的损伤、出血或周围神经卡压症状，引起受伤关节疼痛、压痛和肿胀。关节脱位后，肢体的轴线发生改变而形成畸形。

处理原则：应嘱咐患者保持安静、不要活动，更不可揉搓脱臼部位。如有整复技术，可就地整复；如无整复技术，不可随意试探性整复，以免加重损伤，应立即在脱位所形成的姿势下固定，然后将患者送往医院。如发现患者肩关节脱位，可把患者肘部弯成直角，再用三角巾把前臂和肘部托起，挂在颈上；如发现患者肘关节脱位，可用铁丝夹板弯成合适的角度，置于肘后，用绷带缠稳，再用三角巾把前臂悬挂于胸前；如发现患者髋关节脱位，则应立即让患者躺在软卧上送往医院。

8. 骨折

损伤特点：骨折指骨结构的连续性完全或部分断裂。骨折可分为闭合性骨折、开放性骨折及复合性骨折。骨折后可出现疼痛、压痛、叩击传导痛、畸形、肿胀及皮下淤血，且伴有功能丧失，还可出现假关节活动、骨擦音。

处理原则：发生闭合性骨折后肢体不稳定，容易移动，会加重损伤和剧烈疼痛。可找木板、塑料板等将肢体骨折部位的上下两个关节固定起来。以小腿骨折为例：首先让患者处于静止状态，立刻找两块小木板固定，在无木板的情况下，可用树枝、竹片代替。材料备齐后，将夹板分别置于小腿内外两侧，上至大腿下部，下达足跟部，用布条分别在膝上、膝下和踝部缚扎固定，将伤腿与健腿捆缚在一起后立即将患者送至医院处理。如一时找不到外固定的材料，骨折在上肢者，可固定于躯干上；骨折在下肢者，可伸直腿，固定于对侧的肢体上。被怀疑脊柱有骨折者，需尽早卧在门板或担架上，处理人员不能抬伤者头部，以免脊髓损伤或发生截瘫；将躯干四周用衣服、被单等垫好，不致移动。对于昏迷者，应将其头转向一侧，以免昏迷者呕吐时将呕吐物吸入肺内而引起窒息。对于开放性骨折患者，首先按照开放性伤口处理原则，用消毒纱布或相对较干净的敷料对伤口做初步包扎、止血后，再用平木板固定送医院处理。不能用手将断端还原，以免引起骨髓炎。一旦发现患者出现开放性骨折，应尽快进行手术治疗，并使用抗生素和破伤风抗毒素。在一般情况下，骨折的患者被送往医院，经采用复位、石膏或夹板固定等方法治疗后多可逐渐康复。但患者在治疗的过程中，一旦出现骨折部位的皮肤由红变紫或起水疱、活动时疼痛剧烈或感到麻木时，一定要请医师检查，以免出现严重的后果。

9. 出血

出血是损伤中常见的并发症。大血管及心脏的损伤出血可在短时间内导致死亡。中等量出血，可因急性失血而导致休克或加重休克。及时、准确地判断并进行有效的止血，往往可挽救伤员的生命。

（1）出血部位的判断。根据出血部位，出血可分为体表出血、胸腔出血和腹腔出血三种类型。

体表出血：出血从体表伤口流出，可以直接看到。体表出血以四肢出血为多见。

胸腔出血：胸部损伤时多伴有胸腔内出血，其出血来源为胸壁的肋间血管、胸廓内血管及心、肺、纵隔的血管损伤。少量出血时可无明显症状，但立位胸X射线透视或胸片可见肋膈角变钝或被充盈。中量出血时有失血性休克表现，伤侧胸部饱满，肋间隙增大展平，呼吸运动减弱，叩诊呈实音，呼吸音消失，气管、心脏向健侧移位；立位胸X射线透视或胸片可见阴影达胸腔中部。大量出血时纵隔明显向健侧移位，伤员严重胸闷及胸痛，重度休克；呼吸困难、发绀，颈静脉怒张；X射线胸片可见伤侧肺部完全萎陷。

腹腔出血：腹部损伤时可伴有腹腔内出血。腹腔内出血多为实质性脏器破裂所致。除肝、胰损伤时有胆汁或胰液进入腹腔，腹痛剧烈外，一般疼痛均较空腔脏器破裂者轻。腹腔出血刺激腹膜产生的腹痛多在伤后立即发生，若积血刺激膈肌，则引起肩部放射痛。腹痛为持续性，伴有阵发性加剧。腹腔出血较多时，可有腹部膨隆和移动性浊音，少数有液波感。破裂脏器区域有明显的压痛及叩击痛。出现刺激性腹膜炎时，则有明显的板状腹和反跳痛。腹腔穿刺可获血液或血性液体。

（2）出血性质的判断。损伤出血的性质分为动脉出血、静脉出血和毛细血管出血三种类型。

动脉出血：动脉血管内压力较高，出血为喷射状，发生在血管断裂的近心端，随心脏搏动而增加，血液呈鲜红色。

静脉出血：多为持续性缓缓均匀的溢出，发生在血管断裂的远心端，血液呈暗红色。若大静脉破裂出血，出血速度往往随呼吸运动而改变，吸气时较缓，呼气时较快。

毛细血管出血：呈渗出状或像水珠样流出，血液为鲜红色，常能自行凝固止血。

（3）失血量的判断。失血量的多少应根据伤情和伤员的临床表现来判断，如表 3-2 所示。

**表 3-2 失血量的判断**

| 失血程度 | 失血量 | 患者表现 | 脉搏 | 血压 |
|---|---|---|---|---|
| 少量失血 | 500 mL 以下 | 正常 | 正常 | 正常 |
| 中量失血 | 500~1 000 mL | 烦躁不安或表情淡漠，面色苍白或口唇发绀，肢冷 | 100~120 次 | 血压下降，收缩压在 90 mmHg 以下 |
| 大量失血 | 超过 1 000 mL | 神志模糊或躁动不安 | 微弱或摸不清 | 血压下降，收缩压在 52. 5 mmHg 以下，甚至测不到 |

（4）出血的处理原则。如果是体腔出血，无论轻重，都需要将患者紧急送往医院处理。如果是体表出血，则可以通过按压的方式暂时止血，这主要适用于动脉出血。施术时，用手指重按于出血点近心端的动脉使出血停止。常见出血部位的指压法如下。

① 头顶部出血指压法：用拇指寻准伤侧耳前的下颌关节上方颞浅动脉进行按压。

② 面部出血指压法：用拇指或其他指端，在伤侧下颌角处寻准面动脉按压。

③ 头颈部出血指压法：用拇指在伤侧胸锁乳突肌中点前缘，寻准颈总动脉并向后压于第五颈椎横突上，但不得同时压迫两侧颈动脉。

④ 肩部出血指压法：于伤侧的锁骨上凹，将锁骨下动脉向下压于第一肋骨上。

⑤ 上肢部出血指压法：用拇指在上臂内侧中点即肱二头肌内侧沟寻准肱动脉，并压于肱骨上。

⑥ 手掌部出血指压法：用双手拇指分别在伤肢腕部的两侧寻准尺、桡动脉，并按于尺、桡骨上。

⑦ 手指部出血指压法：将拇指与食指分别紧捏于伤指两侧的近心端的动脉。

⑧ 下肢部出血指压法：在伤肢的腹股沟中点稍下方寻准股动脉，并用拇指重压在股动脉上。

⑨ 足背部出血指压法：用双手拇指在伤足的背部和足内踝后部寻准足背动脉及胫后动脉进行按压。

⑩ 足趾端出血的指压法：将拇指与食指分别紧捏于伤趾两侧的近心端的动脉。

此外，还可以采用加压包扎止血法，即用纱布、棉花等做成软垫，直接放在伤口上，再用绷带加压包扎而达到止血目的。包扎时要注意垫子的清洁，以免污染创面。若创口在关节屈侧，放软垫后将肢体弯曲包扎。包扎材料亦可用三角巾、四头带等。

（二）慢性损伤

慢性损伤有的是由急性损伤治疗不当转变而来的，有的是在长期运动中不断劳损，由小损伤逐渐积累而成的。常见的慢性损伤有腱鞘炎、滑囊炎、末端病、腰肌劳损及关节退变、疲劳骨折等。

1. 腱鞘炎

损伤特点：腱鞘炎为慢性劳损所致，多见于举重、体操、摔跤、柔道等运动员。腱鞘比较坚韧，其功能主要是将肌腱约束在骨面上一定位置，防止肌腱弹出和向侧方滑移。腱鞘外层为纤维鞘，两端附着于骨。内层为滑膜，它能减少肌腱与腱鞘间摩擦力。但肌腱与腱鞘间长期反复或强力地摩擦，会使两者均发生损伤而水肿。腱鞘炎、肌腱炎发生时，腱鞘和肌腱所在的鞘管内容物相对增多，变得相对狭窄，压迫其中的肌腱而出现疼痛等各种相应的症状。

处理原则：腱鞘炎发病早期应注意患肢休息、局部制动、理疗，直到症状完全消失。常规物理治疗无效时，可进行局部封闭，以减轻局部炎症反应。对于病情严重、疼痛剧烈而影响训练者，一般实施腱鞘松解术，或切除部分腱鞘等手术治疗。

2. 滑囊炎

损伤特点：滑囊炎是运动员最常见的伤病之一，多由慢性劳损引起。滑囊是结缔组织中的囊状间隙，位于皮下、筋膜、肌肉、肌腱和骨骼之间。滑囊的主要作用是减轻摩擦力。人体凡在摩擦频繁、压力较大的部位几乎都有滑囊的存在。运动员长期大负荷的训练，造成身体局部长期反复用力地摩擦和压迫，引起滑膜水肿、充血、滑液分泌增多而使滑囊充盈，进而导致囊壁增厚或纤维化。

处理原则：滑囊炎治疗较简单，只需抽吸滑液，注射普鲁卡因及小量的松龙类药物于滑囊内，并加压包扎，使滑囊萎缩即可，但滑囊炎容易复发。对于反复发作，影响训练或日常生活者，应考虑手术切除病变的滑囊。

3. 疲劳性骨折

损伤特点：疲劳性骨折是由慢性损伤累积造成的，常见于长期高强度训练的运动员，最常见于15~16岁的青少年运动员。

处理原则：疲劳性骨折常发生于下肢，这是一种不完全骨折，骨折时愈合往往亦同时进行，所以一般只需停止训练，休息3~5周即可，大多不需要复位和石膏固定。有时可用弹力绷带包扎使患部休息、消肿。对骨折严重者，或不能保证停止剧烈活动者，可用石膏外固定，以防再次损伤而变成完全骨折。疲劳性骨折的预防非常重要，特别是青少年在训练时，要循序渐进，逐渐增加运动量。训练前应做充分的准备活动；训练时要掌握要领；训练后应做适当按摩、热水浴等，以放松肌肉、解除疲劳。

4. 骨软骨炎

损伤特点：多发生于膝、踝、肘等关节，是由于损伤或劳损使骨骺血液供应障碍引起缺血坏死。软骨碎块从其基底组织分离。分离层由肉芽组织充填，分离下来的骨块则因缺乏血液供应而坏死。骨软胃炎常见于青少年运动员，男性较多。多有关节不适、疼痛、渗出、肿胀，或引起功能障碍，甚至引起关节交锁或打软。

处理原则：治疗可采用局部固定制动方法，加强关节周围肌肉力量练习，做理疗热敷、对症治疗。可投以中药、维生素、钙制剂等。若碎片脱离、关节交锁或功能障碍，可手术取出游离体。

5. 肌肉痉挛

损伤特点：属于常见运动损伤之一，较常见的原因是肌肉受打击而引起轻度出血，或者由于过度使用或过度牵拉，或抗阻力肌肉用力收缩而引起劳损所致。也可由于出汗太多，体内盐分丢失，见于高温或烈日下长时间训练或比赛者。或者由于温度变化太大，突然受凉。也可由于局部血液循环障碍，比如小腿缠缚过紧，局部废物不易排泄，氧气供应不足，二氧化碳含量增加，等等。肌肉痉挛常为某肌肉整体发生，多见于腓肠肌，腘绳肌，颈、背、手足内在肌等。

处理原则：以手法按摩及拉伸为主。一是沿痉挛肌肉的长轴做稳定平缓的牵拉并维持不动，如小腿腓肠肌痉挛，使足被动地背伸达 90°，按住不动持续稳定牵拉即可解除痉挛。二是使该肌肉处于放松体位，做轻柔缓和的揉、滚、捏拿、按摩等手法。还可配合物理治疗，如热敷、透热疗法，适当休息，补充盐分等。经常发生肌肉痉挛的运动员，平时应逐渐进行一些抗阻力练习，预防肌肉痉挛。

6. 神经损伤

损伤特点：周围神经损伤经常发生在肘部的尺神经、腓骨小头后的腓总神经、上臂的桡神经和肩部的腋神经，常由直接打击、挫伤及牵拉伤引起。多为一过性，立即发生“局部电击式休克”样感觉，继之麻木疼痛，数分钟后逐渐恢复。若损伤严重，神经和神经鞘内肿胀、水肿、充血，可在神经支配区引起持续性疼痛或不适。若损伤了神经纤维，其支配区肌肉也可能出现麻痹、瘫痪。早期症状可为麻木、疼痛，继而肌肉无力以致功能完全丧失。如腓总神经损伤，则足下垂；如尺神经损伤，则手内在肌萎缩及功能丧失。

处理原则：采用合理的物理疗法后，神经损伤多数可以逐渐恢复。若配合针灸及给予 B 族维生素、神经生长因子治疗，则可加速神经损伤的恢复。伴有肌肉瘫痪者，则应用石膏或支架托扶肢体。个别严重者需手术探查，进行松解术。若肯定神经断裂，则应早期进行手术修补。

# 第四章 奥林匹克运动

## 第一节 古代奥林匹克运动

第一届古代奥运会于公元前776年在古希腊得以举行。古代奥运会早期设立的比赛项目有跑步、跳远、投掷及摔跤、赛马车、拳击与混斗。比赛项目都是以人的体能为基础的比赛。根据史料记载，古代奥运会比赛赛跑的距离与竞技场的长度相等，约183米。投掷器材与今天则大不相同，铁饼是石头做的，直径达34厘米，厚10厘米，重量近6千克，比现在的大得多，也重得多。标枪约长180厘米，手指般粗细，和现代标枪差不多，但顶端有个圆球，这与现代标枪不同。跳远时运动员双手各握一只哑铃，起跳时用力向后抛出哑铃，这显然是不科学的，而且落地时两脚如果一前一后，这次跳远就不算数。总之，从古代奥运会这些项目的比赛特点我们可以清楚地看到人的原始体能在古代竞技中的突出表现。

古代奥运会的优胜者获得的奖品是用橄榄树叶编织的美丽的花环，象征着极高的荣誉。获得花环的人被当作英雄来崇拜，并且其所在的城邦往往会举行全体市民参加的盛大宴会和游行来迎接英雄归来。对特别优秀的运动员、多次多项比赛的优胜者，雕塑家还将他们的形象制作成雕像。

古代奥运会是人类古代文明史中一颗璀璨的明珠。但在奴隶社会连绵不绝的战争之中，随着古希腊被古罗马所征服，在公元393年举行了最后一届古代奥运会后，古代奥运会终被罗马皇帝狄奥多西一世取消。之后人类就再也没有举行过古代奥运会这种充满着和平、神圣、庄严与欢乐的大型体育盛会，直到现代奥林匹克运动兴起。

### 一、古代奥林匹克运动产生的背景

古代奥运会对现代奥运会和体育运动具有深刻的影响。古代奥运会的起源与产生虽说与很多传说有关，但最终与它所存在的社会背景和生产力水平密不可分，受到当时的思想、经济、生活环境、教育、战争等因素的影响。

（一）思想基础

首先，对英雄的崇拜。古代奥运会产生于荷马时代末期，荷马时代崇拜英雄的思想深深地影响着古希腊社会的各个方面。在这种思想的影响下，“高尚趣味和健康思想”成为社会的主流，而古希腊诸神的形象成为古希腊人在生活中崇拜的目标。古希腊人认为神是完美和理想的化身，是人所追求的最高境界。在这种观念的影响下，寻求人类的完美成为古希腊人生活的最高目标。因此，对英雄崇拜的思想客观上催生了古希腊人的运动兴趣。

其次，以契约为基础的城邦自治。古希腊城邦的自治制度使古希腊成为以契约为基础的国家，创造了一个相对自由、平等、法治、竞争的社会政治环境，为竞技体育奠定了思想基础。城邦自治制度帮助人们树立起了人人平权的思想，摆脱了等级观念，给予了人们平等参与城邦活动的权利。这为体育的发展提供了重要的社会条件，同时也提供了公民平等参加奥运会的机会。希腊城邦的自治制度，还培养了希腊人强烈的竞争精神。竞争是决定各种物种存亡的根本法则，是推动事物向前发展、激发人们创造性和主动性的动力。“永远争取第一，永远争取超过别人”的竞争意识成为古希腊文明的一个典型特征，也构成了最基本的古代奥运会精神。

（二）经济基础

经济基础决定上层建筑。任何社会的行为和文化发展都深刻地受到其生产方式的影响。古希腊之所以创造出与其他古代文明所不同的文化，与其独特的生产方式有很大关系。希腊是一个自然资源缺乏的地区，农业生产条件不好。梭伦改革后，雅典开始大力发展手工业，以换取海外的农业产品，并规定雅典的手工业者要把技术传于其子，同时鼓励外族工匠移居雅典以传授雅典人手工业技巧。在梭伦改革以后的几十年中，雅典经济已从农业经济发展为工商业经济。雅典的工商业是古希腊各国工商业发展的一个缩影，同时也具有普遍的代表意义。

工商业的发展不仅满足了古希腊人生存的需要，而且为古希腊的经济发展注入了极大的活力，同时这种生产方式也对社会发展的各个方面产生着深刻的影响。首先，商品经济的繁荣和生产力的迅速发展，使人们征服自然、改造自然的信念易于形成，也使社会生活内容变得丰富多彩，奥林匹克竞技活动就是其中的一部分。其次，商业行为中追求利润的最大化原则，以及手工业中精益求精的精神，与竞技运动中更高、更快、更好的要求有着内在的相似之处。商业的发展必然从思想方式上影响着古希腊人对竞技运动的热情和自然的倾向。因此，经济的发展在一定程度上催生了古代奥运会的产生。

（三）生活环境基础

文化的形成离不开人类的生活环境。首先，希腊是一个海洋国家。古希腊的商业发展离不开海上贸易，而与海洋的搏斗比在陆地上更为激烈、更为残酷。要获取胜利就必须有超人的力量、速度与智慧，而这种要求恰巧同竞技体育有着相似之处。

其次，移民现象也是奥林匹克运动形成的基础。公元前八至六世纪，移民现象在古希腊时期是相当普遍的。移民活动促进了人与人之间的交流，而这种交流正是奥林匹克运动的基础。

（四）教育基础

古代希腊的教育是在古希腊经济、文化、科学、艺术繁荣的基础上发展起来的。希腊的教育是西方奴隶制社会教育的典型代表，也是西方奴隶制社会教育发展的高峰。斯巴达教育和雅典是古希腊两个最大的、最具有代表性的城邦。研究古希腊的教育一般都以研究斯巴达教育和雅典教育为主。

（1）斯巴达教育。斯巴达教育的目的就是要通过严酷的军事体育操练把氏族、贵族的子弟训练成体格强壮的武士。斯巴达的儿童属于整个国家，母亲只对七岁前的孩子有养育的职责。男孩从七岁到十八岁，要接受军事体育训练，被灌输政治道德，磨炼身心，以求形成勇敢、坚韧、顺从和爱国的品格。军事体育训练的基本项目为“五项竞技”，分别是赛跑、跳跃、角力、掷铁饼、投标枪。此外，还有骑马、游泳、作战游戏、击剑和唱战歌等。斯巴达教育的特点是只重视军事体育训练，不重视文化知识的学习。

（2）雅典教育。雅典教育不仅要把统治阶级的子弟训练成身强力壮的军人，还要把他们培养成具有多种才能、能言善辩、善于通商交往的政治家和商人。因为他们要参与和实施民主政治，必须擅长演说、雄辩，争取平民的支持，当政之后，还要善于处理政事，保卫城邦不受内外敌人的侵扰。所以雅典教育不仅重视军事体育训练，也重视智育、德育和美育，教育内容比单纯实施军事体育训练的斯巴达教育要丰富、充实得多。

（五）战争原因

战争促进了希腊体育运动的开展，同时也使得古代奥运会的比赛项目带有明显的军事色彩。连续不断的战事使人民感到厌恶，人民普遍渴望能有一个赖以休养生息的和平环境。后来斯巴达王和伊利斯王签订了“神圣休战月”条约。于是，为准备兵源的军事训练和体育竞技，逐渐变为象征着和平与友谊的古代奥林匹克运动会。

## 二、古代奥林匹克运动的消亡

（一）战争因素

希波战争使雅典在希腊的影响力达到了顶峰，但伯罗奔尼撒战争使得雅典从繁荣走向衰落，古代奥运会也随之进入了衰退期。到马其顿统治时期，古代奥林匹克运动会已趋于没落。公元前 330 年，马其顿国王亚历山大在庆祝胜利时，就要求取消奥林匹克体育竞技。以后的希腊统治者对奥运会更是随意践踏。公元前 146 年，罗马帝国在征服了希腊后允许各国运动员参加奥运会，在项目中增加了罗马的“人兽角斗”。与此同时，奥运会的场地也不断遭到破坏。公元 325 年，君士坦丁大帝下令拆毁泽尔菲体育馆；公元 395 年，拜占庭人和格德人在阿尔莫菲附近激战时，使奥运会会址遭到更大破坏。此时奥运会从形式和内容上，已遭受到外力的强力影响，唯有奥运会的精神还在希腊地区残留，但这种精神也失去了它存在的历史条件。公元 426 年，狄奥多西二世以基督教的名义下令烧毁了奥林匹克的所有剩余建筑，至此，历时一千多年的古代奥运会，便随着战争的破坏和教会的禁止而结束了它的历史使命。

（二）社会制度

城邦制的覆灭，从根本上毁灭了古希腊人对英雄的崇拜。英雄的神话不再是鼓舞人们与自然斗争、创造美好生活的精神动力。这种现象首先表现为希腊公民责任感的减弱。希腊人没有像当初同仇敌忾抗击波斯侵略那样对马其顿的威胁做出反应。而且精神上对英雄形象弱化，使得代表这一精神的另一文化成果——古代奥运会，在人们心目中渐渐失去了重量，并随着城邦制的消亡和外来势力的影响，加上古希腊人自身的不在意，就这样衰亡下去，直至最后趋于灭亡。古代奥运会的灭亡标志着英雄崇拜思想在古希腊的终结。从古代奥运会和希腊城邦制发展的历史来看，奥林匹克运动与希腊国家的兴衰是同步的，其中必然有某种关联，而这种关联就是古希腊神话中有关英雄的内容。

（三）精神因素

古代奥运会衰亡的直接原因是狄奥多西一世宣布基督教为国教，禁止其他宗教活动，剥夺了古希腊的宗教信仰。另一个深层原因是古希腊崇拜众神，而古罗马的宗教信仰是基督教，二者的宗教信仰截然不同，这也决定了社会基础、意识形态的不同。古代奥运会作为古希腊的先进文化必须与时俱进，适应古罗马的意识形态才能继续生存和发展。但其并没有适时的改革，甚至连替代形式都没有出现，因此不能不说古代奥运会的消亡与其未能与时俱进地进行自我改革有关。

（四）脱离教育

教育作为人类文明的传承机制，它的缺乏直接导致古代奥运会失去了赖以生存的土壤，也失去了与时俱进的机会。谢雪峰曾撰文认为：古代奥运会衰亡并长期湮没的最主要原因在于，奥林匹克的意识和精神以及奥运会这种文化现象在教育中的缺失。

古代奥运会消亡的原因对现代奥运会具有重要的启示：第一，奥林匹克运动必须与教育紧密结合，将教育作为传承的最基本的机制和体制；第二，奥运动必须坚持和维护社会公正和正义；第三，奥林匹克运动必须与时俱进，适应外部环境的变化。

## 第二节 现代奥林匹克运动会

1892 年，法国人顾拜旦第一次公开倡议恢复和重建奥运会。他四处奔走，致函各国体育组织征询意见。终于在他的促使下，1894 年，“恢复奥林匹克运动代表大会”在巴黎召开了。大会成立了由 12 个国家参加的“国际奥林匹克委员会”。顾拜旦担任了奥委会秘书长，第一任奥委会主席则由希腊诗人和语言学家维凯拉斯担任。

顾拜旦被世人尊称为“现代奥林匹克之父”，他为现代奥运会的诞生做出了巨大的贡献。他亲自设计了奥运会会徽、会旗，倡导开幕式上运动员宣誓这一庄严仪式。1896 年，第一届现代奥运会终于在希腊雅典这块诞生了古代奥运会的土地上隆重举行，翻开了现代奥林匹克竞技运动的崭新一页！此时，顾拜旦已担任了国际奥委会主席（第二任）。这位令人尊敬的教育家、体育家也是充满激情的诗人。他把体育看成美丽、正义、勇气、荣誉、健康、进步、和平与艺术的化身，尽情地讴歌。每个亲身参加体育运动锻炼或竞赛的人，一定都会深深体会到顾拜旦诗中的激情。

### 一、现代奥林匹克运动产生的背景

历史告诉我们，每个年代都有它自己独特的政治、社会、科学和技术等方面进步的标志，而这一切都会对奥林匹克运动产生重大影响。

（一）经济背景

生产力的飞速发展是现代奥林匹克运动产生的经济基础。第一次工业革命是生产力革命，它使早期的资本主义告别手工业阶段，进入机器大工业的阶段，并使生产获得巨大发展。第二次工业革命以电磁学理论、电力技术为主要标志。这一时期的电力技术的迅速发展促进人类社会进入了一个新时代。第二次工业革命广泛影响到世界资本主义各国的生产、经济、社会和政治等各个方面，给世界带来了巨大的变化，给现代奥林匹克运动的产生提供了物质保障。

（二）思想背景

欧洲近代三大思想解放运动为现代奥林匹克运动的兴起奠定了坚实的思想基础。14—18 世纪，欧洲大陆出现了 3 次大规模的思想解放运动，即文艺复兴、宗教改革和启蒙运动。三大思想解放运动砸开了束缚在人们思想中的封建精神枷锁，扫清了资本主义发展道路上的主要思想障碍。从 19 世纪中期开始，诸如自由、平等、友谊、人权、自治等新思想、新观念的产生和社会制度的改革对奥运会的恢复产生了巨大影响。

三大思想解放运动中产生的一大批代表性人物主张重视身体和精神的统一，注重身体的均衡和协调发展，重视身体的健康和健美，使人们重新发现了体育的价值，认识到只有身体健康才能享受到人生的快乐。这种思想的兴起和确立，使传统的道德标准及美和丑的观念发生了根本的变化，为现代奥林匹克运动的兴起奠定了思想基础。

（三）政治背景

资本主义制度的建立与发展是现代奥林匹克运动产生的政治背景。近代体育逐步发展壮大成为独立的文化形式，是近代西方社会多种内外因素共同作用的结果。通过对希腊城邦制度的重新发掘和审视，人们认识到古希腊体育的价值，并在此基础上确立了新的体育思想，即体育是人类生活的基本组成部分，是培养全面发展人的手段。欧洲的资本主义制度为近代竞技体育的孕育、诞生及成长提供了精神营养，从而使竞技体育不再依附其他的社会活动，而成为一种有独立形态、有独特价值和特殊地位的社会活动。而现代奥林匹克运动会，正是近代竞技体育发展的产物，是人类社会发展到一定历史时期的自我需要和社会需求。

（四）文化背景

资本主义的发展引发了奥林匹克文化的寻踪热，人们开始发掘古代奥运会遗址并对奥林匹克运动产生向往。在文艺复兴运动中，新兴资产阶级热烈歌颂古希腊体育精神，使人们再度回想起泯灭久远的古希腊奥运会。英、法、德等国的学者都希望进入希腊寻找古代奥运会的遗迹。1766 年，英国学者钱德勒进入希腊实地考察并发现了古代奥运会的遗址。1828 年，法国学者对奥林匹亚遗址进行发掘，随后将一批珍贵的文物运到法国卢浮宫展览。1852 年 1 月 10 日，德国柏林大学教授库尔提乌斯发表了有关古代奥运会的长篇演说，在社会上引起较大反响。1871 年，德国与希腊达成全面发掘古代奥运会遗址的条约。1875—1881 年，由库尔提乌斯率领的德国学者对奥林匹亚遗址进行了为期 6 年的发掘。1881 年，古代奥运会遗址的主要设施终于重见天日。1887 年，从奥林匹亚遗址发掘出的大量文物在柏林展出，这激起了人们对奥林匹克运动的憧憬，人们期望奥运会尽快回到现实中。

（五）教育背景

工业化生产和新兴的教育方式为奥林匹克运动的兴起提供了适宜的土壤。资本主义工业革命给人类社会带来了一系列深刻的变革，使近代体育有了雄厚的经济基础，促使体育获得了更强的生命力。工业化社会中的生产和生活方式给人的生理、心理带来了一系列严峻的挑战，促使人们努力寻求新的、理想的生活方式，对身体活动有了新的认识。人们开始把注意力转向改善人的身体本身，体育因此成为一种新的社会需要而得到进一步发展。

从文艺复兴时代起，教育家们就把体育作为培养人才的重要手段，不仅恢复了古希腊的体育制度，还积极研究和制定了锻炼身体的各种措施和运动方法，努力让学生的身体得到全面发展。体育已成为一项重要的教育活动。宗教改革和启蒙运动中对教育的探索更加确立了体育的地位。宗教改革的代表人物马丁·路德主张体育应成为教育的一部分。捷克教育家考美纽斯对学校体育进行了系统的论述，并将体育以较成熟的形式引入学校教育之中。他主张学校应设运动场，开展广泛的体育活动，鼓励学生通过参加体育活动使身心健康发展。英国著名教育家洛克在其“绅士教育”体系中，明确地把教育分为德育、智育、体育三部分，指出体育是一切教育的基础，使体育正式成为学校教育中不可缺少的独立的组成部分。法国启蒙思想家卢梭在其名著《爱弥尔》中要求教育与体育紧密结合，主张按自然法则进行体育教育，按儿童各个年龄阶段的不同特点，以及儿童的兴趣和爱好组织体育活动，以培养身心健全的人才。

19 世纪以后，英国开始了一系列的教育改革，其中以阿诺德在拉格比公学的改革最为成功。他创立了竞技运动自治制度，充分发挥竞技运动的锻炼价值和教育功能。通过该项改革，拉格比公学的学生在充满活力的运动场上，自己管理自己，不仅锻炼了强壮的体魄，而且培养了公平竞争、团结友爱、遵守规则、勇敢顽强的思想品德。阿诺德的改革牢固地树立了体育在教育中的地位，确立了竞技运动的教育价值和社会价值，为奥林匹克运动的兴起提供了适宜的土壤。

（六）体育背景

18—19 世纪，近代体育在欧洲逐渐得到了开展，其中，德国体操、瑞典体操、英国户外运动构成了世界近代体育的三大支柱，这为奥林匹克运动的诞生提供了可以借鉴的模式。

1. 德国体操

被尊称为“德国国民体操之父”的杨氏是德国体操的创始人，他创立了具有强烈军事性质的体操体系。该体系包括为提高纪律性和战斗能力的队列、器械体操和手持武器的练习及为提高身体素质的跑、跳、攀登、爬越、木马、越障碍、搬重物等练习。1811 年，他创建了哈森赫德体育场，场内设置了赛跑、投掷、角力场地和攀登架、单杠、双杠、荡桥等器械，吸引了社会各阶层的大批青年。他还组建体操联盟，统一德国体操用语，把抗法斗争纪念日定为体操日，以发展体操运动，培养德国青年的民族意识。杨氏体操传遍欧美，杨氏也以“德国国民体操之父”而被载入史册。但杨氏体操体系过分强调了意志品质的培养，忽视了人体生理和解剖学特点，因此，缺乏科学性。杨氏之后为德国体操做出突出贡献的是施皮斯，著有《体操理论》《学校体操》等。他将杨氏体操经过合理改造引入了学校，创造了分段教学法、综合教学法，并把音乐和体操结合起来，使学校体育内容系统化。

2. 瑞典体操

瑞典体操产生于 19 世纪初，具有较强的军事性质。它的创始者是 P. H. 林，曾任剑术教授。1814 年，林氏提议成立了“瑞典皇家中央体操学院”。他对解剖学、生理学和体操理论进行了深入的研究，指出体操必须符合人体生理规律，必须能使身体得到协调、均衡的发展。他在《体操的一般原理》一书中将体操分为教育体操、兵士体操、医疗体操、健美体操四大类。与德国体操相比，瑞典体操更着重于完善和发展人体自身，更加舒缓优美，使用的器械也更为多样。林氏的原则是不让身体动作受器械的限制，而是根据身体均衡发展的需要来选择、设计器械，并设计了栅栏、窗梯、跳箱、肋木、综合台等辅助器械。林氏体操体系以解剖学、生理学为科学基础，兼有教育和医疗功能。19 世纪后半期，瑞典体操传遍欧美各国，成为近代国际流行的体操的重要基础。林氏被尊称为“瑞典体操之父”。

3. 英国户外运动

16 世纪初，在英国的宗教改革运动中，英国国王宣布与罗马教廷决裂，同时立基督教为国教，较早地摆脱了罗马天主教的精神枷锁。新教不仅不推行“禁欲主义”，而且鼓励甚至强迫民众从事各种合法的竞技、娱乐体育活动。户外运动和竞技、游戏是星期日、教会祭日等娱乐日中不可缺少的内容。与此同时，社会上还出现了业余运动俱乐部，它们受到王室和贵族的支持。俱乐部逐渐发展为英国体育的主要组织形式。它们制定并逐步统一规则，推动了户外运动的广泛开展。18 世纪中叶，工业革命促进了经济的发展，也使人们在紧张的劳动之余对户外体育活动的需求增大。19 世纪后期，英国户外运动逐渐取代德国体操和瑞典体操，成为主要的体育手段，并发展成世界范围普遍流行的竞技运动。

4. 体育组织

19 世纪中后期，由于户外运动的影响，在竞赛活动日益频繁的情况下，运动团体冲破了贵族的狭小圈子而广泛出现于欧美社会各阶层。运动竞赛的急剧增加和规模的不断扩大，促进了单项运动团体互相间的合作，并创立了综合性的全国运动联合会。19 世纪末，为了协调国际体育竞赛活动，国际体育组织也相继出现。从 1881 到 1917 年，诞生的国际单项运动组织达 17 个，涉及体操、田径、水上项目、雪上项目、球类、射击等。随着英国在世界各地的殖民扩张，这些竞技运动项目也传遍了全球，从而对世界现代体育的发展产生了重大影响。进入 20 世纪，更多的国际竞技组织建立，形成了国际竞技体育组织系统。国际体育组织的产生，使运动竞赛具有了国际性，人们迫切要求组织世界上规模最大的综合性运动会，为现代奥运会的产生创造了条件。

## 二、现代奥林匹克运动各发展时期的发展状况

（一）创立时期（1894—1914 年）

1. 主要发展成就

第一，恢复举办奥运会，有关组织确定了遵循四年为一个周期在世界各地举办大型综合性国际运动会，让体育运动服务于各国人民，服务于世界和平。

第二，奥林匹克运动组织即奥林匹克代表大会成立。

第三，确立奥运会运动员的基本价值观，即坚持业余原则。

第四，有关组织规定奥运会各项比赛的技术性工作，制定赛制、编排赛程、选派裁判、组织比赛等均由各单项体育协会负责，使规范化程度大大提高。

第五，奥林匹克运动推动学校体育的发展。

第六，奥林匹克运动推动体育组织的建设，奥林匹克“三大支柱”（国际奥委会、国际单项体育联合会和各个国家或地区的奥委会）的组织结构已现雏形，各自职责相对明确，从而确定了奥林匹克组织体系的基本框架。

第七，体育设施得以改进。

第八，体育得以与艺术相结合。

2. 存在的问题

第一，发展战略不明确、不成熟。

第二，国际体育组织发展滞后，运行机制不健全。

第三，项目设置不稳定、不规范。

第四，竞赛组织专业化程度较低。

第五，场地器材简陋，缺乏统一标准。

第六，资金短缺，没有固定资金来源。

（二）成型时期（1914—1945 年）

1. 主要发展成就

第一，奥林匹克思想进一步发展，有关组织确立了奥林匹克运动的格言，并确定了奥林匹克会旗。

第二，奥林匹克组织发展壮大，初步确立了奥运会的基本框架和运行机制。国际奥委会逐渐摆脱技术性事务，开始更多地关注领导、协调、决策等更高层次的工作。奥林匹克运动终于形成了三大支柱互相配合的组织体系。

第三，奥林匹克运动制度更加完善，奥林匹克运动的比赛项目和参赛条件逐步完善，运动员参赛资格有了相对统一的界定，报名、比赛组织工作的许多相关问题有了具体规定。

第四，有关组织设立冬季奥运会。

第五，有关组织通过了业余运动员身份的最低要求。

第六，有关组织确定了单项比赛后的发奖仪式。

第七，妇女参加体育运动的地位得到了提高。

第八，奥运会与科学技术的相互结合也取得重要进展。

2. 存在的问题

第一，运动员业余身份所引起的冲突，使许多运动员受到处罚。

第二，奥运会受到政治的严重干扰。

（三）发展与危机时期（1945—1980 年）

1. 主要发展成就

第一，奥运会极大地推动了竞技体育的发展；奥运会规模出现大型化、综合化趋势；奥运会举办与市政建设结合起来。

第二，奥林匹克运动模式得到完善，奥林匹克运动内容更加丰富，但奥林匹克运动的理想模式与当时的政治、经济和社会发展出现了矛盾。

第三，奥林匹克设施向高、精、尖方向发展。

第四，奥运会组委会结构和功能日趋专业化、复杂化。

2. 存在的问题

第一，政治格局的变化对奥运会产生影响，国际政治强力干预奥运会。

第二，许多国家对二战后社会的深刻变化和20世纪60年代以来奥运会社会化、大型化、综合化的新趋势缺乏认识，坚持多年来形成的封闭格局，拒绝与其他国际组织和政府机构打交道，以保持自己的“独立性”，使奥林匹克运动严重脱离社会。

第三，竞技运动商业化和运动员职业化的进程开始加快竞技体育的利益化，引发违禁药品的滥用。

第四，举办奥运会所需要的人、财、物等各种资源的投入急剧增加。

第五，奥林匹克三大支柱的合作关系出现了危险的裂痕，奥林匹克代表大会处于瘫痪状态。

（四）改革成长时期（1980年至今）

1. 主要成就

第一，有关组织在发展战略上打破保守、封闭的思想观念，主动与政府、企业和非政府组织合作。

第二，有关组织加速了奥林匹克组织体制、运作机制的完善，加大了对奥运会规模的控制。

第三，有关组织形成了奥运会的营销模式和通过市场机制运作公益性事业的途径。

第四，奥运会向职业运动员开放，奥林匹克三大支柱的关系得到修复和巩固。

2. 存在的问题

第一，奥运会面临着如何控制商业化的副作用，保持奥运高尚的道德目标的问题。

第二，奥运会面临着如何在各种政治力量斗争中保持奥林匹克运动的独立性的问题。

第三，奥运会面临着如何控制奥运会规模，让更多的城市可以有机会举办的问题。

第四，奥运会面临着如何更有效地进行全球的反兴奋剂斗争的问题。

## 第三节　中国奥林匹克运动发展历程

### 一、奥林匹克运动在中国的萌芽

鸦片战争以前，以武术、气功和其他民间体育活动为代表的民族传统体育在中国已深深扎根，这是后来西方现代体育和奥林匹克运动传入的内在条件。鸦片战争以后，中国社会发生了一系列急剧变化，现代体育和奥林匹克运动就是在这一系列社会变革中、在学习西方的浪潮中传入和兴起的。1904年，第三届奥运会在美国圣路易斯举行，中国的一些报纸刊载了这届奥运会的消息。由于这届奥运会的规模较小，再加上当时中国民众对现代体育了解甚少，这些报道只在有限的范围内产生了一定影响。1907年10月24日，著名教育家、体育家张伯苓先生在天津第五届学校运动会的演说中指出，此次运动会的成功，使他对吾国选手在不久的将来参加奥运会充满了希望。张伯苓先生建议中国加紧准备筹建奥运会代表队，争取早日参加奥运会。事实上，这便是奥林匹克运动在中国的萌芽。1908 年 10 月，在天津第六届学校运动会的颁奖仪式上有关机构用幻灯放映了奥运会的盛况，天津青年会的美籍体育干事饶伯森还在演讲中阐述了中国参加奥运会的前景，激起了同学们对奥运会的极大兴趣。参加奥运会的愿望推动了奥林匹克在中国的最初实践发展。

## 二、奥林匹克运动在中国的初步发展

随着现代体育加速从学校走向社会，以举办全运会、参加远东运动会和奥运会为中心的竞赛制度逐步确立。1924 年 8 月，中华全国体育协进会（简称“体育协进会”）在上海成立。体育协进会不但接管了先前由基督教青年会外籍人士主办的各种体育活动，还组织开展了更多的各种分区比赛、单项比赛、体育训练班等，而且在全国各地陆续建立了分会组织。这标志着中国体育的发展和中国奥林匹克运动的开展已经进入一个新的阶段。值得一提的是，1922 年，国际奥委会选举了中国体育界著名领导人，远东体协的发起人，历届远东运动会的赞助人，第二、五、八届远东运动会会长王正廷为国际奥委会委员。这是中国的第一位和远东的第二位国际奥委会委员。从此，中国便开始与国际奥委会建立了直接联系，这也是中国与奥林匹克运动互相接受的重要里程碑。1927 年以后，体育协进会相继加入了田径、游泳、体操、网球、举重、拳击、足球、篮球 8 个国际单项体育联合会和其他国际体育组织。1928 年，中国正式获准派代表团参加在荷兰阿姆斯特丹举办的第九届奥林匹克运动会。应该说这是中国运动员第一次与奥运会亲密接触。但由于准备不足，中国只派了宋如海一人以观察员身份出席而未参加竞赛。1931 年，国际奥委会正式承认体育协进会为中国奥委会，使古老的东方大国正式成为国际奥林匹克大家庭的一员。而后中国派运动员参加了第十、十一、十四届奥运会。在第十届洛杉矶奥运会上，当时东北大学学生刘长春参加了比赛，他成为参加奥运会的第一位中国选手。

## 三、奥林匹克运动在中国的稳步发展

高水平的竞技运动是奥林匹克运动的核心内容之一。它不但是群众文化生活的重要内容，而且对整个体育运动都起着示范和带动的作用。多年来，中国的竞技运动经历了坎坷而辉煌的历程，得到了全面发展。1952 年后，我国陆续建立了各级各项代表队，运动水平迅速提高。1966 年至 1976 年，中国竞技体育经历了十年坎坷。改革开放之后，中国运动健儿在“冲出亚洲，走向世界”口号的鼓舞下，开始向世界体坛顶峰攀登。1979 年，全国体育工作会议提出，省级以上体委在注重“普及与提高相结合”的前提下，侧重抓提高。此后，我国又逐渐形成了在项目设置、竞赛制度和训练等方面都以奥运会为最高目标的战略思想，运动技术水平迅速提高。1984 年 7 月 29 日是值得中国人民永远骄傲和自豪的日子，在洛杉矶射击场上，许海峰实现了中国在奥运会上金牌零的突破，也实现了全世界华人半个多世纪的梦想。中国体育代表团首次全面出征奥运会，不仅实现了“零的突破”，而且获得 15 枚金牌、8 枚银牌和 9 枚铜牌，在金牌榜上位居第 4 位。这成为中国当代体育全面走向世界的一个里程碑。

## 四、奥林匹克运动在中国的发展高潮

在 2004 年的雅典奥运会中，中国体育代表团金牌榜排名已超过俄罗斯，跃居第二。

2008 年，奥运会五环旗在北京升起。中国为世界奉献了一届与众不同的新奥运。绿色奥运、科技奥运、人文奥运使奥运会真正成为跨民族、跨国度的世界性体育盛会。在北京奥运会上，中国首次位列夏季奥运会金牌榜第一名。

2022 年 2 月 4 日，第二十四届冬奥会在北京、张家口联合举办。本届奥运会践行了绿色、共享、开放、廉洁的理念。中国为世界奉献了一届简约、安全、精彩的冬奥盛会，极大地推动了冬奥会项目在中国的发展。

奥林匹克运动不但推动了中国体育的发展，而且推动了中国体育的对外开放，促进了中国人体育观念的现代化。展望未来，奥林匹克运动会更加普及和深入，奥林匹克组织会更加健全，奥运战略会更加完善，国际和区域体育合作会进一步加强，体育与经济、文化必将进一步协调、稳步发展。

# 实践部分

# 第五章 田径运动

## 第一节 田径运动概述

### 一、田径运动的概念及项目分类

（一）田径运动的概念

田径运动亦称田径，包括径赛、田赛和全能项目。田径运动历史悠久，是世界上普及度最广的体育运动之一，被人们称为“运动之母”，与游泳、射击并称奥运会三大项目。

（二）田径运动的项目分类

田径运动项目中以时间计算成绩的跑和竞走项目称为径赛，以高度和远度计算成绩的跳跃和投掷项目称为田赛。全能比赛则是由跑、跳跃、投掷的部分项目组成的。田径运动具体项目分类如表 5-1 所示。

**表 5-1　田径运动项目分类表**

| 类别 | 项目 | 项目分类 |
|---|---|---|
| 径赛 | 短跑 | 100 米、200 米、400 米 |
| | 中跑 | 800 米、1 500 米 |
| | 长跑 | 3 000 米、5 000 米、10 000 米 |
| | 跨栏跑 | 男子：110 米、400 米。女子：100 米、400 米 |
| | 障碍赛跑 | 2 000 米、3 000 米 |
| | 接力赛跑 | 4×100 米、4×200 米、4×400 米、异程接力、混合接力 |
| | 公路赛跑 | 马拉松：42. 195 千米 |
| | 竞走 | 男子：20 千米、50 千米。女子：5 千米、10 千米 |
| | 越野赛跑 | 10 千米 |
| | 山地赛跑 | 1 千米至 42. 195 千米 |
| | 野外赛跑 | 由比赛组委会确定比赛距离 |
| 田赛 | 跳跃 | 跳高、撑竿跳高、跳远、三级跳远 |
| | 投掷 | 推铅球、掷标枪、掷铁饼、掷链球 |

续表

| 类别 | 项目 | 项目分类 |
| --- | --- | --- |
| 全能比赛 | 男子五项全能 | 同一天：跳远、掷标枪、200 米、掷铁饼、1 500 米 |
| | 男子十项全能 | 第一天：100 米、跳远、推铅球、跳高、400 米<br>第二天：110 米栏、掷铁饼、撑竿跳高、掷标枪、1 500 米 |
| | 女子七项全能 | 第一天：100 米栏、跳高、推铅球、200 米<br>第二天：跳远、掷标枪、800 米 |
| | 女子十项全能 | 第一天：100 米、掷铁饼、撑竿跳高、掷标枪、400 米<br>第二天：100 米栏、跳远、推铅球、跳高、1 500 米 |

## 二、田径运动的起源与发展

公元前 776 年，第一届古代奥运会在古希腊举行，田径成为正式比赛项目之一。

19 世纪末至 20 世纪初，现代田径运动开始形成与发展。1896 年，希腊举行了第一届现代奥林匹克运动会。田径运动是本届奥运会比赛的核心项目，这是现代田径运动开始的标志。在 1900 年第二届现代奥运会之前，所有的比赛均只允许男子参加，而本届奥运会打破禁令，开始有少量女性参加比赛。1912 年，国际业余田径联合会成立，并制定了有关的组织章程和规则。从此，奥运会田径赛、国际田径赛、业余田径运动有了共同遵循的规则和章程，国际田径运动也有了统一的管理和组织。

20 世纪 20 年代至 30 年代中期，世界田径运动在第一次世界大战后迅速恢复。1922 年，女子田径赛首次在巴黎举行。1926 年，荷兰出现第一架用于拍摄终点情况的高速摄影装置。1928 年，国际田联在阿姆斯特丹代表大会上首次批准了有关查禁兴奋剂的规则，并编入国际田联手册。1930 年，国际田联承认电子计时成绩为世界纪录。1932 年，在洛杉矶举行的第 10 届奥运会首次采用 1/100 秒计时，并设终点摄影。

20 世纪 30 年代后期至 40 年代后期，受第二次世界大战影响，第十二、十三届奥运会未能进行，但是有些国家仍然开展田径运动，努力提高田径运动水平。

第二次世界大战后至今，国际田径运动发展稳定、迅速。随着时代的进步、科技的发展、技术的改进，田径运动项目涌现出欧文斯、卡尔·刘易斯、伊辛巴耶娃、博尔特等一批又一批世界著名田径运动员。

19 世纪末 20 世纪初，田径运动传入我国。1890 年，全国第一次田径比赛在上海圣约翰书院举办。1922 年，北洋政府颁布《学校系统改革案》，规定田径运动项目为学校主要教学内容之一。1924 年，第三届全运会田径赛由中国人自己主办。这是中国田径运动的开端。第二次世界大战期间我国田径运动深受打击。中华人民共和国成立后，我国田径运动得到飞速发展，不断刷新纪录，涌现出一批又一优秀运动员，有朱建华、刘翔、苏炳添、巩立姣等。

## 三、田径运动的特点

田径运动包括项目较多，锻炼形式多样，多数项目的场地、器材、设备比较简单。

练习时多在室外进行，可以更多地接受日光、空气等自然条件的锻炼。

田径运动受性别、人数、时间、季节限制较少，便于广泛开展。它是我国各级各类学校全面发展人的身体素质的重要内容。人们通过田径运动，能有效地发展速度、力量、耐力、灵敏、协调等身体素质，获得运动技能，提高运动成绩，培养意志品质。“田径是运动之母”“田径是运动之基础”等通俗、概括的名言，也肯定了田径运动对增强体质的重要性。田径是体育教学和锻炼的主要内容之一。

## 第二节　径赛项目基本技术

### 一、短跑

短距离跑（简称短跑）是田径运动径赛项目中距离最短、速度最快、人体运动器官和内脏器官处于大量缺氧情况下的极限强度的周期性运动项目。短跑表现为步频快，步幅大，上下肢及身体动作配合协调，节奏感明显。短跑全程技术按动作的变化可分为起跑、起跑后的加速跑、途中跑和终点跑四个部分。短跑成绩是由起跑的反应速度、起跑后的加速跑能力、保持最快速度的时间和距离，以及各部分的技术完成质量决定的。

1. 起跑

（1）直线起跑（图 5-1）。

短跑的起跑技术包括“各就位”“预备”、鸣枪三个阶段。起跑的任务是使人体摆脱静止状态，尽可能获得最大的起动初速度，为起跑后的加速跑创造有利条件。

**图 5-1　起跑**

“各就位”时，运动员应轻快地走到起跑器前，两手撑地，两脚依次踏在前、后起跑器的抵足板上，后膝跪地，两手收回紧靠起跑线后沿撑地，两臂伸直，两手间距比肩稍宽，手指成拱形（四指并拢与拇指相对成“八”字形）做弹性支撑，躯干略微弓起，颈部放松，身体重量均衡地落在两手、前脚和后膝关节之间。

“预备”时，运动员应平稳地抬起臀部，让臀部与肩同高或稍高于肩。然后躯干适当前移，使肩部稍超出起跑线，双手用指尖的掌侧撑地，双臂略向后用力，双腿膝关节形成适宜的用力角度，并稍用力踏紧起跑器抵足板，使背部肌肉绷紧并略呈弓形，整个身体犹如压紧了的弹簧那样具有一定的张力，颈部自然放松。在“预备”姿势中，双腿膝关节的角度具有重要意义。适当增大膝关节角度，有利于蹬伸；但是，角度过大也会减弱蹬伸的力量。前腿膝关节呈 90°～100°、后腿膝关节呈 110°～130°为最佳角度。

鸣枪时，运动员两手迅速离开地面并有力地屈肘前后摆动，两腿依次有力地蹬踏起跑器抵足板，使身体向前上方运动。后腿在快速蹬离起跑器后，便迅速屈膝向前上方摆出（后腿前摆时脚掌不应离地过高，以利于摆动腿迅速着地和过渡到下一步），同时，前腿有力地蹬伸。此时，前腿后蹬角为 42°~45°，躯干与地面形成 15°~20°的前倾角。

（2）弯道起跑（图 5-2）。

为了便于在弯道起跑之后能有一段直线距离进行加速跑，应将起跑器安装在弯道的右侧，使起跑器的纵轴延长线与前方 15 米左右的跑道内侧分道线相切。

“各就位”时，运动员的右手撑在起跑线后沿与右侧分道线相交处，左手撑在距起跑线后沿 5~10 厘米处，使身体正对着弯道的切点。听到“预备”口令和鸣枪信号时，其技术动作要领与直道起跑一样。

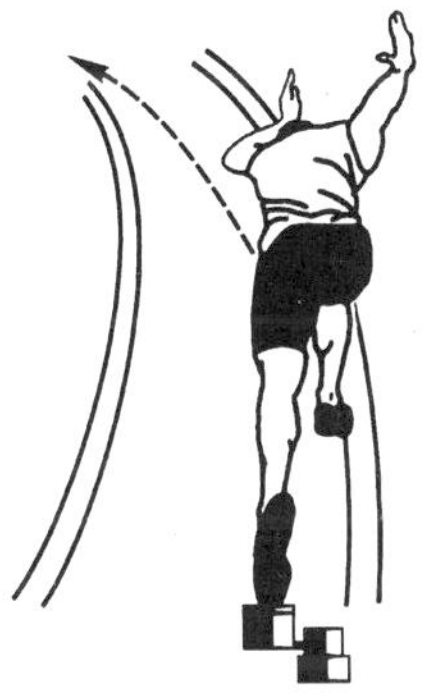

图 5-2　弯道起跑

2. 起跑后的加速跑

起跑后的加速跑是从蹬离起跑器到途中跑开始的跑段，其任务是充分利用向前的冲力，尽快加速达到自己的最快速度。起跑后加速跑的距离一般控制在 25~30 米。加速跑开始时，上体保持较大的前倾，双臂摆动幅度大而有力，支撑腿充分蹬伸，与此同时，摆动腿迅速前摆。摆动腿前摆时，大、小腿折叠程度小，前摆幅度大。在整个加速跑阶段，随着速度的加快，上体逐渐抬起，步幅逐渐加大，起跑后两腿逐渐落在一条直线的两侧。步长不宜过大，一般在三个半至四个脚掌长，以后每步约增加半个脚掌长，逐渐增至途中跑的最大步。完成加速跑以后，应顺势做 2~3 步自然跑进，随即过渡到途中跑。整个过程大约用 10~12 步完成。

3. 途中跑

途中跑是短跑全程跑距离最长、速度最快的一段，相比其他短跑技术更为重要。途中跑的任务是继续发挥和保持较长距离的最快速度。途中跑时，头部正直，上体稍前倾，颈部放松。摆臂时，应以肩为轴，手成半握拳或自然伸掌，轻快而有力地做前后摆动，前摆时手的高度稍超过下颌，后摆时肘关节稍向外，摆至大臂约与肩平，前后摆动摆幅为 115°~125°。整体技术动作要做到轻松自然。

4. 终点跑

终点跑是全程跑的最后一段，是途中跑的延续，包括终点跑和撞线技术。终点跑的任务是尽力保持途中跑过程已经获得的速度和采用合理的撞线动作跑过终点线。终点跑的技术基本与途中跑相同。只是由于体能下降，运动员为了增大后蹬力量，应尽量保持上体前倾角度或略增大前倾角度，同时加大摆臂的幅度和力量。在增大步幅的同时，尽量保持步频，更加积极地、竭尽全力地冲向终点线。当跑到距终点线 1~2 步时，上体快速、柔和地再次增大前倾角度，用胸部或肩部撞向终点线（带）的垂直面。终点跑距离的长短应根据径赛项目特点和运动员训练水平决定。通常 100 米跑项目的冲刺跑距离为 15~20 米。

## 二、中长跑

中长跑是以有氧代谢为主的耐力性和周期性的运动项目。一般比赛距离是 80 ~ 100 米。其技术原理与短跑基本一致，但也有其不同的特点。一般来讲，跑的距离越长，步幅越短，跑的动作中摆动与后蹬用力程度越小，腾空时间与支撑时间的比值越小，即所谓高频率、小步幅。高步频、积极有效的伸髋和快速有力的摆动动作是现代中长跑技术的主要特点。

1. 起跑

中长跑的起跑按“各就位”、鸣枪两个口令进行。起跑姿势有“站立式”和“半蹲踞式”两种。

“各就位”时，运动员先做一两次深呼吸。“站立式”起跑的运动员两脚前后开立，有力的腿在前。前脚尖紧靠起跑线后沿，全脚掌着地，后脚以前脚掌着地，两脚前后间距约一脚，左右间距约半脚，两膝弯曲，上体前倾（跑的距离越短，腿的弯曲度越大，上体前倾度也越大），颈部放松，两臂在体前自然下垂或一前一后，身体重心落于前脚，保持稳定姿势。“半蹲踞式”起跑的动作与“站立式”起跑的动作基本相同，但前腿的异侧臂的拇指和其他四指成“八”字形撑在起跑线后。两脚均用前脚掌支撑，前后相距约一小腿长，左右间隔约一脚宽，两膝弯曲角略小，体重主要落在前腿和支撑臂上。

听到枪声后，后腿用力蹬地后积极前摆，前腿用力蹬伸。两臂配合腿部动作做快而有力的前后摆动，身体向前冲出。

2. 起跑后的加速跑

起跑后，上体保持一定程度的前倾，两臂的摆动和腿脚的摆动都应迅速有力，逐渐加速，同时，随之抬起上体，跑向对自己有利的战术位置，然后转入途中跑。加速跑的距离和速度应根据个人特点、战术要求和临场情况而定。

3. 途中跑

途中跑是中长跑的主要阶段，每一步分为着地缓冲、后蹬与前摆、腾空三个阶段。后蹬与前摆阶段是途中跑的主要环节。积极的前摆可增加后蹬力量，有力的后蹬可促进前摆效果，前摆、后蹬协调配合才能产生更大的前进动力。后蹬动作应该迅速而积极，依次伸展髋、膝、踝三个关节，后蹬角度一般为 60°左右。

4. 终点跑

中长跑的终点跑的距离大概在 300 米，可根据运动员具体情况做适当延长和缩短。运动员在进入预定冲刺距离之前须抢占有利位置，注意观察对手情况，确定冲刺时机。冲刺时，运动员应加大摆臂，加快步频，增加躯干前倾程度，以自己的跑法和速度，全力跑进，冲过终点。

## 三、跨栏跑

跨栏跑的全程跑技术分为起跑至第一栏技术、过栏技术、栏间跑技术和终点跑技术四个部分。跨栏跑的成绩取决于运动员的平跑速度、完善合理的跨栏步技术和跑跨协调配合的能力。这里以 110 米栏技术为例介绍跨栏跑技术。

1. 起跑至第一栏

跨栏跑采用蹲踞式起跑，起跑至第一栏一般用 8 步完成，可根据个人不同情况调整为 7 步或者 9 步。“预备”动作时，臀部抬起明显高于肩部。这是为了在起跑后的前几步能取得较大的步长。在起跑后的步长稳定后，缩短各步支撑时间即加快步频，是加快跑速的关键。

2. 过栏技术

过栏技术分为起跨攻栏和腾空过栏两个技术阶段（图 5-3）。

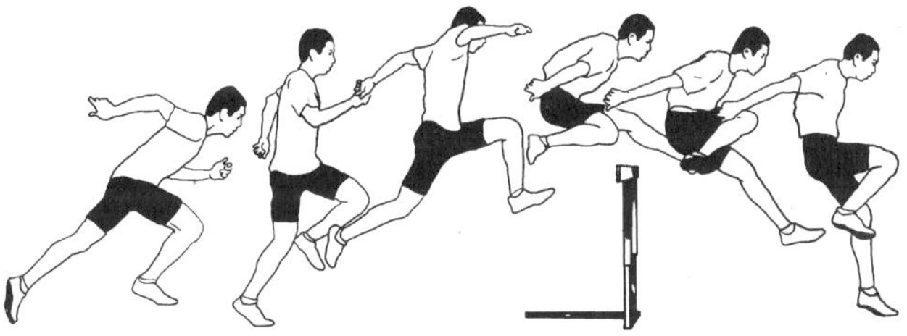

图 5-3　跨栏

起跨攻栏是指起跨腿踏上起跨点，到后蹬结束离地时止的准备过栏动作。起跨前应保持较快的跑速，后蹬要求迅速有力，蹬地结束瞬间起跨腿髋、膝、踝关节充分伸展，并与躯干、头基本成一条直线。当起跨腿踏上起跨点时，摆动腿在体后开始折叠，足跟靠近臀部，膝向下，以髋为轴，大腿带动小腿积极向前直到膝超过腰部高度。摆腿速度越快，越有利于加大蹬地力量。与此同时，上体随之加大前倾，摆动腿异侧臂前伸，另一臂屈肘摆至体侧，形成良好的攻栏姿势。

腾空过栏是指起跨腿脚掌离地瞬间到摆动腿下栏着地时止的动作。起跨腿蹬离地面后，当摆动腿膝关节超过栏板高度时，摆动腿小腿迅速前伸。当摆动腿脚跟接近栏板时，摆动腿几乎伸直。与此同时，上体迅速前倾，使胸部几乎靠近摆动腿的大腿，摆动腿异侧臂完成带动肩部积极向前的动作，形成肩横轴与髋横轴交叉扭转状态，以维持栏上的身体平衡。此时，起跨腿仍留在身体后面，与上体几乎成一条直线，并与在栏前的摆动腿形成一个大幅度的分腿动作。摆动腿脚掌越过栏板后，随之开始做积极的下压动作，前脚掌落地。随着起跨腿大幅度地向前提拉动作，使身体重心迅速移过支撑点，此时跨栏步动作结束，转入栏间跑阶段。

3. 栏间跑技术

栏间跑的主要任务是尽可能地加快栏间跑节奏，加快跑速，为顺利跨过下一栏创造有利条件。栏间跑技术基本上同短跑。为了减小身体重心上下起伏，栏间跑要保持高重心，大腿高抬，用前脚掌着地，跑得轻快而有弹性。两臂摆动积极有力、幅度较大，上体稍前倾。由于栏间距离和跑的步长固定，步长也比较稳定，所以加快栏间跑速主要靠加大步频和改进跑的节奏来实现。

4. 终点跑技术

终点跑是指跨过第 10 个栏架后到终点这一段距离的跑。过最后一个栏时，摆动腿应更积极地下压，起跨腿一过栏架即可向前摆出。终点跑应加强后蹬和摆臂，加大步频，以最快的速度冲向终点。离终点线最后一步时，上体要急速前倾，及时地用胸部接触终点线垂直面。

## 四、接力跑

接力跑是由周期性的短跑与非周期性的传、接棒技术构成的，以规定人数、限定距离，并以接力棒为传接工具的团队性径赛项目。接力跑的技术包括起跑（持棒人起跑和接棒人起跑）、传接棒技术（传接棒方法、传接棒位置和时机）、棒次安排等几个环节。这里以 4×100 米接力跑为例介绍接力跑技术。

1. 起跑

第一棒队员大拇指和食指撑地，中指、无名指和小拇指握住棒的末端，采用蹲踞式起跑，注意接力棒不能触及起跑线及起跑线前的地面。第二、第三、第四棒队员一般采用站立式或半蹲式起跑准备姿势，目视跑来的同伴，设立起跑出发标志，当同伴跑到标志物时，迅速启动跑出。

2. 传接棒技术

（1）传接棒方法。

接力跑的传接棒方法主要有上挑式、下压式及混合式等方法。

采用上挑式传接棒时，接棒人手臂自然向后伸出，手臂与躯干成 40°～45°，掌心向后，拇指与其他四指自然张开，虎口朝下，传棒人将棒由下向前上方传到接棒人的手中。这种传接棒方法的优点在于动作自然，易于掌握。缺点在于接棒后握在棒的中部，不倒棒的话，后面接棒人越握越短，容易掉棒。

采用下压式传接棒时，接棒人手臂向后伸出，手臂与躯干成 50°～60°，掌心向上，拇指向内，其他四指并拢向外，虎口张开朝后，传棒人将棒由上向前下传到接棒人手中。这种传接棒方法的优点在于不用倒棒，每次都能握在棒的一端。缺点在于掌心朝上，手臂不够自然，影响跑速。

混合式传接棒多用于 4×100 米接力。第一棒运动员采用上挑式传接棒方法传给第二棒运动员，第二棒运动员采用下压式传接棒方法传给第三棒运动员，第三棒运动员采用上挑式传接棒方法传给第四棒运动员。

具体采用哪种传接棒方法要根据运动员习惯、身高、臂长等因素决定，因人而异，只要保证传接棒顺利、快速就可以。一般跑弯道的运动员沿内侧跑进，用右手持棒，将棒传到跑直道运动员的左手中。

（2）传接棒位置和时机。

传接棒应在两人都保持较快速度时完成。两人相距 1.5 米左右时，在相对静止的情况下迅速完成交接棒。最好在距离接力区后端线 5 米左右时完成接棒。

3. 棒次安排

一般第一棒安排反应快、起跑好、加速能力强、善于跑弯道的运动员；第二棒安排速度耐力好、传接棒技术稳定的运动员；第三棒安排弯道技术好、传接棒技术稳定、速度耐力好的运动员；第四棒安排冲刺能力强、意志品质好的运动员。

# 第三节　田赛项目基本技术

## 一、跳高

跳高技术由助跑、起跳、过杆、落地四部分组成。根据姿势，跳高可分为跨越式跳高、背越式跳高、俯卧式跳高、剪式跳高等。目前最先进的技术为背越式跳高（图 5-4），最接近自然动作的技术为跨越式跳高。

图 5-4　背越式跳高

1. 助跑

跨越式跳高助跑：采用直线助跑，助跑方向与横杆成 30°～45° 角，助跑步数 6～10 步。跑进时逐渐加快跑动速度，跑动轻松有弹性，上体逐渐由前倾转为正直。

背越式跳高助跑：采用直线加弧线助跑，一般直线 4～6 步，弧线 4～6 步。直线助跑进行加速，动作轻松有弹性，转入弧线助跑后身体内倾、前脚掌着地、节奏鲜明，倒数第二步稍大、最后一步稍小。

2. 起跳

跨越式跳高起跳：起跳点大约距离近侧立柱 1 米，距离横杆 60～80 厘米。起跳脚积极迈向起跳点，两臂微屈置于身体后侧方，以脚跟着地并迅速滚动至全脚掌，然后屈膝缓冲。当身体重心移至起跳点上方时，起跳腿快速有力地蹬伸，同时摆动腿直膝上摆，两臂配合摆动腿摆动并快速上扬，提肩拔腰，完成起跳动作。

背越式跳高起跳：起跳点距离横杆 70～90 厘米，距离近侧立柱 1 米左右。随着高度的升高，起跳点需要往外移动。助跑倒数第二步时，支撑腿以全脚掌着地，步幅稍大，重心稍下降，同时摆动腿积极向前迈，向前上方送出髋关节，上体稍后仰保持内倾；起跳腿踏上起跳点时，脚尖稍外展，摆动腿顺势上摆，向上摆臂，起跳腿迅速蹬伸髋、膝、踝，起跳腿的异侧臂上伸，躯干充分伸展，使身体腾起。

3. 过杆

跨越式跳高过杆：身体腾空后，上体前倾，摆动腿继续积极向横杆的上方移动，越过横杆后快速做内旋下压动作，同时起跳腿稍向外旋，迅速向上抬起，并顺势带动同侧髋上提，以提高身体重心的位置，起跳腿同侧臂向后侧方摆动，带动上体随之稍转向横杆。

背越式跳高过杆：身体腾起保持起跳腿蹬伸，摆动腿沿起跳腿异侧臂方向向上摆动，躯干充分伸展的身体姿势，继续向上；离地后，身体转动成背对横杆，起跳腿下垂，摆动腿逐渐放下；当头和肩越过横杆后，迅速沉肩，两臂置于体侧，髋关节向上挺起，形成背弓，这时两膝自然弯曲、分开，小腿自然下垂；髋关节过杆后，肩继续下沉，稍抬头，收腹，抬大腿，小腿自然上甩，使整个身体过杆。

4. 落地

跨越式跳高落地：过杆后摆动腿先着地，着地缓冲后离开落地区。

背越式跳高落地：臀部过杆后，小腿上撩，屈髋，两臂展开，自然下落，肩背部落垫。

## 二、跳远

跳远是腾跃水平距离的运动项目，由助跑、起跳、腾空、落地四个技术环节组成。在跳远技术的发展过程中，由于腾空姿势的不同，跳远出现了蹲踞式、挺身式、走步式等不同的空中姿势。

1. 助跑

助跑的主要任务是获得可控的最大初速度，准确踏板。助跑不仅要快，还要稳定，更要准确，助跑的质量能够很大程度上决定跳远的远度。优秀男子运动员一般助跑 35~45 米，跑 18~24 步；优秀女子运动员一般助跑 30~40 米，跑 16~22 步；一般运动员助跑 20~30 米，跑 12~16 步。助跑启动分为静止启动和行进间启动两种。静止启动即启动就加速，步子准确，比较稳定；行进间启动即先放松跑到第一标志点，然后开始加速，优点是比较自然、放松。助跑最后三步需要加快步频，减小步幅，积极主动踏板。

2. 起跳

助跑最后一步起跳腿几乎垂直，快速用全脚掌滚动着板，上体正直，目视前方，摆动腿配合手臂积极向上摆动。

3. 腾空

蹲踞式腾空：两臂向前上方摆动，摆动腿离地后积极高抬，在空中成腾空步姿势。

挺身式腾空（图 5-5）：两臂前摆，起跳腾空后积极下放摆动腿，膝关节放松，大小腿向后摆；展髋挺胸，两腿放松，自然伸展并靠拢；两臂配合摆动腿下放，由侧向上绕举，成斜上举，展胸并上体稍后仰，成空中挺身姿势。

图 5-5　挺身式跳远

走步式腾空：起跳后维持跑动姿势，一般采用空中走两步半或者三步半的技术。

4. 落地

向前伸举小腿，低头，上体前倾，同时两臂向体侧后摆；落地时两脚并拢，脚跟触沙后脚掌下压，同时屈髋、屈膝，两臂向前回摆，帮助身体重心快速前移，用前倒或侧倒的方法落地。

三级跳远是经过一定距离的助跑后，通过三次连续跳跃（单脚跳、跨步跳、跳跃）达到尽可能远的水平距离的运动项目。三级跳远助跑节奏要强，有弹性；起跳后身体重心的合理轨迹为三个连续平缓的抛物线。三级跳运动作要领的总结就是一跳平，二跳远，三跳高。

## 三、推铅球

一个完整的背向滑步推铅球技术包括握持球、滑步（旋转）、最后用力和维持身体平衡四个部分。这里以背向滑步推铅球、右手持球为例（图 5-6）介绍推铅球技术。

图 5-6　背向滑步推铅球

1. 握持球

（1）握球方法。

五指自然分开，把球放在靠近食指、中指和无名指指根处，拇指扶在球体侧面，掌心空出，手腕背屈。

（2）持球方法。

握好铅球后，将铅球持于肩轴线前，抵住或靠近颈部或下颌，头部略向右侧转动。拇指处在肩的上面、球体的下面，其余四指大体上处在球体侧面，掌心向内，右臂屈肘，肘部略低于肩或与肩平，躯干保持正直，左侧臂上举。

2. 滑步

滑步技术包括预备姿势、团身、滑步三个环节。

（1）预备姿势。

背对投掷方向，持球贴近投掷圈的后沿站立，身体重心落在右脚掌上，左脚置于右脚跟后方 20~30 厘米处，以脚尖触地，维持身体平衡。上身保持直立，两眼平视，两肩与地面平行。

（2）团身。

站稳后，向前屈体，接近与地面平行时，屈膝下蹲，同时左腿和头部向右腿靠拢，完成团身动作。下蹲时，右膝弯曲程度视运动员个人情况而定，有利于完成动作、加速即可。左膝回收靠近右腿时，右脚有一个提踵动作，利于滑步启动。团身结束时，右腿与躯干夹角为 50°~60°

（3）滑步。

臀部主动后移，然后积极后摆左腿，充分利用移、摆产生的动力开始滑步。最后再通过蹬伸右腿、回收右腿来完成滑步。滑步完成时，右腿与躯干夹角为 80°~90°。

3. 最后用力

最后用力阶段是推铅球技术中最重要的阶段，包括蓄力阶段和爆发用力阶段。在蓄力阶段，投掷臂未给铅球加速，依靠右膝内压，右腿侧蹬，上体不主动上抬，头颈不主动扭转，使身体左侧有关肌群形成预先拉长状态（俗称超越器械）。在爆发用力阶段，躯干形成侧弓，在左腿有力的支撑下，充分利用下肢蹬伸力量转髋转体，然后右胸前挺，在躯干正对投掷方向后再利用手臂顺势转肩推球，完成整个推球动作。铅球将要离手时，右手屈腕，手指有弹性地拨球，加速铅球的出手速度，左臂在最后用力加速时要积极主动地通过上、左、下方的摆动，协助身体完成左侧支撑。

4. 维持身体平衡

铅球出手后，运动员通常采用两腿交换并降低身体重心来减缓向前冲力，以维持身体平衡，防止犯规。

## 四、掷标枪

按照投掷标枪顺序可将掷标枪技术分为握持枪、助跑（预跑、投掷步）、最后用力和维持身体平衡四个部分（图 5-7）。

1. 握枪

现代标枪运动员握枪主要有现代式和普通式两种握枪方法。

现代式握法：将标枪斜放在掌心，拇指和中指末端握住标枪把手后端边缘，食指前伸，其余手指自然扶握在枪把手上面。

普通式握法：将标枪斜放在掌心，拇指和食指末端握住标枪把手后端边缘，其余手指自然弯曲握在枪把手上面。

图 5-7　掷标枪

2. 持枪

肩上持枪：持枪于肩上，持枪手靠近头部，高度与头顶齐平或稍高于头，枪身与地面平行或枪尖略低于枪尾。

肩下持枪：持枪臂下垂于髋侧或腰间，两臂随跑动动作前后自然摆动，预跑一段距离后持枪臂上举成肩上持枪姿势。

3. 助跑

（1）预跑。

预跑是从开始助跑到引枪为止的跑段。在这一跑段中，运动员须持枪助跑 10 ~ 14 步，获得水平速度，为引枪做好准备。

（2）投掷步。

完成投掷步的形式有跳跃式投掷步、跑步式投掷步、混合式投掷步。这里以四步投掷步、右手持枪为例进行介绍。

第一步：左脚踏上第二标志物，右腿积极前摆，右肩后撤，上体向右转动，开始引枪，枪身靠近身体，目视前方，髋部正对投掷方向，左臂在胸前自然摆动。

第二步：右脚落地缓冲后积极蹬地，左腿前摆，肩继续后撤，上体继续向右转动，左臂前引，在左腿落地时身体转至侧对投掷方向。

第三步：引枪结束、左脚着地后，左腿积极向后蹬地，右腿屈膝，以大腿带动小腿快速有力地向前上方摆出。两腿的积极蹬摆动作造成髋部和下肢加速向前，超过上体的前移速度，使躯干后倾并加大向右转体，使人体的髋轴和肩轴形成扭紧状态。左腿蹬地结束后，迅速前摆。

第四步：右脚落地后，右腿被动屈膝缓冲，当身体重心越过右脚支撑点上方时，右腿积极用力蹬地，推动筋部向前运动。左脚落地瞬间，应保持躯干的后倾角；左脚着地时，左腿做出有力的制动动作，可加快上体向前的运动速度。右腿继续蹬地，推动右髋加速向投掷方向运动，使髋轴超过肩轴，并带动肩轴向投掷方向转动。在肩轴向投掷方向转动的同时，投掷臂快速向上翻转，使上体转为面对投掷方向，形成满弓姿势。此时投掷臂处于身后，与肩同高，与躯干几乎成直角。

4. 最后用力

满弓姿势形成后，胸部继续向前，将投掷臂最大限度地留在身后，右肩部的肌肉最大限度地伸展。由于向前惯性的作用，左腿被迫屈膝，但随即做迅速有力的充分蹬伸，同时以胸部和右肩带动投掷臂向前做爆发性鞭打动作，并使用力的方向通过标枪纵轴。

在最后用力时，合理的用力顺序是取得最大出手速度的关键。从右腿落地后的及时发力至右臂的快速鞭打和标枪出手，人体各环节形成一个完整的运动链。人体参与用力的各环节肌肉群自下而上按照严格的顺序依次用力，使各环节依次加速和减速，实现了动量的传递，并获得最大的出手速度。

5. 维持平衡

标枪出手后，右腿及时跨出一大步，降低身体重心，同时上体前倾，两臂自然摆动，以维持身体平衡。

## 五、掷铁饼

掷铁饼一般分为握持铁饼、预摆、旋转、最后用力、维持身体平衡等几个技术环节。这里以原地侧向投掷铁饼、右手持饼为例（图 5-8）进行介绍。

图 5-8　掷铁饼

1. 握持铁饼

持饼手五指自然分开，拇指和手掌平靠铁饼，其余四指末节扣住铁饼边缘，手腕微屈，将铁饼上缘微微靠于前臂。握好铁饼后，持饼臂自然放松下垂于体侧。

2. 预摆

持饼臂于体前放松摆动，摆向左侧时，持饼手掌心朝下，左手托饼；摆向右侧时，持饼手掌心朝上。

3. 最后用力

原地侧向掷铁饼技术动作与推铅球最后用力阶段的技术动作相同。

4. 维持平衡

铁饼出手后，交换两腿并降低身体重心来减缓向前冲力，以维持身体平衡，防止犯规。

# 第四节 田径运动的主要竞赛规则

## 一、场地与器材

（一）半圆式田径运动场

标准半圆式田径场跑道全长400米，应由两个平行的直道和两个半径相等的弯道组成。跑道内侧应用适宜材料制成的内突沿加以分界，并漆成白色。内突沿高为50~60毫米，宽度为50~250毫米。两条直道上可以不设突沿，而是用50毫米宽的白线代替。标准田径场跑道通常设有6~8条分道（国际性大赛设第9道），分道宽1.22米，含5厘米宽的外侧分道线。

（二）田径运动项目场地与器材

田径运动项目场地与器材如表5-2所示。

**表5-2　田径运动项目场地与器材规格**

| 类别 | 项目 | 项目场地与器材规格 |
|---|---|---|
| 径赛 | 短跑 | 在标准半圆式田径场内进行。 |
| | 中跑 | |
| | 长跑 | |
| | 跨栏跑 | 男子：110米栏，栏高1.067米，栏间距9.14米，起点至第一栏13.72米，最后一栏至终点14.02米。<br>400米栏，栏高0.914米，栏间距35米，起点至第一栏45米，最后一栏至终点40米。<br>女子：100米栏，栏高0.838米，栏间距8.5米，起点至第一栏13米，最后一栏至终点10.5米。<br>400米栏，栏高0.762米，栏间距35米，起点至第一栏45米，最后一栏至终点40米。 |
| | 障碍赛跑 | 3 000米障碍赛跑：应越过28次栏架，7次水池。<br>2 000米障碍赛跑：应越过18次栏架，5次水池。 |
| | 接力赛跑 | 接力棒为光滑的空心圆管，由整段木料、金属或其他适宜的坚固材料制成，长为0.28~0.30米，外径为（40±2）毫米，质量不少于50克。接力棒应涂成彩色，以便在比赛中明显可见。<br>4×100米、4×200米及异程接力第一、第二次交接棒的接力区为30米，标志线位于距接力区开始分界线的20米处。在异程接力的第三次交接棒和4×400米及更长接力的接力赛中，每个接力区的长度为20米。 |

续表

| 类别 | 项目 | 项目场地与器材规格 |
|---|---|---|
| 田赛 | 跳高 | 横杆：应用玻璃纤维或其他适宜材料制成，不得使用金属材料。长为（4.00±0.02）米，最大质量为2千克。<br>落地区：最小为长5米、宽3米、高0.7米。 |
| | 撑竿跳高 | 横杆：应用玻璃纤维或其他适宜材料制成，不得使用金属材料。长为4.48~4.52米，最大质量为2.25千克。<br>落地区：最小为长5米、宽5米、高0.8米。 |
| | 跳远 | 助跑道：至少长40米，条件允许应为45米，宽为（1.22±0.01）米。<br>起跳线：距离落地区近端距离应为1~3米。<br>落地区：宽为2.75~3米，起跳线至落地区远端距离至少为10米，填充湿软的沙子。<br>起跳板：宽为（0.20±0.002）米，厚度最大为0.10米，涂成白色。<br>橡皮泥显示板：用木料或其他适宜材料制成，质地坚硬，长为（1.22±0.01）米，宽为（0.10±0.002）米，漆成不同于起跳板的颜色。 |
| | 三级跳远 | 国际比赛中起跳线至落地区近端的距离：男子项目不少于13米，女子项目不少于11米，在其他比赛中应根据运动员水平做相应调整。 |
| | 推铅球 | 男子：铅球质量为7.26千克。<br>女子：铅球质量为4千克。<br>投掷圈：直径为（2.135±0.005）米，有效落地区扇面角度为34.92°。 |
| | 掷标枪 | 男子：标枪质量为800克。<br>女子：标枪质量为600克。<br>助跑道：最短不低于30米，宽为4米，应用50毫米宽的白线标出。<br>投掷弧：半径为8米，应用70毫米宽的白线标出。<br>落地区：有效落地区扇面角度为28.96°。 |
| | 掷铁饼 | 男子：铁饼质量为2千克。<br>女子：铁饼质量为1千克。<br>投掷圈：直径为（2.50±0.005）米，有效落地区扇面角度为34.92°，有U形护笼。 |
| | 掷链球 | 链球由球体、链子和把手组成。<br>男子：链球质量为7.26千克。<br>女子：链球质量为4千克。<br>投掷圈：直径为（2.135±0.005）米，有效落地区扇面角度为34.92°，有U形护笼。 |

## 二、径赛项目的竞赛规则

径赛项目以决赛成绩判定该项目的最终名次。名次判定应以躯干（不包括头、颈和四肢）任何部位抵达终点线后沿垂直面的顺序为准。

（一）计时

1. 手计时

计时应从发令枪发出的闪光或枪烟开始，正式成绩应由 3 块秒表记取。在跑道上举行的径赛项目成绩除非为整 0.1 秒，否则记录为下一个较差的 0.1 秒，如 10.11 秒记为 10.2 秒；部分或者全部在场外进行的径赛项目成绩除非时间为整秒，否则记录为下一个较差的整秒，如 2:08:08.1 记为 2:08:09。采用 3 块秒表计时时，若两块秒表计时时间相同，第三块秒表计时时间不同，应以这两块秒表所记时间为正式时间；若三块秒表计时时间都不相同，应以中间时间为正式时间；若用两块秒表计时，应以较长时间为正式时间。

2. 电计时

正式成绩为发令枪发出信号（或同步的起跑信号）至运动员抵达终点线之间的时间。10 000 米及以下各径赛项目的成绩，除非正好为 0.01 秒，否则应进位和记录为下一个较差的 0.01 秒，如 26:17.511 应记录为 26:17.52；在跑道上进行的 10 000 米以上各径赛项目的成绩，其末尾不是两个零时，应进位和记录为下一个较差的 0.1 秒，如 59:26.222 应记为 59:26.3；部分或全部在场外举行的径赛项目的成绩，其末尾不是三个零时，应进位和记录为下一个较差的整秒，如 2:08:08.222 应记为 2:08:09。

（二）犯规

1. 占道

运动员分道跑时应自始至终跑在自己的分道内，如跑进他人跑道并影响他人跑进，则应被判定犯规并取消其比赛成绩。

2. 抢跑

400 米及以下（包括 4×100 米、4×400 米接力的第一棒）的各项径赛，规定采用蹲踞式起跑和使用起跑器。起跑口令为“各就位”“预备”、鸣枪。400 米以上各径赛项目采用站立式起跑，口令为“各就位”、鸣枪。所有径赛项目采取零抢跑（全能赛除外）赛制，抢跑则被取消比赛资格。在大型赛事中，起跑器上有传感器，运动员反应时间小于 0.1 秒，则会被判起跑犯规。

3. 接力

接力跑时，运动员应手持接力棒跑完全程，如果发生掉棒，棒需由掉棒人拾起。若在拾起过程中缩短比赛距离或者侵犯其他队员，则会被取消比赛成绩。运动员所有交接棒过程必须在接力区内完成。

## 三、田赛项目的竞赛规则

（一）跳跃类

1. 跳高

在跳高比赛中，每一名运动员在同一高度有 3 次试跳机会。运动员必须用单脚起跳。试跳中将横杆碰倒则判试跳失败；在越过横杆前，身体任何部位触及立柱前沿垂直面以外的地面或落地区也会被判试跳失败。运动员可以根据自身情况，自行决定在某一高度进行免跳。在某一高度上，第一次、第二次试跳失败后均可申请免跳，但在下一高度上试跳的次数则为前一高度上试跳失败后剩下的未跳次数。

如果两名或者两名以上运动员最后跳过的高度相同，在最后跳过的高度上试跳次数较少者名次列前；若试跳次数仍相同，则包括最后跳过高度在内的全部比赛中，试跳失败次数较少者名次列前；若试跳失败次数还相同，不涉及第一名则两者名次并列，但若涉及第一名且组委会要求只有一个第一名，则两者进行决名次跳。

2. 跳远

在跳远比赛中，运动员超过 8 人时，每人可试跳 3 次。成绩较好的前 8 名运动员可再试跳 3 次。试跳顺序与前三次试跳后的排名相反，名次由全部试跳中最好的一次成绩来判定。如运动员只有 8 人或不足 8 人时，每人可试跳 6 次。运动员起跳时身体任何部位触及起跳线前面地面，落地时触及沙坑外地面或向后走出沙坑，均被判试跳失败。

若两名或两名以上运动员最优成绩相等，则次优成绩高的名次列前，若次优成绩仍相等，则第三优成绩高的名次列前，依次类推。

3. 三级跳远

三级跳远比赛时，第 1 跳（单足跳）用起跳腿落地，第 2 跳（跨步跳》用另一条腿（摆动腿）落地，第 3 跳（跳跃）用双脚落入沙坑。运动员在试跳中摆动腿触地不应被视为试跳失败。其余同跳远比赛规则。跳跃远度项目成绩测量应从运动员身体任何部位触地的最近点量至起跳线或起跳线延长线。测量线应与起跳线或其延长线垂直丈量。

（二）投掷类

在铅球、标枪、铁饼的比赛中，运动员超过 8 人时，每人可试掷 3 次，成绩较好的前 8 名运动员可再试掷 3 次，试掷的顺序与前 3 次试掷的排名相反，名次由全部试掷中最好的一次试掷成绩来判定。如果运动员只有 8 人或不足 8 人时，每人可试掷 6 次。

试掷铅球、铁饼后，身体任何部位触及圈外地面或铁圈上沿，以及掷出的铅球、铁饼没有完全落在落地区线以内，均被判试掷失败。器械落地以后，运动员可从延长线后离开投掷圈。

试掷标枪后，只有枪尖先于标枪其他部位触地，且标枪完全落在落地区内，成绩才有效。试掷后身体任何部位触及投掷弧、助跑道标志线及其以外地面，均被判试掷失败。

# 第六章

# 篮球运动

## 第一节　篮球运动概述

### 一、篮球运动的起源与发展

篮球运动是1891年由美国马萨诸塞州斯普林菲尔德市基督教青年会干部训练学校的体育教师詹姆斯·奈史密斯发明的。从19世纪90年代到20世纪20年代，篮球无明确的游戏规则，也没有人数、场地、设备的限制，后来在不断的活动实践中，才开始逐渐有了一些关于场地、设备、人数等的规则要求。

篮球运动很快传遍了世界各地，逐渐被各国青年喜爱。1932年，国际业余篮球联合会在日内瓦成立，统一了世界篮球竞赛规则。在1936年第十一届柏林奥运会上，男子篮球被列为正式比赛项目。20世纪50—70年代，篮球运动在全球近百个国家与地区得到广泛普及。在这一时期，篮球比赛场地设施及规则形成了科学的攻防体系。体系的改变对篮球比赛的攻守速度，运动员的身体、技术、战术、意志、作风等各方面都提出了新的更高的要求，促进了篮球技术水平的迅速提高。20世纪70年代中期，女子篮球运动被列为第二十一届奥运会正式比赛项目。高智慧、高技巧、高强度、高对抗、高速度、高比分的抗争成为新时期篮球运动发展的新趋势。

1990年至今，世界篮球运动向着科技化、智谋化、竞技化、技艺化、职业化、产业化的方向发展。这一时期，篮球规则对比赛速度、高空争拼、场地区域，以及攻守技术、战术合理的运用，乃至全场比赛的时间、方式等，都做了新的规定。

中国篮球运动的发展共经历了三个阶段。

1895—1948年为第一阶段。在这一阶段，篮球运动主要在天津、上海及北京等有限的城市青年会组织和某些中等以上学校少数学生中开展。1910年，男子篮球被列为第一届全国运动会的表演项目；1914年，男子篮球被列为正式比赛项目。女子篮球于1930年被列为正式比赛项目。在这一阶段，篮球在广大城乡人民群众中未能得到普及，推广面极窄，竞赛活动较少，整体技术水平较低。

1949—1995年为第二阶段。1949年后，篮球运动在中国得到传播、普及、发展，进入了一个新阶段。20世纪70年代中后期，中国恢复了在国际篮球组织的合法席位，中国篮球从此走上国际竞技舞台，特别是自20世纪80年代中期至90年代中期，中国篮球事业进一步得到了更加全面的普及、发展与提高。

1996年至今为第三个阶段。中国篮协于1996年改革传统的竞赛体制，先后举办了甲A、甲B和乙级队主客场制联赛，使中国篮球逐步向职业化过渡，进而有序地推动了篮球运动产业化进程。1997年，篮球运动管理中心成立。1998年，中国大学生体协推出了CUBA联赛。这些无疑给中国篮球事业带来了新的生机和活力，使中国篮球运动进入了一个新的发展阶段。

### 二、篮球运动的特点

（一）篮球运动的竞技特点

篮球运动是向悬挂于高空的篮圈内投球的运动。篮球比赛过程较其他球类比赛过程复杂，技术动作繁多，战术形式多样，而围绕空间瞬时变化展开的争夺反映出个体单兵作战与集体协同配合相结合，空间攻守与地面争夺相结合，对抗性与计谋性、技艺性相结合，并显示出多变的攻守形式和方法。随着篮球运动职业化程度的逐步提高，运动员和运动队技能水平和运动成绩将越来越高，篮球运动也将越来越具有艺术性和欣赏价值。

（二）篮球运动的教育特点

篮球运动是当代体育学与社会教育学的有机结合。篮球运动中包含着丰富的教育内容，它对提高人的素质、丰富社会生活内容等都有独特的作用。篮球运动以球队的形式进行集体训练和比赛，而球队获得胜利的重要保证之一在于队员之间的协调配合、统一行动。这种协调配合、统一行动必须以积极的、健康的道德情感为基础。队员在这种以团队为基础的教学、训练中，能培养集体主义精神和良好的道德情感，从而形成正确的道德意识。

## 第二节 篮球运动基本技术

### 一、基本功训练

篮球运动基本功包括手部动作、脚步动作、腰胯动作、观察能力、篮球意识等。

1. 手部动作

手部动作的训练包括手对球的感觉，手指、手腕、手臂的合理用力及用力技巧，手对球的控制支配能力，等等。训练中要重点解决好投篮、运球、传接球时手腕、手指的握、翻、转、抖、拨等快速动作。

2. 脚步动作

脚步动作的训练包括蹬、伸、起、停、转、碾、滑等动作，以控制身体重心的转移和平衡。训练中要重点解决好在快速移动中完成动作，以及动作转换时的连贯性。

3. 腰胯动作

腰胯动作的训练包括腰胯、腹、背、胸等部位的弯、转、倒、侧、含、收、挺的用力技巧和用力习惯。训练中要重点解决好腰胯的弯、转时机和动作的连续性。

4. 观察能力

观察能力训练对于运动员战术意识的培养具有重要作用，是运动员采取合理战术行动的前提。观察能力与运动员技术动作运用的熟练程度有关。因此，观察能力的训练必须结合技术训练进行。训练中要扩大场上视野范围，增强观察能力和判断能力。

5. 篮球意识

篮球意识的训练与培养是基本功熟练程度及比赛经验积累的集中表现，也反映出运动员能动地、自觉地适应比赛情况的能力。训练中要注重意识的培养。

## 二、移动

移动是运动员为了改变位置、方向、速度和争取高度、空间所采用的各种脚步动作的总称。

1. 基本站立姿势

两脚前后或左右开立，两脚与肩同宽或稍宽，两膝微屈，重心保持在两脚之间，上体略向前倾，两臂自然屈肘下垂，置于体侧，抬头、收腹、含胸，两眼注视场上情况。

2. 起动

起动是队员在球场上由静止状态变为运动状态的一种动作，是获得位移初速度的方法。

动作要领：向前起动是用后脚的前脚掌短促有力地蹬地，同时重心前移，上体前倾，迅速向前迈步。起动后的前两步要短促而迅速。向侧起动是用异侧脚的前脚掌用力蹬地，同时上体迅速向起动方向侧转并前倾，重心跟随移动，迅速向跑动方面迈步。步法同向前起动一样。

3. 变向跑

变向跑是队员在跑动中突然改变方向的一种脚步动作。

以从右向左变向跑为例，队员跑动中最后一步用右脚前脚掌制动。脚下内侧蹬地，屈膝，脚尖稍向内扣，腰部随之左转，重心左移，上体稍前倾，同时左脚向左前方跨出一小步，右脚再迅速向左腿的侧前方跨出一大步。

4. 侧身跑

侧身跑是跑动时为了观察场上情况并随时准备接侧后方传来的球而经常采用的跑动方法。

动作要领：脚尖和膝盖对着跑动方向，头和腰部向球的方向扭转，侧肩，上体和两臂放松，随时观察场上情况。

5. 急停

急停是队员在跑动中突然制动的一种动作方法，是衔接其他技术动作和摆脱对手的有效方法。急停包括跨步急停和跳步急停。

（1）跨步急停：急停时的第一步跨出稍大，脚跟先着地，然后前脚掌撑地，脚尖由向前方转为向侧前方，同时重心下降，并先落在后脚上，身体稍向后坐，以减缓向前的冲力。第二步着地时，前脚掌内侧用力蹬地，脚尖稍向内转，两膝弯曲并内收，上体稍前倾，重心落在两脚之间。两臂屈肘张开，帮助控制身体平衡。

（2）跳步急停：队员在跑动时用单脚起跳，两脚同时落地（略比肩宽），前脚掌用力蹬地，两膝迅速弯曲，重心下降。两臂屈肘张开，保持身体平衡。

6. 转身

转身是利用一只脚做中枢脚，另一只脚蹬地向不同方向跨移来改变原来身体方向的一种方法。

（1）前转身：移动脚向自己身前（中枢脚前的方向）跨出的同时，中枢脚碾地旋转使身体改变方向。

动作要领：屈膝提踵，重心平稳。

（2）后转身：移动脚蹬地向自己身后（中枢脚后的方向）跨出的同时，中枢脚碾地旋转使身体改变方向。

动作要领：两脚用力蹬碾地，重心平稳、不起伏。

7. 滑步

滑步是队员防守时移动的主要步法。滑步一般分为侧滑步和前、后滑步两类。

（1）侧滑步：两脚左右开立，两臂张开。向左侧滑步时，右脚前脚掌内侧用力蹬地的同时，左脚向左跨出一步，右脚在左脚落地的同时紧随滑动，重心保持在两脚之间。向右侧滑步时动作相反。

动作要领：蹬、跨、滑。

（2）前、后滑步：前、后滑步的动作方法和要点与侧滑步相仿，只是方向不同。

## 三、传接球

进攻队员在原地或移动中，用手将球相互传递，称为传接球。

1. 双手胸前传球

两手五指自然张开，两手拇指成“八”字形，用指根以上部位持球，掌心空出。两肘自然弯曲于体侧，置球于胸腹部位，身体成基本姿势站立，脚分前后。传球时，目视传球方向，两臂前伸，手腕由下向上转动，再由内向外翻，急促抖腕，同时拇指用力下压，食、中指用力弹拨，将球传出。出球后手心和拇指向下，其余四指向前。远距离传球，则需蹬地和腰腹的协调用力。

2. 单手肩上传球

以右手传球为例，双手胸前握球，两脚前后站立，左脚在前，左肩对着传球方向，将球引至右肩，右手执球，肘关节外展，右手腕后仰，指根以上托球，掌心空出，重心落在右脚上。传球时，右脚蹬地，转体，前臂迅速向前挥摆，手腕前屈，通过拇指、食指、中指拨球，将球传出。球出手后身体重心随之移到左脚上。

3. 单手胸前传球

持球手法与单手肩上传球相同（以右手传球为例），将球由胸前引到体前右侧，传球时振动前臂，手腕急速前扣，并向内翻，同时食指、中指、无名指用力拨球，将球传出。

4. 双手头上传球

双手持球举于头上，两肘稍屈，持球手法与双手胸前传球相同。传球时小臂前挥，手腕前扣外翻的同时，拇指、食指、中指用力拨球。传球距离较远时，要用双脚蹬地，腰腹用力，全身协调发力，将球传出。

5. 接球

接球分双手接球和单手接球两种。不论进行哪一种接球，眼睛都要注视球，肩臂都要放松，手臂都要半屈迎向球，手指都要自然分开、放松。当手指触球时，手臂立即随球后引来缓冲来球力量。随后将球握于胸前，保持身体平衡，并做好投篮、传球、突破的准备。

## 四、投篮

投篮是进攻队员为了将球投入球篮而采用的各种专门动作的总称，是篮球运动的主要进攻技术，也是得分的唯一手段。

1. 原地双手胸前投篮

双手握球在胸部以上（高度在肩部附近），握球手法与双手胸前传球手法相同，肘关节自然下垂，上体稍前倾，两脚前后或左右站立，两膝微屈，重心落在两脚之间，目视投篮目标。投篮时，两脚前脚掌蹬地，腰腹伸展，同时两臂向前上方伸出，两臂即将伸直时两手腕同时外翻，拇指向前压送，指端拨球，以拇指、食指、中指的力量将球投出，最后腿、腰、臂自然伸直（图6-1）。

图6-1　原地双手胸前投篮

2. 原地单手肩上投篮

以右手投篮为例，右手五指自然分开（手心空出），指根以上部位触球，向后屈腕、屈肘，持球于肩上耳部左右，肘内收，前臂与地面接近垂直，左手扶球的左侧，右脚稍前，左脚稍后，重心放在两脚之间，两膝微屈，目视投篮目标。投篮时，两脚前脚掌用力蹬地，伸展腰腹，抬肘，手臂上伸，即将伸直时，手腕用力前屈，手指拨球，球最后从中指和食指的指端投出。球出手后，腿、腰、臂自然伸直（图6-2）。

图6-2　原地单手肩上投篮

3. 行进间投篮

（1）行进间单手高手投篮。

以右手投篮为例，右脚跨出一大步，在未落地前接球，右脚落地后左脚向前跨一小步（缓冲向前的水平冲力），并用力蹬地向上起跳，同时举球于肩上（或头部以上）。当身体至最高点时，前臂向前上方伸展，右臂即将伸直时手腕前屈，食指、中指用力拨球，通过指端将球拨出，出手要柔和。

(2) 行进间单手低手投篮。

以右手投篮为例，右脚跨出一大步，在落地前按球，左脚紧接跨出，步幅稍小，不要减速，用力蹬地向前上方起跳，同时双手持球移至体右侧耳上举，左手离球，右手掌心向上托球，向球篮方向伸出，接着向上屈腕，食指、中指、无名指向上拨球，将球投出（图 6-3）。

图 6-3　行进间单手低手投篮

4. 原地跳起单手肩上投篮

原地跳起单手肩上投篮简称跳投，是跳起在空中完成投篮动作，具有突然性强、出手快、出手点高、不易防守的特点。

以右手投篮为例，两手持球于胸前，两脚前后或左右自然站立，两腿微屈，重心在两脚之间。起跳时两腿迅速屈膝，前脚掌用力蹬地向上起跳，同时迅速举球于头侧上方（起跳和举球动作要协调一致），用右手托球，手腕后屈，左手扶球。当身体接近最高点时，左手离球，右臂伸向前上方，前臂即将伸直时，手腕用力前屈，食指、中指拨球，通过指端将球投出，手臂向出球方向自然伸直。落地时屈膝缓冲，保持身体重心稳定。

5. 运球急停或接球急停跳起投篮

运球急停或接球急停跳起投篮时，可采用跳步或跨步急停动作方法，停步同时双手随起跳持球上举。当身体至最高点时辅助手离球，投篮臂向前上方伸直，手腕前屈，食指、中指用力拨球，将球投出（图 6-4）。

图 6-4　运球急停或接球急停跳起投篮

## 五、运球

持球队员在原地或移动中，用单手连续按拍借助地面反弹起来的球的技术，称为运球。

1. 高运球

高运球多用于快速运球，与快速奔跑相结合。

膝微屈，上体稍前倾，目视前方，手按球的后半部，球落点在人的侧耳前方（速度快慢决定运球距离远近），球的反弹高度在腰胸之间，手脚要协调配合。采用这种运球方法时，身体重心较高，以便于观察场上情况。

2. 低运球

运球接近防守队员或防守队员来抢球时，运球队员应改用低运球突破对手，用身体保护球，并运用假动作摆脱防守。

两脚前后开立，两膝弯曲，上体稍前倾，抬头看前方，重心落在前脚掌上，手腕放松，手掌与地面平行，五指自然分开。用手指和指根拍、按球。手心空出，以肘关节为轴，前臂做上下伸压动作，结合手指、手腕缓冲球向上反弹力量，以控制球的高度和落点。一般运球落点应为运球手同侧脚的外侧稍前。运球高度在膝关节以下。为了保护球，运球者应该使球、自己和防守者三者保持一条线，抬起不运球的手臂。行进间低运球，向前时要拍球的后半部，向左变向时要拍球的右半部，向右变向则反之。

3. 运球急停急起

当对手防守得很紧，自己不能用快速运球超越对手时，运球者可运用运球速度上的突然变化，急停、急起，摆脱对手，或原地运球，突然急起超越对手。关键是动作突然，人球一致。

运球急停要领与不持球急停要领相同。运球急停时，手拍、按球的上方稍靠前位置，使球与地面垂直反弹，用异侧臂和身体保护球。起动时，后脚前脚掌偏内侧用力蹬地，上体前倾，重心前移，同时拍、按球的后上方，利用起动速度，超越对手。

4. 体前变向运球

运动员在行进间快速运球，在不与对手接近或对手迎上堵截时，可选择改变运球方向来突破对手。以从对手右侧突破为例，当快速直线运球即将接近对手时，先向对方左侧运球，使对手误认为向其左侧突破。当对手堵截左方或重心稍有移位时，运球队员立即向左侧变向，右手拍、按球的右后上方，将球由自己的右侧运至左侧前方，同时右脚迅速向左前方跨出，脚下落点在对手右脚侧面，脚尖向前，右脚跨步的同时上体向左转，用肩背挡住对手，然后换左手拍、按球的后上方，同时左脚用力蹬地、加速，超越对手（图 6-5）。

5. 运球后转身

以右手运球为例，当对手逼近自己的右侧时，左脚上步置于对手两腿之间，左脚为轴脚，左脚内侧蹬地，同时，后转身将球拉引向自己身体左侧，用身体背部挡住对手，左脚迅速上步加速。依据场上情况，左手与右手均可运球以从对手右侧突破。

图 6-5　体前变向运球

## 六、持球突破

持球突破是持球队员将脚步动作与运球技术相结合，超越对手的一种进攻技术。

1. 交叉步持球突破

以右脚做中枢脚为例，两脚左右开立，两膝弯曲，两手持球于胸腹间。突破时，左脚前脚掌内侧用力蹬地，上体向右转移，左肩向前下压，左脚向右侧前方跨出，在右脚离地前，在左脚的右侧前方运球，右脚迅速蹬地跨步超越对手。

2. 顺步持球突破

以左脚做中枢脚为例，两脚左右开立，两膝弯曲，两手持球于胸腹间。突破时右脚向右前方跨出一步，同时向右转体侧肩，重心前移，右手运球，左脚前脚掌用力蹬地向右前方跨出。

# 第三节　篮球运动基本战术

## 一、战术基础配合

(一) 进攻战术基础配合

进攻战术基础配合包括传切、突分、掩护和策应配合。

进攻与防守战术的基础配合，即两三人之间形成的简单配合方法。

1. 传切配合

传切配合是进攻队员之间利用传球和切入技术所形成的简单配合。它包括一传一切和空切两种。传切配合是一种最基本的简单易行的战术配合，在篮球比赛中经常采用。

(1) 传切配合的方法。

① 一传一切配合。一传一切配合是指持球队员传球后摆脱防守，向球篮方向切入，

接回传球投篮。

② 空切配合。空切配合是指无球队员掌握时机摆脱对手切入防守空隙区域接球投篮或做其他进攻动作。

（2）传切配合的要求。

① 队员配合的距离要拉开，切入路线要合理。

② 切入队员要利用假动作迷惑对手，掌握好摆脱时机。切入时紧贴对手，动作快速突然。

③ 传球队员动作要隐蔽，传球及时准确。

2. 突分配合

突分配合是指持球队员突破对手之后，遇到对方补防或“关门”时，及时将球传给进攻时机最好的同伴进行攻击的一种配合方法。

（1）突分配合的方法。

突分配合的方法主要有两种：一种是运用突破压缩对方守区，传球给外围队员投篮；另一种是突破后传球给空插队员或中锋投篮。

（2）突分配合的要求。

① 突破队员突破时要突然、快速，在突破过程中要观察攻防队员位置的变化，及时准确地传球。

② 接球队员把握时机，及时摆脱对手，迅速抢占有利位置接球投篮。

3. 掩护配合

掩护配合是进攻队员采取合理的身体动作，用自己的身体挡住同伴的防守者的移动路线，使同伴得以摆脱防守，创造接球投篮或进攻机会的一种配合方法。

（1）掩护配合的方法。

掩护配合有许多形式和方法，根据掩护者和被掩护者身体位置的不同，有前掩护、侧掩护、后掩护三种形式。根据不同情况还可进行多种变化，有反掩护、假掩护、运球掩护、定位掩护、行进间掩护、双人掩护、连续掩护等。从形成掩护配合的行动来看，一是掩护者主动去给同伴做掩护，用身体挡住同伴的防守者的移动路线，使同伴借以摆脱防守。二是摆脱者主动利用同伴的身体和位置把对手挡住，使自己摆脱防守。因此，掩护配合能否成功，要看掩护者在挡位的同时，摆脱者是否能及时利用同伴把对手挡住。

① 侧掩护。掩护者站在同伴的防守者的侧（略靠后）方，用身体挡住该防守者的移动路线，使同伴摆脱防守获得进攻机会的一种配合方法。

② 后掩护。掩护者移动到同伴的防守者的身后做掩护的一种配合方法。这种配合不易被防守者发现，容易成功。但与对手的距离不可太近，以免发生身体接触造成犯规。

③ 前掩护。掩护者跑到同伴的防守者身前，掩护同伴做中远距离投篮。

（2）掩护配合的要求。

① 掩护时身体的姿势要正确，两脚开立，上体稍前倾，两手屈肘放于体侧或胸前，距离要适当。掩护时身体保持静止，避免掩护犯规。

② 掩护时摆脱队员要用投篮和压切等动作，诱使对手接近自己并吸引对手的注意力，为配合创造有利条件。

③ 掩护时同伴之间的配合应掌握好配合时机及变化方法。

④ 组织掩护配合时要创造中投和突破机会，要注意与内线进攻相结合。

4. 策应配合

策应配合是指进攻队员背对或侧对球篮接球后，与同伴的空切或绕切相配合，借以摆脱防守，创造各种进攻机会的一种配合方法。

（1）策应配合的方法。

策应的范围较广。在半场范围内应用时，策应一般分为内策应和外策应两种。靠底线的限制区两侧做策应通称为内策应，在罚球线附近或罚球线处的长线附近做策应通称为外策应。当对方用全场紧逼防守时，可在中场一带甚至在对方前场运用策应配合来破坏防守。

（2）策应配合的要求。

① 策应队员要突然起动摆脱对手，占据有利位置。接球时两脚开立，两膝弯曲，两肘外展，用身体保护球。同时注意观察场上攻防变化，及时将球传给进攻机会最好的同伴投篮或自己进攻。

② 外围传球队员要根据策应者的位置，及时准确地传球给策应队员，做到人到球到，传球后迅速摆脱防守切入篮下，创造进攻机会。

（二）防守战术基础配合

防守战术基础配合包括挤过、穿过、交换、关门、夹击、围守中锋等配合方法。

1. 挤过配合

挤过配合是指对方采用掩护进攻时，为了破坏对方的掩护配合，当掩护队员临近时，被掩护队员的防守队员主动靠近自己的对手，并从两个进攻者之间侧身挤过去，继续防住自己对手的一种配合方法。

（1）挤过配合的方法。

如图 6-6 所示，⑤接⑥的传球后，向④的方向运球，④上来掩护。当④接近自己时，❺迅速向前跨出一步靠近⑤，并从⑤与④之间侧身挤过，继续防守，❹则及时后撤一步，以备补防。

如图 6-7 所示，④传球给⑤后，去掩护⑥。❹要及时提醒❻。❻在掩护队员接近自己时，迅速向前跨一步，靠近⑥，并从⑥与④之间侧身挤过，继续防住⑥。此时，❹应向后撤一步，以备补防。

（2）挤过配合的要求。

① 防守队员首先要善于发现对方的掩护行动，防守掩护队员要及时提醒同伴挤过和做好换防的准备。

② 挤过时要贴近对手，向前抢步要及时、有力，运用碎步挤过并继续防住自己的对手。

（3）易犯错误。

挤过的动作不正确、不合理易造成犯规；防守掩护队员的同伴没有及时提醒和配合行动，没有向后撤一步。

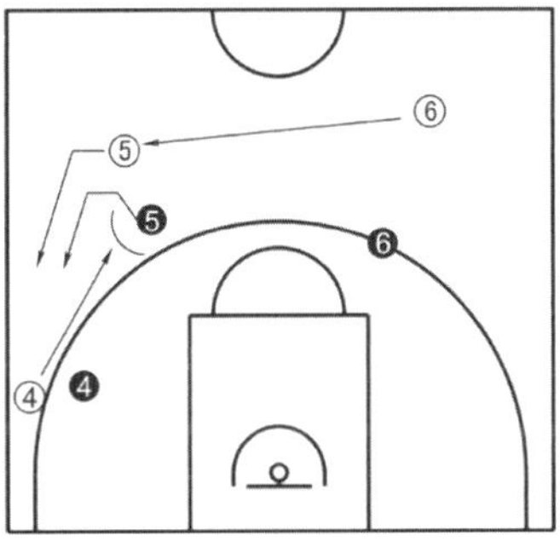


图 6-6　挤过配合 1

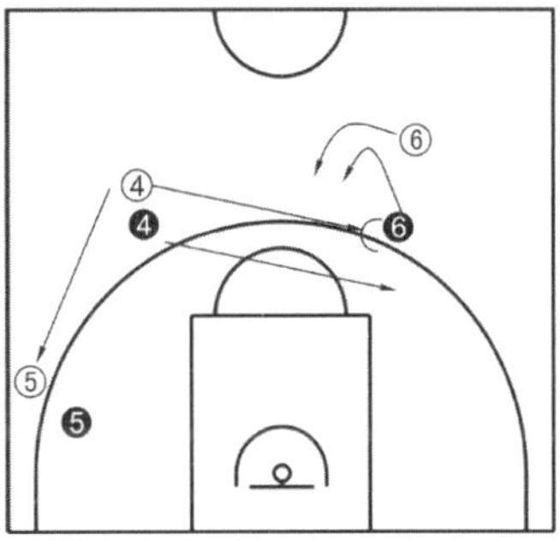


图 6-7　挤过配合 2

2. 穿过配合

穿过配合是当进攻队员进行掩护时，防守队员为了破坏对方的掩护配合，及时提醒同伴，并主动后撤一步，让同伴及时从自己和掩护者之间穿过，继续防住对手的一种配合方法。

（1）穿过配合的方法。

如图 6-8 所示，⑤传球给⑥后去给④做掩护。❺要提醒同伴，并离⑤远一点。在⑤掩护到位前一刹那，❺主动后撤一步，让❹从⑤和❺中间穿过，继续防守④。

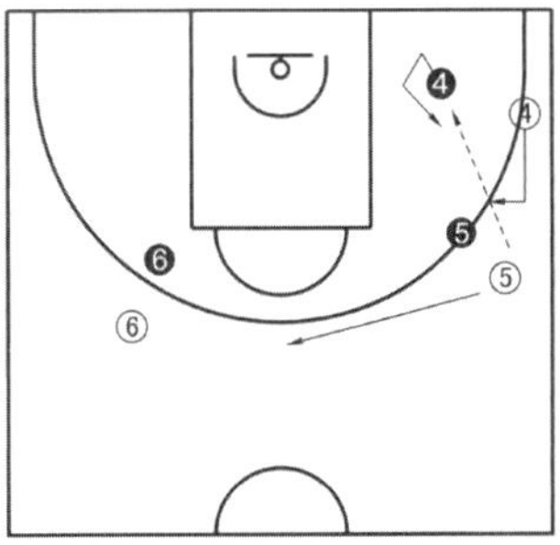


图 6-8　穿过配合

（2）穿过配合的要求。

① 防守掩护队员要及时提醒同伴，并主动让出通路，使同伴能继续防住对手。

② 穿过防守的队员发现对方掩护时，应及时调整自己的防守位置，并迅速穿过防守对手。

（3）易犯错误。

防守掩护队员的同伴没有及时提醒并主动让路撤步；穿过队员没有及时调整自己的防守位置和距离。

3. 交换配合

交换配合是当进攻队员掩护成功时，防守队员为了破坏对方的掩护配合，彼此之间及时交换自己所防守对手的一种配合方法。

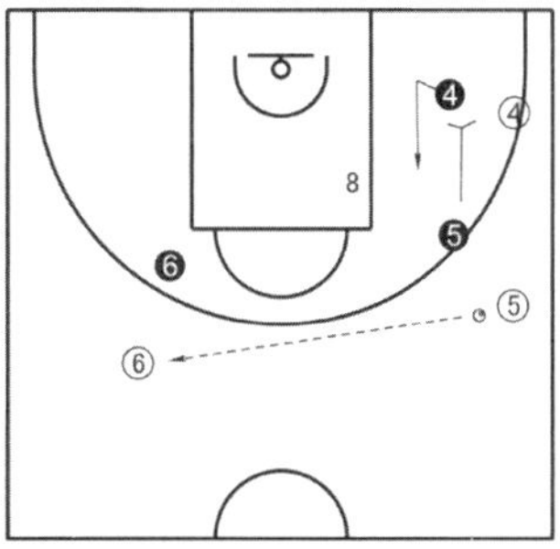


图 6-9　交换换合

（1）交换配合的方法。

如图 6-9 所示，⑤将球传给⑥后去给④做掩护。这时❺及时去换防④，防止④进行空切，同时 ❹防守⑤。

（2）交换配合的要求。

① 防守掩护队员要及时提醒同伴，并跟紧自己的对手，当对手切入时，突然换防。

② 防守掩护队员一定要及时调整防守位置，抢占人篮之间或人球之间的有利位置，不让掩护队员把自己挡在外侧。

（3）易犯错误。

① 防守队员之间相互呼应不够，行动不统一。

② 配合时，没有迅速调整防守位置，及时堵截对方的切入和接球路线。

（4）纠正方法。

① 反复强调交换配合的要求。

② 多做分解示范，正、背面示范及正误对比示范。

4. 关门配合

关门配合是邻近的两个防守队员协同防守持球突破的一种配合方法。

（1）关门配合的方法。

如图 6-10 所示，当④持球从右侧突破时，防守突破的❹ 可以根据情况采取偏向一侧的防守策略，诱使其向 ❻或❺防守队员靠近，并提前占位，形成关门配合，迫使其停球或传球。

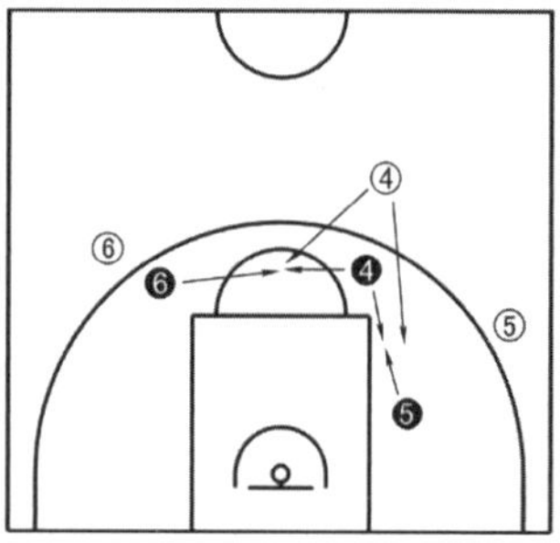


图 6-10　关门配合

（2）关门配合的要求。

① 防守突破者预先要了解哪一侧有同伴协防，以便采取偏于一侧的防守，迫使对手向有同伴助防的一侧运球突破。

② 协助防守队员应采取错位防守，及时抢占有利位置，当持球者突破即将超越同伴时，抢先移动向防突破的同伴靠拢关门，不给突破队员留有空隙。当突破队员停球或传球时，要根据情况快速回防自己的对手。

5. 夹击配合

夹击配合是指两个以上的防守队员采取突然的行动，封堵和围堵持球队员的一种配合方法。

（1）夹击配合的方法。

① 底角夹击。如图 6-11 所示，在❼诱使⑧向边线运球过程中，❹大胆地放弃④，待⑧停球时立即与❼夹击⑧，其他队员迅速填补④的位置，准备断球。

② 对中锋队员的夹击。如图 6-12 所示，中锋队员④得球后，❹和❻选择夹击的时机和位置，准备夹击。

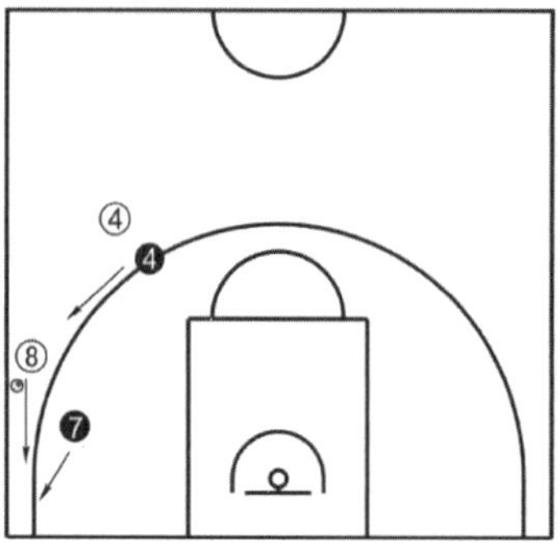


图 6-11　底角夹击

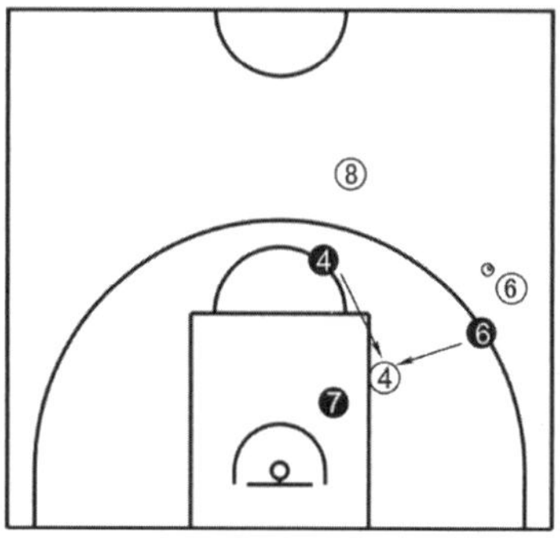


图 6-12　对中锋队员的夹击

③ 中场夹击。如图 6-13 所示，在❹诱使④沿边线向中场运球过程中，❺大胆地放弃⑤，待❹停球时立即与❹夹击④，其他队员迅速填补⑤的位置，准备断球。

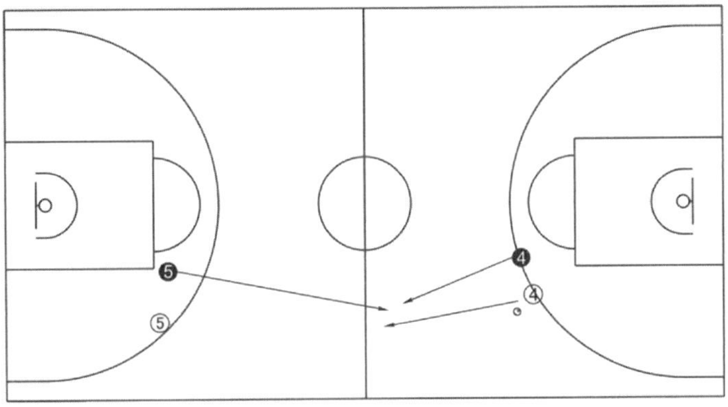


图 6-13　中场夹击

（2）夹击配合的要求。

① 正确选择夹击的时机和位置。对方只顾运球，而不注意观察场上情况时，或在对方运球转身一刹那间，或对方运球刚停球时，都是进行夹击的良好时机。最佳夹击位置是边角和中线附近。

② 夹击时防守队员应用腿和躯干围住持球者，同时挥动两臂封堵传球角度，伺机抢球或断球；邻近的防守队员应及时移动，切断其传球路线，准备断球。

（3）易犯错误。

夹击时行动不积极、不果断，突然性不强；夹击的时机、位置选择不当；没有充分利用身体、腿部及挥动手臂控制对手的活动和封堵其传球的路线。

6. 围守中锋配合

围守中锋配合是指当对方中锋攻击力强时，为削弱中锋在内线的威胁，外围防守队员协同内线防守队员防守对方中锋的一种配合方法。

围守中锋配合的要求：

① 增强防守中锋的队员的防守能力，尽量减少对方中锋接球。防守中锋的队员要积极移动阻截对手接球，从外围对持球者进行紧逼，积极干扰其向其中锋传球。

② 邻近球和中锋的防守队员在防好对手的同时要注意协同围守，当对方中锋接到球时，应迅速进行围夹，阻止对方进攻，迫使对方中锋将球传到外围。

## 二、快攻与防守

（一）快攻

快攻是由防守转入进攻时，以最快的速度、最短的时间超越对手，争取造成人数上的优势，以多打少，或在人数上不占优势的情况下，趁对方阵脚未稳，创造位置上的优势，果断而合理地进行攻击的一种积极快速的进攻战术。

快攻是篮球进攻战术中重要的组成部分，也是进攻战术中最锐利的武器。由于快攻发动突然，攻击迅速，所以它是一种速决战术。实践证明，由防守转入进攻时，积极创造快攻战机，充分发挥快攻的威力，能给防守很大压力，并能争取主动权，达到较好的进攻效果。

1. 快攻的基本要求

（1）全队要有强烈的快攻意识，充分利用快攻的发动时机。

（2）由守转攻时，每个队员积极行动，发动接应、快下要协同进行，并保持纵深分散队形，展开迅速的攻击。

（3）获球队员和掷界外球队员，要敏锐地观察同伴的行动，要先远后近，传好第一传。在快攻中，应以传球为主，结合运球突破加快进攻的速度。

（4）快攻结束时，不要减缓速度，要果断进行攻篮和跟进抢篮板球。

2. 快攻的方法

（1）快攻的发动时机。

比赛中应抓住以下时机迅速发动快攻：

① 抢获后场篮板球后。

② 抢断球后。

③ 跳球获球后。

④ 对方中篮后及掷界外球时。

实践证明，抢获后场篮板球后发动快攻的机会最多，抢断球后发动快攻的成功率最高。因此，运动员应大力增强防守的攻击性和抢后场篮板球的能力，特别要重视和加强防守转进攻一瞬间抢攻意识的培养和训练，以创造更多的快攻机会。

（2）快攻的形式。

快攻有三种形式：

① 长传快攻。

② 短传结合运球推进快攻。

③ 运球突破快攻。

快攻是由发动与接应、推进、结束三个阶段组成的。

（3）快攻的组织方法。

① 发动与接应阶段的方法。

发动快攻主要是通过在防守中的获球队员和掷端线界外球队员的快速传球或运球突破来发动。一般规律是先争取长传快攻，再与接应队员配合共同发动快攻。

a. 长传快攻的发动：长传快攻的结构由发动和结束两部分组成，因此，长传快攻无接应阶段。

b. 短传快攻的发动与接应：发动与接应是组织快攻的关键。发动是指防守中某一队员得球后转入进攻时的战术行动，通常为快攻中的第一传。接应是指接应第一传的战术行动。接应分为固定接应和机动接应两种。

固定接应：固定接应在实际运用中分为固定人、固定地区接应，固定人、不固定地区接应，固定地区、不固定人接应等形式。固定接应的优点是接应人和区域明确，容易掌握，结合联防应用最为方便。但是，固定接应容易被对方识破，当对方加强对接应者和接应区域的防守时，战机就会被贻误。

机动接应：机动接应不固定接应人和区域，谁处于有利的接应位置，谁就充当第一传的接应者。这种接应的特点是发动方向和接应路线机动灵活，不易被对方摸清规律并堵截，能更好地争取时间，不失时机地发动快攻。

② 推进阶段的方法。

快攻推进有三种形式：

a. 由组织队员接应后快速向前场运球推进。

b. 传球推进。

c. 传球和运球结合的推进。

快攻推进的路线有两种形式：

a. 边线推进：这是沿边线传、运球的推进方法，优点是防守队员不易抢断，但传球面窄。

b. 中间推进：这是由中间向两侧传球的推进方法，优点是可以形成三线快攻，传球面广、点多，传球距离短，威胁大，但由于接球区靠近中场，处于防守队员退守线上，传球容易被阻截。

快攻推进的要求：

a. 快攻推进时队员应保持纵深队形和适当距离。

b. 推进过程要尽量减少运球次数，争取时间形成“追着打”。

c. 行进间传球要快速、准确，多运用斜线传球，尽量避免横向传球或跳起传球。

d. 要正确判断防守队员的位置和意图，灵活地运用传球和运球，做到能传球则不运球；进入限制区后，要避免不必要的传球，以免影响快攻的速度和造成失误。

③ 结束阶段的方法。

快攻结束阶段经常形成的局面有以多打少和人数相等两种情况。

a. 以多打少的配合。

快攻结束阶段最有利的局面是人数上形成“二攻一”“三攻二”。

二攻一配合：当结束阶段形成二攻一时，两个队员应保持适当的距离，依据防守队员的位置和防守情况进行配合。可利用快速传球、快速运球、运球投篮等进攻手段，诱使防守队员判断错误，制造进攻机会。

三攻二配合：当结束阶段形成三攻二时，进攻队员应保持三角形拉开的纵深队形，两侧队员要略突前，中间队员稍靠后，以扩大攻击面，分散防守能力。同时应注意观察防守队员的站位情况，展开进攻配合。

b. 人数相等时的配合。

当快攻结束阶段人数相等时，进攻队员要趁对方立足未稳，在行进中依据防守情况，利用传切、突分、掩护、策应配合展开攻击。

快攻结束时，队员要保持冷静的头脑，掌握好快攻结束的节奏和时机；要保持纵深队形和适当的距离，攻击要有层次；要果断地利用中距离投篮，跟进队员要积极冲抢篮板球。

（二）半场人盯人防守战术

人盯人防守是每个防守队员盯住一个进攻队员，并协助同伴进行集体防守的全队防守战术。它的基本原则是：以盯人为主，保持在对手与球篮之间的有利位置上，及时协助同伴形成集体防守。

半场人盯人防守战术，是由进攻转入防守时，全队有组织地迅速退回后场，在半场范围内进行盯人防守的一种全队防守战术。它是以个人防守为基础，综合运用挤过、穿过、换防、关门、夹击等防守基础配合所组成的防守战术。它是篮球运动中各种防守战术的基础。

1. 半场人盯人防守战术的作用

半场人盯人防守战术按运用时防守的范围，分为半场缩小人盯人防守（一般在 7 米左右范围）和半场扩大人盯人防守（一般在 8~10 米范围）。这两种防守战术方法不仅在防守控制范围上有差异，而且防守的重点也不同，具有各自的战术特点，起着不同的战术作用。半场缩小人盯人防守战术是一种加强内线防守的方法，防守移动距离较短，容易进行协防，便于控制篮下区域和防守篮板球，争取内线防守的主动权，组织篮板球快攻，一般用于对付中远距离投篮不太准，而突破和篮下攻击能力较强的对手。半场扩大人盯人防守战术是一种扩大外围防守面的方法。这种防守方法的主动性强，容易形成抢断球快攻反击，主动加强比赛强度，破坏对方习惯打法，争取主动权。一般用于对付中远距离投篮较准，突破与篮下进攻能力较弱和后卫控制、支配球能力较差的对手。

2. 半场人盯人防守的基本要求

（1）由攻转守时，每个队员都要迅速退回后场，找到对手，组成集体防守。

（2）对持球队员的防守要紧。持球队员距球篮越近，防守越紧。

（3）对不持球队员的防守，应根据对手的情况选择方式：有球紧，无球松；近球紧，远球松；近篮紧，远篮松；对手空切时，按“向球或向篮封堵其前，背球或背篮封堵其后”的原则进行堵截跟防，积极移动，控制对手。

（4）在个人控制住对手的基础上，要随时观察场上其他队员的攻防情况，做到球、人、区兼顾，与同伴协防、补防、夹击和抢断球，破坏对手进攻配合，加强防守的集体性、攻击性、伸缩性和针对性。

3. 半场人盯人防守的方法

（1）选位与移动的方法。

在防守时，根据球的转移和盯人为主的原则，做到球、人、区兼顾，对强侧与弱侧进行不同的防守。

强侧防守要求：球在正面罚球圈顶一带时，防守队员要错位防守，站在能够控制对手接球的路线上，积极阻拦对手接球。

弱侧防守要求：球在正面圈顶一带时，防守队员要向罚球线移位，注意对手和篮下，防止对手篮下进攻。

在强侧、弱侧进行不同的选位与移动，既能积极破坏对手进攻，又能有效地控制一定的范围。

（2）防守进攻配合的方法。

① 防守以掩护为主的进攻。

② 防守通过中锋进攻。

示例一：防守单中锋进攻。当进攻中锋威胁很大，对方外围中投也较准时，防守队员应紧逼持球队员。

示例二：防守双中锋进攻。双中锋进攻战术的变化主要是两个中锋在篮下交替穿插和互相掩护寻找攻击机会。防守双中锋进攻主要是破坏他们在篮下的互相配合。

（三）进攻半场人盯人防守战术

进攻半场人盯人防守战术是根据半场人盯人防守战术的特点，从每个队员的具体实际出发，综合运用传切、突分、掩护、策应等基础配合所组成的全队进攻战术。

1. 进攻半场人盯人防守战术的基本要求

（1）从本队实际出发，合理组织进攻队形，迅速落位，有目的地组织战术攻击。

（2）人、球都动，连续穿插掩护，调动防守，制造防守漏洞。扩大攻击面，增加攻击点，使战术具有连续性。

（3）主攻明确，内外结合，集体配合与个人攻击相结合，增强战术的灵活性和机动性。

（4）掌握好进攻节奏，快、慢、动、静相结合，控制进攻的主动权。同时注意保持攻守平衡，提高攻守转换速度。

（5）组织冲抢前场篮板球，把冲抢前场篮板球作为战术的组成部分，并明确个人职责。

（6）进攻时，队员要注意观察分析场上情况的变化，尤其要注意对方防守的变化，洞察对手的弱点，抓住战机进行攻击。

2. 进攻半场人盯人防守战术的队形

进攻半场人盯人防守时，必须有一定的落位队形。进攻队形主要根据本队条件，特别是中锋的特点、站位和本队战术打法来确定。常用的进攻落位队形有以下几种：

（1）“2-3”队形，用于单中锋提上策应进攻。

（2）“2-1-2”队形，用于单中锋外策应进攻。

（3）“2-2-1”队形，用于单中锋内策应进攻。

（4）“1-3-1”队形，用于双中锋上下站位进攻。

（5）“1-2-2”队形，用于双中锋篮下左右站位进攻。

（6）“1-2-2”队形，即“马蹄形”队形，用于无固定中锋的机动进攻。

（7）“1-2-2”队形，用于双重叠内线掩护进攻。

（8）“1-4”队形，用于外线掩护机动进攻。

3. 进攻半场人盯人防守战术的方法

进攻半场人盯人防守的方法，应根据全队，特别是中锋的身体技术条件情况来确定。战术打法的基础是两三人的进攻配合。常见的战术打法有：通过中锋进攻、综合性进法和移动进攻等。一般战术打法都由准备、发动、结束三个阶段组成。这三个阶段是互相联系、紧密衔接的完整过程。

准备阶段：即推进到前场，快速落位做好进攻布置阶段。当由防守转入进攻时，由于半场人盯人防守放弃前场的积极争夺，进攻队能顺利地推进到前场。在球推进到前场后，进攻队应及时展开阵地进攻，要避免在中场停球造成前后脱节。

发动阶段：即运用战术配合展开攻击的阶段。发动战术配合一般是在正面罚球圈顶和球篮两侧45°靠近边线一带，以及限制区附近区域进行。但战术配合的发动区域不宜千篇一律，全队应结合本队战术打法，不断加以变换。

结束阶段：即完成配合投篮攻击阶段。投篮攻击时，应有组织地进行前场篮板球的争夺和调整位置，保持攻守平衡。

（1）通过中锋进攻。

准备阶段：进攻队员获球后迅速进入前场。中锋站在罚球线后或限制区旁，背向球篮。这时中锋应该选择随时都能够接球的位置。前锋分布在场角附近，准备向任何方向跑动，随时准备接球。两名后卫互相传球或运球向前推进，直到越过中线。所有队员按“2-1-2”队形分布准备开始攻击。

发动阶段：此阶段的任务是传球给中锋。外围四人要根据采用的战术进行传球、跑动和交换位置，并借助假动作传球给中锋。在这个阶段，每个队员都要注意中锋的位置，当找到传球机会时就迅速传给中锋，把球传给中锋后就开始直接攻击。

结束阶段：中锋接球后可以创造出各种投篮机会。中锋在投篮有利的位置上接到球后应果断地进行投篮，其他队员协同行动。两个前锋跑向篮下准备抢篮板球，一个后卫到罚球线附近，另一个后卫留在后面准备退守。中锋接球后，如果对方防守很紧，可运用转身运球突破投篮，当运球上篮受阻时，可把球分给移动接应的前锋，另外也可以通过策应传球给后卫投篮。

（2）综合性进攻。

综合性进攻就是把阵地进攻的各种方法，如传切、策应、掩护、突分等配合，综合组织成一个战术整体。综合性进攻的特点是战术变化灵活机动，攻击的连续性强，能较好地保持攻守的均衡队形，既利于进攻，又便于退守。但这种进攻法对于队员的技术和战术意识要求较高。因此，战术训练较差的队不应一开始就进行综合性进攻打法训练。

（3）移动进攻。

移动进攻是进攻队员遵循有目的、有配合的连续移动和球的不断转移的原则，灵活运用各种战术基础配合的一种进攻方法。移动进攻为各国强队所重视和采用，已成为当代篮球运动发展的一个新潮流。

## 第四节 篮球运动专项体能训练

运动员体能指的是运动员机体的基本运动能力，是运动员竞技能力的重要部分。运动员体能发展水平是由其身体形态、身体机能及运动素质的发展状况所决定的。

### 一、力量素质训练

力量素质是人体神经肌肉系统在工作时克服或对抗阻力的能力。肌肉克服阻力分为外部阻力和内部阻力两种。外部阻力如物体重量、空气阻力；内部阻力如肌肉黏滞性、肌肉间的对抗力。篮球比赛中力量是对抗的基础。力量训练的着眼点应放在发展肩、腿、踝、腕、指的快速力量反应及运动员的爆发力上。

（一）力量素质的分类

根据力量素质与运动专项的关系，力量素质可分为一般力量与专项力量；依据力量素质与运动员体重的关系，力量素质可分为绝对力量和相对力量；依据完成不同体育活动所需要力量素质的不同特点，力量素质可以分为最大力量、快速力量和力量耐力。篮球运动中综合运用了不同分类的力量素质，如身体对抗运用的力量为一般力量，投篮、运球、传球运用的则为专项力量。

（二）力量素质训练的基本方法

动力性等张收缩训练：人体相应环节运动，肌肉张力不变，改变长度，产生收缩力，克服阻力的练习方法。此种训练可分为动力性向心克制性及动力性离心退让性两类工作形式。动力性向心克制性工作指肌肉从拉长的状态中缩短，以克服阻力而完成动作。肌肉在收缩时起止点相互接近，所以动力性向心克制性收缩练习又可看作肌肉的向心性工作，具有动作速度快、功率大的特点，能有效地加强肌肉力量和力量耐力。动力性离心退让性工作是指肌肉产生离心收缩的力量练习。退让性收缩练习对神经肌肉系统产生超量负荷，可使肌肉力量特别是最大力量明显增长。

静力性等长收缩训练：在身体固定姿态下，肢体环节固定，肌肉长度不变，改变张力克服阻力的练习方法。其特点是物理上表现的功为零，但生物体依然存在做功的功能。此种训练方法能更有效地提高肌肉的张力与神经细胞的机能水平。

等动收缩训练：借助专门的等动训练器，在动力状态下，使人体肌肉的抗阻力程度始终恒定、动作速度均匀的练习方法。这种训练方法的特点是人体接受外部负荷刺激产生的生理反应强度在人体动作的变化过程中始终保持恒定，并使关节各个角度的肌肉用力表现出最大用力或恒定用力。此种训练方法能使各种运动速度的力量都得到增加。

超等长收缩训练：利用肌肉的弹性、收缩性及牵张反射性来提高力量素质，即使肌肉先被迫迅速进行离心收缩，紧接着瞬间转为向心收缩的练习方法。这种练习方法主要有三种形式：各种快速跳跃练习、不同高度和形式的跳深练习、利用专门训练器械进行的超等长练习。特点是利用神经肌肉的牵张反射性，引起神经系统反射性，产生更强烈的兴奋冲动，从而动员更多的运动单位参加收缩，产生更大的肌肉收缩力，以提高力量素质。

循环训练法：将几个训练手段编组循环进行的方法。

（三）力量素质训练的主要手段

力量素质训练的主要手段有负重抗阻练习、对抗性练习、克服弹性物体练习、利用力量训练器械练习、克服外部环境阻力练习、克服自身体重练习、电刺激等。

（四）力量素质训练的基本要求

力量素质训练要注意不同肌群力量的对应发展，即在主要发展运动员大肌肉群和主要肌肉群力量的同时，也重视小肌肉群、远端肌肉群、深部肌肉群的力量训练。

力量素质训练要选择有效的训练手段。如发展股四头肌力量，可选负重半蹲起的练习。在练习时，运动员应双脚平行或稍加内扣站立，以求有效地发展股四头肌的力量。

力量素质训练要处理好负荷与恢复的关系。在一个训练阶段中，负荷应循序渐进地提高。在小周期训练中，不同性质的力量训练应交替进行。在每组重复练习中，运动员要注意组内的休息。一般来讲，训练水平低的运动员组内休息要长些。力量训练后，运动员要特别注意放松肌肉。肌肉在力量训练后会产生酸胀感。肌肉酸胀是肌纤维增粗现象的反映，也是力量增长的必然，但运动员应该采取积极措施消除肌肉的酸胀感，以利于减少能量消耗，并更好地保持肌肉弹性。

力量素质训练要注意激发练习的兴趣。神经冲动的强度越大，肌纤维参与工作的数量越多，冲动越集中，运动单位工作的同步化程度也就越高，表现出的力量也就越大。

## 二、速度素质训练

速度素质是指人体快速运动的能力。包括人体快速完成动作的能力（动作速度）、对外界信号刺激快速反应的能力（反应速度）和快速移动的能力（移动速度）。

### （一）速度素质的训练的方法与手段

反应速度常用的训练方法与手段：信号刺激法、运动感觉法、移动目标练习、选择性练习。

动作速度常用的训练方法与手段：利用外界助力控制运动员的动作速度；减少外界自然条件的阻力；利用动作加速或利用器械重量变化而获得的后效作用发展动作速度；借助信号刺激提高动作速度；缩小完成练习的空间和时间界限。

移动速度常用的训练方法与手段：进行各种爆发力练习；进行高频率的专门性练习，如高抬腿、小步跑等；利用特定的场地器材进行加速练习。

### （二）速度素质训练的基本要求

速度素质训练应结合运动员所从事的专项运动进行。速度素质应在运动员较兴奋、情绪饱满、运动欲望强的情况下进行，一般应安排在训练课的前半部。当速度提高到一定程度时，常会出现进展停滞、难以提高的现象，这称为“速度障碍”。产生速度障碍的客观原因：由于技能动力定型的形成，运动员技术动作的空间、时间特征都趋于稳定，随着运动水平的提高，运动员神经过程灵活性的改进和肌肉收缩所需能量的提供会遇到更大的困难，而运动员向前移动所需克服的阻力也会越大。产生速度障碍的主观原因：过早地片面发展绝对速度、基础训练不够、技术动作不合理、训练手段单调、负荷过度等。当出现速度障碍时，可采用牵引跑、变速跑、下坡跑、带领跑、顺风跑等手段予以克服。

## 三、耐力素质训练

耐力素质是指机体坚持长时间运动的能力。按人体的生理系统分类，耐力素质可分为肌肉耐力和心血管耐力。肌肉耐力也称为力量耐力；心血管耐力分为有氧耐力和无氧耐力。依耐力素质对专项的影响，耐力素质又可分为一般耐力和专项耐力。一般耐力是指对提高专项运动成绩起间接作用的基础性耐力；专项耐力是指与提高专项运动成绩有直接关系的耐力，具体地讲是指持续完成专项动作或接近比赛动作的耐力。篮球运动项目的特点要求运动员具备良好的速度耐力以适应比赛激烈对抗的强度。因此，运动员在训练过程中要在一般耐力的基础上加强速度耐力训练。加强呼吸节奏和动作节奏的协调一致训练，可作为消除疲劳的恢复手段，使大脑皮层兴奋与抑制有节奏地交替进行，使呼吸系统和心血管系统的机能得到发展，为其他几种身体素质的发展提供物质基础。耐力训练可结合专项身体训练和技战术训练进行。

（一）耐力素质训练的方法与手段

耐力素质训练的方法与手段主要包括：各种形式的长时间跑；长时间进行的其他周期性运动，如滑冰、划船；长时间重复做某一非周期性运动；反复做克服自身体重的练习；循环练习；等等。

（二）耐力素质训练的基本要求

在耐力素质训练时，运动员应加强用鼻呼吸能力的培养。从卫生角度来看，鼻腔有黏膜，可以净化空气，也可以使氧气缓和一下再进入气管，从而减少尘埃和冷空气直接进入肺部。耐力训练中还要加强意志品质的培养。

## 四、柔韧素质训练

柔韧素质是指人体关节在不同方向上的运动能力，以及肌肉、韧带等软组织的伸展能力。柔韧素质分为一般柔韧素质和专门柔韧素质。一般柔韧素质是指人体中最主要的那些关节活动的幅度，如肩、膝、髋等关节活动的幅度。这对任何运动项目都是必要的。专门柔韧素质是指专项运动所需要的特殊柔韧性，是掌握专项运动技术必不可少的重要条件。篮球运动中各种跑、跳、投、封盖等技术动作都对运动员的柔韧性提出了较高的要求。

（一）柔韧素质训练的方法与手段

柔韧素质训练基本上采用拉伸法。拉伸法分为动力拉伸法和静力拉伸法两种。这两种方法又都有主动拉伸和被动拉伸两种不同的训练方式。其中发展肩部、腿部、臂部和脚部的柔韧性的训练主要有压、搬、劈、摆、踢、绕环等；发展腰部的柔韧性的训练主要有站立体前屈、俯卧背伸、转体、甩腰及绕环等。

（二）柔韧素质训练的基本要求

发展柔韧素质训练要注意与力量训练相结合，同时还要注意柔韧性训练与温度和时间的关系。

## 五、灵敏素质训练

灵敏素质是指在各种突然变换的条件下，运动员迅速、准确、协调地改变身体运动的空间位置和运动方向，以适应变化着的外部环境的能力。灵敏素质可分为一般灵敏素质和专门灵敏素质两类。一般灵敏素质是指在完成各种复杂动作时所表现出来的适应变化着的外环境的能力。专门灵敏素质是指各专项运动所需要的，与专项运动技术有密切关系的，适应变化着的外部环境的能力。

（一）灵敏素质训练的主要手段

灵敏素质训练的主要手段包括：在跑、跳当中迅速、准确、协调地做出各种动作，各种协调身体方位的练习，专门设计的各种复杂多变的练习，各种改变方向的追逐性游戏和根据各种信号做出复杂应答的游戏。

（二）灵敏素质训练的基本要求

灵敏素质训练要在整体训练开始前进行，一般安排在训练课的前半部分，运动员体力充沛、精神饱满时进行。灵敏素质训练应采取各种手段消除运动员的恐惧心理或紧张状态。

# 第五节 篮球运动的主要竞赛规则

## 一、比赛通则及一般规定

（一）比赛场地

1. 场地尺寸

比赛场地应是一块平坦且无障碍物的硬质地面。从界线的内沿丈量，其尺寸长28米、宽15米。所有的边界应用宽5厘米的白色线画出，并清晰可见，如图6-14所示。

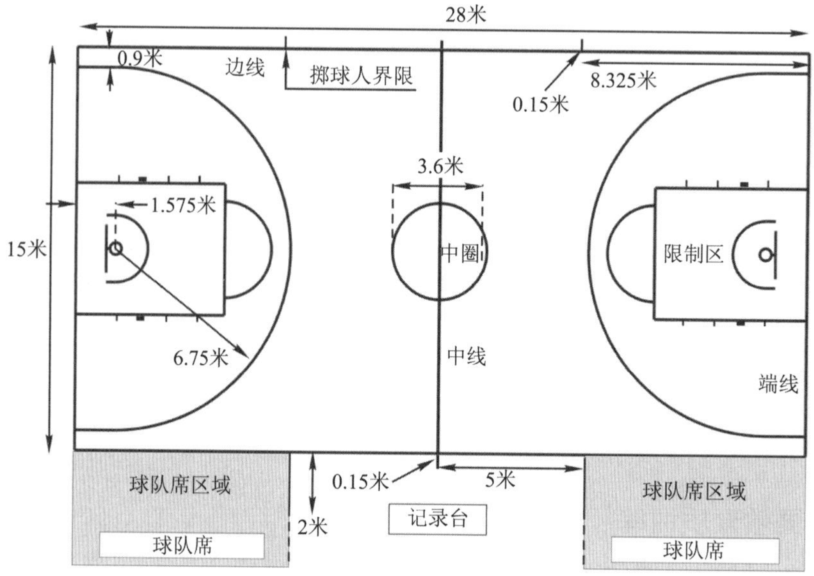


图6-14 篮球比赛场地示意图

2. 罚球线、限制区和抢篮板球分位区

罚球线应画成与每条端线平行。从端线内沿到它的最外沿应是5.8米，它的长度为3.6米。它的中点应落在连接两条端线中点的假想线上。

限制区应画在比赛球场上的长方形区域，它由端线、延长的罚球线和起自端线（外沿距离端线中点2.45米）、终于延长的罚球线外沿的线所限定。除端线外，这些线都是限制区的一部分。限制区内必须着同一种颜色。

罚球时留给队员们的沿限制区两侧的抢篮板球分位区，应按图 6-15 标出。

3. 中线、中圈和罚球半圆

中线应从两边线的中点画出并平行于两端线，它向每条边线外延伸 0. 15 米。

中圈应画在比赛球场的中央，半径为 1. 8 米（从圆周的外沿丈量）。如果中圈里面着色，它必须与限制区内的颜色相同。

两个罚球半圆应画在比赛场地上，半径是 1. 8 米（从圆周的外沿丈量），它的圆心在两条罚球线的中点上，如图 6-15 所示。

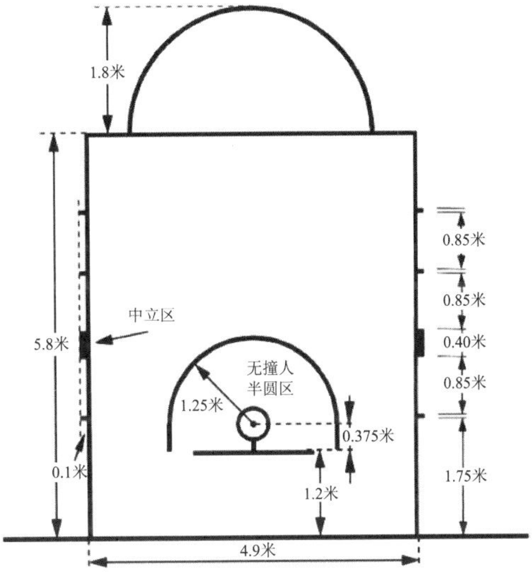


图 6-15　限制区

4. 3 分投篮区

某队的 3 分投篮区（图 6-16）是除对方的球篮附近被下述条件限制的区域之外的整个比赛场地的地面区域。这些条件包括：

（1）从端线引出的两条垂直于端线的平行线，其外沿距离边线的内沿 0. 9 米。

（2）以对方的球篮中心正下方场地上的点为原点，画一个半径（圆弧外沿）为 6. 75 米的圆弧。此原点距离端线中点的内沿是 1. 575 米，且该圆弧与两条平行线相交。

（3）3 分线不是 3 分投篮区的一部分。

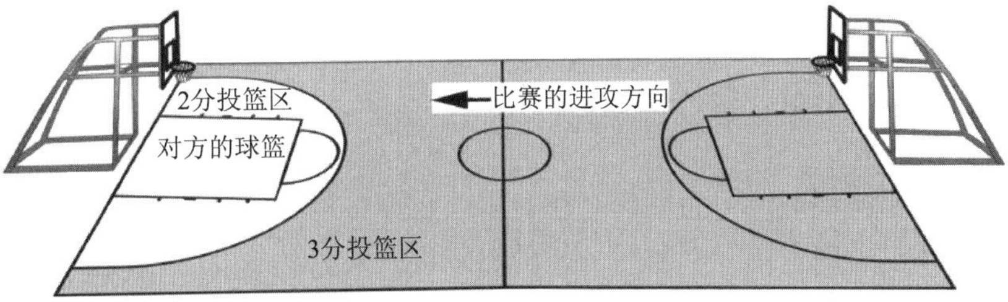


图 6-16　2 分/3 分投篮区域

（二）比赛时间

比赛应由 4 节组成，每节 10 分钟。每一决胜期为 5 分钟。

（三）交替拥有

交替拥有是以掷球入界而不是以跳球来使球成活球的一种方法。

（四）球中篮和它的得分值

活球从上方进入球篮并停留在球篮内或穿过球篮，是球中篮。

球进入对方的球篮，如是一次罚球则得 1 分；如是从 2 分投篮区投篮则得 2 分；如是从 3 分投篮区投篮则得 3 分；如是队员意外地将球投入本方球篮，则得 2 分，但此得分登记在对方场上队长名下；如是队员故意将球投入本方球篮，则是违例，则中篮不计得分。队员使球整体从下方穿过球篮，将被判违例。

(五) 暂停

每队在上半时（即第 1 节和第 2 节）可申请 2 次暂停；在下半时（即第 3 节和第 4 节）可申请 3 次暂停，但在第 4 节的最后 2 分钟，最多可申请 2 次暂停；在每一决胜期可申请 1 次暂停。每次暂停时间为持续的 1 分钟。

(六) 队员个人犯规

如一名队员发生侵人犯规和/或技术犯规已达 5 次，裁判员应通知该队员，其必须在 30 秒钟内被替换。

(七) 全队犯规

在某一节比赛中，某队全队队员犯规累计已达 4 次时，该队将处于全队犯规处罚状态。随后若该队发生对攻方未做投篮动作的队员的一般性质的侵人犯规（除违反体育道德的犯规、技术犯规、取消比赛资格犯规和控制球队队员犯规等外），裁判都应判给攻方被侵犯队员 2 次罚球。

## 二、常见违例及其罚则

违例是违反规则的行为。罚则是将球判给对方队员，让其在最靠近发生违例的地点掷球入界。

(一) 队员出界、球出界和使球出界的队员

队员身体的任何部分接触界线上方、界线上或界线外的除队员以外的地面或任何物体即队员出界。

球触及了界外的队员或任何其他人员，或者界线上、界线上方或界线外的地面或任何物体，或者篮板支撑架、篮板背面或比赛场地上方的任何物体，将被判球出界。

在球出界甚至球触及除队员以外的其他物体而出界之前，最后触及球或被球触及的队员，是使球出界的队员。

(二) 两次运球

在场上已控制活球的队员将球掷、拍、滚、运在地面上，或故意将球掷向篮板并在球触及另一名队员之前再次触及球时，将被判运球开始；队员双手同时触及球，或让球在一手或双手中停留时，将被判运球结束。队员第一次运球结束后不得再次运球，如再次运球则被判定为两次运球，除非在两次运球之间，由于下述原因他在场上已未控制活球：投篮、球被对方队员触及、传球或漏接，然后触及了另一队员或被另一队员触及。

(三) 带球走

队员在场上持着一个活球，其一脚或双脚超出规则所述的限制，向任一方向非法移动，将被判带球走。判断带球走的关键是确定持球队员的中枢脚。

1. 对在场上接住活球的队员中枢脚的确立方法

(1) 双脚站在地面上时。

一脚抬起的瞬间，另一脚即成为中枢脚。

(2) 移动时。

① 如果一脚正触及地面，则该脚成为中枢脚。

② 如果双脚离地且双脚同时落地，一脚抬起的瞬间，另一脚则成为中枢脚。

③ 如果双脚离地而一脚落地，该脚即成为中枢脚；如果单脚起跳，双脚同时落地停止，那么两只脚都不是中枢脚。

2. 对在场上控制了活球并已确立中枢脚的队员带球行进时的规定

（1）双脚站在地面上时。

① 开始运球，在球离手之前中枢脚不得抬起。

② 传球或投篮时，队员可跳起中枢脚，但在球出手之前任一脚不得落回地面。

（2）移动时。

① 传球或投篮时，队员可跳起中枢脚并一脚或双脚同时落地，但一脚或双脚抬起后在球出手之前任一脚不得落回地面。

② 开始运球，在球离手之前中枢脚不得抬起。

（3）停止且哪只脚都不是中枢脚时。

① 开始运球，在球离手之前哪只脚都不得抬起。

② 传球或投篮时，一脚或双脚可抬起，但在球出手前不得落回地面。

3. 对队员跌倒、躺或坐在地面上的规定

当一名队员持球跌倒和在地面上滑动、或躺、或坐在地面上时获得控制球是合法的。如果之后该队员持着球滚动或试图站起来将被判违例。

（四）3 秒钟违例

当某队在前场控制活球并且比赛计时钟正在运行时，该队的队员不得停留在对方的限制区内超过持续的 3 秒钟，否则将被判违例。

（五）被严密防守的队员违例

一名队员在场上正持着活球，这时对方队员处于积极的合法防守姿势，距离不超过 1 米，该队员即被严密防守。一名被严密防守的队员必须在 5 秒钟内传、投或运球，否则将被判违例。

（六）8 秒钟违例

当一名队员在他的后场控制活球时，或在掷球入界中，球触及后场的任何队员或者被后场的任何队员合法触及，掷球入界队员所在队仍拥有在后场的球权时，该队必须在 8 秒钟内使球进入其前场，否则将被判违例。

（七）24 秒钟违例

当一名队员在场上控制活球时，或在一次掷球入界中，球触及任何一名场上队员或者被他合法触及，掷球入界队员所在的球队仍然控制着球时，该队必须在 24 秒钟内尝试投篮。这不但要求在进攻计时钟的信号发出前，球必须离开队员的手，而且要求球离开投篮队员的手后，必须触及篮圈或进入球篮，否则将被判违例。

（八）球回后场违例

在前场控制活球的队，不得使球非法地回其后场，否则将被判违例。宣判球回后场违例必须符合三个条件：该队在前场已控制球；该队队员在前场最后触及球；球回后场后，该队队员最先触及球。

（九）掷球入界违例

（1）当发生下列情况时，掷球入界队员违例：

① 超过 5 秒钟球才离手。

② 球在手中时，步入比赛场地内。

③ 球离手后，使球触及界外。

④ 在球触及另一队员前，在场上触及球。

⑤ 直接使球进入球篮。

⑥ 在球离手前，从界外指定的掷球入界地点，在一个或两个方向上横向移动总距离超过 1 米。然而，只要情况许可，掷球入界的队员从界线后退多远都可以。

（2）当发生下列情况时，除掷球入界队员外的其他队员违例：

① 在球被掷过界线前，身体的任何部位越过界线。

② 当掷球入界地点的界线外任何障碍物和界线之间的距离少于 2 米时，与掷球入界队员的距离在 1 米之内。

（十）脚踢球和拳击球违例

队员不能故意踢或用腿的任何部分阻挡球或者用拳击球，否则将被判违例。然而，球意外地接触到腿的任何部分，或腿的任何部分意外地触及球，不算违例。

（十一）罚球违例

（1）当发生下列情况时，罚球队员违例：

① 可处理球后，球离手的时间超过 5 秒。

② 球进入篮或触及篮圈前，该队员触及罚球线或进入限制区。

③ 球未触及篮圈也进入球篮。

④ 做罚球的假动作。

（2）当发生下列情况时，在分位区站位的队员违例：

① 占据无权占据的分位区。

② 在球离开罚球队员的手前，进入限制区、中立区或离开他的分位区。

③ 用他的行为扰乱罚球队员。

另外，在球进入篮或触及篮圈前，未在分位区内的其他队员不得越过就近的罚球线延长线和 3 分投篮线，否则将被判违例。

## 三、常见犯规及其罚则

含有与对方队员的非法身体接触或违反体育道德举止的违反规则的行为将被判犯规。罚则是登记每一犯规者的犯规并进行相应的处罚。

（一）侵人犯规

无论在活球还是在死球的情况下，攻守双方队员发生的非法身体接触的犯规是侵人犯规。

队员不应通过伸展他的手、臂、肘、肩、髋、腿、膝、脚或将身体弯曲成不正常的姿势去拉、阻挡、推、撞、绊对方队员，或阻止对方队员行进，也不应放纵任何粗野或猛烈的动作去阻止对方行进。

当防守控制（正持着或运着）球的队员时，时间和距离的因素不适用；但当防守不控制球的队员时，时间和距离的因素应适用。

侵人犯规的罚则：

（1）登记犯规队员 1 次侵人犯规。

（2）如果对未做投篮动作的队员发生犯规：

① 如果犯规的队此时未处于全队犯规处罚状态（即该队本节累计犯规次数少于或等于 4 次），则由非犯规的队在最靠近犯规的地点掷球入界，重新开始比赛。

② 如果犯规的队此时已处于全队犯规处罚状态（即该队本节累计犯规次数已超过 4 次），则由被侵犯的队员执行 2 次罚球后重新开始比赛，从而代替掷球入界，但控制球队犯规、技术犯规、违反体育道德的犯规和取消比赛资格的犯规等除外。

（3）如果对正在做投篮动作的队员发生犯规，应按下列所述判给投篮队员若干罚球：

① 如果投篮成功，应计得分并追加 1 次罚球。

② 如果投篮不成功，则应根据投篮队员的投篮区域，判给相应的 2 次或 3 次罚球。

（二）双方犯规

两名互为对方的队员大约同时相互发生的侵人犯规是双方犯规。

双方犯规的罚则：登记每名犯规队员 1 次侵人犯规，不判给罚球。

（三）技术犯规

没有身体接触的犯规是技术犯规。队员和球队席人员均可能发生技术犯规。

（1）技术犯规的主要行为包括：

① 无视裁判员的警告。

② 无礼地触碰裁判员、技术代表、记录台人员或对方球队席人员。

③ 与裁判员、技术代表、记录台人员或对方队员交流时没有礼貌。

④ 使用很可能冒犯或煽动观众的粗话或手势。

⑤ 戏弄对方队员或在他的眼睛附近摇手妨碍其视觉。

⑥ 过分挥肘。

⑦ 在球穿过球篮之后，故意地触及球或阻碍迅速地掷球入界以延误比赛。

⑧ 跌倒以“伪造”1 次犯规。

⑨ 悬吊在篮圈上，致使重量由篮圈支撑，除非扣篮后，队员瞬间地抓住篮圈，或者根据裁判员的判断，他正试图防止自己受伤或另一名队员受伤。

⑩ 在最后 1 次或仅有 1 次的罚球中防守队员干涉得分。

（2）技术犯规的罚则：

① 队员技术犯规。登记违反者 1 次技术犯规，判给对方 1 次罚球再加 1 次中线处掷界外球。

② 教练员、替补队员或随队人员的技术犯规。登记教练员 1 次技术犯规，判给对方 2 次罚球再加 1 次中线处掷界外球。

③ 比赛休息时间内技术犯规。如果是队员犯规，则登记该队员 1 次技术犯规，判给对方 2 次罚球，该犯规要计入全队犯规之中；如果是教练员或随队人员技术犯规，则对教练员进行登记，判给对方 2 次罚球，该犯规不计入全队犯规之中。

（四）违反体育道德的犯规

根据裁判员的判断，一名队员不是在规则的精神和意图的范围内合法地试图去直接抢球，而发生身体接触的犯规是违反体育道德的犯规。

（1）违反体育道德的犯规主要行为包括：

① 在努力抢球中，一名队员造成过分的、严重的身体接触。

② 防守队员试图中止一次快攻，从对方队员身后或侧面造成身体接触，并且在进攻队员和对方球篮之间没有防守队员。

③ 在第四节和每一决胜期的最后 2 分钟，当掷球入界的球在界外并且仍在裁判员手中，或掷球入界队员可处理时，防守队员对进攻队员造成身体接触。

（2）违反体育道德的犯规的罚则：

① 应给犯规队员登记 1 次违反体育道德的犯规。

② 应判给被侵犯的队员相应的罚球，以及随后在记录台对面的中线延长线掷球入界，或在中圈跳球开始比赛。

③ 1 名队员在同一场比赛中，被宣判了 2 次违反体育道德的犯规时，应被取消比赛资格。

（五）取消比赛资格的犯规

队员或球队席人员任何恶劣的违反体育道德的行为将被判取消比赛资格的犯规。

取消比赛资格的犯规的罚则：

① 登记犯规队员 1 次取消比赛资格的犯规，并令其在比赛期间到该队的休息室或离开比赛场地。

② 判给对方相应的罚球次数，以及随后在记录台对面的中线延长线掷球入界，或在中圈跳球开始比赛。

## 四、篮球“三对三”竞赛规则

除下列特殊情况外，比赛均按照最新国际篮球规则执行。

（一）场地和器材

1. 场地

场地为半个标准的篮球场地（14×15 米）或按照半场比例适当缩小（长度减少 1 米，宽度减少 2 米）的场地，地面坚实、平整。

2. 球篮

距地面 3.05 米的球篮适合男女成年组和男子初中（含初中）以上青年组，距地面 2.8 米的球篮适合男子小学组、女子初中和小学组。

3. 球

男女成年组和男女初中（含初中）以上青年组可使用圆周在 75~78 厘米、质量在 567~650 克的球；男女小学组可使用圆周在 68~72 厘米、质量在 450~500 克的球。

（二）工作人员及其职责

1. 裁判人员

比赛设 1~2 名裁判员和 1 名记录员。

2. 服装

裁判员与记录员要着装一致，但其颜色、款式应区别于运动员。

3. 权利

比赛设 1 名裁判员时，他是比赛中唯一的执法宣判人员。

比赛设 2 名裁判员（主裁判员和副裁判员）时，2 名裁判员对场上违反规则的行为都有权做出宣判。如二者发生矛盾，主裁判员是终决人员，并负责在记录表上签字。副裁判员兼管记 20 秒违例。

4. 记录员职责

记录员兼管计时、记分。记录两队累积的分数（包括投篮和罚球的得分）、全队及个人犯规次数以及比赛时间，并按照规则要求宣布比赛进行的时间和比分。

（三）规则

1. 运动员人数

比赛双方可报名 4~5 人，上场队员为 3 人。

2. 比赛时间

（1）初赛、复赛不分上下半时，全场比赛时间为 10 分钟（组织者可根据参赛队数多少修订时间为 12 或 15 分钟）。比赛进行到 5 分钟和 9 分钟时，记录员各宣布一次时间。如果只有 10 分钟比赛时间，则双方队都不得暂停（遇有队员受伤，裁判员有权暂停比赛 1 分钟）。如比赛安排为 12 或 15 分钟，则分别允许请求一次或两次暂停，每次暂停时间为 30 秒。

（2）决赛分上下两个半时，每半时 8 分钟，上半时与下半时之间休息 3 分钟。

（3）比赛中除在罚球、暂停、球员受伤及比赛结束等情况下停止计时外，其余情况均不停表。

3. 比赛开始

双方以掷硬币的形式决定发球权，然后在发球区掷界外球开始比赛。在决赛阶段，上半时获发球权的队，下半时不再获发球权，由对方队在发球区掷界外球开始比赛。

4. 发球区

中圈不在场地中的半圆叫作发球区。发球区的地面（包括线）算界外。

5. 发球

在发球区掷界外球算发球。

6. 攻守转换

（1）每次投篮命中后，都由对方发球。

（2）在所有交换发球权的情况（如违例、界外球及投篮命中）下，球员在发球区掷界外球继续比赛。

在所有不交换发球权的情况（如不执行罚球的犯规）下，球员在就近的三分线外发球。在这种情况下，发球前，必须由裁判员递交球。

（3）守方队员断球或抢到篮板球后，必须将球运（传）出三分线外（持球队员必须双脚踏在三分线外），才可以组织进攻，否则会被判进攻违例。

（4）争球时，在罚球圈跳球。任何一方得球都必须将球运（传）出三分线（持球队员必须双脚踏在三分线外）才可以组织进攻，否则会被判进攻违例。跳球中的意外投中无效，双方重新跳球。

凡涉及（3）和（4）中的违例，裁判员的手势为：两手前臂交叉于脸前，以示违例，交换发球权。

7. 20 秒规则

24 秒规则改为 20 秒规则。

8. 犯规法则

（1）比赛中，每个队员允许犯规三次，第四次犯规将被罚出场。

（2）任何队员被判取消比赛资格的犯规，则该队比赛资格被取消。

（3）每个队累计犯规达 5 次后，该队的第 6 次以后的侵人犯规由对方执行 2 次罚球。在前 5 次犯规中，凡对正在做投篮动作的队员犯规：如攻方投中，则记录得分、防守队员个人和全队犯规次数，不追加罚球，由守方发球继续比赛；如攻方投篮不中，则判给攻方被侵犯的队员 1 次罚球，如罚中得 1 分，并由攻方继续掷界外球，如罚不中，仍由攻方掷界外球。

（4）在使用小篮架的比赛中，队员不能出现扣篮动作，也不能将身体的任何部位悬挂于篮圈或篮架上；否则，可被判罚离场并不能再被替换上场，且该队失去球权。

9. 替换

替换只能在比赛计时钟停止的情况下进行。被换下的队员不能再被替换上场（场上队员不足 3 人时除外）。

10. 得分相等和决胜期

比赛时间终了，以得分多者为胜方。在初赛及复赛阶段，比赛结束时，如得分相等，则双方执行一对一依次罚球。某队只要领先 1 分即为胜方，比赛就结束。在决赛阶段，比赛时间终了，如得分相等，则比赛增加 3 分钟决胜期，发球权仍以掷硬币的形式决定。如果决胜期得分仍相等，则双方执行一对一依次罚球。某队只要领先 1 分即为胜方，比赛就结束。

11. 队长

比赛中，队长是场上唯一发言人。

12. 纪律

比赛中运动员应绝对服从裁判，以裁判员的判罚为最终判决。

# 第七章

# 足球运动

## 第一节　足球运动概述

### 一、足球运动的起源与发展

足球运动是世界上开展最广泛、影响最大的体育运动项目之一，被誉为“世界第一运动”。不少国家将足球视为“国球”。足球运动最早起源于我国山东淄博市临淄，雏形是古代的“蹴鞠”游戏。

现代足球运动起源于英国。1863 年 10 月 26 日，英国伦敦成立了世界上第一个足球组织——英格兰足球协会，标志着现代足球运动的诞生。1904 年 5 月 21 日，在法国巴黎，法国、瑞士、瑞典、比利时、西班牙、丹麦、荷兰七个国家代表发起并成立了国际足球联合会（简称国际足联，FIFA），推选法国人罗伯特·盖林为第一任主席。

20 世纪初，现代足球运动由西方传入我国，当时盛行于上海、香港等沿海城市的教会学堂。1910 年，在第一届全国运动会上，足球被列为正式比赛项目，在以后的 30 多年中，中国足球在东亚始终处于领先地位。中华人民共和国成立后，20 世纪 50 年代，我国足球曾经达到过一个高峰，国家队曾战胜过一些世界强队。1994 年，我国足球开始步入职业化时代，当时曾有部分中国球员成功登陆欧洲五大联赛。2002 年，中国男子足球队成功打入世界杯决赛阶段比赛，实现了中国足球几代人的梦想。

### 二、现代足球运动的特点

（一）球队的集体性

在足球比赛中，不管是进攻还是防守，队员都要做到思想统一、行动一致，要具备很强的整体协作意识，从而使整个球队发挥出强大的整体功能。

（二）个人能力的综合性

球队的整体实力是建立在队员个人能力基础之上的。队员个人能力要和球队技战术有机结合，使球队发挥出更大的竞技能力。队员的个性特征要与全面技战术特点有机结合。

（三）对抗的复杂性

足球运动是一项竞争激烈的同场对抗运动。比赛中对抗无处不在，无球与有球对抗，一对一与一对多对抗，地面与空中对抗，身体与心理对抗，等等，贯穿整场比赛。

（四）技、战术体能的专项性

现代足球比赛具有快速、对抗激烈、体能消耗大、恢复期限短等竞技特点，因此足球运动员的技战术能力和体能极具专项性。

（五）比赛情境的不可重复性

足球比赛的情境难以再现，更无法真实地还原，因此现代足球比赛对球员的随机应变、快速反应、创新思维能力有着极高的要求。

（六）对抗中的准确性

为了应对现代足球比赛中激烈的对抗、快速的攻防转换，运动员在对抗中要准确发挥战术思维及技术动作。

## 第二节 足球运动基本技术

### 一、运球与运球过人

（一）运球

运球是指运动员在跑动中有目的地用脚连续推拨球的动作方法。常用的运球技术有脚内侧运球、脚背正面运球、脚背外侧运球和脚背内侧运球。

1. 脚内侧运球

脚内侧运球时，支撑脚稍向前跨，踏在球的前侧方，膝关节稍弯曲，上体前倾向里转。随着身体向前移动，运球脚提起，用脚内侧推球的后中部。与其他运球技术相比，脚内侧运球的速度最慢，但是容易控制，多用于掩护性运球或运球变向。

2. 脚背正面运球

脚背正面运球时，身体自然放松，上体稍前倾，步幅稍小，两臂屈肘自然摆动。在运球脚提起时，膝关节稍稍弯曲，脚跟提起，脚背绷紧，脚尖向下，在迈步前伸着地前，用脚背正面推拨球前进。该运球技术的特点在于直线推拨，速度快，但路线单一，多用于前方纵深距离较长时加速向前。

3. 脚背外侧运球

脚背外侧运球时，身体自然放松，上体稍前倾，步幅稍小，两臂屈肘自然摆动。在运球脚提起时，膝关节稍稍弯曲，脚跟提起，脚尖稍内转，在迈步前伸着地前，用脚背外侧推拨球。该运球技术的特点在于方便变换运球方向和发挥跑动速度，又具有掩护球的作用，灵活性、可变性强，运球形式可分为直线运球、曲线运球和变向运球三种。

4. 脚背内侧运球

脚背内侧运球时，跑动中身体自然放松，支撑脚落在球侧方，身体稍向支撑脚一侧倾斜，运球脚屈膝，脚尖稍外转，用脚背内侧部位推拨球的后中部，拨球后运球脚及时落地支撑。该运球技术的特点在于运球动作幅度大，控球稳，变向容易，但是速度慢，多用于掩护性运球或运球变向。这是比赛中使用得最多的运球方法。

（二）运球过人

运球过人是指运动员根据战术需要及对手的防守位置和重心变化情况，利用速度、方向或动作变化，越过防守队员的技术动作方法。运球过人的过程大体可分为三个阶段：逼近调动阶段、运球超越阶段、跟进保护阶段。运球过人的方法主要包括强行突破，利用变速运球，恰当地组合推、拨、挑、扣、拉、颠等动作过人，利用穿裆球过人，利用人球分过过人，利用运球假动作过人。

## 二、踢球（传球）

踢球是足球运动基本技术的一种，是指运动员有目的地用脚的某一部位将球踢向预定目标的动作方法。踢球技术是比赛中最重要的足球技术，主要用于传球和射门。踢球的方法有很多，根据脚的接触部位不同，可分为脚内侧踢球、脚背内侧踢球、脚背正面踢球和脚背外侧踢球。

1. 脚内侧踢球

脚内侧踢球是用脚内侧（足弓）接触球的一种踢球方法，它的特点在于脚与球的接触面积大，触球平稳、准确。由于踢球时屈膝外展，摆动幅度小，力量不能得到很好的释放，所以该技术适用于短距离传球和射门。

（1）脚内侧踢定位球：直线助跑，支撑脚踏在球侧，膝关节微屈，脚趾指向出球方向。踢球腿以髋关节为轴由后向前摆动，膝踝关节外展，脚尖稍翘，以脚内侧对准来球。当膝关节摆至接近球体上方时，小腿加速前摆。在击球刹那，脚跟前顶，脚形固定，用脚内侧击球的后中部。

（2）脚内侧踢地滚球：要考虑来球的速度、方向及摆腿的时间，以调整支撑脚的选位，保证踢球腿能顺利地发力。

（3）脚内侧踢弧线球：小腿略呈弧线摆击，用内侧蹭踢球的侧面，使球侧旋运行。

（4）脚内侧踢空中球：大腿抬起，小腿拖后，利用小腿加速前摆击球，抬腿的高度和摆腿的时间应与来球速度相对应，并根据出球的目标调整击球部位。

（5）脚内侧踢反弹球：根据来球落点，及时移动到位，支撑脚的站位应与落点保持在踢定位球时支撑脚与球的相对位置。踢球腿摆动方法与踢定位球时的方法相同。在球着地后刚弹离地面的瞬间用脚内侧击球的中部。

2. 脚背内侧踢球

脚背内侧踢球是用脚背内侧部接触球的一种踢球方法。它的特点是踢球腿的摆踢动作顺畅、幅度大，脚触球面积大，出球平稳有力且变化多，适用于中远距离传球和射门。

（1）脚背内侧踢定位球：斜线助跑，助跑方向与出球方向约成45°角，支撑脚踏在球侧，脚趾指向出球方向，膝关节微屈，眼睛看球，重心稍倾向支撑脚一侧。在支撑脚踏地的同时，踢球腿以髋关节为轴，大腿带动小腿由外后向前内略呈弧线摆动，膝踝关节稍外旋。当膝关节摆至接近球体的内侧上方时，小腿加速前摆。击球时，膝关节向前顶送，脚背绷直，脚趾扣紧斜下指，以脚背内侧击球的后中下部。击球后，踢球腿顺势前摆落地。

（2）脚背内侧踢地滚球：要注意调整身体与出球方向的角度关系，以便踢球腿的摆踢发力。

（3）脚背内侧搓踢过顶球：踢球脚背略平，插入球的底部做切踢动作，击球后脚不随球前摆。

（4）脚背内侧踢弧线球：击球点在球的后外侧，在击球刹那踝关节内旋发力，脚趾勾翘，使球内旋并呈弧线运行。

3. 脚背正面踢球

脚背正面踢球的摆幅相对较大，摆踢动作顺畅快速，便于发力，但出球路线或性能缺乏变化，适用于远距离的发球和大力射门。

（1）脚背正面踢定位球：直线助跑，支撑脚踏在球侧，脚趾指向出球方向，膝关节微屈。在支撑脚前跨的同时，踢球腿大腿顺势后摆，小腿后屈。前摆时，大腿以髋关节为轴带动小腿前摆。当膝关节摆至接近球体上方时，小腿加速前摆，脚背绷直，脚趾扣紧，以脚背正面击球的后中部。击球后，踢球腿顺势前摆落地。

（2）脚背正面踢反弹球：准确判断来球落点、反弹时间和角度，选好支撑脚的位置，在球落地刹那，踢球腿小腿加速前摆抢点击球，在球反弹离地时击球的后中部。

（3）脚背正面踢地滚球：支撑脚判断选位，踢两侧滚动来球时，脚趾对准出球方向。击球部位应准确，以保证击球时能发上力。对速度较快的来球，要通过摆踢力量和方向的调整，消除其初速度对出球方向的影响。

（4）脚背正面踢空中球：支撑脚的选位要稍远，以使踢球腿能顺利摆踢发力为原则，并可根据来球高度和出球目的选用抽击、弹击或摆击等踢球方法。

4. 脚背外侧踢球

脚背外侧踢球预摆动作小、出脚快，能利用膝、踝关节的灵活变化改变出球方向和性质，具有一定的隐蔽性，是一种实用性较强的技术，同时也是一种较难掌握的踢球技术。

（1）脚背外侧踢定位球：该动作方法类似脚背正面踢球，只是摆踢时，脚面绷直，脚趾向内扣紧并斜下指，用脚背外侧击球的后中部。击球后，踢球腿顺势前摆着地。

（2）脚背外侧踢地滚球：对踢球腿同侧的来球多用直线助跑，对异侧来球则多用斜线助跑。支撑脚要适当提前选位着地，其他动作则类似踢定位球。

（3）脚背外侧踢外弧线球：支撑脚踏在球侧后方，踢球腿略呈弧形摆踢，作用力方向与出球方向约成45°，击球点在球内侧后部，脚型同踢定位球。击球后，踢球脚向支撑脚侧斜摆，以加大球的外旋力量。

## 三、停球

停球是指运动员运用身体的有效部位，将运行中的球有目的地接控在所需位置上的动作方法。从其动作结构分析，一个完整的停球动作应包括判断选位、停球前的支撑、触球动作、停球后跟进四个技术环节。停球的方法有多种，常用的有脚内侧、脚背正面、脚背外侧、脚底、大腿、腹部、胸部、头部等部位的停球。

（一）脚部停球

1. 脚内侧停球

脚内侧停球用途广泛、停球平稳、可靠性强，运用时灵活多变。比赛中，运动员经常使用这种技术停各种地滚球、平球、反弹球、空中球。

（1）脚内侧停地滚球：判断来球的速度和方向，及时调整身体正对来球，观察周围情况，选好支撑脚位置，膝关节微屈。停球脚根据来球的状态相应提起，膝、踝关节旋外，脚趾稍翘，用脚内侧对准来球。在触球刹那，停球部位做相应的引撤或变向，将球控在所需要的位置上。

（2）脚内侧停反弹球：选择最佳支撑脚的位置，同时身体要跟上，停球腿小腿与地面形成一定的夹角。向下做压推动作时，膝关节要领先，小腿留在后面。

（3）脚内侧停空中球：选择最佳支撑脚的位置，根据来球确定停球动作的方向。停球腿要屈膝抬起，可根据需要采取引撤或切挡动作，停球落地后，应随即将球控制住。

2. 脚背外侧停球

脚背外侧停球动作幅度小、速度快、灵活机动、隐蔽性强，但动作难度较大，常伴随假动作和转体动作，适用于停地滚球和反弹球。

（1）脚背外侧停地滚球：在判断来球状况的同时，观察周围情况，选好支撑脚位置，运用合理的假动作或转体动作进行停球。停球腿屈膝提起，踝关节内翻，以脚背外侧对准来球。当球临近时，停球脚以脚背外侧推拨球的相应部位，将球控在所需要的位置上。

（2）脚背外侧停反弹球：判断好球的落点，抢占有利的停球位置，或利用假动作和转体动作欺骗对手。停球腿小腿应与地面形成一定的夹角，以膝关节领先做扣压动作，防止球反弹。

3. 脚背正面停球

脚背正面停球迎撤动作自如、关节自由度大、接球稳定，但变化较少，适用于停下落球。停球时，身体正对来球，判断来球路线和速度，支撑脚稳固支撑，停球腿屈膝提起，以脚背正面对球迎出。在触球刹那，停球脚弓引撤下放，膝、踝关节相应放松，以增强缓冲效果。

4. 脚掌停球

脚掌停球以前脚掌停球为主，动作简单，控球稳定可靠，适用于停迎面地滚球或反弹球。

（二）大腿停球

大腿停球触球部位面积大，而且大腿肌肉丰厚有弹性，所以该动作简单易做，适用于停有一定弧度的高球。可以自抛自接或者两人对练的形式进行练习。

（三）胸部停球

胸部停球触球点高、面积大，适用于停胸部以上的高空球。胸部停球包括挺胸式停球、缩胸式停球两种方法。

（1）挺胸式停球：面对来球站立（两脚左右或前后开立），两膝微屈，重心置于支撑面内，上体后仰，下颌微收，两臂自然张开，维持身体平衡。在接触球瞬间，两脚蹬地，膝关节伸直，用胸部轻托球的下部使球微微弹起于胸前上方。对于较高的平直球，也可采用这种方法将球停于胸前，但在触球瞬间膝关节由直变屈，脚由提踵状态变为全脚掌落地，整个身体保持接球的姿势，下撤将球停在胸前。

（2）缩胸式停球：缩胸式停球多用于停齐胸高的平直球。面对来球，两脚左右或前后开立，两臂自然张开，挺胸迎球，触球瞬间缩胸、收腹、臀部后移，将球停在体前。若需将球停在体侧，则触球瞬间转体，将球停在转体后相应的一侧。

## 四、头顶球

头顶球是指运动员有目的地用前额将球击向预定目标的动作方法。在足球比赛中运动员不仅要处理不同形式和不同性质的地滚球，同时也要处理各种空中球。当遇到胸部以下不能触及或规则不允许触及的一些球时就需要用头部来处理，因为头是人体最高的一个部位。在现代足球比赛中，对时间与空间的争夺异常激烈，头顶球技术的使用不仅能使运动员占据空间，又能为其争取时间，所以头顶球是处理高空球的最重要手段。

足球的头顶球技术是一个自下而上、全身协调发力的动作过程。它的动作结构由判断与选位、蹬地与摆动、头触球、触球后身体的控制四个环节组成。当球运行到即将垂直于地面的垂线时，两脚用力蹬地，腰腹部向后预摆，迅速用力向前摆体，带动颈部在触球瞬间做爆发式振摆，将球击出。

1. 前额正面头顶球

前额正面头顶球是用额肌覆盖着的额骨正面部分去击球的一种动作方法，是头顶球技术中最常见的方式。该技术触球部位平坦，动作发力顺畅，容易控制出球方向，准确性强，出球平稳有力。

（1）原地头顶球：身体正对来球，两脚平行开立或前后开立，膝关节微屈，两眼注视来球，上体稍后仰，两臂自然张开，挺胸展腹，下颌收紧。顶球时，蹬地、收腹、摆体、顶送发力。当头摆至身体垂直部位时，用前额正面顶击球的后中部。在顶击球瞬间，颈部肌肉保持紧张，顶球后继续前送，以便于控制出球的方向。

（2）转身头顶球：身体稍侧对来球，出球方向一侧的支撑脚靠前站立，以便转体发力。在击球刹那，后脚用力向出球方向蹬转带动身体转动。当身体转向出球方向时，加速摆体，用前额部顶击球。

（3）跳起头顶球：选好起跳位置，两脚前后开立，维持身体平衡，掌握好起跳时机，起跳脚积极蹬跳发力，手臂协调向上提摆，以加强跳起力量。起跳后，挺胸展腹，形成背弓，两眼始终注视来球。跳至最高点时，迅速收腹摆体，下颌收紧，前额积极迎球顶送发力。顶球后屈膝缓冲落地时，看清球的飞行路线，以便进行下一步动作。

（4）鱼跃头顶球：准确判断来球方向，掌握好起跳时机和击球点，利用积极后蹬使身体向前水平跃出，两臂微屈前伸，眼睛注视来球，利用身体的水平冲力将球顶出。击球后，两臂屈肘伸手撑地，随后胸、腹和大腿依次缓冲着地。

2. 前额侧面头顶球

（1）原地头顶球：选择好击球的方向，身体稍侧对来球，两脚自然前后开立，出球方向一侧的支撑腿在前，身体稍向侧后微屈，重心落在后腿上，两臂自然张开，眼睛注视来球。顶击球后，后脚向击球方向猛力蹬伸，身体随之向出球方向转动侧摆，同时颈部侧甩发力，用额侧部将球击出。

（2）跳起头顶球：动作类似前额正面的跳起顶球，但在起跳上升阶段，身体应向出球的相反方向侧屈转体。跳至最高点时，身体向出球一侧加速转动，摆体侧甩，可利用脚的侧下方蹬地，加快侧摆速度，用额侧部将球击出。

## 五、抢断球

抢断球主要分为抢球与断球。抢球是指防守队员将进攻队员控制的球直接争夺过来或破坏掉的动作方法。断球是指用规则所允许的动作，把对方队员间的传球截获或破坏掉的动作方法。抢断球从动作过程分析，都是由判断选位、上步抢断、衔接动作三个部分组成的。

1. 抢球

抢球有正面抢球、侧面抢球和侧后抢球等技术动作。

（1）正面抢球：进攻者运球正对抢球者而来时，抢球者为了将对手所控制的球抢过来或破坏掉所采用的动作方法，包括正面跨步抢球和正面倒地铲抢。

（2）侧面抢球：侧面抢球是抢球者与运球者平行跑动或从后面追成平行位时所实施的抢球动作，主要包括合理冲撞抢球、异侧脚铲球和同侧脚铲球。

（3）侧后抢球：侧后抢球多是在对手突破的情境下，防守队员进行的回追反抢技术，主要包括同侧铲球和异侧铲球。由于位置上的劣势，防守队员必须靠铲抢动作争取主动。其铲球动作同侧面抢球，只是要特别注意铲球的时机与动作，不能先铲到人而犯规。

2. 断球

断球分为踢断、顶断、铲断和接断等技术动作。在足球比赛中，凡是需要直接将球处理或破坏掉的断球，就可选用踢断、顶断、铲断动作来完成。凡是需要使球处于自己控制之下的断球，则必须使用接球动作来完成。断球时，运动员应对对方的传球路线有预见性，对对方传球的时间、力量、落点等有迅速判断的能力，起动要迅速果断，不使对手有所准备。

## 六、守门员

（一）守门员有球技术

守门员有球技术包括接球、扑球、托球、击球和发球等动作方法。

1. 接球

接球是守门员技术的重点，也是运用中最为常见的技术。其特点是简单、容易掌握、运用范围广泛、稳定性要求高。接球是守门员必须熟练掌握的基本能力，从手型上可分为上手接球和下手接球两种。

2. 扑球

扑球是守门员技术的难点，也是守门员技术中最具观赏性的动作，其特点是守门员在重心无法移动的情况下，利用直接倒地或腾空倒地，加速重心向球侧移动的一种动作方法。扑球可分为倒地侧扑扑球和跃起侧扑扑球（鱼跃扑球）两种。

3. 托球、击球

托球、击球是守门员接、扑球技术在应急情况下的应变运用。其常和出击接高球与跃起扑球动作联系在一起，且有紧急应变、尽兴发挥的作用。

4. 发球

发球是守门员组织发动进攻的技术手段。在守门员组织进攻时，其发球特点是能快则快，不能快则稳，以快为主，保证稳妥。守门员发球包括踢发球和抛掷发球两类。

（二）守门员无球技术

守门员在发完球后要时刻观察场上动态，根据球的位置保持自己的移动和选位，不断用言语提醒己方球员进攻和防守方向，随时准备迎接对方的射门。

## 第三节　足球运动基本战术

### 一、进攻战术

（一）进攻战术原则

1. 制造纵深

向对方球门区域快速推进，迅速形成威胁对方球门之势是进攻的主要目的。因此，在由守转攻瞬间，进攻队员应考虑有效地创造和利用进攻的纵深空间，向前跑动、传球，以最快的推进速度兵临对方球门，形成攻门之势。

2. 拉开宽度

在不能迅速创造有效进攻纵深空间时，进攻队员应充分利用球场宽度，有目的地将进攻向球场两侧区域发展，拉开进攻的宽度，使防守方被迫向两边移动防守重心，扩大其防守面积，使其防线的左右联系变松散，从而为实施纵向的渗透突破及增加进攻的时间和空间创造条件。拉开的宽度应根据攻防双方队员的活动情况而定。

3. 渗透突破

对方防线一旦松散，并出现可利用的进攻空当，进攻队员应立即加快进攻节奏，迅速采用各种传切配合、过人突破等技战术手段，果断地实施进攻渗透突破。相邻位置的进攻队员在扯动、传球、切入等方面的默契配合是有效实施进攻渗透的关键。

4. 随机应变

足球场上没有固定的比赛模式或套路，更不会出现绝对一样的比赛情景。这就要求运动员在比赛中善于审时度势，根据比赛情况的变化，适时地采用攻防行为，在攻防节奏、方向、位置、区域、距离和高度等方面灵活机动地调整技战术打法，以达到预期的比赛目的。

（二）个人进攻战术

个人进攻战术是指在比赛中为了战胜对手而采取的符合整体进攻目的的个人行动。

个人进攻战术是局部和整体进攻战术的基本环节。

1. 跑位

跑位是比赛中队员在无球的情况下，通过有意识地跑动，为自己或同伴创造进攻机会的行动。足球中的基本跑位方法大致分为套边跑、身后跑和斜线跑三种。

2. 传球

传球是整体战术配合的基础，是组织进攻、变换战术、迅速逼近对方球门、创造射门机会的主要战术方法，是比赛中运用得最多、最重要的技战术手段。

3. 射门

射门是一切进攻战术配合的最终目的和得分的唯一手段，也是进攻战术最重要、最困难、最振奋人心的环节。在现代足球比赛中，要想在对方的严密防守和紧逼拼抢的情况下有效地完成射门，就必须要有强烈的射门欲望，善于抓住射门时机，选择最佳的射门角度和方式。

4. 运球突破

运球突破是撕开对手防线、创造以多打少局面的利器，也是更好地创造射门和传球机会的有效手段。

（三）局部进攻战术

1. 传切配合

传切配合是指控球队员将球传给切入的进攻队员的配合方法，是局部进攻战术中运用得最多的方法。传切配合的形式有局部传切配合和长传转移切入两种。

2. 交叉掩护配合

交叉掩护配合是指在局部地区两名进攻队员在运球交叉换位时，以自己的身体掩护同伴越过防守队员的配合方法。

3. “二过一”配合

“二过一”配合是指在局部地区两名进攻队员通过两次连续传球配合，越过一名防守队员的配合方法。根据传球和跑位的路线，“二过一”配合的形式有斜传直插“二过一”、直传斜插“二过一”、斜传斜插（踢墙式）“二过一”和回传反切“二过一”四种。

斜传直插“二过一”配合（图7-1）适合防守队员身后有一定空当，防守队员距插入队员较近时采用。

直传斜插“二过—”配合（图7-2）适合防守队员身后有较大空当或防守队员移向接应队员时采用。

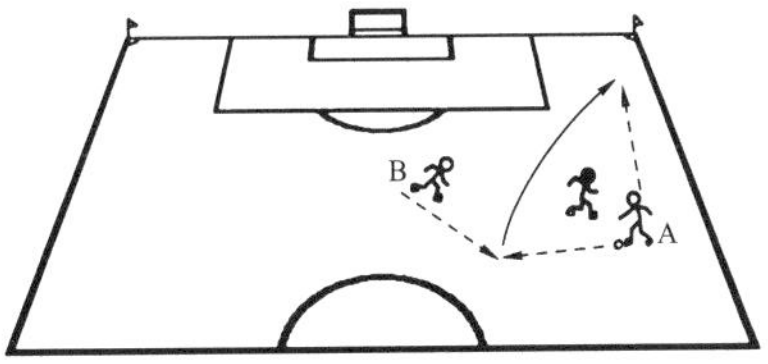


图7-1　斜传直插“二过一”配合

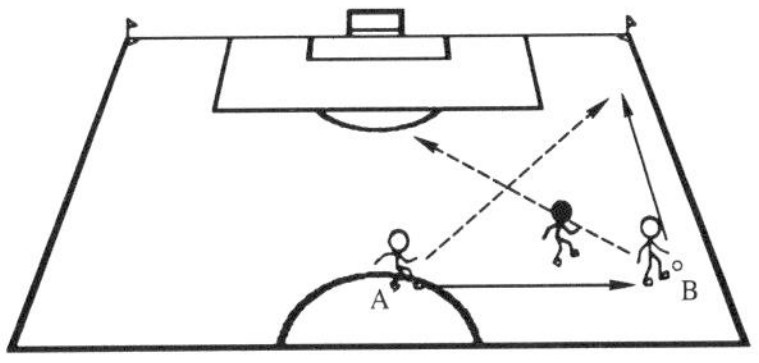


图7-2　直传斜插“二过一”配合

斜传斜插“二过一”配合（图7-3）适合防守队员身后空隙较小或采用连续“二过一”时采用。

回传反切“二过一”配合（图7-4）适合接应队员与控球队员有一定的纵深距离，而且防守队员贴身逼抢时采用。

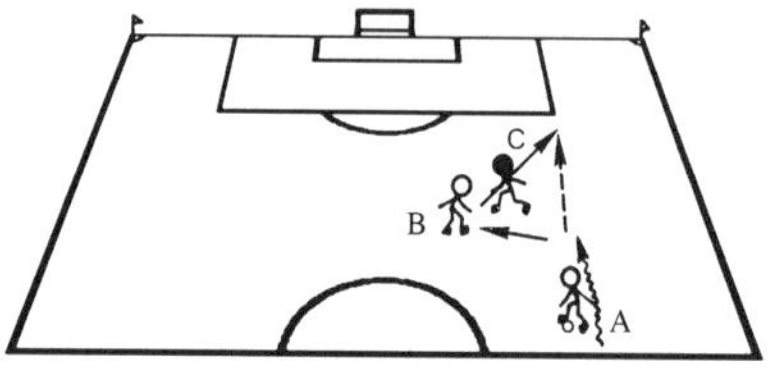


图7-3 斜传斜插“二过一”配合

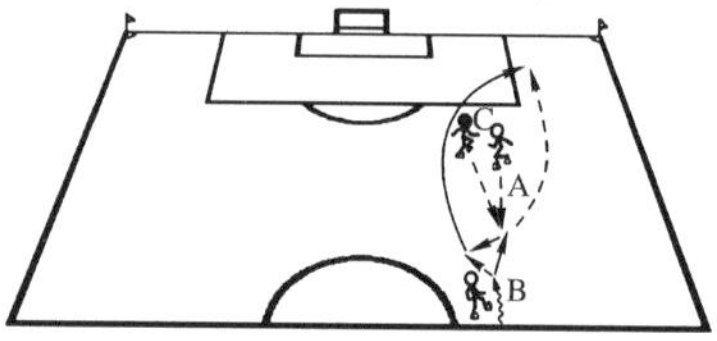


图7-4 回传反切“二过一”配合

（四）整体进攻战术

整体进攻战术是指为了完成进攻战术任务所采用的全局性的配合方法。一次完整的整体进攻是由发动、推进和结束三个阶段组成的。依据进攻的区域，整体进攻战术可分为中路进攻、边路进攻和转移进攻三种；依据进攻的速度，整体进攻战术可分为快速反击、层次进攻和破密集防守进攻三种。

## 二、防守战术

（一）防守战术原则

1. 防守延缓

最大限度地延缓对方进攻的推进速度是有效构筑本队整体防守体系的先决条件。因此，在由攻转守瞬间，有球区域的防守队员必须首先实施就地阻截，干扰或封堵对方向前传球或运球推进的路线，尽可能减缓其进攻推进速度，赢得其他防守同伴迅速回撤、整体布防的宝贵时间。阻止对方发动快速进攻是防守延缓原则的核心。

2. 平衡防守

延缓对手进攻速度，就是为了及时抢占有利于本队防守的时间和空间。尽快占据对手与本方球门之间的防守要害区域及位置，形成防守力量与对方进攻力量的对等均衡，或造成以多打少的防守局面，是稳固防守的重要战术措施与手段。良好的由攻转守角色意识和快速回防的奔跑能力是有效运用平衡防守原则的必然要求。

3. 收缩防守

在足球比赛中，运动员在快速回防、抢占有利防守空间的同时，还必须有目的地收缩防区内的立体空间，以最大限度地减小防守难度，加大进攻方的进攻难度，实现有效的防守控制。收缩防守的一般原则：整体防线向球场的中轴线和本方门前的方向呈“漏斗型”收缩靠拢；向有球区域一侧收缩靠拢，形成纵横交错、有利于相互保护和补位的紧密防守队形，压迫所有可能威胁本方球门的空间。

4. 立体控制

对进入本方门前30米区域的进攻队员，尤其是有球进攻队员，防守队员要严防死守，竭力限制其进攻自由，不给对方任何进攻突破的机会。随着进攻队员向本方球门逐渐接近，防守队员必须尽快收缩门前防区，形成密集防守。密集防守的重点应是实现对这一要害防区内的进攻队员、球以及时间、空间的立体控制。

（二）个人防守战术

个人防守战术是指为了控制对手所采用的个人战术行动。个人战术行动体现着整体战术的特征，是整体战术的基础。个人防守战术主要包括选位与盯人、断球、抢球等。

（三）局部防守战术

局部防守战术是指两个或两个以上防守队员之间的配合方法。它是集体防守战术的基础。其基本配合形式有保护、补位和围抢三种。

（四）整体防守战术

整体防守战术是指全队所采取的防守配合。整体防守战术按形式分为人盯人防守、区域盯人防守和混合盯人防守三种；整体防守战术按打法分为向前逼压式打法、层次回撤式打法和快速密集式打法三种。

## 第四节　足球运动专项体能训练

### 一、足球运动员的总体特征

（一）足球运动员的体能特征

随着现代足球的发展，比赛要求运动员不断地进行交叉换位、互相补位、随机策应和反复冲刺跑。在整场比赛中，运动员的运动状态多样，包括站立、走动、慢跑、低速跑、中速跑、高速跑、冲刺跑、后退跑等。其中站立、走动、慢跑、低速跑、中速跑和后退跑以有氧供能为基础，在比赛中占大量比例；高速跑、冲刺跑以无氧供能为基础，虽然在比赛中占比较小，但在比赛中十分重要。因此，足球运动员具有以有氧供能为基础、无氧供能为关键的体能特征。

（二）足球运动员的素质特征

1. 力量素质

足球运动员的力量素质除了表现出竞技运动众多项目中所共有的特征外，更主要的是体现出足球运动本身所需要的素质，即肌肉迅速收缩和伸展能力，且具有很高的灵活性及准确性。

2. 速度素质

速度是足球运动中最为重要的素质，是运动员在比赛中争取时间优势的重要条件。就足球运动而言，速度素质具有反应快、起动快、急停变向快、动作衔接及转换快和绝对速度快等特点。

3. 耐力素质

耐力素质所表现的是运动员机体对氧的代谢能力。耐力素质可分为一般耐力和专项速度耐力。专项速度耐力在足球运动中占有重要地位。

4. 灵敏素质

足球运动对运动员在灵敏素质方面所提出的要求主要是快速、协调、准确。只有具备了这些素质，才能与足球运动所需要的反应速度快、应变能力强等专项特点紧密结合，从而充分发挥技、战术水平。

5. 柔韧素质

柔韧素质要求运动员关节韧带，特别是腰、胯、膝、腿、踝关节韧带的韧性强。这对运动员加大实战技术动作强度、幅度，减少运动员机体受伤有着积极的意义。

## 二、足球运动员体能训练的内容与方法

（一）力量素质训练

1. 速度力量

练习强度为最大力量的75%~90%，练习时间为5~10秒，间歇时间以保证体力完全恢复为宜，重复次数为4~6次，练习组数为3~4组。

2. 力量耐力

练习强度为最大力量的60%~70%，练习时间以15~45秒为宜，间歇时间以心率恢复到120次/分左右为宜，重复次数为20~30次，练习组数为3~5组。

（1）发展颈部、上肢、肩背力量的练习。

两手扶头，在颈部转动时给予抵抗力；俯卧撑（可以双手撑在健身球上做）；引体向上；俯立飞鸟；卧推（水平、上斜、下斜，宽握、中握、窄握、正握、反握）；哑铃/杠铃弯举；俯立哑铃臂屈伸（宽握、中握、窄握、正握、反握）；杠铃俯立划船（单臂哑铃划船）；对坐，两腿分开，互抛实心球（先离心后向心）；坐在健身球上做杠铃颈后推举（宽握、中握、窄握、正握、反握）。

（2）发展腰腹力量的练习。

仰卧起坐（加转体）、仰卧举腿（斜板）；侧卧体侧屈、侧卧双腿上举、俯卧做体后屈（同时可抬腿）；跳起空中转体、收腹头顶球；展腹跳；肩负杠铃体前屈、转体。

（3）发展腿部力量练习。

各种跳跃练习（立定跳、多级跳、蛙跳、助跑跳、肩负杠铃连续上跳、跨步跳、跳深）；肩负杠铃提踵、半蹲；快速摆动大、小腿；可绑沙袋，也可采用橡皮筋增加阻力；远距离传球、射门练习；骑人提踵；杠铃剪蹲（步子跨大些，主要锻炼股四头肌、股二头肌和臀大肌，步子跨得小些，主要集中锻炼股四头肌）；悬垂举腿。

（二）速度素质训练

练习强度为最大速度的95%~100%；练习时间以3~10秒为宜；间歇时间视训练目的而定，可完全恢复或不完全恢复；练习重复次数为6~8次；练习组数为3~5组。练习方法包括：

（1）各种姿势的起跑（10~30米）。

（2）在快速跑或快速运球中，听、看信号，做急停、转身、变向、跳跃、翻滚等动作。

（3）利用快速小步跑、高抬腿跑、顺风跑、下坡跑、牵引跑等练习，突破速度障碍。

（4）全速运球跑、变速变向运球跑。

（5）绕杆跑、运球绕杆。

（6）利用简单的战术配合练习速度。

（三）耐力素质训练

1. 有氧耐力训练

（1）持续训练法。

练习强度为最大力量的 40%~60%，练习时间为 25 分钟以上，距离 5 000~10 000 米。可进行长距离跑或 12 分钟跑。

（2）小强度间歇训练法。

练习强度以保证心率 150 次/分为宜，练习时间为 30~40 秒，间歇时间以保证心率恢复到 120 次/分左右为宜，练习次数为 8~40 次，练习组数为 1 组。可进行 100~200 米间歇跑或 100~800 米变速跑。

2. 无氧耐力训练

无氧耐力训练常采用大强度间歇法训练。练习强度为最大力量的 80%~90%，心率为 180~200 次/分，练习时间为 20~120 秒，间歇时间以心率恢复到 120 次/分左右为宜，练习次数为 12~40 次，练习组数为 1~2 组。可进行 30~60 米多次冲刺跑、100~400 米高强度反复跑、5—10—15—20—25 米折返跑、短距离追逐跑等。

（四）灵敏素质训练

灵敏素质是多项身体素质的综合体现，灵敏素质的训练涵盖在各项身体素质练习之中。专项灵敏素质可进行绳梯训练、带球绕障碍物训练，以及各种平衡及核心力量训练。

（五）柔韧素质训练

柔韧素质训练强度开始以中强度为宜，最后可达到 80%以上，练习时间每次控制在 10~20 秒，间歇时间以保证体力完全恢复为宜，可做积极性放松活动，重复次数在 5~10 次，练习组数以 3~5 组为宜。练习方法包括：

（1）颈前屈、侧屈、后屈并绕环，体前屈、侧屈、后屈并振动。

（2）前弓步和侧弓步压腿，纵劈腿和横劈腿。

（3）前踢腿、后踢腿、侧踢腿和腿绕环。

（4）站立体前屈下压，或靠墙站立体前屈下压。

（5）背伸、展腹屈体练习及腿肌伸展练习。

## 第五节 足球运动的主要竞赛规则

### 一、场地与器材

（一）场地

1. 球场

足球场地可以是天然的或人工的（绿色），但必须为长方形（图 7-5）。普通比赛场地长 90~120 米，宽 45~90 米；国际比赛场地长 100~110 米，宽 64~75 米；国际足联世界杯的比赛场地长 105 米，宽 68 米。

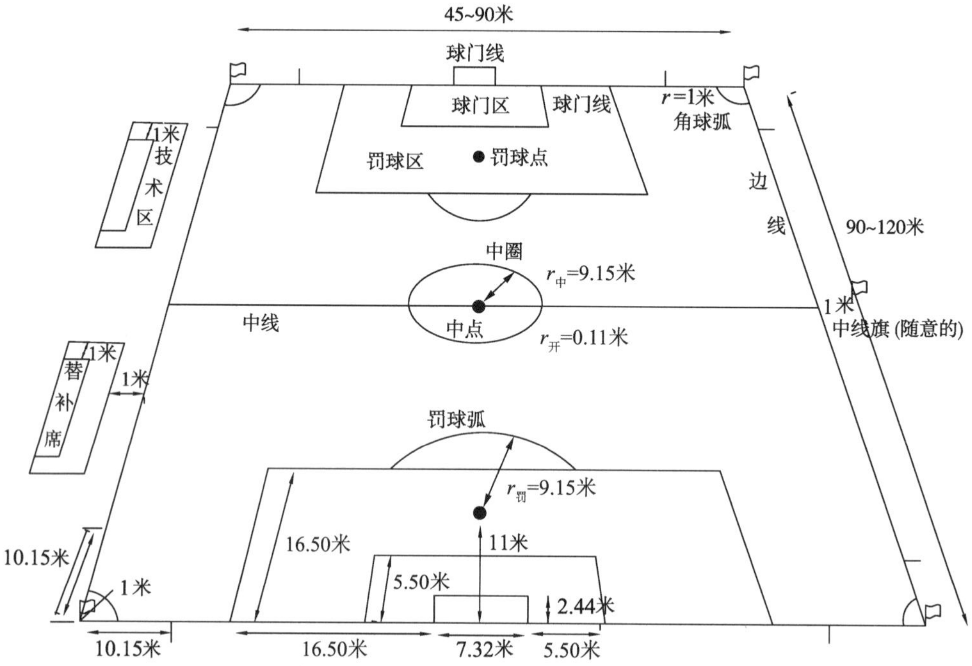


图 7-5　足球比赛场地示意图

2. 球门

球门宽 7. 32 米，高 2. 44 米，以门柱与门梁的内侧为准测量。两个前门柱必须居中放置在球场短边线（端线）上。门柱和门梁的宽与厚须小于或等于 12 厘米，并且应对称相等。

3. 球门区

球门区俗称小禁区。在比赛场地两端距球门柱内侧 5. 50 米处的球门线上，向场内各画一条长 5. 50 米与球门线垂直的线，一端与球门线相接，另一端画一条连接线与球门线平行，这三条线与球门线所形成的区域叫球门区。

4. 罚球区

罚球区俗称大禁区。在比赛场地两端距球门柱内侧 16. 50 米处的球门线上，向场内各画一条长 16. 50 米与球门线垂直的线，一端与球门线相接，另一端画一条连接线与球门线平行，这三条线与球门线所形成的区域叫罚球区。在两球门线中点垂直向场内 11 米处各做一个清晰的标记，这个点就叫罚球点。以罚球点为圆心，9. 15 米为半径，在罚球区外面画一段弧线，这条弧线就叫罚球弧。

5. 中圈

中圈半径为 9. 15 米，开球点直径为 22 厘米。比赛开场（或开球），在主裁判吹哨前，非开球方的任何球员不得进入此圈内，以保障开球方队员能将球开出，从而使比赛顺利地开始。同理，在比赛中进攻方队员发任意球时，防守方队员（人墙）距球不得少于9.15米。

（二）足球运动竞赛用球规格

球用皮革或其他合适的材料制成，一般由12块黑色正五边形面料与20块正六边形面料拼合而成。在国际足联主办的比赛中，所使用的球必须有下列三种标志之一：正式的“国际足联专业品质”标志、正式的“国际足联品质”标志或经证明的“国际比赛标准”标志。球的周长为68~70厘米，比赛开始时球的质量为410~450克，压力为0.6~1.1个标准大气压（世界杯赛一般采用0.9个标准大气压）。

比赛用球由裁判员审定，正式的比赛应有备用球，目前多采用8个备用球。如果比赛中球发生破裂或损坏，裁判员应停止比赛，更换球后在球所在地点坠球恢复比赛，如已成死球则发球恢复比赛。

## 二、主要竞赛规则

（一）比赛人员和时间

1. 比赛人员

一场足球比赛由两队对抗。每队场上球员不可多于11人，其中1人是守门员。如果任何一队少于7人，则比赛不可开始或继续。如果某队1名或多名场上队员故意离开比赛场地造成队员人数少于7人，则裁判员不必停止比赛，但随后比赛停止时，如果某队场上队员人数仍不足7人，则比赛不得恢复。在国际足联、各州足球联盟或国家足协管辖下，任何正式比赛中，每队换人次数不能超过5次。比赛的竞赛规程必须明确可以提名的替补球员人数为3~12名。在加时赛中，允许多1人替换（不论该球队是否已用完规定的换人名额）。

2. 比赛时间

一场正式比赛时间为90分钟，上下半场各45分钟，除经裁判员同意外，中场休息时间不得超过15分钟。如果90分钟比赛结束后，双方战成平局，且规程规定有加时赛，则双方再进行30分钟的比赛，每半场15分钟，中间立即交换场地，不再休息，但可短暂补水（不超过1分钟）。如果30分钟加时赛后双方比分仍为平局，则比赛将以罚球点球（简称“点球”）决定胜负。每半场比赛中因故损失的时间应补足，补多少由裁判员决定。造成时间损失的原因主要包括以下几点：

（1）替换队员。

（2）对伤员的护理或将伤员抬出场地。

（3）因观众进入场地而暂停比赛。

（4）球出界过远。

（5）队员延误时间，如发定位球时、换人时、进球后跳过广告牌庆祝等。

（6）受天气影响而暂停比赛。

（7）球破裂或漏气需要更换新球等。

若运动员在比赛最后几秒钟进球，裁判员应将球放到开球点上再鸣哨结束比赛，表示进球有效，不再开球。比赛中的点球不受时间限制，应允许延长时间执行完点球。

（二）开球

开球程序：掷硬币猜中的一队决定上半场进攻方向或者开球。根据以上情况，另一队在上半场开球或决定进攻方向。上半场选择进攻方向的球队将在下半场开球。

开球时：除开球队员外，场上所有队员必须处在本方半场内；开球队的对方队员必须距球至少 9. 15 米直至比赛开始；球必须放在中点上；裁判员给出信号；当球被踢且明显移动时，比赛即开始；开球可直接射入对方球门得分；如果直接射入了本方球门，则判给对方角球。

如果开球队员在其他场上队员触及球前再次触球，裁判员应判罚间接任意球；如果开球队员故意用手触球，裁判员应判罚直接任意球。若有其他任何违反开球程序的情况，比赛应重新开球。

（三）越位

1. 处于越位位置的条件

球员有以下情形即在越位位置：头、躯干或脚的任何部分处在对方半场（不包含中线）；头、躯干或脚的任何部分较球和对方倒数第二名队员更接近对方球门线。

2. 判罚时机

判断是否处于越位位置的时机是同队队员传球或触球的瞬间，而不是该队员接得球的瞬间。

3. 越位犯规的判罚

处于越位位置的队员，在同队队员传球或触球的瞬间，只有在裁判员认为其有下列情况而“卷入”了现实比赛中时才被判越位犯规：干扰比赛、干扰对方队员、利用越位位置获得利益。

4. 没有越位犯规的判罚

处于越位位置的队员直接接到同队队员的球门球、掷界外球和角球时，没有越位犯规。

5. 判罚越位的关键

判罚队员是否越位是看队员传球一瞬间，同队队员是否处于越位位置，并正在干扰比赛或干扰对方队员，以及通过越位位置企图获利。

（四）任意球

任意球有直接任意球和间接任意球两种类型。踢直接任意球与间接任意球时，球必须静止。踢任意球的球员，在球触及另一球员之前，不可第二次触球。

1. 直接任意球

运动员如果将直接任意球直接踢进对方球门，算进球；如果踢进己方球门，则不算进球，由对方踢角球。

2. 间接任意球

间接任意球踢出，球进入球门之前，必须触及另一球员，才算进球。如果运动员将间接任意球直接踢进对方球门，则由对方踢球门球；如果运动员将间接任意球直接踢进己方球门，则由对方踢角球。

3. 在罚球区内的任意球

守方球队踢直接任意球或间接任意球：所有对方球员距离球至少 9.15 米；所有对方球员在罚球区外，直到球进入比赛中。当球被直接踢出罚球区时，球即进入比赛中。在球门区内踢任意球，可以在球门区内任何一点踢球。

攻方球队踢间接任意球：所有对方球员距离球至少 9.15 米，直到球进入比赛中，除非对方球员站在球门柱之间的球门线上。当球被踢动时，球即进入比赛中。在球门区内踢间接任意球，踢球的地点是在平行于球门线的球门区线上最接近犯规发生位置的地点。

4. 在罚球区外的任意球

所有对方球员距离球至少 9.15 米，直到球进入比赛中。当球被踢动时，球即进入比赛中。踢任意球的地点是在犯规发生的地点。

（五）罚球点球（点球）

当球在比赛中，队员在本方罚球区，违反可判罚直接任意球的规定之一的，裁判员应判罚点球。点球直接进入球门，可算进球。上下半场结束或加时赛的上下半场结束时，裁判员可延长比赛时间执行完点球。

（六）掷球入场（掷界外球）

掷界外球是指运动员按规则的规定用双手将球掷入场内预定目标的动作方法，是一个下肢固定的爆发式的单摆运动，也是足球比赛中除守门员外唯一允许运动员用手接触球的特殊技术。掷球入场后，球直接进入球门，不能算进球。在掷出球的瞬间，掷球的球员必须面向球场站立，两脚的一部分在边线或边线外的地面上，用双手掷球，从头的后方越过头顶掷球，在球触及另一球员之前，掷球的球员不可第二次触球。当球被掷入球场内时，球即进入比赛中。

（七）球门球

球门球是重新开始比赛的一种方法。球门球直接进入对方球门，可算进球。当整个球体越出球门线，无论在地面还是在空中，依据规则并未进球，而球最后触及攻方球员时，都判为球门球。

（八）角球

比赛中，队员将球的整体由地面或空中踢出本方球门线（不属于进球得分）时，由对方在出界一侧的角球弧内踢角球。角球可以直接踢入对方球门得分。踢角球时，不得移动角旗杆，对方队员至少距角球弧 9.15 米，当球踢动时，比赛即恢复。踢角球的队员在球踢出后，未经其他队员触及，不得再触球。角球被踢出时，队员不得站在守门员身前阻挡他，否则将被判犯规。

（九）犯规及不正当行为

1. 判罚直接任意球

（1）裁判员认为球员的动作拙劣、鲁莽或使用暴力，有以下几种犯规之一，应判由对方踢直接任意球：

① 踢或企图踢对方球员。

② 绊摔或企图绊摔对方球员。

③ 跳向对方球员。
④ 冲撞对方球员。
⑤ 打或企图打对方球员。
⑥ 推对方球员。
⑦ 用脚或其他部位抢截。
（2）如果球员有以下几种犯规的任何一种，裁判员亦判由对方踢直接任意球：
① 故意手球（守门员在本方罚球区内除外）。
② 使用手臂等部位拉扯、阻止对方队员行动。
③ 在身体接触的情况下阻碍对方队员移动。
④ 咬人或向任何人吐口水。
⑤ 向球、对方队员或比赛官员扔掷物品，或用手中的物品触及球。

2. 判罚间接任意球

（1）如果守门员在己方发球区内，有以下几种犯规之一，裁判员应判由对方踢间接任意球：
① 在发出球前，用手控制球超过 6 秒。
② 在发出球之后未经其他队员触及，再次用手触球。
③ 用手触及同队队员故意踢给他的球。
④ 用手触及同队队员直接掷入的界外球。
（2）裁判员如果认为队员有以下犯规之一，也将判由对方踢间接任意球：
① 以危险方式比赛。
② 在没有身体接触的情况下，阻碍对方队员行进。
③ 阻挡对方守门员从其手中发球。
④ 队员在比赛中被判开球、球门球、角球、界外球、任意球、点球连踢。
⑤ 越位犯规。

3. 警告的犯规

场上球员有以下几种犯规之一，应被警告并举黄牌：
（1）犯有非体育行为。
（2）用言语或动作表示不满。
（3）持续违反规则。
（4）延误比赛重新开始。
（5）进入裁判员回看分析区域。
（6）未得到裁判员许可进入、重新进入或故意离开比赛场地。
（7）过分地做出要求回看分析的信号。
（8）当比赛以角球、任意球或掷界外球恢复时，未退出规定距离。
如果替补队员或替换下场的队员有以上①②④⑤⑥⑦条中的犯规，也将被警告。

4. 判罚离场的犯规

球员有以下几种犯规之一，应被判罚离场并举红牌：
（1）严重犯规。

（2）暴力行为。

（3）违反体育道德的行为。

（4）故意手球犯规（守门员在己方罚球区内除外）。

（5）破坏对方的明显得分机会。

（6）使用攻击性的、侮辱性的语言及动作。

（7）在同一场比赛中得到第二次黄牌警告（针对同一队员而言）。

（8）咬人或向任何人吐口水。

（9）进入视频操作室。

此外，比赛中守门员如果在本方罚球区内用球掷击或企图掷击对方球员，将被判点球并罚令出场。

5. 手球的犯规

球员有以下行为即被判定为手球犯规：

（1）球员用手或手臂故意接触球。

（2）球员的身体或者手臂不自然张开后手球。

（3）手球之后直接进球或者手球队员自己随即完成进球。

以上情况都应判由对方在犯规地点踢直接任意球。如果守方队员在本方罚球区内手球犯规，裁判员应判罚点球。但是，也有一些情况不会被判手球：

① 队员在当前身体的动作下，其手/臂部所处的位置是可理解/可解释的。

② 队员手/臂部的位置是正常移动的结果。

③ 手/臂部向自己身体方向移动，试图避免与球的接触。

# 第八章

# 排球运动

## 第一节 排球运动概述

### 一、排球运动的起源与发展

排球运动起源于美国，是由美国马萨诸塞州霍利约克城的威廉·摩根于1895年发明的。当时，篮球很盛行。摩根先生认为篮球运动太激烈，他想寻求一种运动量适中、富于趣味性、男女老少都能参加的室内娱乐性项目，便发明了排球运动。

1905年，排球运动传入中国。1964年，在东京举行的第十八届奥运会上首次进行了排球比赛。排球从开始仅仅是少数人的游戏、娱乐手段，发展到今天已成为广大群众喜爱的体育运动项目之一。

在最早的排球比赛中，场上每队16人，站成4排，每排4人。它具有激烈的对抗性、严密的集体性、高度的技巧性等特点。经常参加排球运动，不仅能提高人们的力量、灵敏、弹跳、反应等身体素质，还能培养机智、果断、沉着、冷静等心理品质和集体主义精神。

排球运动的家族除我们通常讲的排球之外，还有沙滩排球、软式排球、气排球、坐式排球（主要适合残疾人）等。排球运动组织形式可以灵活多样，比赛的人数不仅限于排球的6人及沙滩排球的2人，还可以是3人、4人或5人，有时还可以根据具体的情况进行男女混合编组。各年龄段的比赛中也可以附加一些特定规则或限制某些技术动作，以增加其比赛的参与性、竞争性、趣味性和观赏性。

### 二、排球运动的特点

（一）技术效果的两重性

排球是多种技术既可以得分，也会失分的项目。这就要求运动员在训练中必须不断完善技术，做到熟练、准确、细腻。

（二）攻与防守转换的快速性

与篮球、足球比赛相比，排球比赛攻防对抗的激烈程度和来回球的速度毫不逊色。队员接球之前，就已经酝酿着进攻方案，在几秒或十几秒内就能完成一个回合或多个回合的攻防转换。

（三）隔网对抗身体的非接触性

现代排球已经呈现出快节奏、攻防激烈的特征，但与篮球、足球不同的是，在这种高强度的对抗中运动员隔网而立，不存在身体的直接接触，对抗表现在全力封堵对方的扣杀、轻吊，通过扑救努力防守、接起对方突破网上防线的球，转而通过调整，再次攻击对方。

（四）身体任何部位可以触球

规则允许运动员可用身体的任何部位击球。由于身体任何部位都可以击球，因此比赛中的防守就显得更为积极主动。

（五）击球技术上的限制性

规则规定，比赛中球必须在空中飞行，不能落地，也不能在手中停留，并且每人不能连续打两次（拦网触球除外），每队击球次数不能超过三次（拦网触球除外）。这都是排球与其他球类技术运动明显不同的地方，要求参加者必须具备良好的时间和空间感，能对空中飞行的球进行准确的判断。

（六）比赛场区之外合法击球的特殊性

与篮球、足球比赛的场地不同，排球比赛的场地包括两部分，即比赛场区和无障碍区。比赛场区的尺寸为长 18 米，宽 9 米。无障碍区是指比赛场区之外的至少有 3 米宽的无障碍范围。比赛中运动员可以在其本方的比赛场区和无障碍区内进行比赛。

## 第二节　排球运动基本技术

### 一、准备姿势

按照身体重心的高低，准备姿势可分为半蹲准备姿势、稍蹲准备姿势和低蹲准备姿势三种。

1. 半蹲准备姿势

两脚左右开立稍比肩宽，一脚稍前，两脚尖稍内收，脚跟微提起。膝关节保持一定的弯曲，膝关节的投影在脚尖前面，上体前倾，重心靠前。两臂放松，自然弯曲，双手置于腹前。全身肌肉放松，两眼注视来球，两腿始终保持微动（图 8-1）。

图 8-1　半蹲准备姿势

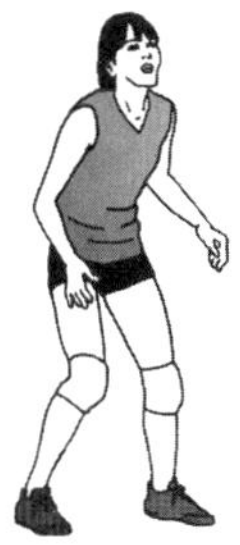

图 8-2　稍蹲准备姿势

2. 稍蹲准备姿势

稍蹲准备姿势比半蹲准备姿势重心稍高，动作方法相同，一般用于扣球助跑前或对方正在组织进攻时需快速起动的场合，如图 8-2 所示。

3. 低蹲准备姿势

低蹲准备姿势比半蹲准备姿势的身体重心更低、更靠前，两脚的距离更大，膝部弯曲程度更大；肩部投影过膝，膝部投影过脚尖，双手置于胸腹之间（图 8-3）。低蹲准备姿势主要用于防守和接拦回球等。

图 8-3 低蹲准备姿势

## 二、移动

移动是指脚从起动到制动的过程。移动的目的主要是及时接近球，保持好人与球的位置关系以便击球，同时也为了迅速占据场上的合理位置。在一传、防守、拦网等被动技术中，及时移动到位往往是较好完成技术动作的关键。移动能力直接影响着技、战术的质量。

1. 起动

起动是移动的开始。起动的速度取决于正确的准备姿势、反应能力和腰腿部的速度力量。在比赛中，队员应根据场上的具体情况，采取不同的准备姿势，以利于随时改变移动方向和迅速移动。

2. 步法

起动后要根据临场技、战术的需要灵活运用移动步伐。通常采用的移动步法有并步与滑步、跨步、交叉步、跑步等。

（1）并步与滑步。当来球距身体一步左右时，队员可采用并步移动，如向前移动时，则后腿蹬地，前脚向来球方向跨出一步，后腿迅速跟上做好击球准备。当来球在体侧稍远，并步不能接近球时，可快速连续并步。连续的并步即为滑步。

（2）跨步。跨步是指向来球方向跨出一大步的移动方法，主要用于接体侧、体前的高度低且速度快的来球。移动时步幅较大，身体重心较低，如向前移动，则后脚用力蹬地，前脚向前跨出一大步，膝部弯曲，上体前倾，身体重心移至前面的腿上。

（3）交叉步。当来球距体侧较远时，可采用交叉步移动。交叉步的特点是步子大、动作快、易制动。以向右交叉步为例，上体稍向右转，左脚从右脚前面向右交叉迈出一步，然后右脚再向右跨出一大步，同时身体转向来球方向，保持击球前的姿势。

（4）跑步。当球距离身体很远时需用跑步移动。采用跑步移动时，两臂要配合摆动，不要过早做击球准备，否则会影响跑步的速度。来球在侧方或后方时，队员应边跑边转身，做好击球准备。高速跑动后需要有两三步减速缓冲，以便有效制动。

3. 制动

制动是移动的结束，也是击球动作的开始。快速移动之后，队员需要保持稳定的击球姿势，经过制动，克服身体移动的惯性，以便完成击球动作。

（1）一步制动法。采用一步制动时，移动后跨出一大步，同时降低重心，全脚掌着地以抵抗身体继续移动的惯性，并利用腰腹力量控制上体，使身体重心停留在两脚所构成的支撑面以内。

（2）两步制动法。采用两步制动时，以倒数第二步做第一次制动，紧接着跨出最后一步，同时身体后倾，两膝弯曲，重心下降，用脚内侧蹬地，以抵抗移动的惯性，使身体处于有利于做下一个动作的状态。

（3）多步制动法。多步制动的原理基本同前，需要减速克服惯性，使身体稳定衔接下一个动作。

## 三、起跳

起跳多用在扣球和拦网技术动作上。起跳不仅要求队员跳得高，而且要求队员与球保持比较合理的距离。

## 四、发球

发球是发球队员在发球区用一只手将自己抛起的球直接击入对方场区内的技术。发球也是第一回合的进攻，发球的攻击性强、变化性大、准确率高，会给本队带来连锁益处，或直接得分，或造成对方被动，还可以减轻本方防守压力，为防守反击创造有利条件。

1. 侧面下手发球

（1）准备姿势：左肩对网，两脚左右开立，约与肩宽，两膝微屈，上体稍前倾，重心落在两脚间，左手持球于腹前。

（2）抛球：左手持球平稳抛至胸前，距身体约一臂远。

（3）击球：在抛球的同时，右臂摆至右侧下方，接着利用右脚蹬地向右转体的力量，带动右臂向前上方摆动，在腹前用全手掌、掌根或虎口击球的右下方，击球后顺势前移重心，迅速进场。图 8-4 为侧面下手发球局部的特写。

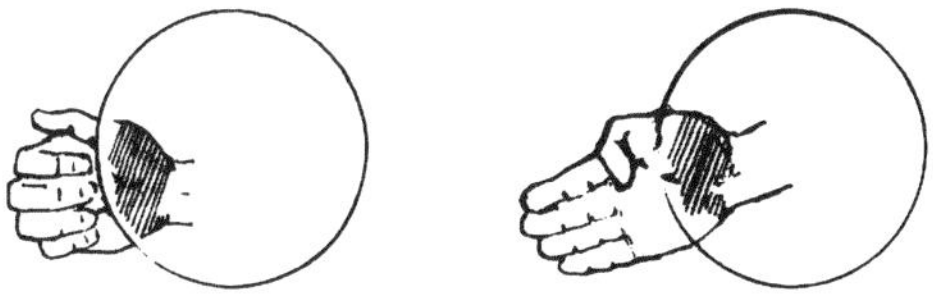

图 8-4　侧面下手发球局部特写

2. 正面下手发球

（1）准备姿势：面对球网，两脚前后开立，左脚在前，两膝弯曲，上体前倾，左手持球在腹前。

（2）抛球：左手将球抛起在体前右侧，球离手一球左右高度，同时右臂伸直，以肩为轴向后摆动。

（3）击球：右脚蹬地，身体重心随着右臂由后向前而前移，击球手臂应以肩为轴向后摆起，再向前摆动。在击球前手臂不能屈肘，在腹前以全手掌掌根击球后下部，这样有利于加快挥臂速度和控制球出手角度和路线，并加强准确性和攻击性。手触球时，手指、手腕要紧张，手成勺形，以掌根部位击球。击球后，随着离球动作，重心前移，迅速进入场内比赛。

3. 正面上手发球

（1）准备姿势：面对球网站立，两脚自然开立，左脚在前，左手持球于体前。

（2）抛球：左手将球平稳地垂直抛于右肩的前上方，高度适中，抛球的同时，右臂抬起，并屈肘后引，肘与肩平行，手掌自然张开，上体稍向右侧转动，抬头、挺胸、展腹，身体重心移至右脚上，如图 8-5 所示。

(3) 挥臂击球：击球时，以蹬地转体之力带动手臂向前挥动至右肩前上方的最高点，手掌、手指自然张开，与球吻合，用全手掌击球的后中部。手腕要迅速主动地向前做推压动作，使击出的球呈前旋飞行。击球后，重心自然前移，迅速进入场地。

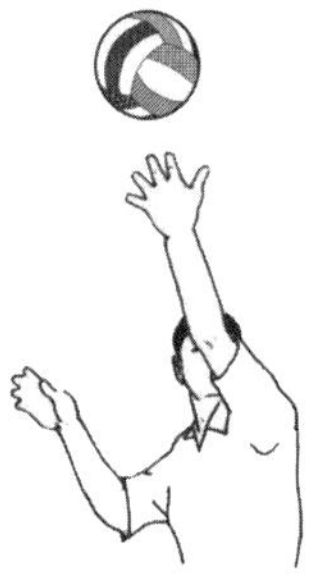

图 8-5 正面上手发球

## 五、垫球

1. 正面双手垫球

正面双手垫球是运动员迅速移动对正来球后，双手在腹前垫击来球的一种垫球方法，是各种垫球技术的基础，适合于接各种发球、扣球和拦回球。

(1) 准备姿势：正对来球成半蹲准备姿势。

(2) 手型：正面双手垫球的基本手型有抱拳式、叠掌式和互靠式，但无论采用哪种手型都应该注意手腕下压，两臂外翻形成一个平面。抱拳式：双手抱拳互握，两拇指平行向前，手腕下压，如图 8-6 所示。叠掌式：双手掌根紧靠，两手手指重叠互握，两拇指向前，手腕稍向下压，如图 8-7 所示。互靠式：双手掌根部紧靠，两手自然放松，如图 8-8 所示。

图 8-6 抱拳式

图 8-7 叠掌式

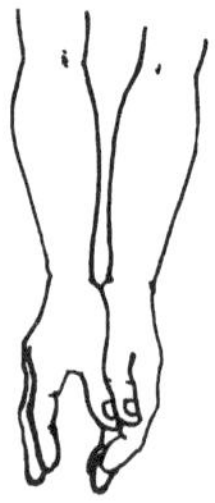

图 8-8 互靠式

(3) 击球部位：击球部位是在腕关节以上 10 厘米左右的桡骨内侧平面。击球点通常应保持在腹前一臂距离处。

(4) 击球动作：当来球离腹前一臂之距时，含胸收腹，两臂夹紧伸直，迅速插入球下，蹬腿提腰，同时压腕抬臂，以身体的协调用力迎击来球，身体重心随着击球动作前移。

2. 体侧垫球

体侧垫球是在身体两侧用双手垫球的技术动作。当来球飞向体侧，速度较快，来不及移动垫球时，可采用双臂在体侧进行垫击。体侧垫球可扩大接球范围，但不易控制垫球的方向、弧线和落点。这里以右侧垫球加以说明。

(1) 球从右侧飞来，左脚前脚掌内侧蹬地，右脚向右跨出一步，身体重心随即移至右脚，右膝弯曲。

(2) 两臂夹紧向右侧伸出，右臂高于左臂，左肩稍向下倾斜，两前臂形成一个侧平面。

(3) 球点在身体右侧腰肩之间，手臂击球面对准来球方向。击球时，身体向左转腰和收腹，配合两臂在体侧截击来球的后下部，将球平稳垫起。

3. 跨步垫球

跨步垫球是向前或向侧跨出一步垫球的技术动作，适合在来球速度较快、弧线低，距身体 1 米左右时运用。它是滚翻倒地等低姿垫球的基础。

（1）判断出来球的落点后，迅速向来球方向跨出一大步，重心落在跨出腿上，屈膝深蹲，上体前倾，两臂夹紧伸直插入球下。

（2）利用蹬腿、抬臂的力量，垫击球的后下部。击球时保持身体平衡，击球后，后面的脚迅速跟进。

4. 背垫球

背对出球方向的垫球方法叫背垫球。背垫球大多用于接应同伴垫飞的球或将球处理过网，也可用于无法进行正面调整传球时组织进攻。

（1）先判断好来球的飞行方向，迅速移动到球的落点处，背向垫球。

（2）两臂夹紧伸直插到球下，击球点稍高于肩。

（3）击球时抬头挺胸，展腹后仰，直臂向后上方摆动抬送球。

5. 单手垫球

单手垫球是用一只手或手臂垫球的技术动作。比赛中，来不及用双手垫球时，可用单手垫球。单手垫球可以扩大控制范围，不足之处是击球面小，控球能力差。

（1）如来球在身体右侧较远处，则迅速移动接近来球，右脚跨出一大步，身体向右倾斜，右臂伸直，自右后下方向前上方摆动。用前臂内侧、掌根或虎口处击球的后下部，将球平稳垫起。

（2）如来球在身体的前方较远处，则一脚迅速向前跨出一大步，上体前倾，重心下降且落在跨出腿上，以跨出腿同侧手臂向前伸出，用虎口或手背击球的后下部。击球时，手腕要有向上翘的动作，以便使球向上飞起。

## 六、传球

传球是利用全身的协调力量，通过手指、手腕的弹力，将球传至一定目标的击球动作。

1. 正面双手传球

在比赛中，运用最多的传球技术是顺网传球，而顺网传球中以正面双手传球为主。学习传球技术首先应掌握正面双手传球。有了正面双手传球的基础，再学习其他的传球技术就可以触类旁通。

正面双手传球是面对出球方向的传球动作，是最基本的传球方法，如图 8-9 所示。

（1）准备姿势：一般采用稍蹲准备姿势。判断来球方向后，迅速移动到球的落点上对正来球，两膝稍屈，上体挺起，抬头看球，两臂屈肘自然抬起，置于脸前。

（2）击球手型和击球部位：迎球时，两肘适当分开，两手在脸前上方自然张开成半球状，手腕稍后仰，两拇指相对成“一”字形（图 8-10）。击球时，以拇指的内侧，食指全部，中指的第二、三指节，无名指和小指托住球，形成与球体相吻合的手形（图 8-11）。

图 8-9 正面双手传球

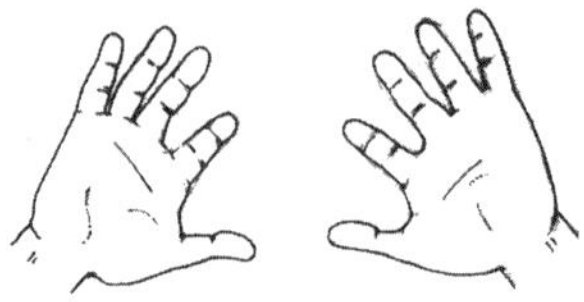

图 8-10 击球手形

图 8-11 击球部位

(3) 击球动作和用力方法：当来球接近额前上方时，两脚开始蹬地、伸膝，使身体重心上升，同时伸臂迎球，并在正确的击球位置触球。击球点保持在额前上方一个球距离处。传球时通过蹬地、伸膝、伸腰、伸臂、伸肘的协调动作和手指、手腕的弹力将球平稳地传出（图 8-12）。

图 8-12 正面双手传球击球动作

2. 其他方式的传球

在比赛中，除了正面双手传球之外，运动员还会运用半蹲姿势传球（图 8-13），全蹲姿势传球（图 8-14），有时甚至还运用背传球（图 8-15）。

图 8-13 半蹲姿势传球

图 8-14 全蹲姿势传球

图 8-15 背传球

## 七、扣球

扣球是排球的基本技术之一，也是比赛中最积极、最有效的进攻手段，其攻击威力主要表现在高度、速度、力量、变化和突然性上。扣球是在二传配合的基础上，完成进攻战术配合的最后关键一环，是得分的主要手段，是决定胜负的关键技术。

正面扣球（图 8-16）是最基本的扣球技术，是比赛中运用得最多和最有效的进攻方法，其他扣球技术都是在此基础上发展和派生出来的。

1. 准备姿势

采用稍蹲准备姿势，两臂自然下垂，眼睛观察来球和二传情况，做好向各个方向助跳起动的准备。

图 8-16 正面扣球

2. 助跑

助跑时要注意选择适宜的起跳点，掌握好起跳时间，使身体获得足够的速度，以便增加弹跳的高度，使扣球更加有力。助跑的方向、速度和步数根据二传来球的方向、速度和弧度决定。

3. 落地

空中完成击球动作后，应力争两脚同时落地。落地时，应先以前脚掌着地，再过渡到全脚掌着地。同时顺势屈膝、收腹，以缓冲下落力量，并立即做好下一个准备动作。

## 八、拦网

拦网是指前排队员靠近球网，将手伸向高于球网处阻挡对方的来球的技术动作。这是排球运动的基本技术之一，也是一项具有进攻性的防御技术。

拦网分为单人拦网和集体拦网（通常由两人或三人完成）两种。不管是单人拦网还是集体拦网，对个人的技术要求都是相同的，只是集体拦网要求拦网队员要注意相互间的协作与配合。拦网队员应有良好的判断力，以准确选择起跳点、拦截时机和空间。

单人拦网技术是拦网最基本的形式，它是集体拦网的基础。其动作方法由准备姿势、移动、起跳、空中拦击和落地五个相互衔接的部分组成。

1. 准备姿势

面对球网，密切注视对方动向，两脚平行开立，约同肩宽，距球网 30～40 厘米，两膝稍屈，两臂在胸前自然屈肘，身材高大队员双手也可上举过头。

2. 移动

为了对准对方进攻点，拦网队员需要及时移动。移动时，应根据移动距离远近采用不同的移动步法。短距离移动时，采用并步移动步法；较远距离移动时，采用交叉步移动步法；远距离移动时，采用快速跑步移动步法；向前或斜向前移动时，可采用助跑起跳拦网的方法。

3. 起跳

在一般情况下，拦网队员应迎着对方进攻队员的助跑路线起跳。如采用原地起跳和并步移动起跳时，身体尽量保持正对球网，两脚迅速用力蹬地，两臂在体侧划弧摆臂，或者两手从胸前平行球网向上伸臂，带动身体向上垂直起跳。如是交叉步和跑步移动后的起跳，在移动后身体保持半侧对球网，采用前后摆臂起跳，在空中转体面对对方来球。拦网起跳的时机须掌握好，应根据对方二传球的高低、快慢、离网的远近、扣球队员的起跳时间和挥臂动作特点，以及拦网队员自身的特点来决定。

4. 空中拦击

起跳后稍收腹含胸，控制平衡，两手从额前贴近并平行于球网，向网上沿的前上方伸出，两臂伸直，两肩尽量上提；拦击时，两手尽量伸向对方上空，接近球，两手自然张开，屈指屈腕，两手之间距离不能超过一个球，以防止球从两手间漏过（图 8-17）。

图 8-17　空中拦击

5. 落地

拦网空中动作结束后自然落地，落地时屈膝缓冲，迅速做好衔接下一个动作的准备或接应来球。

## 第三节　排球运动基本战术

### 一、防守阵型

防守阵型包括接发球防守阵型、接扣球防守阵型、接拦回球保护阵型和接传垫球防守阵型。这里仅介绍最基本的接发球防守阵型和接扣球防守阵型。

（一）接发球防守阵型

接发球又称“一传”，接起对方发球后组织的进攻则称为“一攻”。在接发球防守阵型中最常用、最基本的阵型为 5 人的接发球站位阵型。在这种阵型中，除 1 名二传站在网前或由后排插上队员不接发球外，其余 5 名队员都肩负一传的任务。这种阵型的优点是每人接一传的范围相对较小，接发球时已站成了基本的进攻阵型，组成进攻比较方便。

5 人接发球站位阵型还应根据本方战术及对方发球情况，分为以下几种变化：

（1）“W”形站位（图 8-18）：也称“一三二”站位。五名队员均衡分布，每个接发球队员的活动范围相对减少，前面三名队员接场地前区球，后排两名队员接后区球。

（2）“M”形站位（图 8-19）：也称“一二一二”站位。前排两名队员接前场区球，中间队员防守中区，后排两名队员接后区球。

（3）“一”字形站位（图 8-20）：接发球时五名队员呈“一”字形排开，左右距离较近，一人防守一条线。

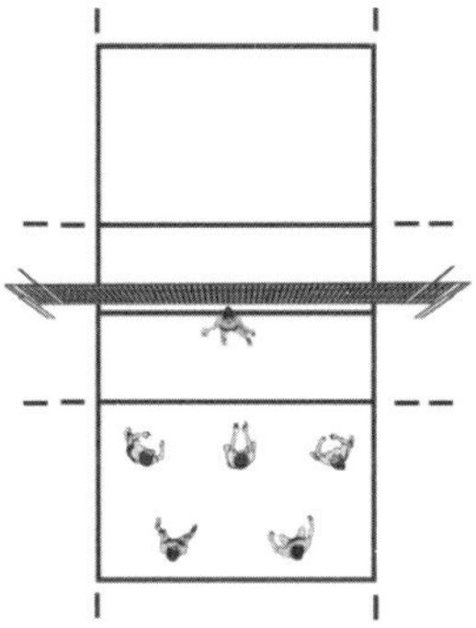

图 8-18　“W”形站位

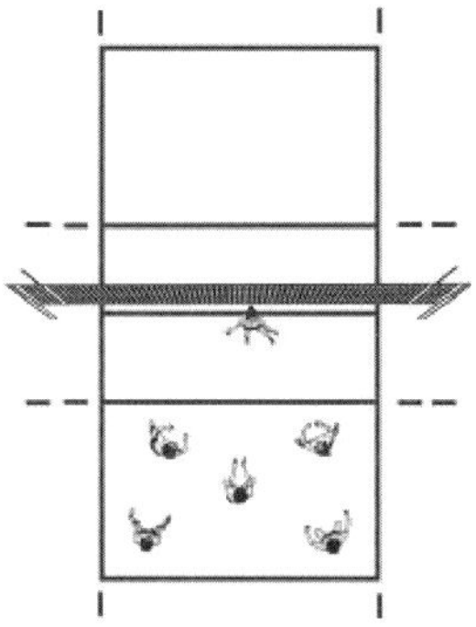

图 8-19　“M”形站位

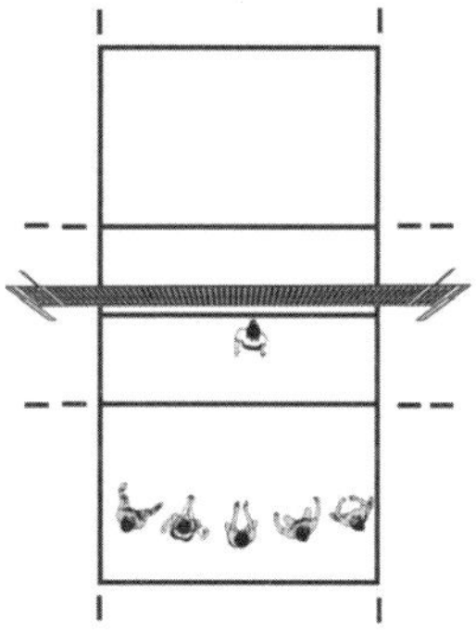

图 8-20　“一”字形站位

（二）接扣球防守阵型

接扣球防守阵型一般以拦网人数多少来划分，大致分为无人拦网下的防守阵型、单人拦网下的防守阵型、双人拦网下的防守阵型和三人拦网下的防守阵型四种。

单人拦网下的防守阵型（图 8-21）：如是由与对方扣球队员相对位置的队员进行拦网的防守阵型，由对方 4 号位进攻，则由本方 2 号位队员单人拦网，3 号位队员后撤防吊球，4 号位队员后撤防守，与后排三人组成半弧形防守圈；如是固定由 3 号位队员拦网的防守阵型，无论对方从任何位置发起进攻，均由 3 号位队员单人拦网，2、4 号位队员后撤，与后排 3 人共同组成防守阵型。

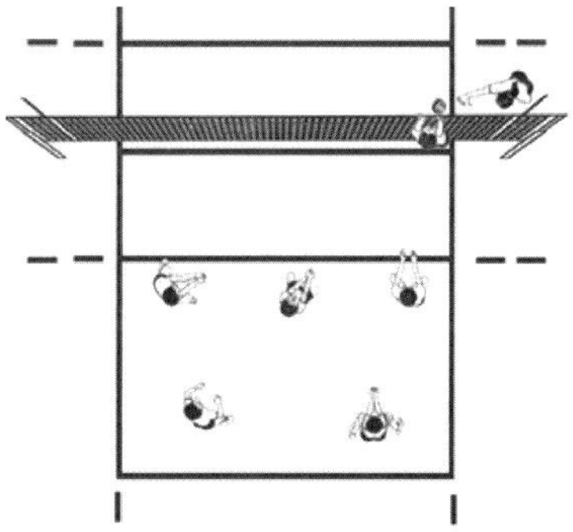

图 8-21　单人拦网下的防守阵型

双人拦网下防守阵型（图 8-22）：对方 4 号位队员进攻时，本方由 2、3 号位队员拦网，封锁中区，4 号位队员后撤至进攻线附近防对方斜线扣球，6 号位队员跟至拦网队员身后 3 米附近，防守中间区域的吊点或轻扣球，后场两名队员负责后场防守。

接扣球防守阵型中，双人拦网“心跟进”防守阵型（图 8-23）最为普通，由 6 号位队员跟进防吊球。双人拦网“边跟进”防守阵型（图 8-24）也是比较常用的防守阵型，主要由 1 号位或 5 号位队员跟进防吊球。

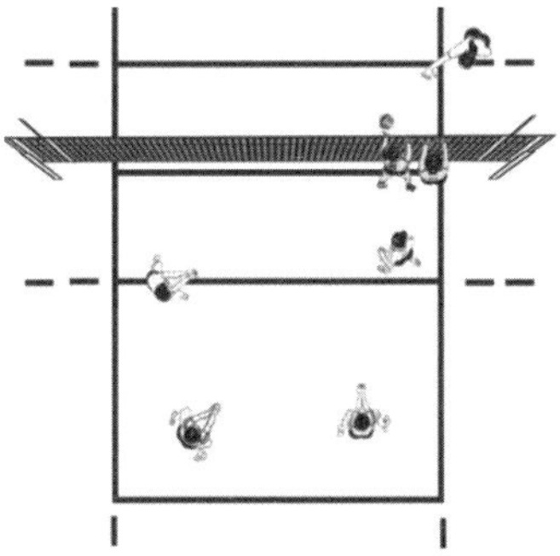

图 8-22　双人拦网下的防守阵型

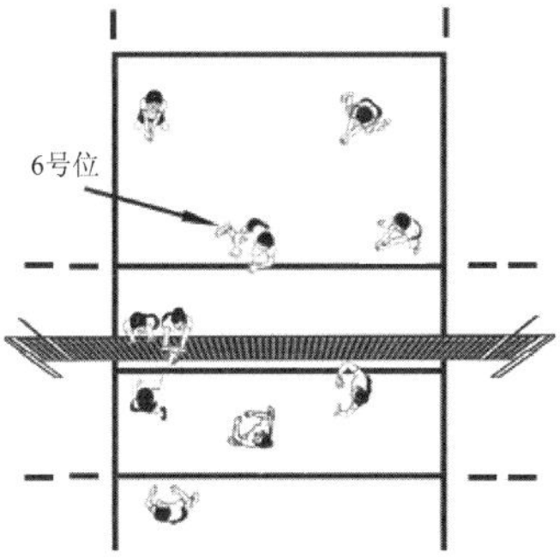


图 8-23　“心跟进”防守阵型

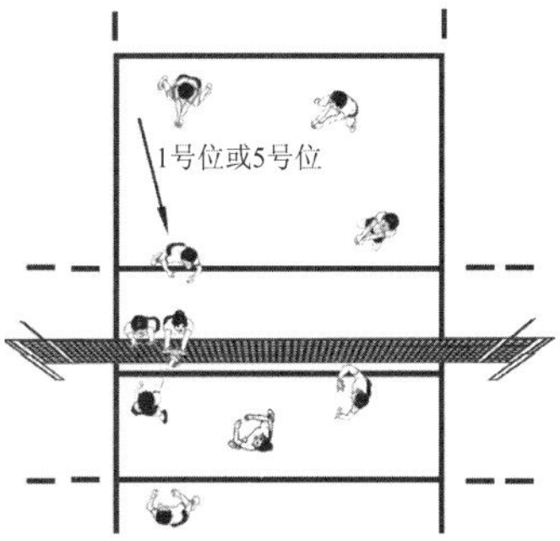


图 8-24　“边跟进”防守阵型

## 二、进攻阵型

所谓进攻阵型，就是进攻时所采用的队形。合理的进攻阵型是各种进攻变化的基础。进攻阵型主要有两种，即“中一二”进攻阵型和“边一二”进攻阵型。

(一)“中一二”进攻阵型

“中一二”进攻阵型（图 8-25）：由前排中间的 3 号位队员作二传，把球传给两边的 2 号或 4 号位队员进攻，这种进攻的组织形式就称作“中一二”进攻阵型。“中一二”进攻阵型是进攻中最简单、最基本的战术形式。其优点是一传向网中间 3 号位垫球比较容易，二传向 2、4 号位传球的距离较短，容易传准，有利于组成进攻，适合初学者使用。缺点是变化少，进攻意图容易被对方识破。

二传队员轮转到 2 号或 4 号位时，可以在对方发球后换到 3 号位。

(二)“边一二”进攻阵型

“边一二”进攻阵型（图 8-26）：由前排 2 号位队员作二传，把球传给 3 号或 4 号位队员进攻，这种进攻的战术组织形式就称作“边一二”进攻阵型。“边一二”进攻阵型的优点是右手扣球者在 3、4 号位扣球都比较顺手，进攻变化也多。缺点是对一传、二传要求较高，尤其当一传偏向 4 号位时，二传组织进攻比较困难。

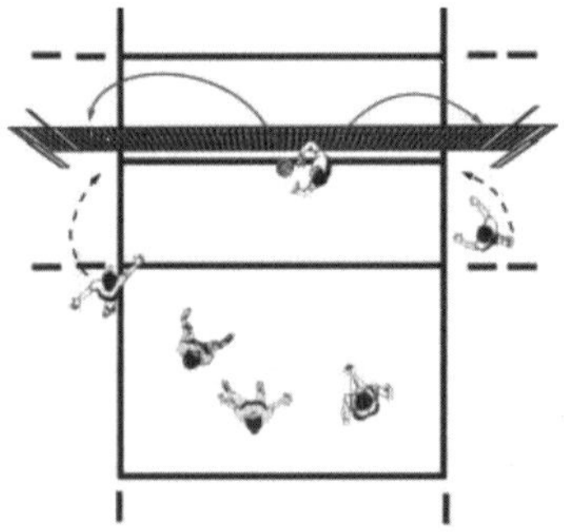

图 8-25　“中一二”进攻阵型

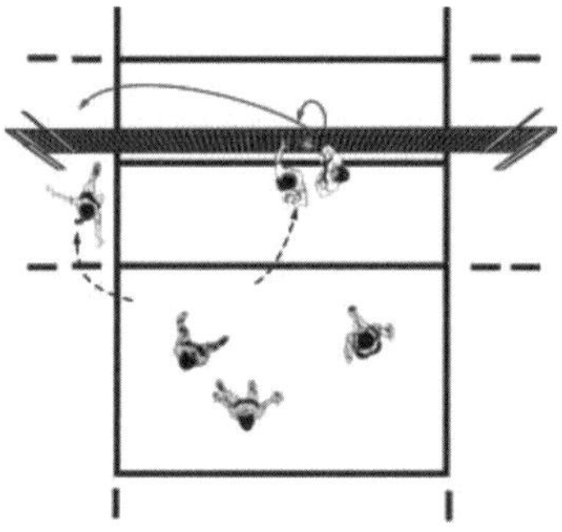

图 8-26　“边一二”进攻阵型

# 第四节　排球运动专项体能训练

排球运动所需要的身体素质有其专项特性，因此，排球运动的体能训练是根据排球运动的特点，采用专门的练习方法和手段，有效地发展适合排球运动所需的各种特殊的身体能力。

## 一、力量素质训练

发展力量素质，可采用下列基本方法：

(1) 极限训练法：进行重复次数多、速度较慢、负重量为最大重量的 50%~70%的练习，做到极度疲劳为止。

（2）大负重训练法：多次进行为运动员所能举起的最大重量的 80%~90% 的负重练习。负这样的重量下蹲，每组到疲劳为止，组间休息 4~5 分钟，一次训练 5~8 组。

（3）重复训练法：进行以极限速度多次克服非极限的阻力的练习（以最快速度完成的非极限负重练习）。重复次数为 20~30 次，组间休息 2~4 分钟，一次训练 6~8 组。

## 二、速度素质训练

发展速度素质，可采用下列基本方法：

（1）游戏法和比赛法：在比赛条件下以极限的动作速度和移动速度完成练习。分组完成练习可增强这一方法的效果。

（2）变速法：大强度（进行 10~15 秒）的跑动与小强度（15 秒以上）的跑动动作有节奏地交替。

（3）重复法：以最快速度重复练习 10~15 秒，每次间隔 1 分钟以内。

## 三、耐力素质训练

发展耐力素质，可采用下列基本方法：

（1）匀速训练法：这种方法的实质是，在脉搏为 150 次/分的条件下，以比较均匀的中等速度进行长时间（20 分钟以上）的练习。

（2）重复变速训练法：它的特点是有计划地加快练习的速度，以至于产生氧债（短时间的），而这些氧债应待以后用中等速度进行练习和随意休息的方式加以消除。在提高练习强度之前，运动员应在脉搏为 140~160 次/分的条件下进行练习，而在提高练习强度后，应在脉搏为 180 次/分的条件下进行练习。例如，发展一般耐力，可采用 2 千米跑（每跑 300 米后加速跑 30~50 米）、500 米游泳（每游 90 米后加速游 10~15 米）、两人进行接发球练习 20 分钟（每练习 2 分钟后进行穿梭跑 30 米）等方法。

## 四、灵敏素质训练

发展灵敏素质一般采用能让运动员借助机智和快速动作解决突变局面的各种练习。球类运动（篮球、足球、手球等）活动性游戏、器械操练习、技巧运动、能克服障碍的个别田径运动项目（跨栏跑）等最符合这类练习的要求。在不习惯的条件下或用不平常的姿势进行的排球基本练习也有助于发展灵敏素质。

## 五、柔韧素质训练

有弹性的伸展练习可发展柔韧性，但练习组次不多（每组练习重复 10~15 次），动作速度和幅度逐渐加大，组间应做一些放松练习。发展柔韧素质的主要手段是小重量的负重练习、双人练习、器械操练习、一般发展练习及结构与排球技术动作相近的练习。

# 第五节 排球运动的主要竞赛规则

## 一、场地与器材

### （一）比赛场地

排球比赛场地包括比赛场区和无障碍区，其形状是对称的长方形。规则规定比赛场地的地面必须平坦、水平，并且划一。国际排联组织的世界性比赛场地的地面只能是木质或合成物质的。场地界线为白色。比赛场区和无障碍区地面应是不同的颜色。

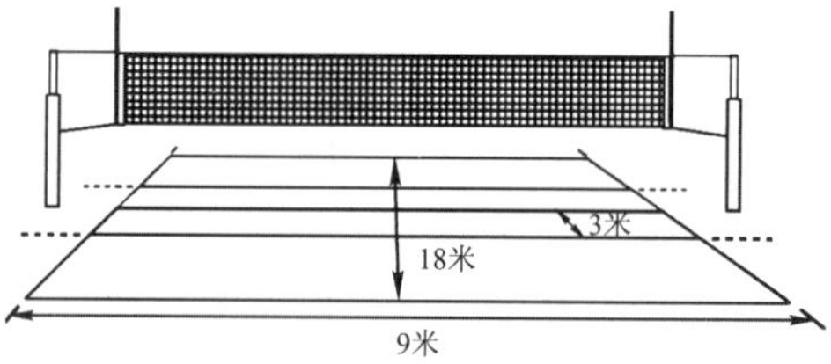

图 8-27 排球比赛场地示意图

比赛场区是由两条长 18 米的边线与两条长 9 米的端线构成的长方形（图 8-27）。中心线把它分为长 9 米、宽 9 米的两个相等的场区。比赛场区所有的界线的宽度均为 5 厘米。线的宽度均包括在场区内。

### （二）网柱与球网

排球比赛的网柱高 2. 55 米，最好可以调节高度。它固定在边线外 0. 5～1 米的中线延长线上。网柱应光滑、无拉链，应排除一切危险设施或障碍物，并用海绵类的物品包裹起来，以防止运动员受伤。球网长 9. 5 米，宽 1 米，黑色，架设在中心线的垂直平面上。成年男子比赛网高 2. 43 米，成年女子比赛网高 2. 24 米；少年男子比赛网高 2. 35 米，少年女子比赛网高 2. 15 米。基层或儿童比赛的网高可根据具体情况确定。

### （三）标志带与标志杆

标志带是宽 5 厘米、长 1 米的白色带子，分别系在球网的两端，垂直于边线。标志带紧贴球网，被认为是球网的一部分。它们是球网上的两条边界，如图 8-28 所示。

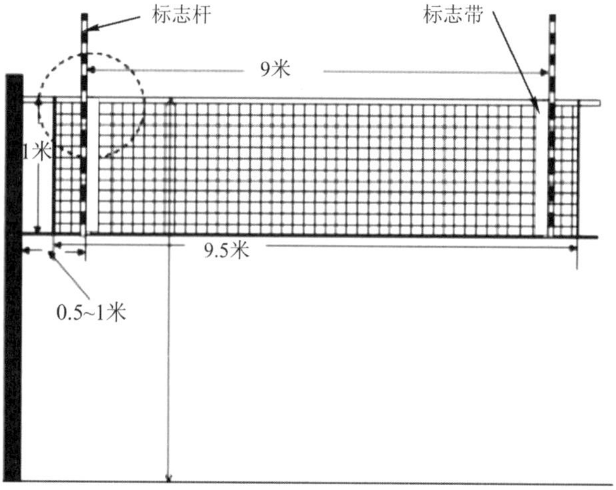

图 8-28 标志带与标志杆示意图

标志杆是两条有韧性的杆子，长 1.80 米，直径 10 毫米。两根标志杆分别设在紧贴标志带外沿球网网面的不同侧，并高出球网 80 厘米，高出部分每 10 厘米应涂上红白相间的颜色。标志杆也被认为是球网的一部分。两根标志杆之间与网上沿构成了“过网区”。

（四）球

比赛用球可以是一色的浅色，或经国际排联批准的彩色球。球的圆周为 65~67 厘米，质量为 260~280 克，气压为 0.30~0.325 千克/平方厘米。正式比赛采用三球制，在一次比赛中所用的球，其特性包括圆周、质量、气压、牌号及颜色等都必须是统一标准的。

## 二、比赛形式、队员位置及名称

（一）比赛形式

在排球比赛中，两队各 6 名队员（图 8-29），在用球网隔开的各自场地上，按照规则运用发球、垫球、传球、扣球和拦网等技术进行集体的攻防对抗。

比赛场区由两条边线和两条端线组成，每个半场被分为 6 个区，分别为 1 号位至 6 号位。位于网前左侧的为 4 号位，中间的为 3 号位，右侧的为 2 号位，称前排。位于后排左侧的为 5 号位，中间为 6 号位，右侧的为 1 号位，称后排。比赛采用每球得分制，发球队赢 1 球即得 1 分，原发球队员继续发球。接发球队赢 1 球同样得 1 分，同时获得发球权，并且 6 个位置的队员按顺时针方向转一个位置继续比赛，如图 8-30 所示。

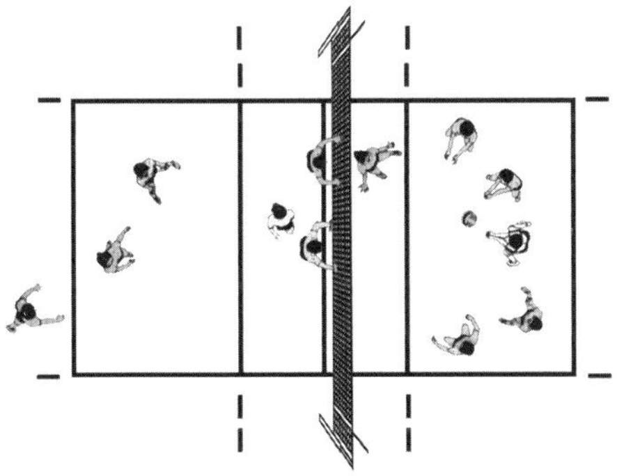

图 8-29 排球运动场地

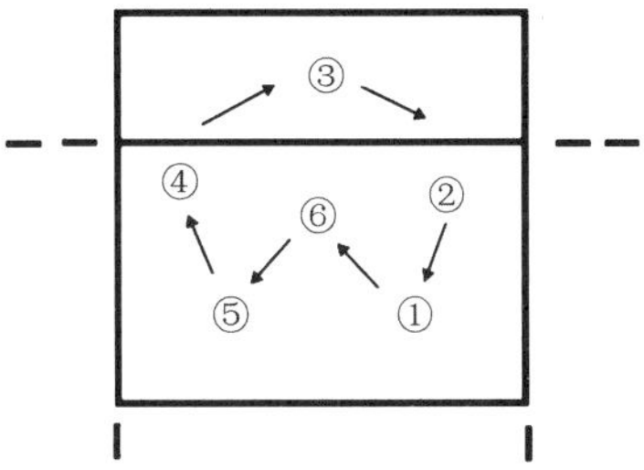


图 8-30 队员位置转换

比赛由 1 号位队员在发球区内发球开始，使球从过网区直接越过球网。每方最多击球三次（拦网触球除外）就要过网，1 名队员不得连续击球两次（拦网触球除外）。比赛应连续进行，直至球落地、出界或某一队不能合法将球击回对方场地。

正式比赛采用五局三胜制，前四局每局先得 25 分并同时超过对方 2 分时为胜一局（当比分为 24：24 时，比赛继续进行至某队领先 2 分结束，如 26：24、27：25）。当双方战成 2：2 平局时，就要进行决胜局比赛。在决胜局比赛中，在某队先到 8 分时双方要交换场地。决胜局（第五局）比赛采用 15 分制。某队先得 15 分并同时超过对方 2 分即获胜。在 14 平之后，必须领先 2 分才能获胜。

（二）场上队员位置及名称

随着排球技、战术的发展，现代排球呈现出专位化的特征，各队的战术安排越来越强调扬长避短，以发挥每名队员的特长和优势。比赛中在规则允许的条件下，队员之间可以互相交换位置，以打破由于位置轮转对队员造成的限制。一般来说，场上 6 名队员分别担任主攻、副攻、二传、接应二传和自由人。

（1）主攻：主攻在比赛中担任主要攻坚任务，要在困难的情况下以自身的实力和技巧突破对方的单人或集体拦网。主攻必须具备高超的中、远网，后排及调整扣球的能力，进攻时最常出现的位置是 4 号位。

（2）副攻：副攻主要以快、变、活等进攻手段去突破对方的拦网，并积极跑动掩护，给其他进攻队员创造有利条件，同时还要担负中间和两侧的拦网任务。因此，副攻队员必须具备快速多变的攻防能力和良好的体能。

（3）二传：二传是战术进攻的核心，是场上的灵魂。二传应具备纵观全局、随机应变、合理组织各种战术进攻的能力，并积极贯彻教练意图。二传对团结全队、鼓舞士气、取得良好成绩起着重要作用。

（4）接应二传：采用五一配备打法的队伍一般都在二传的对角位置上安排 1 名具备卓越的 2 号位强攻能力和后排进攻能力的队员作为接应二传（或称接应），以弥补二传有时因后排防守来不及到前排进行传球的缺陷。在现代高水平的排球队伍中，接应二传往往成为本队进攻的主要突破点，对摆脱困境、扭转战局起着重要作用。

（5）自由人：也叫后排自由防守队员，是基于排球比赛中进攻威力超出队员防守能力，为了加强防守，促使攻守平衡而设立的。

自由人专司接发球和后排防守，不算作位置表上 6 名上场队员之一，只在比赛期间作为特殊的后排队员替换其他队员上场。其上下场之间只需经过一次比赛过程。他的替换不计为正规换人次数，且次数不限。因此，选择接发球和后排防守技术高超的队员作为自由人，能大大提高全队的防守水平。自由人的比赛行为主要包括以下几个方面：

① 自由人须身着与其他同队球员明显不同颜色的球衣。

② 自由人的轮转只限于后排，不得发球。

③ 自由人不得拦网和有拦网试图。

④ 自由人不可以在任何位置上（包括场区和无障碍区）对高于球网的球完成进攻性击球。

自由人在后场区可以自由传球，但当他（她）在前场区用上手进行传球时，其同伴不允许在高于球网处完成对该球的进攻性击球。

## 三、发球

发球队员只能用一只手或手臂在发球区将明显离开抛球手的球击出。第 1 局和第 5 局由抽签取得发球权的队首先发球，其他各局由上一局未首先发球的队首先发球。发球犯规有发球时的犯规和发球后的犯规两种。

（一）发球时的犯规

发球时的犯规包括：

（1）发球次序错误。
（2）击球时或击球前起跳时，踏及场区（包括端线）或发球区以外的地面。
（3）球未抛起就击球。
（4）球抛起准备发球却未发。
（5）第一裁判鸣哨后 8 秒内未将球发出。
（二）发球后的犯规
发球后的犯规包括：
（1）球触及发球队队员却没有过网。
（2）界外球。
（3）球越过发球掩护的个人或集体。
如果发球犯规与对方位置错误同时发生，裁判员应判发球犯规；如果队员发球后犯规，而对方出现位置错误，裁判员应判位置错误犯规。

## 四、击球

（一）击球时的犯规
比赛中运用的传、垫、扣等技术统称为击球。击球时的犯规主要包括：
（1）四次击球：一个队连续触球四次（拦网触球除外）。
（2）持球：触球时，球必须被击出（单一的击球反弹动作），不允许有停滞，更不可接住或抛出，否则即为持球。
（3）连击：身体任何部位均可触球，但一名队员（拦网队员除外）连续触球两次，即为连击（第一次击球时，队员在同一动作中出现连续触及身体不同部位时除外）。
（4）击球：队员在比赛场地内借助同伴或任何物体的支持进行击球。
（二）进攻性击球犯规
除发球和拦网外，所有直接向对方的击球都是进攻性击球。球的整体通过球网垂直面或触及拦网队员时，则意味着进攻性击球完成。进攻性击球的犯规主要有：
（1）过网击球（在对方场区空间击球）。
（2）后排队员在前场区完成进攻性击球，并且击球时球的整体高于球网上沿。
（三）触网犯规
触网或触标志杆不是犯规，但队员在试图击球或影响比赛时的触网或触标志杆则算犯规。队员因球被击入球网而触及球，不算犯规。

## 五、其他犯规

（一）过中线犯规
队员一只（两只）脚或一只（两只）手完全超过中线接触对方场区，就构成过中线犯规；除脚（手）以外，队员身体的任何其他部位触及对方场区也构成过中线犯规。
（二）拦网犯规
拦网是队员靠近球网，将手伸向高于球网处拦阻对方来球的行动。拦网时队员可以将手或手臂伸过球网，但不得影响对方击球。过网拦网应在对方队员进攻性击球之后。

拦网的犯规主要有：

（1）拦发球。

（2）在对方进行进攻性击球前或击球时，在对方场区空间拦网触球。

（3）后排队员完成拦网或参加了完成拦网的集体。

（三）界外球

球触及比赛场区的地面包括界线为界内球。

下列情况为界外球：

（1）球落地的部分完全在界线以外。

（2）触及场外物体、天花板或非场上比赛的成员等。

（3）球触及标志杆、网绳、网柱或球网标志带以外部分。

（4）球的整体或部分从过网区以外过网（但如果球进入对方无障碍区，队员可以由同侧非过网区击回）。

（5）球的整体从网下穿过。

# 第九章

# 乒乓球运动

## 第一节　乒乓球运动概述

### 一、乒乓球运动的起源与发展

（一）乒乓球运动的起源

乒乓球运动在19世纪末起源于英国，由网球运动衍生而来。

1890年，有位叫詹姆斯·吉布的英国著名越野跑运动员到美国旅行时，偶然发现了一种用赛璐珞制成的空心玩具球，这种球弹跳力很强。于是，他就将这种球稍加改进，逐步在英国和世界各地推广。可能是因为此球在桌上打来打去时发出了“乒乓乒乓”的声音，英国一家体育用品公司首先用“乒乓”（Ping Pong）一词做了广告名称，乒乓球从此得名。1900年，英国成立乒乓球协会，并在皇后大厅举行了英国大型乒乓球公开赛，开创了乒乓球正式比赛的先河。

（二）乒乓球运动的发展历程

从第一届世界乒乓球锦标赛算起，乒乓球运动的发展可包括以下几个阶段。

1. 欧洲乒乓球运动的全盛时期（1926—1951年）

这一时期共举办了18届世界乒乓球锦标赛，仅第十三届世界乒乓球锦标赛在非洲埃及举行，其余的比赛都是在欧洲举行。这18届比赛共产生了117个冠军，其中美国选手斩获了8个冠军，其余的冠军都是欧洲选手获得。由此可见，在这一时期欧洲队有着绝对优势。这一时期的主要打法是削球。

2. 日本队震动世界乒坛（1952—1959年）

日本早在1928年就加入了国际乒联，但是一直到1952年才第一次参加世界乒乓球锦标赛（第十九届）。在这次比赛中，日本运动员使用新发明的海绵球拍，使乒乓球速度更快、旋转更强。这一阶段共举行了7届世界乒乓球锦标赛（第十九届至第二十五届），共产生了49项冠军，其中日本队就获得了24项冠军，从此，世界乒坛的优势开始由欧洲转向亚洲。

3. 中国队崛起，朝鲜队崭露头角（1959—1969年）

在1959年第二十五届世界乒乓球锦标赛上，我国运动员容国团为中国夺得了第一个世界冠军。在随后的三届世乒赛中，我国共获得了11个世界冠军（占全部冠军总数的52%）。中国队把乒乓球历史推进到一个以近台快攻为主的新阶段，确立了“快、狠、准、变”的技术风格，开创了以速度为主的新时期，乒乓球技术优势也从日本转移到中国。

20 世纪 60 年代后期，中国队没有参加第二十九届、第三十届世界乒乓球锦标赛，各项冠军在日本、欧洲队、朝鲜队之间产生。在第二十九届世界乒乓球锦标赛中，朝鲜男队连续打败欧洲强队，夺得团体亚军，女队也成为世界强队之一。

4. 欧洲队复兴，中国队重整旗鼓（1971—1979 年）

欧洲乒乓球运动自 20 世纪 50 年代先后被日本和中国乒乓球运动超越后，欧洲选手创造了日本的弧圈球和中国的快攻相结合的新打法，把乒乓球技术又推到了一个新的高度。在 1971 年第三十一届世界乒乓球锦标赛中，瑞典选手本格森连续战胜了中国队和日本队的名将，一举夺得男子单打冠军。1971—1979 年的五届世界乒乓球锦标赛中，欧洲男子选手共获得了 2 次团体冠军和 2 次单打冠军，这足以说明欧洲选手在这个时期具备了世界一流水平。

5. 现代世界乒乓球运动的格局与发展趋势

现代乒乓球运动呈现“中国打世界，世界打中国”的新格局。在 1981 年第三十六届世乒赛中，中国代表队囊括了 7 项冠军和 5 个亚军，创造了世界乒乓球历史的新纪录。在此后的第三十七届至第三十九届世界乒乓球锦标赛中，中国代表队共获得了 18 枚金牌。20 世纪 80 年代末，以瑞典队为代表的欧洲男队逐渐成熟，技术水平突飞猛进。瑞典男队连续获得第四十届、第四十一届和第四十二届世界乒乓球锦标赛男子团体冠军。随后中国队加强了后备人才的培养及技术水平的研究，在第四十三届至第四十六届世乒赛中共获得 28 枚金牌中的 26 枚。1988 年，乒乓球被列为奥运会的正式比赛项目，中国乒乓球队经过了 9 次奥运会的角逐共获得了 32 枚金牌，其中在 1996 年、2000 年、2008 年、2012 年、2016 年奥运会中包揽了全部的金牌。至此，中国队成为世界各队追逐的目标，“世界打中国，中国打世界”的局势仍在继续。

## 二、乒乓球运动的特点

（一）器材简单，参与度高

乒乓球运动对场地和器材的要求不高，在室内、室外均可开展，且简单易学。一张球台，两个球拍，乒乓球就可以打起来。正是因为这样的特点，乒乓球在我国的受众颇广。

（二）打法多样，技术种类多

乒乓球打法多样，技术种类多。打法有快攻、弧圈球和削球之分；技术风格有凶狠、稳、变之分；主要技术旋转变化的种类也比较多。参加乒乓球比赛需要有很强的适应、调节和应变能力。

（三）老少皆宜，运动寿命长

相比于其他运动，乒乓球对参与者身体条件的要求相对较为宽松，无论男女老幼，均可以收到良好的运动效果。此外，乒乓球运动员的运动寿命较长，德国名将波尔 40 岁时仍奋战在一线。

# 第二节　乒乓球运动基本技术

## 一、握拍法

乒乓球的握拍法有直拍握法和横拍握法两种。两种握拍法各有不同的特点。运动员可根据个人的身体条件、兴趣爱好、技术特点等选择一种适合自己的握拍法。

1. 直拍握法

直拍握法又称握笔式握法（图 9-1）。此握拍法适合近台快攻型打法，优点在于手腕较灵活，控球能力强，发球变化多，正手近台连续进攻好；缺点在于正反手攻防转换中动作结构复杂，尤其是反手进攻时，受手臂各关节生理结构的限制，动作幅度、速度、力量及准确性均受到影响，并且在防守时照顾面积相对较小。

动作要点（以右手为例）：拇指、食指自然弯曲，以拇指第一关节和食指第二关节压住球拍的两肩，两指间距适中（一般以一指宽距离）。中指、无名指、小拇指自然弯曲叠放在球拍背面1/3处。

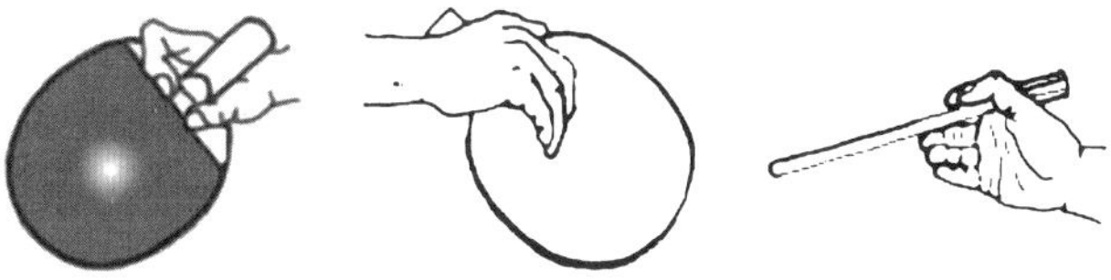

图 9-1　直拍握法

2. 横拍握法

横拍握法又称握刀式握法（图 9-2）。其优点在于手指、手掌与球拍的接触面稍大，因此握拍相对比较稳定，正手和反手击球时，活动范围大，易于发力；缺点在于手腕灵活性相对较差，在发球变化、处理台内球等方面不及直拍握法灵活，在防守时中间部位比较薄弱。

动作要点（以右手为例）：拍边顺势置于虎口中间，拇指和食指自然斜放在拍肩前、后两面。中指、无名指、小指自然弯曲握住拍柄。此握法适用于快攻型或弧圈型打法。正手攻球时，食指在拍身背面应稍向上移位；反手攻球时，拇指稍向上移位，便于固定板形，易于发力击球。

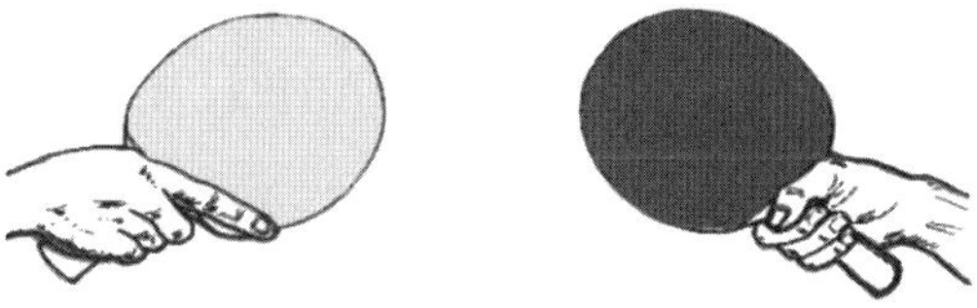

图 9-2　横拍握法

## 二、基本站位与步法

1. 基本站位

正确的站位与准备姿势有利于迅速移动位置，从而保证迅速起动，及时找到合理的击球位置。基本站位应与个人打法特点相适应。

（1）快攻型：左推右攻打法站位在近台偏左球。

（2）弧圈型：弧圈型打法站位在中台偏左。

（3）削攻结合型：站位在中台中间的位置。

动作要点：两脚平行站立略比肩宽（左脚稍微靠前），两脚的前脚掌内侧着地，两膝微屈，上体略前倾，收腹含胸，两眼注视来球；持拍手臂自然弯曲置于身体右侧，离身体20~30厘米，非持拍手自然放于腹前，与持拍手基本同高（图9-3）。

图9-3　基本站位

2. 常用的步法

步法是乒乓球运动的生命。它是影响技术水平发挥的直接因素之一，没有灵活的步法，就不可能有效地回击来球。

（1）单步。以一只脚前脚掌内侧为轴稍转动、蹬地用力，另一只脚向来球方向做前后左右移动一步。此步法一般用于球距离身体一步以内且角度不大的情况。

（2）跨步（亦称滑步或换步）。以一只脚向前、后或左、右不同方向跨出一大步，身体重心随之落到移动脚上，另一只脚也迅速地滑动半步跟过去。

（3）侧身步。以左脚为轴，右脚向左后方移动一步。从反手推挡站位到侧身正手攻球的技术打法多采用此步法。

（4）交叉步。先以靠近来球方向的脚作为支撑脚，使远离来球的脚迅速向前、后、左、右不同方向跨出一步，而原作为支撑的脚跟着前脚的移动方向再迈一步（后交叉步相反）。此步法一般在侧身进攻后扑打右方向大角度球，或从右方大角度回到反手攻时使用。

## 三、发球

乒乓球比赛是从发球开始的。发球质量的高低直接影响了技、战术的运用。

1. 正手平击发球

特点：平击发球一般不带旋转，它是初学者最基本的发球方法，也是其他复杂发球的基础。

动作方法：左（右）脚在前，身体稍右（左）转。左手向上抛球，同时右臂稍向后（左）引拍，在球略低于网时，拍形稍前倾，向前挥拍击球的中上部（图9-4）。击球后的第一落点在球台的中枢。

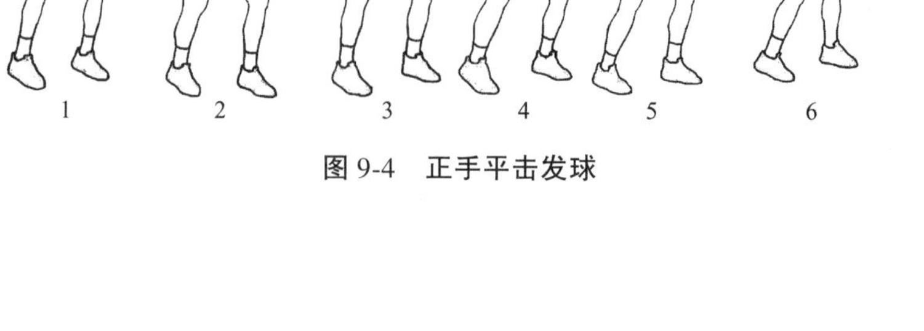

图9-4　正手平击发球

2. 正手发奔球

特点：球速急、落点长、冲力大，球的飞行弧线向左偏斜，增加对方回球难度。

动作方法：左脚稍前，身体稍右。左手向上抛球的同时，右臂向后引拍，前臂手腕自然放松。击球时，拍面略向左偏斜，拇指压拍，右臂向左前方挥动。在触球瞬间，手腕向左上方抖动，球拍从球的右侧向左侧上部摩擦（图9-5）。第一落点靠近端线20厘米处。

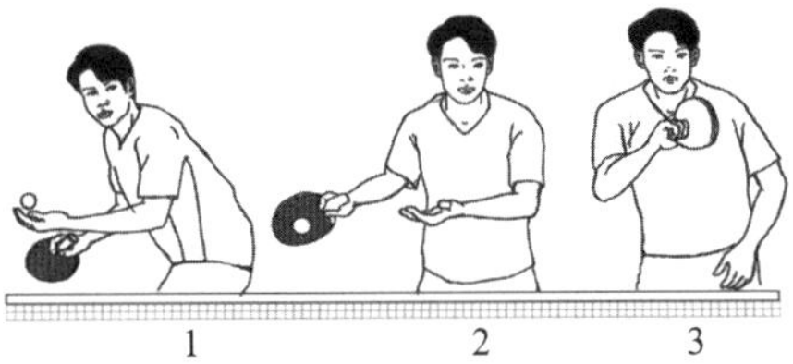

图 9-5 正手发奔球

3. 正手发左侧上（下）旋球

特点：以旋转变化为主，飞行弧线向右偏拐。

正手发左侧上旋球动作方法：左脚稍前，身体略向右倾斜。当球被抛起时，右臂向右上方引拍，拍面略向左偏。当球接近网高时，右臂加速向左挥摆，腰部配合左转，击球正中部并向左侧上方摩擦。根据发球长短调整球的第一落点的远近。

正手发左侧下旋球动作方法：与发左侧上旋球的动作相似。区别在于引拍向右后上方，右臂向左前下方挥摆，在触球瞬间拍面略微后仰，击球中下部并向左侧下方摩擦（图9-6）。横握拍发左侧上（下）旋转时，最好将握柄的三个手指松开，以增加手腕的灵活性。

图 9-6 正手发左侧下旋球

4. 反手发右侧上（下）旋球

特点：与正手发左侧上（下）旋球相同。

反手发右侧上旋球动作方法：右脚稍前，身体略向左偏斜。当球被抛起时，右臂内旋，向左后方引拍，拍面几乎垂直。当球接近网高时，右臂加速向右上方挥拍，腰部配合右转，击球正中部并向右侧上方摩擦。根据发球长短调整球的第一落点的远近。

反手发右侧下旋球动作方法：与发右侧上旋球的动作相似。区别在于：引拍向左上方，手臂向右前下方挥摆，在触球瞬间拍面略微后仰，击球中下部并向右侧下方摩擦（图9-7）。横握拍发右侧上（下）旋球要加大上臂向右挥摆的幅度。

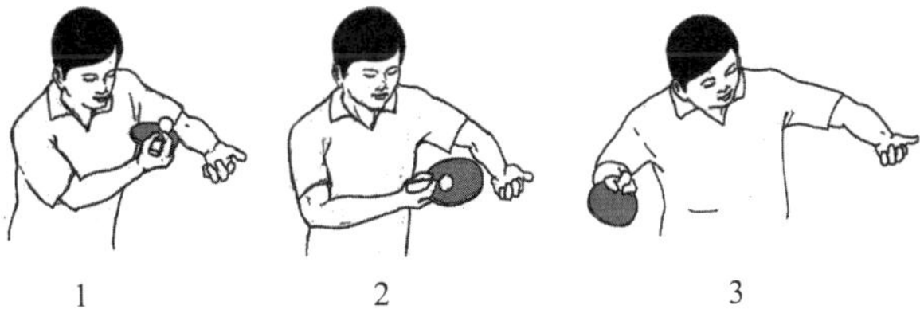

图 9-7 反手发右侧下旋转

5. 正反手发转与不转球

特点：球速较慢，前冲力小。发球手法近似，能通过旋转变化迷惑对方，使其回接困难，造成下网、出界或出高球。

动作方法：左脚稍前，抛球时将拍引至肩高，手腕略向外展，拍面稍后仰，球回落时，手腕和前臂迅速向前下方发力，摩擦球的中下部。拍触球，当手腕的发力大于前臂的发力时，发出的是比较强烈的下旋球。拍触球瞬间减少拍形后仰角度，并稍加前推的力量，使作用力线接近球心，就形成不转球。

6. 发短球

特点：击球动作小，出手快，球落对方球台后的第二跳不出台。发短球可以牵制对方，使对方不易发力还击。

动作方法：发短球主要靠手腕和前臂发力，往前用力不用太多，并可以加上回收的力量。摩擦球的部位同发侧上（下）旋和下旋长球相同，只要求第一弹跳在本方球台中段。

## 四、接发球

在乒乓球比赛中，接发球接得好，就能控制对方的进攻，从而变被动为主动。运动员应根据自己的打法特点和来球的特性决定接发球的方法。通常采用的接发球技术有推、搓、削、拉、攻等。接发球时，运动员应根据发球方的位置适当调整自己的基本站位，如对方站在球台右角发球，则自己的站位应该偏向右些，因为来球到右方的角度比较大；反之，则偏左。

## 五、反手推挡球

1. 挡球

特点：挡球球速较慢、力量较轻、动作简单、容易掌握，它是初学者入门的技术。反复练习挡球可以熟悉球性，增强控制球的能力。

动作方法（以下均以右手为例）：两脚平行或左脚稍前，身体离球台约 50 厘米。击球前，前臂与台面平行，伸向来球。在来球的上升期击球的中部，拍形与台面接近垂直。拍触球时，前臂和手腕稍向前移动，主要借助来球反弹力将球挡回。击球后迅速收回球拍，还原成击球前的准备姿势。

2. 快推

特点：出手快、线路活，在对攻和相持中能起到突袭作用。

动作方法：站位近台，两脚平行站立或右脚稍后，击球前手臂自然弯曲并外旋，拍面稍前倾，上臂和肘关节内收，自然靠近身体右侧，将球拍引至身体前方。当来球跳至上升期时，前臂和手腕迅速向前略向上推出去。在触球一瞬间手腕外旋，拍面稍前倾击球中上部，以前臂和手腕发力为主，并适当借力。

## 六、正手攻球

正手攻球技术是乒乓球运动中运用得最广泛的技术之一，速度快、力量大，利于球员在比赛中争取主动。

1. 正手近台快攻

特点：站位近、动作小、出手快，是近台快攻打法的一项主要技术。

动作方法：左脚稍前，身体离球台约 40 厘米。击球前，持拍手臂要向前伸迎球，前臂自然放松，上臂与身体约成35°角，与前臂约成120°角，球拍呈半横状。当来球跳至上升期（或最高点期）时，拍面稍前倾击球的中上部。在触球瞬间手臂由右侧向左前上方迅速挥动，以前臂发力为主。击球时以向前打为主，略带摩擦（图 9-8）。

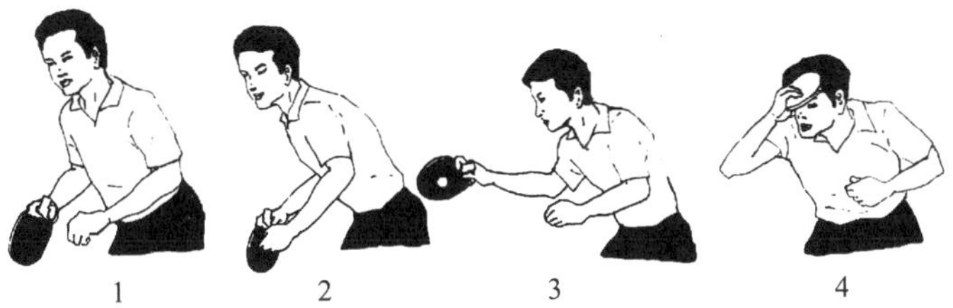


图 9-8　正手近台快攻

2. 正手攻球

特点：是对付下旋球的主要技术。

动作方法：准备姿势同近台攻球。击球前引拍至身体右侧后下方，略低于来球。当来球跳至高点（或下降）时，上臂和前臂由后下方向前上方挥动，前臂迅速内收，结合手腕转动的力量摩擦球的中部或中下部（图 9-9）。一般当来球下旋较强时，拍面稍微后仰，击球的中下部，并多向上摩擦；当来球下旋较弱时，拍面稍微向前击球中部，并多向上前摩擦球。

图 9-9　正手攻球

## 七、搓球

搓球是近台还击下旋球的一种基本技术。比赛中运动员经常搓出一些转与不转和快慢变化的球，为攻球、拉弧圈球创造进攻机会。此技术的特点是动作小、速度快、旋转强。

1. 反手搓球

动作方法：右脚稍前，身体离台约 50 厘米，手臂外旋时拍面角度后仰，手臂向右上方移动，前臂提起。当来球跳起接近高点时，前臂配合手腕转动并向前下方切动，触球的中下部并用力摩擦，将球快速搓出。

2. 正手搓球

动作方法：正手搓球与反手搓球动作基本相同，但方向相反。

3. 搓转与不转球

动作方法：搓转与不转球主要取决于作用力线是远离球心、接近球心还是通过球心。搓球时，加大引拍距离，加快出手速度，加大击球力量，且拍面后仰较大，击球中下部，向前下方切球，摩擦球薄一些，可使作用力线远离球心，这样回击的球旋转就强；反之，作用力线接近球心或通过球心，这样回击的球相对不转。

## 八、弧圈球

弧圈球是现代乒乓球运动中最主流的进攻技术，是乒乓球的旋转与速度不断融合的结果。在实战中，人们已经很难再像过去一样清晰地划分加转与前冲弧圈球的界线了。

1. 正手弧圈球（图 9-10）

（1）准备姿势：两脚开立，左脚在前、右脚稍后，屈膝、含胸、收腹，身体稍前倾，重心落在两脚之间。

（2）引拍：腰腹向右转动带动手臂，右肩略下沉，左肩自然转向来球方向，右腿屈膝，腰腹部收住，保持一定的紧张状态。前臂自然下垂，通常引拍至身体右侧腰部下方稍后处。

**图 9-10　正手弧圈球**

（3）发力：拉弧圈球的发力基本原理是由大肌肉群向小肌肉群传递，由较大的关节向较小的关节传递，由身体后下方向前上方传递，由身体的近端向远端传递，形成所谓“鞭打式”效果。

（4）拍形：现代弧圈球讲究“打”“摩”结合，拍面角度不必过于前倾，否则易造成摩擦过多。

（5）击球点：击球点一般在身体右侧前方，但在实践中具备适当的调节能力是必不可少的。

（6）手腕：拉弧圈球时，手腕要相对固定，不能晃动太大。直握拍者应注意不要吊腕。在击球瞬间手腕起到重要的调节作用。

（7）击球时间：根据来球性质的不同确定合理的击球时间，如下旋强烈时，可在下降后期击球。

（8）还原：击球后，应及时还原，准备下一板的击球。

2. 反手拉弧圈球

反手拉弧圈球的动作原理与正手拉弧圈球类似，只是反手向左引拍。

## 九、反手攻球

直拍反手攻球技术是左推右攻打法应该掌握的一项技术。它的特点是站位近、动作小、速度快、进攻性强，常为正手创造机会。

动作方法：站位近台，两脚平行站立，击球前引拍至腹前左侧，肘关节略前出，上臂和前臂约成100°角，拍柄稍向下。当来球指向身体或左侧时，右手持拍置于腹部前下方，手腕稍放松，拍头斜向下；当来球跳起接近高点时，右前臂发力向右前上方挥拍。击球时上臂贴近身体，前臂外旋向右上方挥动，配合转腕动作，使拍面略前倾，在上升期击球中上部。击球后随势将拍挥至右肩前（图 9-11）。

1　2　3
图 9-11　反手攻球

## 十、直拍横打

直拍横打是 20 世纪 90 年代我国对乒乓球运动的一项技术创新。运用直拍横打时拇指要往里握得深一点，适度用力压拍，食指则略上移至球拍边缘处，稍微放松，使拍面前倾。握拍不要太紧，背面的其余三指略微伸开，这样有利于发力和拍形稳定。

动作方法：站位近台，两脚平行站立或右脚稍后。当来球指向身体或左侧时，右手持拍置于腹部前下方，手腕稍放松，拍头斜向下；当来球跳起接近高点时，右前臂发力向右前上方挥拍。击球时拍面前倾，引拍略低，在球的上升期触球的中上部，以腰带动前臂及手腕向前略向上发力。在触球瞬间要稍带一些摩擦。

## 十一、削球

1. 正手削球

削球是一项重要的防守技术，通过旋转和落点的变化，可直接得分，或在调动对手的情况下，制造反击机会。

动作方法：两脚分开，左脚稍前，站位离球台约 1 米，上体稍右转，重心低，手臂自然弯曲，拍置腹前。引拍时前臂向右后上提，至肩高处，拍面后仰，重心落在右脚，上臂由上向前下方带动手臂。当球在高点期或下降前期时击球中下部，并向左前下方切球，压低弧线略前送，重心移至左脚（图 9-12）。

1　2　3　4　5
图 9-12　正手削球

2. 反手削球

动作方法：两脚分开，右脚稍前，身体略向左转，距离球台约 1 米，重心落在左脚，双膝微屈。引拍时前臂向左后上方提拍至左肩高处，拍柄朝前下方，手腕略外展，拍形后仰，上臂由后向前带动前臂。当球在高点期或下降前期时击球中下部，并向右前下方切球，压低弧线略前送，重心移至右脚（图 9-13）。

图 9-13　反手削球

## 第三节　乒乓球运动基本战术

根据双方实力，积极发挥自己的长处，攻击对方的弱点，“以己之长，攻彼之短”，达到胜利的目的，这个克敌制胜的方法就是战术。

### 一、发球抢攻

（一）正手发转与不转球后抢攻

这套战术一般以发短球至对方中路或右方为主，配合左方长球。开始先发短的下旋球为好，控制对方不能抢攻或抢拉，然后再发不转球抢攻。发不转球时，一般先发短球，或发至对方攻势较弱处，伺机抢攻。

（二）正手发高、低抛左侧上（下）旋球后抢攻

这套战术是目前进攻型选手采用比较多的一种战术，以发短、长球至对方反手位或发短、长球至对方中路为主（这种发球向右侧拐，不利于右手选手在侧身位置的抢攻），再配合发对方正手位短球、长球为辅。左手选手采用这种发球威胁会更大。

（三）反手发右侧上（下）旋球后抢攻

此套发球战术一般发球至对方中右近网处或半出台落点，配合发两大角的长球。两面攻选手，特别是擅长反手进攻的选手常采用此战术。

### 二、接发球抢攻

接发球战术与发球抢攻战术同样重要。从某种意义上讲，接发球水平的高低可以反映运动员的实战能力，以及各项基本技术的应用程度。事实上，接发球者只是暂时处在被控制状态。破坏了发球者的抢攻意图或者为他制造了障碍，减弱了对方抢攻的质量，也就意味着已经脱离被控制状态，变被动为主动了。常用的接发球战术有以下几种。

（1）当对方发至右半台的来球呈上旋或弱旋，且弧线较高时，以正手攻球直接攻击。

（2）当对方发至左半台或中路的球呈上旋球或弱旋时，快速用推挡或反手攻球回击对方空当。

（3）当对方发右路或中路的出台长球下旋时，直接采用正手拉攻或弧圈球回击。

## 三、搓球

搓球战术是进攻型打法的辅助战术之一。该战术利用搓球旋转的强弱、落点的变化为进攻创造机会，达到攻击对方的目的。这一战术在基层比赛中被普遍采用。常用的搓球战术有以下几种。

（一）搓拉结合落点变化伺机抢攻

先和对手搓球，在对搓中突然运用快拉或拉弧圈球，逼对手出现漏洞，然后寻找机会扣杀。或者在连续拉球后突然用搓球吸引对手靠前，然后寻找机会突击。

（二）搓转与不转球，伺机抢攻

一般先以搓加转球为主，然后用相似的动作搓出不转球，利用旋转的差别和不同落点的变化使对手出现较高的球，然后运用正手攻球，寻找机会抢攻。

（三）搓对方反手位大角，再变直线伺机抢攻

先搓对方反手位大角，等其准备侧身进攻或者注意力放到反手位置时，迅速把球变向对手的正手位，使对手顾此失彼，再伺机抢攻。此战术主要用于对付反手位进攻能力较弱的选手。

## 四、对攻

对攻是进攻型打法选手相互对抗时，双方利用速度、旋转、落点变化和轻重力量来抑制对方，争取主动的重要手段。常用的对攻战术有下列几套：攻两角；紧压对方反手，结合变线，伺机抢攻；调右压左；加、减力压对方反手、中路后，迅速抢攻；连压对方中路或正手，伺机抢攻。

## 五、拉攻

拉攻是进攻型打法对付削球打法的主要战术。拉攻通常运用的战术有如下几种：拉左杀右或拉右杀左；拉中路杀两角或拉两角杀中路；拉直杀斜或拉斜杀直；拉一角为主，伺机突击自己的特长线路或对方中路；变化拉球的旋转和长短落点，伺机突击；拉搓、拉吊结合，伺机突击。

## 六、削攻

削攻结合常用的战术有：削转与不转，伺机反攻；逼两角伺机反攻；削、挡结合，伺机反攻等。

# 第四节 乒乓球运动专项体能训练

乒乓球飞行的速度特别快，球从本方台面打到对方台面只需 0.36~0.4 秒。在这样短暂的时间内，运动员要对来球的方向、速度、旋转、落点等进行全面观察，在瞬间做出判断、决策的同时，适时地移动步法，调整击球位置、击球时间、拍面角度和用力的

大小等，以保证合理、准确地击球。因此，乒乓球运动员必须经过系统的体能训练，采取有效的体能训练手段和方法，以提高击球技、战术水平。

## 一、速度素质训练

1. 利用声、光、动作信号刺激训练

利用声、光、动作等发出的信号刺激可有效地增强运动员快速反应能力。它是发展乒乓球运动员专项反应能力、动作速度和灵敏性的重要训练方法。练习方法主要有看手势做各种练习、听信号做各种移动和跑的练习、移动摸球台练习等。

2. 变速练习

变速练习能有效地增强运动员的动作灵活性。练习方法主要有不同距离变速跑及变换方向、变换速度的移动练习等。

3. 利用助力、阻力刺激训练

利用外界助力、阻力刺激能帮助运动员增强反应能力，提高启动速度和动作速度，增大动作的力量。例如，利用牵引设备在平地做加速跑或跑斜上坡的练习，利用拉力橡皮筋做挥拍练习，等等，能有效地增强运动员抗阻力的能力，达到提高动作速度的目的。

4. 短距离快速启动练习

短距离快速启动练习用于发展运动员快速启动和短距离加速的能力。它符合乒乓球运动快速变化的特点，是发展运动员步法启动速度和移动速度的重要训练方法。练习方法主要有 15 米冲刺跑、30 米冲刺跑、50~100 米行进间加速跑等。

5. 短时、高强度的各种爆发力练习

采用每组次数少、重复多组的快速引体向上、快速俯卧撑、快速卧推、双手持哑铃快速收缩前臂、负重快速蹲起、腿部负重起跳等短时、高强度的各种爆发力练习可以提高动作的速度。

6. 多球练习

多球练习主要有单点连续单面快速击球练习和两点移动中的单面击球练习两种。做单点连续单面快速击球练习时，陪练一方以较快的速度喂球，练习者在原地连续做快速挥拍攻球或拉球练习。此练习法能提高挥拍速度，增强击球的准确性。做两点移动中的单面击球练习时，陪练一方以一定的速度有序或无序地送给对方 2/3 台或 3/4 台范围的球，练习者在快速移动中做单面攻或拉球练习。此练习法能提高移动速度和击球速度，增强击球的准确性。

## 二、力量素质训练

1. 发展一般力量的训练手段

（1）双手握哑铃快速收缩前臂的练习。运动员采用坐姿或站姿，手握适重的小哑铃，手心向上，快速向上收缩前臂。此练习以发展快速力量为目的。

（2）引体向上的练习。运动员可在单杠上或肋木的上方做引体向上的练习。

（3）卧推练习。一人仰卧在专用的长条凳上进行卧推杠铃练习，另一人在其头顶部或跨站在队员胸部位置，双手扶杠铃予以保护。

（4）蛙跳练习。运动员做一定数量的半蹲的连续快速的蛙跳，中间不能有停顿。

（5）跑楼梯练习。运动员以两级到三级的跨度快速蹬跑上楼，以慢跑方式下楼，保持一定的跨级数。

（6）原地高抬腿练习。运动员双脚同时向上起跳并收腹抬大腿。

（7）仰卧起坐练习。运动员全身伸直，双手抱头快速坐起来。

（8）两头起练习。运动员全身伸直后以臀部为支撑，双手与两腿同时靠拢。

2. 发展专项力量的训练手段

（1）2.74 米的快速移动。运动员双脚绑 2 千克的沙袋，做 2.74 米的快速向两侧移动的练习。

（2）想象比赛的移动中徒手挥拍练习。运动员双脚绑 2 千克的沙袋，做想象比赛的前后左后移动中徒手挥拍练习。

（3）双摇跳绳练习。运动员进行 30 秒、1 分钟的快速双摇跳绳练习。

（4）提高挥拍速率练习。运动员手持铁拍或替代物（如哑铃等），在原地做快速挥拍练习。

（5）杀高球的多球练习。运动员做两点移动中连续杀高球的多球练习，每次完成 200 个杀高球练习或 5 分钟的杀高球练习。

（6）羽毛球掷远练习。运动员手执羽毛球，在规定的线上站立掷羽毛球。

## 三、耐力素质训练

1. 发展有氧耐力的训练手段

（1）根据训练任务和时间，选择 1 200 米、1 500 米、3 000 米、5 000 米、8 000 米及 10 000 米长跑，以提高运动员的最大摄氧量。

（2）循环练习。可选择若干个练习站，在每个站设计不同的练习内容进行循环练习。在一个站完成练习任务后，转换到另一个站练习，使循环练习根据需要在规定的时间内持续下去。

（3）法特莱克跑练习。一种被称为“速度游戏”的长跑训练方法，旨在提高最大耗氧量。

2. 发展无氧耐力的训练手段

（1）30 米×10 组的快速跑；50 米×10 组的快速跑；30 秒×10 组的原地高抬腿跑；信号引导下的快速步法移动练习，完成 10 组。

（2）100 米跑 5~8 组练习；原地高抬腿跑 30 秒×10 组练习；双摇跳绳 30 秒×10 组练习；150~200 米跑，完成 5 组；2.74 米或 4 米步法移动触摸球台挡板，完成若干组。

（3）原地或 2/3 台快速大力的正手攻、拉、扣练习。

3. 发展专项耐力的训练手段

（1）多球训练法。运动员可进行两组 5 分钟的单点或两点移动中正手攻球或拉弧圈球等多球练习，中间休息 2 分钟，再进行两组 4 分钟的多球训练，休息 1 分钟后又进行一组 3 分钟的多球训练。

（2）步法移动练习。运动员可看或听信号进行步法移动练习，30 秒做 8 组，每组中间休息 20 秒。

（3）想象比赛的徒手挥拍练习。运动员想象与主要对手比赛，从发球和接发球抢攻开始，到中近台结合的相持对抗。每组 30 秒，中间休息 20 秒，共做 5 组。

（4）2.74 米摸台移动练习。运动员可进行 30 秒 1 组 2.74 米快速移动摸台练习，共做 5 组，每组之间间隔 20 秒。

# 第五节 乒乓球运动的主要竞赛规则

## 一、球、球网、球桌、挡板、球拍

1. 球

乒乓球直径为 40 毫米，质量为 2.7 克，颜色为白色或橙色，无光泽。目前主要比赛运用的为白色球。

2. 球网

球网装置包括球网、悬网绳、网柱，以及将它们固定在球台上的夹钳部分；球网高度为 15.25 厘米，长度为 1.83 米。

3. 球桌

乒乓球桌的长度为 2.74 米，台面高度为 0.76 米。桌面四边的白线宽度为 0.02 米，中间的白线宽度为 0.003 米。

4. 挡板

乒乓球场地四周的挡板高度为 75 厘米。

5. 球拍

球拍的质量、大小和形状不限。底板应该用 85%的天然木料制成。乒乓球球拍应该由底板、海绵和胶皮组成。球拍的两面无论是否有覆盖物，必须无光泽，一面为鲜红色，另一面为黑色。其中胶皮连同海绵的分为颗粒向内胶皮和颗粒向外胶皮，其中颗粒向内的胶皮有反胶和防弧胶皮，连同黏合剂，厚度不能超过 4 毫米；颗粒向外的胶皮有正胶、生胶和长胶，连同黏合剂，厚度不能超过 2 毫米。

## 二、主要竞赛规则

（一）基本概念

（1）回合：球处于比赛状态的一段时间。

（2）球处于比赛状态：从发球时球被有意向上抛起前的最后一瞬间开始，直到该回合被判得分或重发球。

（3）击球：用握拍手中的球拍或持拍手手腕以下的部位触球。

（4）阻挡：对方击球后，向比赛台面方向运动的球，在没有触及本方台区，也未越过端线之前，即触及本方运动员或其穿戴的任何物品。

（5）球台的端线：包括球台端线及端线两端的无限延长线。

（二）合法发球与重发球

（1）合法发球：发球时，运动员必须将球放置在不执拍手上，手掌张开伸平，将球垂直向上抛起，并不得使球旋转。球离手的高度不应低于 16 厘米。当球从最高点下落时运动员方可击球。击球时，球和球拍应在台面的水平面上，以便让对手进行判断和让裁判员看到是否合乎发球的规定。

（2）重发球：出现下列情况时，裁判员应判重发球。

① 发球员发出的球，越过或绕过球网装置时，触及球网装置。

② 接发球或同伴未准备好时，球已发出，而且接发球员没有企图击球。

③ 发生了运动员无法控制的干扰，使运动员未能合法发球。

④ 裁判员或副裁判员暂停比赛。

（三）一局比赛和一场比赛

（1）一局比赛：乒乓球一局比赛中，先得 11 分的一方为胜方，10 平后，先多得 2 分的一方为胜方。

（2）一场比赛：通常一场比赛采用五局三胜制或三局两胜制。世界大赛的单打比赛中也采用七局四胜制。

（四）发球、接发球和方位的选择

（1）选择发球、接发球和方位的权利应由抽签来决定。中签一方可以选择先发球或先接发球，或者选择方位。

（2）一方运动员选择了先发球或先接发球，或者选择了先在某一方位时，另一方运动员应有另一个选择的权利。

（3）在获得每 2 分之后，接发球方即成为发球方，以此类推，直至该局比赛结束，或者直至双方比分都达到 10 分后实行轮换发球法，这时，发球和接发球次序仍然不变，但每人只能发一球。

（五）双打比赛规则

（1）发球员必须将球从本方右半边台（包括中线）发至对方右半台（包括中线），双方每换一次发球权，接发球方两人互换位置接发球。

（2）上一局双方相对应的发球员与接发球员在下一局必须互换这种对应关系。

（3）在决胜局中，当双方交换方位后，接发球两人必须交换接发球次序。

# 第十章 羽毛球运动

## 第一节 羽毛球运动概述

### 一、羽毛球运动的起源与发展

（一）羽毛球运动的起源

最早的羽毛球运动出现在 14～15 世纪的日本，当时的球拍是木制的，球是用樱桃木插上羽毛制成。但是，由于球托太重，球的飞行速度太快，羽毛极易损坏，所以持续时间不长。18 世纪左右，印度普那出现一种相似的游戏，球是由直径约 6 厘米的圆形硬纸板中间插上羽毛制成的，板是木质的。19 世纪 60 年代，一批退役的英国军官把"普那"球带回了英国。"普那"球成为现代羽毛球的前身。1870 年，英国出现了用羽毛和软木制成的球和穿弦的球拍。1873 年，英国公爵鲍弗特在格拉斯哥伯明顿镇的庄园里进行了一次羽毛球活动。由于天下大雨，活动只能改在室内进行。当时的羽毛球活动场地呈葫芦形，中间窄处挂一网。由于趣味性强，活动参与者个个尽兴而归，从此羽毛球运动逐渐风靡，并迅速传遍英国，"伯明顿"（Badminton）也成了羽毛球的正式英文名称。

（二）羽毛球运动的发展

1893 年，英国成立了世界上第一个羽毛球协会。1899 年，该协会举办了第一届全英羽毛球锦标赛。此后该赛事每年举办一次并沿袭至今。

20 世纪初，羽毛球运动开始在各大洲流传。1934 年，国际羽毛球联合会成立，总部设在伦敦。1939 年，国际羽毛球联合会通过了各会员国共同遵守的《羽毛球竞赛规则》。

20 世纪 20—40 年代，欧美国家的羽毛球运动发展很快，其中英国、丹麦、美国、加拿大的水平相当高。20 世纪 50 年代，亚洲羽毛球运动飞快发展，马来西亚取得了两届汤姆斯杯赛冠军。同时印度尼西亚队在技术和打法上有所创新，很快取得了霸主的地位。

1981 年 5 月，国际羽毛球联合会恢复了中国的合法席位。中国队涌现出了杨阳、赵剑华、李永波、林瑛等一批世界羽坛顶尖高手。在 1996 年亚特兰大奥运会上，葛菲、顾俊勇夺女双冠军，实现了中国羽毛球项目在奥运会上金牌零的突破。此后，中国运动员在国际羽毛球赛场上争金夺银。在 2008 年北京奥运会上，中国运动员获得男女单打、女子双打的冠军。在 2012 年伦敦奥运会上，中国运动员包揽了羽毛球比赛的全部金牌。在 2016 年里约奥运会上，中国运动员获得男子单打、男子双打冠军。在 2020 东京奥运会上，中国运动员获得女子单打、混合双打冠军。

## 二、羽毛球运动的特点

（一）羽毛球运动是全身运动

羽毛球运动是一项全身运动。运动员要在场地上不停地进行脚步移动、跳跃、转体、挥拍。这项运动能增大上肢、下肢和腰部肌肉的力量，加快锻炼者全身的血液循环，增强心血管系统和呼吸系统的功能。

（二）羽毛球运动老少皆宜

羽毛球运动适合各个年龄阶段的人。运动量可以根据个人的年龄、体质、运动水平和场地环境的特点而定。青少年可将其作为促进生长发育、提高身体机能的有效手段。适量的羽毛球运动能促进青少年增长身高，培养自信、勇敢、果断等优良的心理素质。老年人和体弱者可将其作为保健康复的方法，从而增强心血管系统和神经系统的功能，预防和治疗老年心血管和神经系统方面的疾病。儿童可将其作为活动性游戏，培养不畏困难、不怕吃苦、不甘落后的品质。

（三）羽毛球运动具有独特的娱乐性

羽毛球运动具有独特的娱乐功能。根据现代体育的理念，任何一项体育运动，必须具有娱乐功能，使练习者产生兴趣，自发地投身练习，才能达到健康强身之目的。羽毛球运动有竞赛技能对抗、休闲娱乐之功能，因此，深受人们的喜爱。

# 第二节　羽毛球运动基本技术

## 一、握拍法

握拍是羽毛球初学者首先且必须掌握的基本技术，是全面学习击球技巧的基础。握拍分为正手握拍法（图 10-1）与反手握拍法（图 10-2）两种。

（一）正手握拍法

首先将拍面竖直，基本与地面垂直，打开右手使虎口对着拍柄窄面内侧，贴近斜棱，似“握手”状态，食指和中指稍微分开，拇指和食指自然放在拍柄宽面上，其他手指靠近握住拍柄，掌心放松，留出空隙。

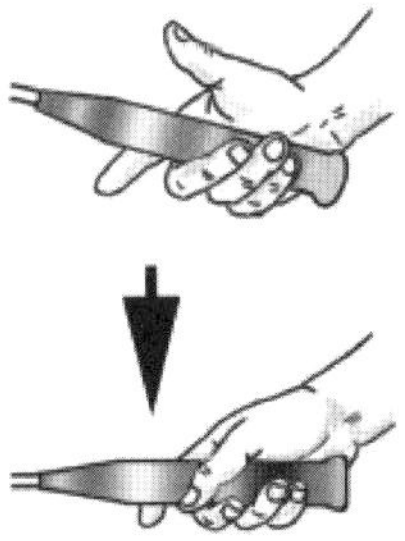

图 10-1　正手握拍法

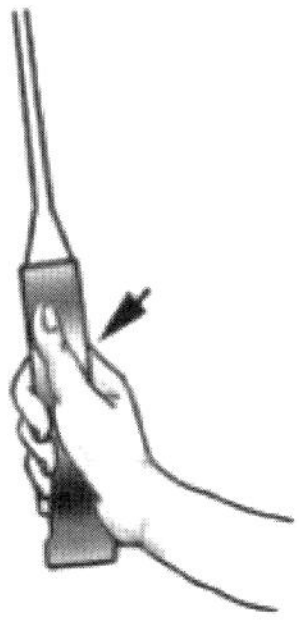

图 10-2　反手握拍法

（二）反手握拍法

学会正手握拍后，只需将拍面稍向外转，食指回收下移一些，使拍面略微向后倾斜，中指、无名指、小拇指贴紧抓住拍柄。与正手握拍相同，掌心应留些许空隙，手部放松。

无论是正手握拍还是反手握拍，握拍时都不能用力紧握拍柄，否则会导致灵活性下降，同时影响发力。此外，还要注意手心到虎口区域一定要留空隙，手指放松。

## 二、发球

发球分为正手发球和反手发球两类。发球方如果想发高远球，则采用正手发球（图10-3）；若想发网前球，最佳的发球方法则是反手发球（图10-4）。

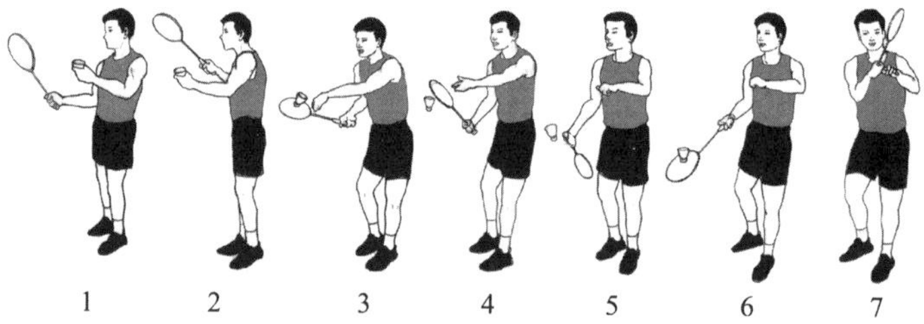


图10-3　正手发高远球

图10-4　反手发网前球

### （一）正手发高远球

采用正手握拍自然举拍，持球手微抬，保证发球时球能自然自由落体，注意左脚在前，脚尖指向球网，右脚在后，左右两脚呈垂直姿态，双脚不能踩线。姿态准备好后，准备开始发球，身体重心靠后落在右脚上，持球手放球，握拍手肩膀旋转，大臂带动小臂，小臂带动手腕。击球时，右脚跟着身体旋转自然发力（击球前右脚不能移动），手腕带动手指发力。击球完成后，手臂顺惯性卸力，自然放松。

### （二）反手发网前球

相比正手发球，反手发球对力量和拍面的控制要求更高。利用反手握拍，拇指顶在球拍宽面，手掌放松，做好击球准备。持球手捏住羽毛球毛片边缘，球头指向拍面，双臂向前展开。发球时，球拍先向后引拍，然后向前靠手腕和拇指的推力将球顶出去，其间拇指、食指、中指发力，其他两指做辅助。

## 三、击球技巧

### （一）前场击球

前场击球技术主要包括网前挑、搓、推、勾、扑、放几种，其中各项技巧中都有正手和反手之分。网前球的处理在很大程度上能改变比赛的节奏，变被动为主动。击球时，击球力量和弧度不宜过大，主要以手肘为中心点，在前臂的带动下，靠手腕、手指发力。

搓：先做好准备姿势（图 10-5）。击球时，拍面稍前倾，利用手腕和手指的力量向前切球托，使球击出后旋转或者滚动过网。

图 10-5 准备姿势

推：将来球用较平的弧线快速推到对方场区底线的技术叫作推球。先做好准备姿势，击球时，拍面前倾，几乎与网平行，利用手腕和手指的快速推动将球击出。

勾：将网前来球勾到边线落点位置的击球技术叫作勾球。先做好准备姿势，击球时，拍面斜朝向网柱。正手勾对角时，击球托的右侧，手腕、手指带动球拍勾动；反手勾对角时，击球托的左侧，手腕、手指带动球拍勾动。

扑：把高于网的来球快速扑压下去叫作扑球。先做好准备姿势。击球时，拍面前倾，前臂带动手腕和手指快速发力，完成击球动作后立马收拍，以免触网。要注意抢高点，防止击球下网。

放：先做好准备姿势。击球时，拍面微微朝下倾斜，将拍面送到球托下，将球自然弹出过网。

（二）中场击球

中场击球主要以平抽为主。平抽分为正手平抽和反手平抽两种。平抽球速度较快，带有一定的攻击性，让对手只能起高远球。平抽的首要目标就是让球快速飞过网，打到离对手身位较远的地方，使对手增加快速移动的频率，从而降低对手的回球质量。

正手平抽：做好击球准备后，正手握拍。击球过程如图 10-6 所示。击球时要注意，首先使用右脚去够球，找好方向，以左脚为中心带动身体转动，然后架拍，引拍，提手肘带动手臂向前挥拍，通过小臂内旋发力，手与手腕翻转。击球完毕后，右脚蹬地，顺势返回中场。

图 10-6 正手抽球

反手平抽：使用反手握拍做好击球准备。击球过程如图 10-7 所示。击球时同样用右脚去够球，带动身体找球，右肘弯曲，手掌朝下，向后引拍，手肘带动小臂向前挥拍，通过小臂外旋发力。自然挥拍后手掌朝上，右脚

图 10-7 反手抽球

蹬地，顺势返回中场。

（三）后场击球

后场击球包括击高远球、吊球、杀球等，但主要技术都是以击高远球为基础，目的是获得充分的过渡时间。当遇到有所限制的回球时，使用高远球可以让球远离对手，使其增加移动范围，失去节奏，消耗体力。

正手击高远球：在回球时，身体移动到球的后面，正手握拍。击球过程如图 10-8 所示。击球时，使用正手握拍，举起右臂，且拍头朝上，架拍，手腕向后弯曲，身体转动，向前挥动球拍，尽量在最高点击球，小臂内旋，向上挥动球拍，将球打得又高又远，球拍随着羽毛球飞行轨迹完成随拍。为了增强防守效果，尽量将球打得高且贴近底线。击球完毕后返回中场。

图 10-8　正手击高远球

正手吊球：球下落到接近击球点高度时，右腿开始蹲伸，身体由右向左转动；腰腹协调用力，上臂带动前臂，利用伸肘关节、前臂旋内和曲腕的力量，向前下方轻击来球，如图 10-9 所示。

图 10-9　正手吊球

杀球：杀球时的准备、引拍和击球后的动作与正手击高远球技术基本相同。只是杀球的击球点在右肩前上方稍前，并要尽量提高击球点。引拍时身体后仰呈“反弓”形，运用转体、收腹的力量，加上手臂内旋和快速屈腕动作，将球击打到对方场区。杀球时要选择好击球点，全身要协调用力，蹬腿、转体、收腹、挥臂、甩腕等发力要连贯、充分，如图 10-10 所示。

图 10-10　杀球

## 四、脚步移动

在羽毛球对抗中，步伐的移动是最重要的。掌握正确的移动步伐，可以在最短的时间内，迅速到达最佳击球位置。羽毛球的步伐包括跨步、并步和交叉步。

跨步：做好准备姿势，左脚作为轴心脚，持拍侧的脚在前。当球飞过来时，右臂和右腿同时去够球。右脚移动时，始终以轴心脚为中心。准备击网前小球时，一定要判断自身与球的距离，如果距离较远，跨步应该增加打开距离。

并步：主要运用于前后的移动。做好准备姿势，右脚向前或者向后移动一步，左脚立刻向右脚跟进一步，紧接着右脚再向前或向后移动。

交叉步：主要运用于后场的移动。做好准备姿势后，左右脚交替向前（向侧，向后）移动。

# 第三节　羽毛球运动基本战术

## 一、单打基本战术

（一）发球抢攻战术

顾名思义，发球抢攻战术由发球者发起。根据对方球员的站位可以选择以下三种发球技术：网前小球、后场高远球、平射球。由于占据发球主动权，球员可以自由选择将球发往接发球区的任意位置上。发网前小球可以迫使对方球员在网前缠斗或制造后场进攻的机会。发后场高远球可以让对手在准备不足的情况下丢失重心。如对手技术水平与己方有明显差距，则己方可发平射球，造成对手来不及接球，为己方赢得主动进攻机会或直接造成对手失误。

（二）拉吊突击战术

该战术主要运用多种羽毛球技术如击高远球、吊球、杀球，以及结合网前小球技术，以快速而精确的落点控制对手两角四点位置，迫使对手前后奔跑，使其失去重心和平衡。己方需抓住对手空当和弱侧项进行突击进攻。

（三）重复落点战术

在比赛中球员通过多拍拉扯，不断测试对手的技术薄弱点，重复将球打到对方的薄弱区域上。该战术主要针对后场移动速度较慢，以及头顶区技术相对较差的对手。

（四）逼反手战术

在大部分情况下，球员反手击球的力度和速度远不如正手位击球，进攻性和威胁性相对不强，而且由于背身面对来球，人身体结构上的限制令球员无法做出较多的技术动作，故而回球的球路选择较少。因此，对于对手的反手要毫不放松地加以反击。

（五）防守反击战术

防守反击战术在底线型打法中占有很重要的位置。在执行防守反击战术时，球员利用良好的底线控制球的能力，发挥判断准、反应快、步法灵、体力好、击球准的特点来调动对手，以达到在防守中寻找机会进行反击的目的。

（六）压底线战术

执行压底线技术时，反复用快速的高球、平高球、推球等技术将球击至对手底线附近，特别是左场反手后场区域，造成对手被动，当对手注意力集中在后场时，再以快速吊球或突击点杀进攻其前场空当。此种战术对付初学羽毛球的选手比较有效，因为初学者一般技术不熟练，特别是左后场的还击能力差。

## 二、双打基本战术

（一）攻中路战术

当对方在防守状态下左右分边站位时，己方进攻要尽可能地将球攻到对方两人之间的中场空当区域，造成对方两人抢接球发生碰撞，或相互让球而出现漏接失误。这是对付配合不默契对手的有效战术。

攻半场战术是攻中路战术的另一种形式。当对方处于进攻状态下，两人前后站位时，己方可将球回击到对方中场两人前后之间、靠近边线的位置上，造成对方抢接或漏接。

（二）攻人战术

在双打中，若对方两人中有一人技术水平稍差，己方可集中力量盯住技术水平差者打，不让其有调整的机会。这就叫攻人战术。运用这种战术时，如果对方已经意识到我方的战术意图，加强了对弱者一方的保护时，己方可采用先盯住技术水平差者攻几拍，然后突然改攻强者的战术。由于强者已将注意力集中在保护技术水平差者身上，此时再突然转攻强者反而会奏效。

攻人战术也可采用先集中力量对付强者，消耗其体力，削弱其战斗力，然后再伺机进攻技术水平差者，或突击其空当的方式。

总之，战术的运用不是一成不变的，必须根据当时的情形灵活运用。

（三）后攻前封战术

此战术需要在对手交出进攻权的基础上进行。己方可以在前场制造放网或搓球迫使对手起球至己方后场。后场球员积极大力进攻造成对手回球不到位，而另一名球员在前场等待封网扑球的机会，使整个进攻链连贯而不失节奏。该战术需要后场球员具有一拍定音的进攻能力，为搭档创造封网机会，不拘泥于单调的进攻手段，而是配合劈杀、假动作打乱对方部署。

（四）攻两翼战术

当对方前后站位时，己方可将球回击到球场的两个侧翼区域，造成后面队员要向前移动或前面队员转身回追才能救到球，使对手难以抢先进攻。然后分边压网，以争取前半场的主动，迫使对手打出高球让己方进攻。

（五）双打防守战术

双打防守战术是使己方由被动转为主动的重要环节。两个人必须共同努力，在从被动转入防守时要镇定，避免非受迫性失误，等待机会反击，进而转为进攻，达到破坏对方节奏的目的。

应用防守反击战术，首先要及时发现对方进攻战术上出现的漏洞。例如，对方采用后杀前封战术时，必然会在对角网前和直线后场区域出现防守空当。采用挑两底线平高球调动对方进攻人员、勾挡网前对角线球后逼近封网及反抽跟进对抽等技术组合，都能达到转守为攻的战术效果。

### 三、混合双打基本战术

混合双打是由一名男选手和一名女选手搭配组成的双打，基本技、战术同双打很相似，但由于女选手在技术、速度、力量等方面都要比男选手差一些，往往是被攻击的主要对象，因此在具体运用时与双打有些不同的地方，突出表现在以下两点：

一是站位与双打不同。前后站位时，女选手攻击力较男选手弱，主要站前场，负责封住网前小球；而男选手能力较强，负责中后场的大范围区域。男选手发球时站位要后移至中场附近，此时女选手应站在靠近前发球线附近。发球后，男选手立即准备守住中后场，女选手则立即准备封住前场。左右站位时，无论女选手在左区还是在右区，往往只负责守住靠近边线的三分之一的区域，而将场区的大部分区域留给男选手。这样女选手防守范围小，防守起来也相对容易些。

二是女选手往往是被攻击的目标。对手进攻时通常都围攻女选手，防守时也设法将女选手调至后场，使其左右两角奔跑，不但消耗其体力，还抑制了男选手的后场进攻威力。被攻击的女选手可采用回击对角线路球来限制对方强有力的进攻。由于对角线相对于直线距离稍长，击球威胁相对于直线要小些，当女选手击对角线路球时男选手处于直线位置，便于防守。

## 第四节 羽毛球运动专项体能训练

### 一、速度力量素质训练

羽毛球的速度力量可以理解为快速力量，是指肌肉快速发挥力量的能力，是机体力量与速度的有效结合。速度力量是羽毛球的核心。发展速度力量应从三个方面着手：提高反应速度，提高动作速度（动作频率），强化移动时的变速能力。

反应速度训练：训练中给予运动员不同情况的视觉刺激，锻炼运动员在最短时间内做出有效反应，从而有效应对对方来球；同时还需增强运动员对来球声音的处理能力，通过连续快速多次击打练习，有效提高运动员的反应速度，或让运动员根据教练给出的不同手势或声音信号做出相应动作。

动作速度训练：给予运动员定点抛球，让其固定动作并逐步提高动作速度。

移动速度训练：进行负重专项步伐练习，包括左右跨步、前跨步、垫步和交叉步等。让运动员接来自不同方向和不同深浅的球，并规定队员在场地中心快速将球击回，要求动作敏捷，回位迅速。

### 二、灵敏素质训练

不同的运动项目对灵敏素质的需求不同，不同项目间既存在着共性又有自己的个性，所以进行不同项目运动员灵敏素质训练时不能一概而论，必须结合项目特定的专项特点、动作结构特点采用各种不同的训练方法。羽毛球运动对运动员的灵敏素质要求极高，它要求运动员在激烈的比赛中，对对方的第一举动和意图做出迅速反应并准确地完成各种难度较大的击球动作。羽毛球运动员的灵敏素质训练可以采用抛球接球的方法进行。两人一组，一人抛球一人接球，接球人接住球后再将球抛给抛球人。抛球路线由抛球人自由决定，前、后、左、右都可以。这种抛球练习方法主要训练运动员步伐的灵敏性。

### 三、核心力量素质训练

核心力量是一种能力，是由附着在腰椎、髋部和骨盆联合周围的肌肉和韧带产生的力量。它在大多数竞技运动项目中都起着重要的作用，不仅能够维持身体平衡，保证专项技术动作的稳定发挥，而且是运动员发力的主要环节，是上下肢协同用力的枢纽，在力量传递的过程中起到承上启下的作用。羽毛球核心力量训练分为核心稳定训练和核心力量训练两个方面。核心稳定训练可以提升对杀球方向的控制水平，增强空中平衡对抗能力。核心力量的训练可以提高运动员的杀球力度。无器械训练方法有弓箭步训练、俯卧撑、仰卧起坐或仰卧踢腿划圈、仰卧两头起、仰卧交叉打腿等。另外，也可运用单一器械，如平衡球、弹力带、平衡板等进行核心力量训练。进行专项体能核心力量训练可以有效地克服传统力量训练中借助外力来支撑躯体的弊端。

## 第五节　羽毛球运动的主要竞赛规则

### 一、场地与器材

#### （一）场地

标准的羽毛球场呈长方形，长度为 13.40 米，单打球场宽度为 5.18 米，双打球场宽度为 6. 10 米。球场外面两条边线是双打边线，里面的两条边线是单打边线。双打边线与单打边线相距 0. 46 米。距球网 1. 98 米与网平行的两条线为前发球线。离端线 0. 72 米，与端线相平行的两条线为双打后发球线。羽毛球场地横向被中线平分为左右两个半区，纵向被分为前场、中场、后场三个部分。前场就是从前发球线到球网之间的一片场地，后场是指从端线到双打后发球线之间的一片场地，中场则是前发球线与双打后发球线之间的一片场地。场地上各条线宽均为 0. 04 米。场地上空 12 米内及四周 4 米内不应有障碍物。羽毛球比赛场地示意图如图 10-11 所示。

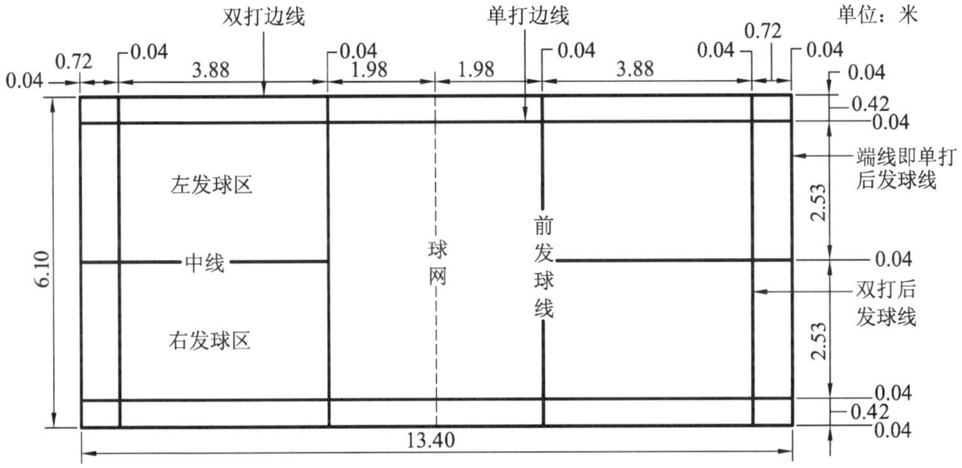


图 10-11　羽毛球比赛场地示意图

（二）器材

羽毛球质量为 4. 7~5. 5 克，由 16 根羽毛球插在半球型软木托上制成。

球拍框总长度不超过 68 厘米，宽不超过 23 厘米，拍弦面长不超过 28 厘米，宽不超过 22 厘米。

球网应用深色、优质的细绳织成。网孔为方形，各边长为 15~20 毫米。网顶端由 7~5 毫米的白布对折而成。用绳索或钢丝从夹层穿过，将网顶端悬挂起来。网长 6. 10 米，上下边之间宽 75 厘米，网中央高 1. 524 米，双打线处高 1. 55 米，网柱高 1. 55 米。

## 二、主要竞赛规则

（一）计分方法

一场比赛应该为三局两胜制，一局比赛中先得 21 分的一方获胜。每局双方比分为 20 平后，领先 2 分的一方获胜。如果比分为 29 平，得到 30 分的一方获胜。本局胜方将获得下一局的发球权。在新制度中，除特殊情况外，球员不可提出中断比赛的要求，但每局一方以 11 分领先时，比赛进行 1 分钟的技术暂停。

（二）交换场地

第一局和第二局之间交换一次，第二局和第三局之间交换一次，第三局的比分为 11 分时，交换一次，一共交换三次。

（三）发球

（1）开始发球时，任何一方都不容许非法延误发球。发球员和接发球员都必须站在斜对角发球区内发球和接发球，脚不能触及发球区内的界线。两脚必须都有一部分与地面接触，不得移动，直至将球发出。发球员的球拍必须先击中球托，与此同时整个球要低于发球员的腰部。在击球瞬间，球拍杆应指向下方，使拍框明显低于发球员的整个握拍手部。

（2）发球开始后，发球员的球拍必须连续向前挥动，直至将球发出。发出的球必须向上飞行过网，如果不受拦截，应落入接发球员的发球区内。

（3）一旦双方运动员站好位置，发球员的球拍第一次向前挥动，即为发球开始。

（4）发球员须在接发球员准备好后才能发球。接发球员如果已试图接发球，则被认为已做好准备。

（5）一旦发球开始，球被发球员的球拍触及或落地即为发球结束。

（四）违例

（1）发球不合法（发球时过手、过腰，脚移动离开地面）。

（2）发球员发球时未击中球。

（3）发球时，球过网后挂在网上或停在网上或网顶。

（4）比赛时，球落在球场界线外、球从网孔或网下穿过、球不过网；球碰屋顶、天花板或四周墙壁；球触及运动员的身体或衣服，球触及场外或其他人或物体。

（5）比赛时，球拍与球的最初接触点不在击球者网的一方（击球者击球后，球拍可以随球过网）。

（6）比赛中，运动员的球拍、身体或衣服触及球网或球网的支撑物，运动员的球拍或身体从网上侵入对方场区，运动员的球拍或身体从网下侵入对方场区，妨碍对方或使对方分散注意力；妨碍对方，如阻挡对方紧靠球网的合法击球。

（7）比赛时，运动员有故意分散对方注意力的举动，如喊叫、故作姿态等。

（8）击球时，球夹在或停滞在拍上，紧接着又被拖带；同一运动员两次挥拍，连续两次击中球；同一方两名运动员连续各击中球一次；球触及运动员球拍后继续向其后场飞行。

（9）运动员严重违反或屡次违反比赛的连续性规定或运动员行为不端，如擅自离开比赛场地喝水、擦汗、换球拍、接受场外指导等，或故意改变球形，破坏羽毛球，举止无理，等等。

# 第十一章

# 网球运动

## 第一节　网球运动概述

### 一、网球运动的起源与发展

（一）网球运动的起源

现代网球运动包括室内网球运动和室外网球运动两种形式。网球运动最早起源于12世纪至13世纪法国传教士在教堂回廊里用手掌击球的一种游戏，后来成为法国和英国宫廷里的一种室内消遣娱乐活动。也有人认为，网球运动的起源应追溯到“百年战争”（1337—1453年英法两国战争）以前在法国民间流传的一种名叫海欧·德·巴乌麦的球类游戏。据说，这种游戏是两个人进行的，每人各执一个球拍，球场的周围筑有围墙，球撞到墙上后被弹回去，而后过网。因此，无论从使用的场地和器具上，还是从进行游戏的方法上，它与现代网球运动都有许多相似之处，所以有人把它看作网球运动的原始形态。

（二）网球运动的发展

14世纪中叶，法国的一位诗人把这种球类游戏介绍到法国宫廷中，作为皇室贵族的消遣。当时这种游戏的场地是宫廷内的大厅，没有网也没有球拍，球是用布卷成圆形后用绳子绑成的。场地中间架起一条绳子为界。参与者利用两手作球拍，把球从绳上丢来丢去，法语叫作“Tennez”，英语叫作“Take it！Play”，意即“抓住！丢过去”。今天，网球（Tennis）一语即来源于此。不久，木制的球拍被用来代替两手拍球。16世纪初，这项球类游戏才在法国国内流行。

1360年左右，这种球类游戏从法国传到了英国。英国国王爱德华三世对此特别感兴趣，下令在宫内建造一处室内球场。从此，网球开始在英国流行，成为英国上层社会的一种娱乐活动，所以有“贵族运动”之雅称。这一期间流行的主要是室内网球运动。直到1793年9月，英国的一本杂志上才有了“场地网球”的叫法。

现代网球运动的历史一般是从1873年开始的。那年，英国人沃尔特·克洛普顿·温菲尔德将早期的网球打法加以改进，使之成为夏天在草坪上进行的一种体育活动，并取名“草地网球”。同年还出版了一本以“草地网球”为题的小册子，对这种活动进行宣传和推广。所以温菲尔德被称为“近代网球的创始人”。此后网球运动便成为一项室内和户外都能进行的体育项目。同时英国在各地建立了网球运动俱乐部。1875年，又建立了全英网球运动俱乐部。这个俱乐部建造了世界上第一个网球场地，并于 1877 年举办了全英草地网球男子单打锦标赛，即后来闻名于世的温布尔登网球公开赛。

随着网球运动的广泛开展和比赛活动的日益频繁，发现没有统一的规则，不利于推广。于是在 1876 年，一些地区的著名网球运动俱乐部派出代表，一起开会制定了全英统一的网球规则。经过多次协商，各方代表终于对网球运动的场地、设备、打法和比赛等方面取得了一致的意见，并形成了一个统一的规则。

随着网球运动逐渐在各国流行，不少有影响力的比赛应运而生。其中最有名的是澳大利亚网球公开赛、英国温布尔登网球公开赛、美国网球公开赛和法国网球公开赛。中国的网球运动自 2000 年以来取得了快速发展。中国网球运动员也在国际赛事中取得了不错的成绩。其中，李婷、孙田田在 2004 年雅典奥运会上夺得女子双打金牌，李娜分别在 2011 年、2014 年夺得法国网球公开赛、澳大利亚网球公开赛女子单打冠军。

## 二、网球运动的特点

### （一）场地的多样性

不同材料的网球场地具有不同的特点，对球员的技术发挥及网球的弹跳高度、速度产生着不同程度的影响。因此，球员在各种性能的网球场地上打球时要注意调整自己的击球速度和步法。

### （二）技、战术变化多

当今世界网球正朝着积极进攻、技术全面的趋势发展。一名网球运动员想凭借单一技术的优势来赢得比赛几乎是不可能的。一名优秀的网球运动员应在训练和比赛中处理好快与准、基础与多变、全面技术与特长技术、网前技术与底线技术、手法与步法等综合因素的关系。

### （三）对运动员的耐力、心理素质要求高

网球比赛回合多、时间长。高水平的女子单打比赛（三盘两胜制）可持续 1~2 小时以上，而男子单打比赛（五盘三胜制）可持续 3~5 小时。这就对运动员的耐力素质提出了很高的要求。

另外，网球比赛不允许教练对运动员进行指导。这就要求运动员具备较高的心理素质，运用合理的技、战术应对场上的局势变化。

# 第二节 网球运动基本技术

## 一、握拍法

击出流畅的、充满力量的、准确的球需要很多条件，但这一切都开始于握拍方式。握拍方式在很大程度上会影响每一次击球，决定了击球时的角度，还会影响运动员打球时的步法、打出去的球如何转动及击球时所习惯的场上位置。

握拍方式主要有大陆式握拍法、东方式正手握拍法、东方式反手握拍法、半西方式

正手握拍法等几种，每一种握拍方式都有其优势和劣势。

（一）大陆式握拍法

大陆式握拍法是一种可以用来做任何击球的握拍方式，主要用于发球、击网前球和过顶球、削切球及防御性击球。其特点是将食指根放在拍柄第一条斜边上，使虎口的“V”型在拍柄上部，如图 11-1 所示。如果是左手，则把食指根放在第 4 个斜边上。

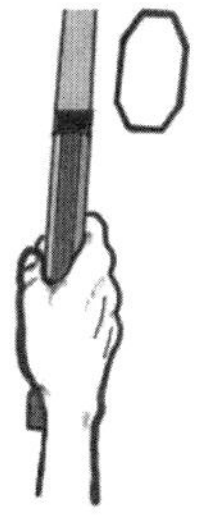
图 11-1　大陆式握拍法

优势：用大陆式握拍法处理发球、过顶球是标准方式，它使得前臂和手腕能够自然地向击球点挥动。使用这种握拍方式时，拍面与地面近似垂直，击球区较低，适合处理网前球、低球，打出下旋球、高远球。

劣势：难以打出上旋球，在击球区域外的回球比较困难，不稳定。

（二）东方式正手握拍法

将手平放在球拍面上，然后下滑握住拍柄的方式称为东方式正手握拍法，如图 11-2 所示。

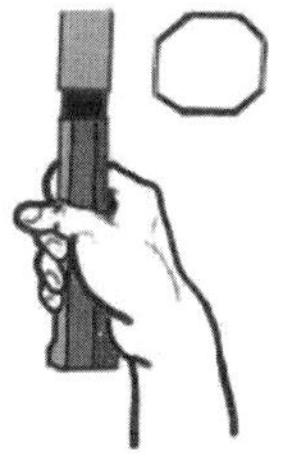
图 11-2　东方式正手握拍法

优势：很灵活，让球手能够轻易击出上旋球或更有威力的平击球或穿越球；便于快速切换到其他握拍方式。适合上网型选手。

劣势：击球区域高且远离身体；稳定性不高，难以应付连续相持球。

（三）东方式反手握拍法

东方式反手握拍法是指从大陆式握拍法开始，逆时针转动手（左手顺时针转动），将食指根放在第 4 个斜边上，手几乎都在拍柄的上方。如果在食指根关节处钉入一颗钉子，那么它将正好通过拍柄的中心，如图 11-3 所示。

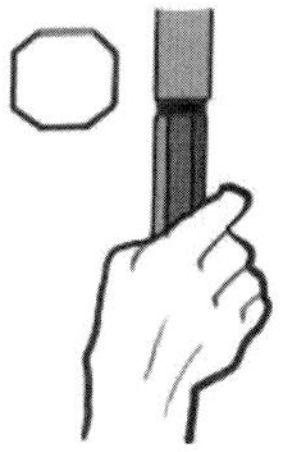
图 11-3　东方式反手握拍法

优势：类似东方式正手握拍法，是一种有很好手腕稳定性的灵活的握拍方式。运动员既可以用它打出上旋球，也可以打出富有穿透力的平击球。需要上网截击时，可快速转换到大陆式握拍法。

劣势：在能够有效处理低球的同时，不能很好地处理齐肩高的上旋球。遇到这种难以控制的球时，球手通常不得不选择防御性的削球回击。

（四）半西方式正手握拍法

从东方式握拍法开始，顺时针转动手（左手握拍逆时针转动），直到食指根放在下一条斜边上，这时的握拍方式就是半西方式正手握拍法。这种握拍方式在强力底线型职业选手中盛行，很多职业教练也会鼓励他们的学生使用这种握拍方式，如图 11-4 所示。

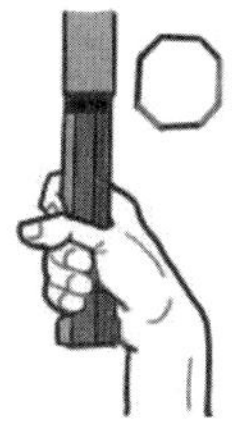
图 11-4　半西方式正手握拍法

优势：半西方式握拍法比东方式握拍法能击出更强烈的上旋球，使击球更为保险和受控，特别是对手在放高球和小斜线球时，运动员也可以用这种握拍法打出制胜的平击球或者穿越球。用这种握拍法可以自由地选择在击球时加入上旋。

劣势：由于这种握拍方式必须从低于球时开始挥拍，所以它很难用来回击低球，因此打网前球时需改变为大陆式握拍法。

（五）超东方式/半西方式反手握拍法

这种方式与西方式正手握拍法对应，从东方式反手握拍开始，手逆时针转动（左手顺时针转动），直到食指根移动到拍柄的下一条边上。这是一种进阶的握拍方式，只有那些更强壮、更有技巧的球手才会选择使用，如图 11-5 所示。

图 11-5　超东方式/半西方式反手握拍法

优势：类似西方式正手握拍法，是红土场选手常见的选择。击球区域更高，更容易处理高球和击出上旋回球。在网球场上，一些最强力的反手选手都使用这种握拍方式。

劣势：其局限与西方式正手握拍法类似，不适合处理低球，而且由于它相当极端的握拍方式，转换到适合网前截击的大陆式也不是那么迅速。采用这种握拍方式的选手通常需要长距离快速挥拍，而且更适合站在底线。

（六）西方式握拍法

从半西方式握拍法开始，顺时针转动手（左手握拍逆时针转动），直到食指根放在下一条斜边上，这时的握拍法就是西方式握拍法。从拍柄方向看过去，食指根放在拍柄的底边上，使得手掌几乎完全位于拍柄下方，如图 11-6 所示。

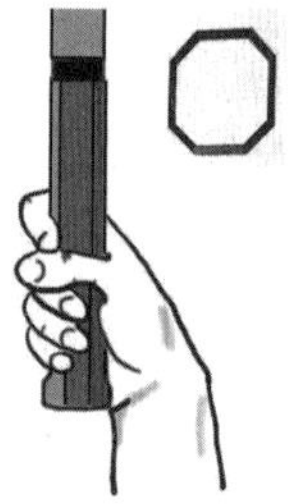

图 11-6　西方式握拍法

优势：这是一种极端的握拍方式，击球时接触球的时间最长。手腕的位置迫使球拍完全地抽击球的后部，打出极强烈的上旋球。利用这种方式击出的球可以高高地越过球网而仍然落在球场中；而这样的球通常落地后弹跳得又高又快，使得对手不得不在离底线很远的地方回球。

劣势：低球是这种握拍的克星，另外，由于快速场地上球弹跳得较低，因此使用这种握拍方式的运动员很难在快速场地有所作为。而且，使用这种握拍方式时需要有极快的拍球速度和强劲的腕力，才能产生一定速度和转动的击球，否则会被对手抓住机会进攻。这种握拍难以平击，上网和截击时也难以快速转换握拍方式。

（七）双手反手握拍法

双手握拍法是目前最流行的握拍方式，但关于双手的握法仍有一些争议。通常情况下，支配手用大陆式握拍法，非支配手在支配手上方用半西方式握拍法，如图 11-7 所示。

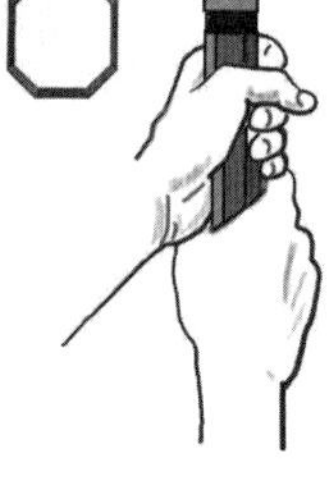

图 11-7　双手反手握拍法

优势：这是单反无力球手的最好选择，能够击出比单手更扎实的球。双手基于肩部的旋转和更高效的挥拍能够提供更大的威力。

劣势：双手都抓住拍柄，会影响球手的移动，因此很难应付大角度回球，特别是在救球的时候很难转动上身击球。

## 二、球的旋转

（一）上旋球

打上旋球是球拍自后下方向前上方挥动摩擦整个球体，使球由后下方朝前上方转动。上旋球的打法是在击球时，加大向上提拉挥动的幅度，使球产生较为急剧的上旋，如图 11-8 所示。

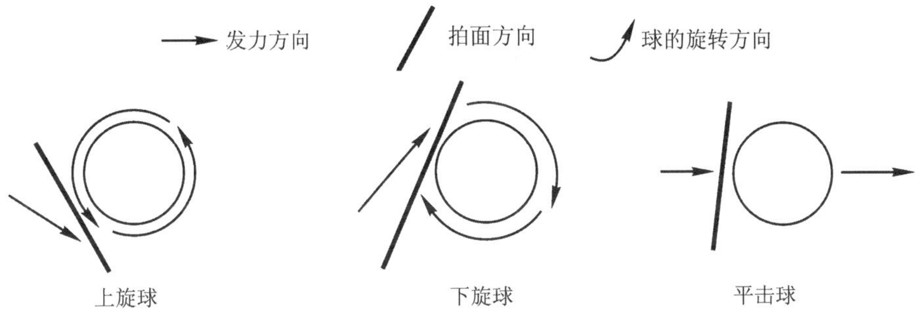


**图 11-8 上旋球、下旋球与平击球**

上旋球的特点是过网高，下降快，落地弹起的反射角度较小，前冲力较大。

打上旋球最大的优点是便于加力控制，正拍击球时既易发力，又能控制球，是减少失误的击球方法。由于在快速移动中调整最佳的击球点很难，而使用上旋球有较大的把握，比其他方法更易于减少失误。

正拍上旋球的飞行路线呈彩虹状，过网后会急剧下降，故运动员可以打出短的斜线球，把对方拉出场外，从而使回击取得主动。上旋球还是破坏对方上网的有力武器，例如，击出较低的上旋球，使之落在网前对手的脚下，使其难以还击。

（二）下旋球

和上旋球旋转方向相反的球是下旋球，俗称“削球”。击球时，球拍稍向前倾，由后上方至前下方挥拍击打球的后下部，使球产生下旋转。球由前上方向后下方旋转并向前飘行，过网时很低，落地后弹起也很低并伴有回弹现象，如图 11-8 所示。

下旋球的落点容易控制，常用于随击上网。运动员可以协调连贯地把随击与上网结合起来，利用下旋球的飞行时间和深而准的落点冲至网前截击；也可以把击出下旋球作为变换旋转和节奏的打法，扰乱对方的节奏，迫使对方失误。

（三）平击球

打平击球时，挥拍击球的正后部，拍面几乎垂直于地面，如图 11-8 所示。用同样的力量击球时，平击球的球速最快，球落地后前冲力大，球的飞行路线较平直，但其准确性和控制力较差，因此这种击球法在比赛中较少使用。

（四）侧旋球

击球时球拍由后部向内侧平行挥动，使球产生由外向内的侧旋转，故称侧旋球。这种球呈水平向外侧的弧线飞行，落地后向外跳，常用于正拍直线进攻。

在实践中，球的旋转常是混合性的，球的旋转与来球的方向、力量、旋转速度，击球时的挥拍路线，触球时的拍面角度等因素有关。因此，要想击出不同的旋转球，需要在平时训练中反复练习。

## 三、无球技术

### （一）准备姿势

这是学习网球的第一阶段。在打网球的全过程中，球员将不断地反复摆出这个姿势。因此，找到一个舒服的准备姿势是很重要的。其中，正手握拍时的准备姿势如下：

面对球网，双脚向前自然分开，双膝微屈，身体略向前倾，重心落在双脚的前脚掌上，右手握拍，左手轻托拍颈，双肘微屈，球拍舒适地放在身前，拍面垂直于地面，拍头指向对方，两眼注视对方来球，如图 11-9 所示。

图 11-9　正手握拍准备姿势

### （二）挥拍动作

挥拍动作不是单纯地挥动球拍，而是一个从准备活动开始的连续完整的动作。挥拍动作由以下 6 个阶段组成。

准备姿势：身体、肩部等都要放松，如过于用力，将无法顺利进行挥拍动作。

后摆：可选择从上往下、直线、从下往上后摆。后摆动作要有充分的余地，最好是在来球刚过网时进行。不只是握拍手后摆，同时还要转体，如图 11-10 所示。

前挥：眼睛要盯住球，臂部要尽量伸展挥拍，注意不要仰头，如图 11-11 所示。

击球：手腕固定，保持拍面稳定，击球的一瞬间再猛握，如图 11-12 所示。

随挥：动作幅度要大，且自然地停止用力，如图 11-13 所示。

回到准备姿势：随挥后的手臂平缓地收回到身体的中心，做好再次击球的准备。

图 11-10　后摆

图 11-11　前挥

图 11-12　击球

图 11-13　随挥

### （三）步伐

封闭式：右脚略向斜侧，左脚与来球方向平行，如图 11-14 所示。

开放式：后脚在身体后侧，来球时马上跟进，另一只脚相应前移，以保持平衡，如图 11-15 所示。

半开放式：后脚比来球飞行方向平行位置稍靠后，脚步更开，从而减轻上肢的压力，如图 11-16 所示。

图 11-14　封闭式

图 11-15　开放式

图 11-16　半开放式

## 四、有球技术

（一）正拍击球

正拍击球是网球比赛中运用得最多的一项技术，其动作自然、舒展、有力且精确度较高。正拍击球主要分为传统正手和现代正手两种。传统正手是指运用关闭式步法，采用东方式握拍法的击球方式；而现代正手则是指运用开放式步法和西方式握拍法的击球方式。比赛中，大多数运动员都会尽量使用正拍击球，有些职业运动员甚至用正拍覆盖 3/4 以上的场区。

正拍击球是网球技术中最基本、最主要的击球方法。每名网球运动员都应该强化自己的正拍技术，而初学者也应该从正拍击球开始练习。正拍击球的动作要领如下（以右手持拍为例）。

1. 准备姿势

不论打正手球还是打反手球，在底线击球的准备动作都是两脚分开站立，比肩略宽，屈膝，重心偏前，落在前脚掌，拍头指向正前方，另一只手托住拍颈，眼睛注视来球方向。

2. 向来球移动

根据来球的方向、力量及旋转，迅速判断好落点和大致的击球点，然后向来球方向移动。要注意的是，应该提前移动而不是等球落地后再移动。在球落地后，在击球前用小碎步和垫步调整以找到准确的击球位置。

3. 转肩拉拍准备击球

接近击球点时，采用封闭式步法，先出右脚，侧身使左肩朝向来球方向，将球拍拉向后，然后跨出左脚，使面部对着来球，拍头不要下垂，并尽量快速、平稳地向后拉拍，保持拍面基本垂直于地面。如果采用开放式步法，右脚向来球跨出，同时转肩拉拍。

4. 挥拍击球

球拍迅速向前挥动，同时身体重心向前移动，击球点在身体右前方约一个拍子距离。击球时要握紧球拍，用大臂及身体蹬转的协调力量击球。

5. 球拍随挥动作

击球后动作不要停止，球拍应沿着击球的方向做随挥动作并随着惯性挥动至身体的另一侧。结束后，迅速恢复到准备姿势，以利于下一次击球。

整个过程如图 11-17 所示。

图 11-17　正拍击球过程

（二）反拍击球

熟悉球性并初步掌握了正拍击球的技术要领之后，就要开始学习反拍击球技术了。对于大多数球员来说，反拍击球总不如正拍击球娴熟、有力，而在比赛中反手位更常常是对手攻击的目标。正因如此，反拍技术才显得非常重要。

几种不同的反拍击球动作要领如下（以右手持拍为例）。

1. 单手反拍击球

（1）准备姿势：准备姿势与正拍击球相同，当判断对手要将球打至反手位时，应及时移动步伐并调整握拍方法，初学者最好采用东方式反手握拍法。

（2）向来球移动：根据对手来球的方向、力量及旋转等，判断来球的落点，并立即向来球移动，选择最佳的击球点。

（3）脚步：用小碎步调整位置，接近最后击球的位置时，重心移向左脚站稳，接着右脚向左脚前方跨出一大步并降低重心。

（4）转肩收拍：非持拍手托住拍颈，由转肩动作带动球拍向后，侧对击球点，前肩的方向对准来球，眼睛始终盯住球。

（5）挥拍击球：利用蹬地转体的力量将球拍从身后向前上方挥出，同时重心向前移动。在击球一刹那手腕绷紧保持稳定，要有从手背用力把拍子推出的感觉，击球点应在身体的左前方。

（6）球拍随球送出：球离开球拍后不要停止动作，继续随惯性自然向上方挥动，动作结束在右前上方，控制住球拍并保持拍头向上。结束后，迅速恢复到准备姿势，以利于下一次击球。

整个过程如图 11-18 所示。

图 11-18　单手反拍击球过程

2. 双手反拍击球

双手反拍击球的优点是击球力量大、容易控制球，缺点是动作控制范围相对较小，因此要求运动员的脚步灵活，并且移动范围要大。

（1）击球点：双手反拍的击球点相对于单手反拍来说，离身体更近。

（2）后摆动作：球拍向后时，应该尽量把球拍向后引，并转体使右肩贴近下颌处，以便左手和球拍协调一致地向后摆动。

（3）挥拍击球：击球点与腰齐高，接近前膝，体会双手协调一起用力向前的感觉。

（4）随挥：击球后拍头随着球飞出的轨迹挥至身体的另一侧，在高处结束动作，左肩贴下颌并保持拍头向后，拍柄底部向前。结束后，迅速恢复到准备姿势，以利于下一次击球。

3. 反手切削球

（1）握拍方法：一般采用大陆式握拍法。

（2）转肩收拍：左手托住拍颈向后收拍手肩上，位置高于打平击球和上旋球。

（3）挥拍击球：拍面从上向下削击球，注意拍面不要过分打开。

（4）随挥：击球后球拍随着球出去的方向继续向前下方挥出，并逐渐打开拍面，直至手臂自然带着球拍向前做随挥动作至高处。结束后，迅速恢复到准备姿势，以利于下一次击球。

（三）发球

在所有的网球技术里面，只有发球完全由自己掌握，不受对手的干扰。发球是进攻的开始。好的发球在保证一定的成功率的前提下，同时应具有进攻性。运动员通过发出的球在落点、速度和旋转方面的变化，可在比赛中直接得分或制造得分机会。发球技术强调动作连贯、简练，以及良好的平衡和准确的抛球，等等。

1. 发球过程

（1）握拍。发球时，运动员通常采用大陆式或东方式反手握拍法，初学者也可以先从东方式正手握拍法或反手握拍法开始。

（2）站位。以右手持拍为例，在左区发球时左肩对着左边网柱，侧身站立，两脚分开约同肩宽，左脚指向右网柱，右脚约与端线平行，重心在左脚上，身体自然前倾。左手拇指、食指及中指三指持球，无名指和小拇指自然屈于球的后部，右手握拍，拍头指向前方。在右区发球时，左脚与端线平行，右脚指向右网柱。

（3）抛球。持球手的肘部渐渐伸直并向下靠近持球手同侧的大腿，然后从腿侧自下而上将球抛起。在整个动作过程中，手臂伸直，掌心向上，尽量避免勾指、甩手腕等多余的手部小动作，球在空中的旋转越少越好。

球脱手的最佳点在头顶。脱手过早容易造成球在空中旋转和位置过于靠前，出手过晚则会令球的位置过于靠后。脱手时手指展开，将球送至空中。球抛到空中的高度大约到握拍手臂向上充分伸展时球拍的顶部，但也要视个人情况而定。

（4）后摆拉拍。后摆拉拍动作与抛球是同步开始的。当持球手在左脚前上举时，球拍向下向后做弧形摆动，举至背后，肘关节抬起，同屈膝、屈体协调一致，为有力挥拍击球做好充分准备。

（5）挥拍击球。当球从最高点开始下落时，在屈膝、弓背动作的基础上自下而上依次蹬直踝部、膝部，反弹弓背并向出球方向转体。在蹬腿转体的同时，右肘关节继续抬起，拍头下垂，左臂逐渐下落，最后，以肘关节为轴带动手、拍头摆向击球点。需要注意的是，手腕的张弛适度对击球是十分重要的，过度紧张将导致整个手臂僵硬，太松又很容易使球失去控制。

（6）随挥动作。击球后身体向场内倾斜，保持连续、完整、向前上方伸展的随挥动作。球拍挥至身体的左侧，同时重心前移，向场内上一步保持身体平衡。

整个发球过程如图 11-19 所示。

图 11-19　发球过程

2. 发球方式

下面简单介绍三种不同的发球方式。

（1）平击发球。平击发球时，击球点应在右眼的前上方，让拍面中心平直对准球，击球的后中上部，身体充分向上向前伸展，以获得最高击球点，提高发球命中率。这种发球方法不但球速快，而且反弹低，因此又被称为“炮弹式发球”。

（2）切削发球。切削发球是一种以右侧旋转（略带下旋）为主的发球法。发球时把球抛到右侧斜上方，球拍快速从球的右上方往左下方切削击球。切削发球不但球速快、威胁大，而且容易提高发球命中率，因此，切削发球被世界各国多数运动员所采用。

（3）旋转发球。旋转发球时把球抛到头后偏左的位置，击球时身体尽量后仰成弓形，利用杠杆力量对球进行迎击，球拍快速从左向右上方挥动，从下向上擦击球的背面，并向右带出，使球产生右侧上旋。旋转发球上旋成分多于切削发球，发出去的球产生一个从上向下的弧形飞行轨迹过网，落地后会反弹到对方的左侧，迫使对方离位接球。

（四）截击球

截击球是指在来球落地之前将球凌空击回的技术。在现代网球比赛中，截击球是一项重要的技术。截击球技术包括中场截击和近网截击。

1. 中场截击

中场截击时一般站位于发球线中点附近。中场截击可分为正拍截击和反拍截击。下面以正拍截击为例介绍击球的技术要点。

（1）当对方击球时，脚跟提起，转胯转肩，同时左脚向侧前方做 45°跨步，以转肩来带动球拍后摆，但后摆动作不超过肩，肘关节微屈，手腕弯曲成 45°左右，拍面略开。

（2）截击时手腕紧固，击球点在左脚尖的延长线上，以短促而有力的动作向前迎击来球，触球部位为球的中下部。

（3）击球后，向网前迈进，准备近网截击或打高压球。

反拍截击时，准备姿势与正拍击球相同。所不同的是，击球时右脚向侧前方 45°跨出，重心前移至左脚，击球点位于右脚尖前面。

2. 近网截击

近网截击站位比中场截击站位要靠前，位于发球线前1.0~1.5米左右，它是在中场截击基础上网前得分的主要手段。准确判断落点并果断击球，能给对方以致命的一击。这里同样以正拍为例介绍技术要点。

(1) 通过判断对方来球的质量（包括球速、球离网高度及球的角度）迅速调整位置，控制拍面。

(2) 身体重心向前，转体的同时完成后摆动作，后摆动作小，击球点在身体侧前方。

(3) 左脚应向侧前方跨出，同时重心落在左脚，肘关节与身体距离不应太远。

(4) 击球时，手腕紧固，以短促有力的动作向前向下击球。如来球快而平，拍面应稍开，击球中下部；如来球快而高并略带上旋，拍面应与地面垂直，击球中部。

(5) 击球动作短促简单，因此，击球后随球动作小，应迅速准备下一次截击。

反拍近网截击时，前期准备动作与正拍截击动作相同。所不同的是，击球时右脚跨出，重心转移至右脚。

(五) 高压球

高压球是在头上进行大力扣杀的一种击球方法。当运动员上网时，若对方挑高球，这时运动员可在头部上空用扣杀动作还击来球。

高压球的握拍和击球与发球时动作相似。稍有不同的是，由于对方击过来的球下落速度要比发球快，所以击球时要以较小的身体动作，较短而直接地后摆收拍，完成击球动作。高压球的技术要点如下：

(1) 确定对手在挑高球时，应马上侧身转体，拍头注视来球并用短促的垫步向后退，重心在两脚前脚掌。

(2) 持拍手上举至头部位，向后引拍，拍头下垂至肩后。

(3) 当球落至头前上方时，迅速挥拍击球，猛击球的后上方。

(4) 击球结束，随挥动作尽量像发球结束动作一样完整，球拍落在身体左下方。

如果跳起打高压球，应用后脚起跳，随后转体、收腹。击球后用左脚着地，同时右脚迈出，以保持身体平衡。

(六) 挑高球

挑高球就是使球高高飞越球网，落入对方后场区域。它是比赛中常使用的技术。当对方上网时，可用挑高球迫使对方后退，为自己赢得回到场中有利位置的时间。

击球时拍面朝上，由后下方向前上方平缓挥拍击球的中下部。动作要柔和，但手腕不能放松。为了更好地控制球的高度和深度，球拍在球上停留时间应稍长一些。

(七) 放小球

放小球就是将球轻轻击到对方网前。和挑高球一样，放小球一般是比赛中的一种战略。当对方在端线以外的地方时，突然放小球，可将对方引至前场，消耗对方体力，同时给对方造成心理上的压力。

当准备放小球时，球拍后引，侧身对网，拍头高于设想的击球点。击球时拍面稍仰开，动作柔和，击球的下部，使之产生下旋，并加以适当的前推或上托动作，使球有适当的弧线落在对方球场近网处，一般离网不超过 1.5 米。击球后，身体重心向前跟进，以自然协调的姿势完成随球动作。

# 第三节 网球运动基本战术

## 一、单打战术

### （一）单打战术的基本原则

单打战术的基本原则如下：① 保持进攻性和安全性。运动员要保证回球的成功率和威胁性。② 在相持球时把球打深。这样做的目的包括：迫使对手向后移动；减小对手的回球角度；使对手远离底线，降低回球的威胁性，使自己获得更多的进攻机会。③ 把球打向对手的弱侧。在比赛中如果能有效抓住并进攻对手的弱点，则很容易取得主动或者直接得分。④ 迅速回位。每一次击完球后都要回到场地中间或者回到对方回球角度中间位置。

### （二）发球战术

站在右区发球时，站位应靠近中点，发直线球以迫使对方反手接球；站在左区发球时，站位可以距中点稍远，这样便于以更大角度斜线发到对方反拍区，同时扩大自己正拍防守的区域。

由于发球不受对方支配，一般多用大力平击发球造成对方接发球失误，或用切削发球、上旋发球发至对方防守较差地区。

### （三）接发球战术

接发球时，站位应尽量在端线内半米左右，在对方可能把球发到的范围内的角分线上，这样可以压制对方，自己上网。击球时，可以采用抽击球将球回击到对方底线两角；也可运用旋转使球旋向两边线外，造成对方左右奔跑；或运用切削球打到近网两角，运用挑高球挑过发球者头顶；等等。

### （四）上网战术

上网战术指在发球或接发球后，冲到离网较近的位置，不等对方回击的球落地便进行空中截击或高压的一种战术。上网时尽可能站在距离球网约 2 米处。近网进攻威胁性大，封网角度小，防守控制面积大。

### （五）底线战术

采用底线战术时，击球位置在端线上或靠近端线。在底线击球时要利用整个场地，可以使用斜线对拉打法大范围调动对手，以争取时间，寻找有利的进攻时机。

## 二、双打战术

### （一）稳定地击球

双打比赛最重要的是击球的成功率和对线路、落点的控制，而不是一味地全力还击。

（二）尽可能占据网前优势

尽可能找机会占据网前的进攻机会，迫使对手失误或者回球质量不高，给己方制造有利的进攻机会。

（三）积极抢网

在双打比赛中，如果网前人移动迟缓，抢网不积极，甚至根本就不抢网，那么对手击球就会很轻松，即使在接发球时也不会有太大压力。相反，如果球员在网前移动迅速，抢网积极，那么对手在击球时总要猜测网前人的意图，就会有压力。抢网时，要在对手击球的一瞬间起动，不要移动太早。对方如果察觉到你要抢网，便会坚决地打出穿越球得分。

（四）协同配合

双打搭档成为一个整体，协同配合打球是双打比赛成功的关键。

（五）交流沟通

双打搭档在比赛中要多交流，尤其是在本方处于不利情况时，要相互鼓励，一起探讨对策，切不可互相埋怨或者流露出不满的情绪。要沟通、交流战术思想和打法，也可以用手势进行交流。双打比赛是两人配合的比赛项目，因此，在战术上需要两个人的默契协作。一般是正拍打得好的队员站在右边，反拍打得好的队员站在左边。发球者站在底线后面的中线与边线之间的一半处，比单打站位稍靠边线，因为另一边有同伴防守。如果对方接发球回击过来的是中场球，由上网运动员争取截击，发球运动员随时移动补位。情况复杂时，两人可以通过呼叫“我的”或“你的”互相提示。若来球在两人之间，一般由正拍击球者回击；若来球在两人之间，但球是斜线球，由离球近的运动员迎击。

## 第四节 网球运动专项体能训练

### 一、力量素质训练

爆发力对一名网球运动员来说尤为重要。在完成各种击球及移动动作中，运动员实际需要的是在特定负荷条件下所表现出的最大动作速度力量和速度力量耐力。肌肉的爆发性力量是必须发展的素质，特别是手臂、髋关节、膝关节及腰腹部、背部的屈伸力。

网球力量素质训练方法：

（1）杠铃训练：推举、卧推等。

（2）腹肌力量训练：团身仰卧起坐、抬腿仰卧起坐、两侧接实心球等。

（3）弹跳训练：深蹲跳、分腿跳等。

（4）实心球训练：正反手模拟挥拍击球练习等。

（5）体重训练：俯卧撑、靠墙坐等。

## 二、速度素质训练

网球运动中的速度素质包括反应速度、移动速度和动作速度。

（一）反应速度

运动员往往在事先无准备或准备不足的条件下，通过视觉感受器接受各种刺激（如各种不同性质的来球、对方的站位），然后根据技、战术的需要，经过瞬间的思考、判断，迅速采取行动。在整个反应过程中，不仅时间非常短促，而且所遇到的情况非常复杂。

（二）移动速度

运动员往往根据来球状况和战术需要进行移动。移动方向随机多变，大多介于2．5~6米之间（最长14米，平均为4米）。移动形式也无一定规律，大多采用分腿垫步、跨步、跑步、交叉步、冲刺步等形式。主要移动的方向为侧向、向前和向后。

（三）动作速度

运动员在快速冲刺中要完成击球动作，比赛时心理压力大，因而动作节奏性较弱、应变性较强。完成动作时身体重心较低，肌肉常处于紧张状态。

网球速度素质训练方法：

（1）速度爆发力训练：原地跑、阻力冲刺、加速冲刺等。

（2）力量速度训练：双腿屈膝高跳等。

（3）速度耐力训练：底线至球网折返跑练习、跑线练习等。

（4）反应速度训练：教练员手中拿球落地弹起一下接住等。

## 三、耐力素质训练

网球运动70%是靠磷酸原系统供能的，20%的能量来自糖酵解系统，而仅有10%能量来自有氧代谢系统。一场网球比赛所需的能量基本上取决于对攻时间的长短。网球运动对运动员的耐力素质有很高的要求。

耐力素质训练方法：

（1）法特莱克训练法。

（2）间接性训练：冲刺100米，慢跑100米，再冲刺100米；变速跑；跳绳；等等。

（3）网球专项无氧连续动作训练：教练员在离运动员约3米处站立送球。教练员将球滚向或扔向运动员的任一侧，运动员必须接住球并回传。教练员继续不定点送球，运动员则在10秒钟内，力求尽可能多地回传。

## 四、灵敏素质训练

网球选手的灵敏素质是运动技能和各种素质在运动过程中的综合表现。网球选手在极短的时间里应有良好的判断能力，并且在完成动作过程中应准确处理好身体各部位及人与球的关系。灵敏素质对有效发挥技、战术起着不容忽视的作用。

网球灵敏素质训练方法：

（1）猜拳追逃：在一块长方形场地上，两队练习者分别站在一端。练习开始后，两队的第一个人单腿跳相向前进，当两人相遇只差一大步时停止，换另一只脚站立，接着面对面猜拳。输者单脚跳返回起跑线，胜者追拍输者。输者到达起跑线而未被拍着，得一分，反之对方得一分，然后各队换第二人练习。最后得分多的队获胜。

（2）钻越人障：一名队员在低凳上做俯卧撑动作，其余队员站在旁边，当做俯卧撑的队员撑起时，队员从甲身下钻过。

（3）扔乒乓球：甲队队员任意分布在规定的区域内，乙队队员站在区域外用乒乓球向甲队队员投击。甲队队员可在活动区躲闪，也可接住乒乓球。被击中者退出活动区。乒乓球被接住可使甲队已退出活动区的队员重新进入活动区。

## 五、柔韧素质训练

在网球比赛中，技术动作如发球、高压球、大范围跑动扑救球等对身体的柔韧性要求很高。网球运动的柔韧素质主要表现在髋、腰、膝、腕关节的活动幅度及上下肢肌肉和韧带的伸展能力上，对掌握和提高技术（尤其是难度高的技术）、避免运动创伤和发展其他身体素质都起着重要作用。

网球运动柔韧素质训练方法：

（1）身体伸展：仰卧，手臂伸向头顶，使身体尽量地伸展，持续 30 秒。

（2）颈部伸展：双腿盘起坐在地上，低头，下颚尽量接触胸，抬头向上望，头右转向右肩方向侧看，头左转向左肩方向侧看。保持两肩下沉，右耳尽量触右肩。每项内容至少持续 10 秒。

（3）肩部伸展：左手抱住右肘，向胸部拉，持续 5 秒，左右臂交换进行。或手臂在身后伸直，双手交叉向上拉。

（4）三角肌伸展：左手抱住右肘，在头后拉，持续 30 秒，左右臂交换进行。

（5）肘和腕的伸展：左臂伸直，掌心向下，右手慢慢地将左手手腕向上屈；左手掌心向上，右手慢慢地将左手手腕向下屈，持续 5 秒，左右手交换练习。

（6）股四头肌伸展：身体直立，左手握住左踝，持续 5 秒，慢慢地将左脚跟拉向臀部。重复做另一侧，每侧持续 30 秒。

（7）大腿后部肌肉伸展：坐在地上，左腿屈膝，将下肢向前或向身体侧面前伸。用手触摸右腿的脚后跟，持续 5 秒，抬头并保持后背平直，腰部向右腿伸展的方向前屈。持续 30 秒，重复做另一侧。

（8）后背伸展：平仰在地上，一只腿伸直，将另一只腿向胸部抱紧。重复进行另一侧。

（9）小腿和跟腱伸展：两腿前后分开站立，右膝略弯，进一步屈右膝，直到左腿感到牵拉。持续 30 秒，重复进行另一侧。

（10）踝关节伸展：一腿支撑站立，另一只脚脚尖做最大限度的环绕动作，每方向做 15 秒，左右脚交换进行。

## 第五节 网球运动的主要竞赛规则

网球比赛分为单打和双打两种形式。球员用网球拍将球击过网，并落在对方的场地上。每位球员的目的都是尽力将球打到对方的场地上去，就这样一来一回，直到有一方将球打出界或接到球为止。

在正式比赛前，需要确定比赛由谁先发球。在整个比赛中，双方球员轮流发球，发球员在未发球前应先站在端线后中点和边线的假定延长线之间的区域里。发出的球应从网上越过，落在对角的对方发球区内。每局第一分球记为 15 分，第二分球记为 30 分，接下来记为 40 分。每局比赛中，至少要比对手多 2 分球才能结束该局比赛。

### 一、球场

球场为长 23.77 米、宽 10.97 米的矩形。中间由一条挂在最大直径为 0.8 厘米的绳索或钢丝绳上的球网分开，如图 11-20 所示。

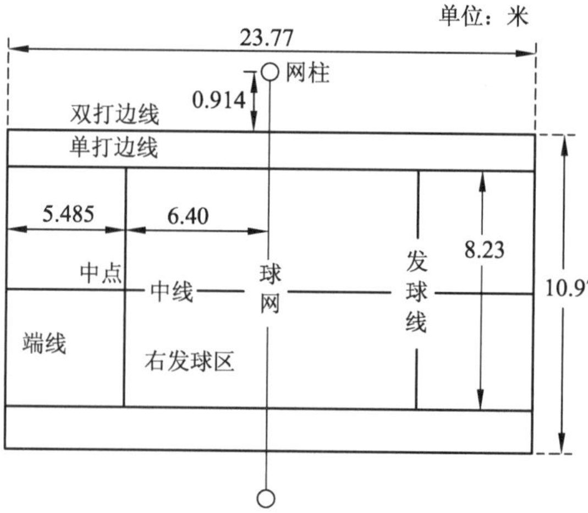


图 11-20 标准网球比赛场地示意图

网球场可分为室外球场和室内球场两种，且有各种不同的球场表面。例如，草地场、红土场、硬地场、地毯场等。

（一）草地场

草地场是历史最悠久、最具传统意味的一种场地，其特点是球落地时与地面的摩擦小，球的反弹速度快，对球员的反应性、灵敏性、奔跑的速度和技巧等要求非常高。因此，草地往往被看成“攻势网球”的天下，发球上网、随球上网等各种上网强攻战术几乎被视为在草地网球场上制胜的法宝，底线型选手在草地网球场上则难有成就。

但是，草地球场由于对草的特质、规格要求极高，加之气候的限制，以及保养与维护费用昂贵，很难被推广到世界各地。目前每年的寥寥几个草地职业网球赛事几乎是在英国举行的，且时间集中在 6 月和 7 月，温布尔登网球公开赛是其中最古老也最负盛名的一项赛事。

（二）红土场

红土场更确切的说法是“软性球场”。此种场地的特点是球落地时与地面有较大的摩擦，球速较慢，球员在跑动中特别是在急停急回时，会有很大的滑动余地。这就要求球员必须具备充足的体能和很好的奔跑、移动能力，在这种场地上比赛对球员的底线相持功夫是一个很大的考验。球员一般要付出数倍的汗水及耐心在底线与对手周旋。获胜的往往不是打法凶悍的发球上网型选手，而是在底线艰苦奋斗的一方。最有名的红土网球赛事就是法国网球公开赛。

（三）硬地场

现代大部分的比赛都是在硬地球场上进行的。硬地场是最普通、最常见的一种场地。硬地场一般由水泥或沥青铺垫而成，其上涂有红、绿色塑胶面层，其表面平整、硬度高，球的弹跳非常有规律，但球的反弹速度很快。需注意的是，硬地不如其他质地的场地弹性好，地表的反作用强而僵硬，容易对球员造成伤害，而且这种损害已使许多优秀的网球选手付出了很大代价。

（四）地毯场

地毯场是一种便携式、可卷起的网球场，其表面是塑胶面层、尼龙编织面层等，一般用专门的胶水粘接于具有一定强度和硬度的沥青、水泥、混凝土地基的地面上，有的甚至可以直接铺展或粘接于任何有支持力的地面上。其铺卷方便、便于运输且有非常强的适应性。球的速度需视场地表面的平整度及地毯表面的粗糙程度而定。此种场地的保养非常简单，只要保持地面清洁，不破损、不积水就可以了。

## 二、球与球拍

场上用球的外部需要由纺织材料统一包裹，颜色为白色或黄色，接缝处需无缝线痕迹。球的质量为 56.7~58.5 克。

球拍的击球面应该是平坦的，由连接在球拍框上的拍弦组成。拍弦在交叉的地方应该是相互交织或相互结合的；拍弦所组成的式样应该大体一致，中央的密度特别不能小于其他区域的密度。球拍拍框的总长度（包括拍柄）不能超过 68.58 厘米（27 英寸）；拍框的总宽度不能超过 31.75 厘米（12.5 英寸）；穿弦平面的总长度不能超过 39.37 厘米（15.5 英寸），总宽度不能超过 29.21 厘米（11.5 英寸）。

## 三、发球规定

发球员在发球前应先站在端线后、中点和边线的假定延长线之间的区域里，用手将球向空中任何方向抛起，在球接触地面以前，用球拍击球。球拍与球接触时，就算完成球的发送。

发球员在整个发球动作中，不得通过行走或跑动改变原站的位置，两脚只准站在规定位置，不得触及其他区域。

1. 发球员及发出的球的位置

（1）每局开始，发球员先从右区端线后发球，得（或失）一分后，应换到左区端线后发球。

（2）发出的球应从网上越过，落到对角的对方发球区内或其周围的线上。

2. 发球失误

发球失误的情形：未击中球，发出的球在落地前触及固定物（球网、中心带和网边白布除外），违反发球站位规定。发球员第一次发球失误后，应在原发位置上进行第二次发球。

3. 发球无效

发球无效的情形：发球触网后，球仍然落到对方发球区内；接球员未做好接球准备。

4. 交换发球

第一局比赛终了，第一局的接发球员成为发球员，发球员则成为接发球员。以后每局终了，比赛双方均依次互相交换发球，直至比赛结束。

5. 交换场地

双方应在每盘的第一、三、五等单数局结束后，以及每局结束双方局数之和为单数时，交换场地。

## 四、失分

发生下列任何一种情况，均被判失分。

（1）在球第二次着地前，未能还击过网。

（2）还击的球触及对方场区界线以外的地面、固定物或其他物件。

（3）还击空中球失败。

（4）故意用球拍触球超过一次。

（5）运动员的身体、球拍在发球期间触及球网。

（6）过网击球。

（7）抛拍击球。

（8）发球双失误。

（9）击球时人的身体触网。

## 五、双打发球与接球次序

每盘第一局开始时，由发球方决定由何人首先发球，对方则在第二局开始时决定由何人首先发球。第三局由第一局发球方的另一球员发球。第四局由第二局发球方的另一球员发球。以下各局均按此顺序发球。

先接发球的一方，应在第一局开始时，决定何人先接发球，并在这盘单数局继续先接发球。对方应在第二局开始时，决定何人接发球，并在这盘双数局继续接发球。双方球员应轮流接发球。

接发球后，双方应轮流由其中任何一名队员还击。如运动员在其同队队员击球后，再以球拍触球，则对方得分。

## 六、胜一分、胜一局与胜一盘

（一）胜一分

遇到下列情况时，对方胜一分。

（1）发球员连续两次发球失误。

（2）接发球员在发来的球没有着地前用球拍击球，或球触及自己的身体及所穿戴的衣物。

（3）在球第二次落地前未能还击过网。

（4）还击球触及对方场区界线以外的地面、固定物或其他物件。

（5）还击空中球失败。

（6）在比赛中，击球员故意用球拍拖带或接住球，或故意用球拍触球超过一次。

（7）在活球状态下运动员的身体、球拍（不论是否握在手中）或穿戴的其他物件触及球网、网柱、绳、中心带、网边白布或对方场区以内的场地地面。

（8）还击尚未过网的空中球（过网击球）。

（9）除握在手中（不论单手或双手）的球拍外，运动员的身体或穿戴的物件触球。

（10）抛拍击球。

（11）比赛进行中，运动员故意改变其球拍形状。

（12）发球或回球出界。

（二）胜一局

（1）每胜一球得 1 分，先胜四分者胜一局。

（2）双方各得 3 分时为“平分”。平分后，净胜两分者胜一局。

（三）胜一盘

（1）一方先胜六局为胜一盘。

（2）双方各胜五局时，一方净胜两局为胜一盘。

## 七、决胜局计分制

在每盘的局数为六平时，比赛有以下两种计分制。

（1）长盘制：一方净胜两局为胜一盘。

（2）短盘制（抢七）：决胜盘除外，除非赛前另有规定，每盘一般应按以下办法执行。

① 先得七分者为该盘胜者（若分数为六平时，一方须净胜 2 分）。

② 首先发球员发第一分球，对方发第二、三分球，然后双方轮流发两分球，直到比赛结束。

③ 第一分球在右区发，第二分球在左区发，第三分球在右区发。

## 八、赛制

网球比赛实行淘汰赛。在大满贯赛事中，男子单打比赛采用五盘三胜制，其余赛事的男单比赛基本采用三盘两胜制。女子比赛全部采用三盘两胜制。双打比赛基本采用三盘两胜制。

# 第十二章

# 武术运动

## 第一节 武术运动概述

### 一、武术运动的起源与发展

春秋战国时期，武术被称为“技击”，民国时期，武术被称为“国术”，中华人民共和国成立后沿用“武术”一词。随着历史的变迁，武术的内涵与外延发生着变化。发展到今天，武术是以中华文化为理论基础，以技击方法为基本内容，以套路、格斗、攻法为主要运动形式的传统体育。

武术的本质是技击，具有踢、打、摔、拿等基本技法。武术具有攻防格斗性，在运动形式上，有套路与散打之分，演练方法注重内外结合、形神兼备。武术是一种文化，在传统哲学、医学、兵法学、养生学等文化基础上沉浸而来。武术文化内涵丰富，博大精深，是民族传统体育花园里的一朵奇葩。武术具有体育属性，武术的健身性与竞赛性也日渐显现出来。

按武术的发展历程划分，武术分为古代武术、近代武术与现代武术。武术源于生产劳动。频繁的战争加速了武术形成的步伐。明清时期，大量拳种的出现标志着武术的真正成熟。近代武术呈现出百家争鸣的局面，枝叶繁茂，社会习武土壤肥沃。现代武术深受奥林匹克运动文化的影响，体育化、竞赛化成为其发展的航标。

### 二、武术运动的特点

武术作为民族传统体育特有的项目，有着自身的特点，即技击性、文化性、体育性与广泛性。

(一) 武术的整体技击性

武术作为古代军事训练手段之一，其技击特性显而易见。武术的技击寓于搏斗运动与套路运动之中。搏斗运动主要体现了武术攻防格斗的特点，在技术上与实用技击基本上是一致的，强调武术的整体技击观，声东击西、打上防下。套路运动是中国武术的一种重要表现形式，每个动作具有攻防性，通过拆招、对打的形式展现出来。武术的踢、打、摔、拿、击、刺等攻防技击性就是通过一招一式来表现的，技法多变，讲究整体性。

（二）武术的民族文化性

武术追求形神兼备、内外合一。注重形体规范，更注重精神传意，进而达到内外合一。武术的内是指精、气、神，外是指手、眼、身、法、步。武术“内外合一，形神兼备”的特点是武术文化的标志。“内练精气神，外练筋骨皮”是各家各派练功的准则，如太极拳讲究“以心行气，以气运身”，形意拳讲究“内三合，外三合”。少林拳则追求精、力、气、骨、神内外兼修。

（三）武术的体育性与广泛性

随着历史的发展，武术的健身性与竞赛性凸显出来。科学的健身，规范的竞赛，彰显着武术的体育性。武术的广泛性主要是指：武术的运动内容较多，适合各种人群练习；武术对场地要求不高，只要有空余闲地即可练习；武术受时间、季节影响较小，春夏秋冬，常年可练。

## 第二节 武术套路——太极拳

### 一、太极拳简介

太极拳是中国武术中具有标杆性的武术拳种。太极拳是结合中国古代的养生术、导引术、戚继光的三十二式长拳，以及古代的阴阳学说和太极等理论编成的一种拳术。太极拳最早起源于明末清初河南温县陈家沟，由陈王廷所创，迄今已有近400年的历史。太极拳在长期演变中形成了许多流派，其中流传较广或特点较显著的有陈式、杨式、吴式、武式和孙式太极拳。

### 二、太极拳练习要领

1. 虚领顶劲

虚领顶劲即“顶头悬”。练拳时讲究头正、顶平、项直、颌收。要求头顶的百会穴处要向上轻轻顶起，同时又须保持头顶平正。顶劲不可过分用力。虚领顶劲自然，精神才提得起来，动作才能沉稳、扎实。

2. 气沉丹田

气沉丹田要求身法端正，宽胸实腹，“意注丹田”，意识引导呼吸，将气徐徐送到腹部脐下。练习太极拳时，一般采用腹式呼吸，同时“意注丹田”，这样才能达到“身动、心静、气敛、神舒”的境地。整套动作要与呼吸结合得非常密切。

3. 含胸拔背

含胸是胸廓向内含虚，使胸部有舒缓的感觉。含胸拔背有利于做好腹式呼吸，能在肩锁关节放松、两肩微含、两肋微敛的姿势下，通过动作使胸腔上下径放长，横膈有下降舒展的机会。它既能使重心下降，又能使肺脏、横膈活动加强。

4. 松腰敛臀

太极拳要求含胸、沉气，在含胸时必须松腰。松腰不仅帮助沉气和下肢的稳固，更主要的是它对动作的进退旋进，用躯干带动四肢的活动及动作的完整性起着主导作用。敛臀则是在含胸拔背和松腰的基础上使臀部稍作内收。敛臀时，可尽量放松臀、腰部肌肉，使臀肌向外下方舒展，然后轻轻向前、向里收敛。

5. 圆裆松胯

裆即会阴部位。虚领顶劲要与圆裆松胯上下相应，这是保持身法端正、气贯上下的锻炼方法。裆要圆，又要实。胯撑开，两膝微向里扣，裆自圆。会阴处虚上提，裆自会实，加上腰的松沉、臀的收敛，自然产生裆劲。髋部关节须放松，膝关节须灵活，才能保证上体旋转自如，踢腿、换步灵便。

6. 沉肩坠肘

太极拳在松肩的前提下要求沉肩坠肘。两臂由于肩、肘的下坠会有一种沉重的感觉，这就是上肢内在的遒劲。两肩除沉之外，还要有些微向前合抱的意思，这能使胸部完全涵虚，使脊背团成圆形。两肘下坠之外，也要有一些微向里的裹劲。这样的沉肩坠肘，才能使劲力贯穿上肢手臂。

7. 舒指坐腕

舒指是掌指自然伸展，坐腕是腕关节向手背、虎口的一侧自然屈起。掌的动作是整体动作的一部分，许多掌法都是与全身动作连成一气的，因此舒指坐腕，实际是让通过“其根在脚，发于腿，主宰于腰，形于手指”周身劲力实现一气。

8. 尾闾中正

尾闾中正是指运动中须始终保持尾闾与第七颈椎成一条直线，身体处于中正状态。尾闾中正还影响着下盘的稳固，所以不论直的动作姿势还是斜的动作姿势，身躯一定要中正，不偏不倚。这一点尤为重要。

9. 内宜鼓荡，外示安逸

鼓荡是对内在精神提出的要求，是指精神饱满、神情专注。外示安逸是指“神宜内敛”，不流于形色，给人一种安然自逸的感觉。

10. 运劲如抽丝，迈步如猫行

运劲如抽丝是指太极拳要像抽丝那样缓、匀、稳、静。缓是指“缓以会意”，徐缓地运动才能做到拳意贯通，会意传神；匀是指匀速，不可忽快忽慢，即使是快慢相兼的陈式太极拳也要快慢有常、上下相随、劲如抽丝、富于韵律；稳是指动作沉稳，不能忽高忽低；静是指心理安静、不存杂念，动作不急不躁。迈步如猫行是稳中求静，动作扎实、灵活的形象化说法。

## 三、二十四式太极拳基本动作和练习方法

（一）起势（图 12-1）

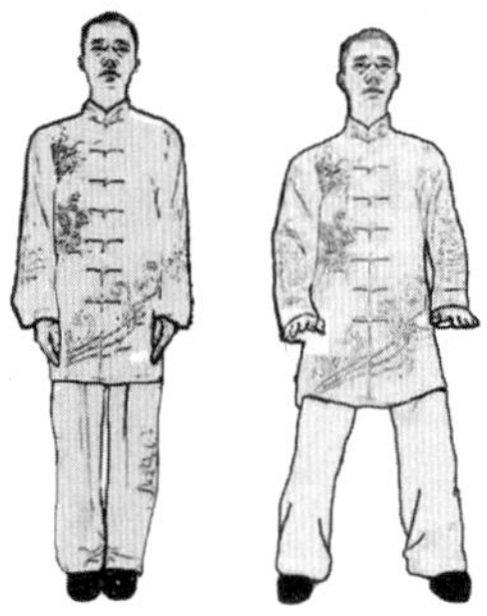

图 12-1　起势

（1）左脚向左开立，与肩同宽，两脚平行，脚尖向前（此时上体保持不动，不要故意挺胸或收腹，下颌微向后收）。

（2）两臂慢慢向前平举至与肩同高同宽（在平举过程中两手注意不要垂腕，不要耸肩），两手手心向下，胳膊微屈，不要打直。

（3）两腿屈膝下蹲，同时两掌轻轻下按至腹前，两眼平视前方，上身正直。

要点：两肩要下沉，两个胳膊不要向外撑得太大，屈膝时，屁股不要凸出向前塌腰，重心在两腿之间。两臂下落与屈膝是同时完成的。

（二）左、右野马分鬃

1. 左野马分鬃（图 12-2）

（1）上体微向右转，身体重心移至右腿上，左脚收于右脚内侧成丁字步，左脚脚尖点地，移重心收脚的同时右臂收于胸前，手心向下，左手经体前向右下划弧至右手下，手心向上，两手成抱球状，眼看右手（两手高度：上手不过下颌，下手不过丹田。丹田位于肚脐下三寸处，三寸大约为 10 厘米。抱球时两手不要太向外撑，也不要太贴近身体，抱球位置离身体大约三平拳的距离）。

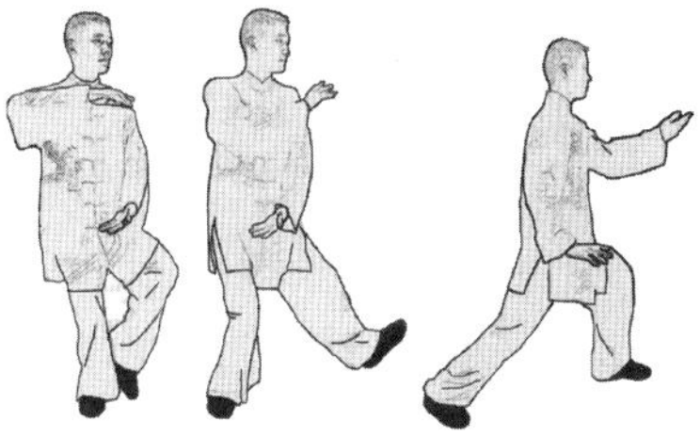

图 12-2　左野马分鬃

（2）上体微向左转，左脚向左前方迈出，脚跟点地，脚尖向前（此时重心依然在右腿），然后重心向前移动成左弓步，右脚跟后蹬，右腿打直（一定要注意蹬胯转腰）。同时上体继续左转，两手分别向左上、右下分手。左手至与眼同高，虎口向上，四指指尖指向斜上方。右手按至右胯旁，手心向下，指尖向前。上体保持正直，眼看左手。

要点：两臂分开时要划弧分开。两脚成弓步与两手分手是同时进行的，速度要一致。弓步时膝盖不要超过脚尖，后腿要打直。脚外掰的角度统一为 45°。

2. 右野马分鬃

（1）重心后坐，移至右腿，左脚脚尖翘起，左脚外摆 45°。左脚脚掌落实的同时身体微左转，重心前移至左腿，右脚收于左脚内侧成丁字步，脚尖点地，同时左手翻手向下，左臂收在胸前，右手向左上划弧至左手下，手心向上，两手心相对成抱球状，同样两手距胸前三平拳的距离。

（2）身体微右转，出右脚脚跟点地，脚尖向前，脚掌落实的同时重心前移，左脚蹬地，左腿打直，同时左右手分别向左下右上分开，右手与眼同高，虎口向上，指尖斜向上，左手按在左胯旁，指尖向前，眼看右手。

要点：同左野马分鬃要点。

（三）白鹤亮翅（图 12-3）

（1）重心前移，右脚向前跟半步，右脚脚尖点地，重心在前腿上；同时左手翻掌，掌心向下，右手向左上划弧，掌心向上与左手成斜抱球状（此处的斜抱球不是指在身体一侧抱球，两手是在身体的正前方，斜是指两手手心不是相对的，右手偏外，左手偏内）。

图 12-3　白鹤亮翅

（2）重心后坐的同时上体微向右转，同时两手上扬，右手上提至右额高，手心照面，左手护于腋下位置，左手手心面向自己（此时身体的重心在后腿，身体面向右前方），同时左脚微收，脚尖点地，眼看右手。

（3）在上体左转的同时，左手经体前向左下划弧至左胯旁，右手基本不用刻意动，随着腰的转动自然带动，同时左脚向前探出成左虚步，重心在右腿，两眼平视前方。

要点：重心后坐与两手上提是同时进行的。左脚先收后出。注意重心不要落于两腿之间，在后腿。

（四）搂膝拗步

该式完整的动作过程为左搂膝拗步—右搂膝拗步—左搂膝拗步。左搂膝拗步动作过程（图 12-4）如下：

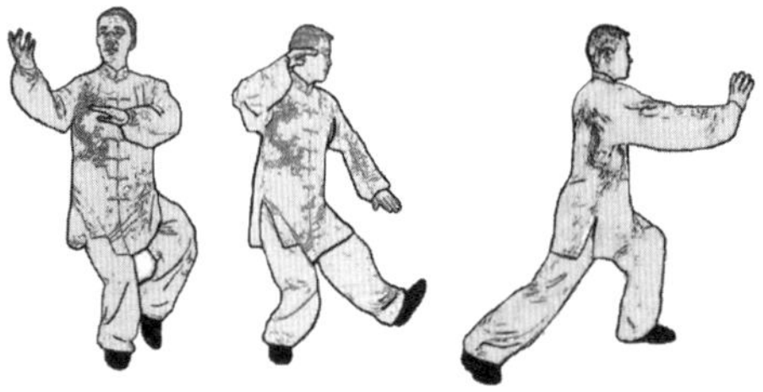

图 12-4　左搂膝拗步

（1）右手经面前划弧至左肩前，掌心面向自己，左手在身体左前方 45°方向上扬至与耳同高，掌心向上；然后身体微右转，以右脚脚跟、左脚脚尖为轴向右转动 45°，同时左手经面前划弧至右肩前，右手向右下方划弧经腹前继续翻掌向斜后方 45°方向划弧至与耳同高，眼看右手。

（2）身体微左转向左前方 45°方向出腿，脚跟先着地，脚尖向前，出脚的同时右手折臂折于耳畔；然后重心前移，在左脚全脚掌落实的同时，右脚蹬脚打直，左手从体前向左下方划弧，并从左膝上方搂过至左胯旁，右手从耳畔推掌，慢慢变成立掌，此时下体成弓步。

右搂膝拗步与左搂膝拗步动作相同，唯左右方向相反。

要点：第一个搂膝拗步，左手是在身体前方 45°方向扬起（左手在身体左侧到左前方 45°方向这个范围内都可以）；转脚与两手划弧是同时的；弓步时身体不要前倾；从耳畔推掌时掌是由平掌在推的过程中慢慢变成立掌的。

（五）手挥琵琶（图 12-5）

图 12-5　手挥琵琶

（1）重心前移，上体保持不动，右脚向前跟半步，右脚脚尖点地，此时重心落在左脚。

（2）重心后坐，同时右手由上往下，左手由下往上划弧，两手手心斜相对，同时左脚微内收，左脚脚尖点地成左虚步。

（3）左脚提起，两手微内收，左脚向前探出，脚跟点地，同时两手向前顿出，重心落在右脚。

要点：两手有上挑下合之势，要注意划弧，不要直上直下；两手之间的距离是人的一个小臂的距离，可以以自己小臂的距离作为参考；定式时两肘不要往外撑，注意夹力。

（六）倒卷肱

该式完整动作过程为右倒卷肱（图 12-6）—左倒卷肱（图 12-7）—右倒卷肱—左倒卷肱。右倒卷肱的动作过程如下：

（1）上体微右转，右手翻掌，掌心向上，从腹前收到腰间向右后 45°方向划弧至与肩同高，同时左手翻掌，掌心向上，眼看右手。

图 12-6　右倒卷肱

图 12-7　左倒卷肱

（2）右臂折臂于耳畔，同时左脚提脚，右手向前方推出经左手上方，两手搓掌，左手收于腰间，同时左脚后撤一步，脚掌先着地，在脚掌慢慢落实的同时重心移至左脚成右虚步。

左倒卷肱与右倒卷肱动作相同，唯左右方向相反。

（3）在做最后一个左倒卷肱时，两手搓掌之后，上体右转，同时右手由下往上、左手由上往下划弧抱球，两掌心相对，同时左脚收于右脚内侧成丁字步。

要点：在整个过程中身体重心不要有太大的起伏；一只手撤手同时另一只手就要翻掌，两个过程同时进行，切忌最后突然翻掌；两掌在身体前方要搓掌；撤脚要撤平行步，不要撤交叉步，撤脚时脚掌先落地；眼看动的手。

（七）左揽雀尾（图 12-8）

（1）上体微左转，出左脚脚跟点地，往斜前方出腿，但是脚尖要向前（此时重心未移动，仍然在右腿），左脚全脚掌落地时膝盖前顶，右脚转脚成左弓步，后腿打直，同时上体继续左转，左手向左上、右手向右下分手，右手按至右胯旁，指尖向前，左手分至与眼同高，此时虎口斜向上，指尖指向身体右侧，眼看左手。

图 12-8　左揽雀尾

（2）上体微向右转，右手经腹前向左斜上方边翻掌边画弧，同时左手翻掌微向上移，两手手心斜相对，两手之间的距离大约为一小臂的距离；然后后腿微屈，重心后移，同时上体微右转，两手随腰转往回捋经腹前向右后 45°方向画弧，右手画大弧、左手画小弧随腰左转在胸前搭掌（搭掌时两掌掌根相搭，右掌掌心向外，左掌掌心面向自己），膝盖前顶，重心前移，同时两掌向前挤出（注意两肘不要打直）。

（3）左手翻掌，掌心向下，右手经左腕上方翻掌，掌心向下，然后两手分开至与肩同宽；后腿微屈，重心后坐，同时两手屈肘回收至腹前，此时两掌掌心均面向前下方，然后重心慢慢前移，同时两手向前上方按出，掌心向前，右腿打直成左弓步，两眼平视前方。

要点：揽雀尾的手形与野马分鬃手形的区别就在于手指的指向。捧的时候两手是同时动的，不要只动下手而不动上手；捋的时候注意身体不要后仰。一定要等腰、身体转正之后再在胸前搭掌。挤的时候胳膊不要打直。按的时候两手是在身体前方大约划了一个圆按出的。整个过程注意重心的移动。

（八）右揽雀尾

（1）重心后坐，左脚脚尖翘起，双手动作保持不变，左脚内扣 90°，同时右转腰，重心慢慢移至右腿（此时身体面向正前方），然后左脚全脚掌着地，重心慢慢移至左腿，同时右手边翻掌边向下划弧至左手下方，掌心向上，两手成抱球状，同时右脚收于左脚内侧成丁字步。

（2）其他动作与左揽雀尾相同，只是方向不同而已。

要点：同左揽雀尾要点。

（九）单鞭（图 12-9）

（1）重心后坐，右脚脚尖翘起，右脚内扣 90°，上体左转，同时右手经腹前，掌心向下，左手翻掌经面前，掌心面向自己划弧至身体左侧，此时重心偏于左腿，然后重心右移，同时左手翻掌下按，右手翻掌向上，左手掌心向下经腹前划弧，右手掌心面向自己经面前划弧至身体右侧时顺势抓勾（勾与肩同高），同时左手划弧至右臂腋下位置，掌心面向自己，同时左脚收于右脚内侧成丁字步，眼看勾手。

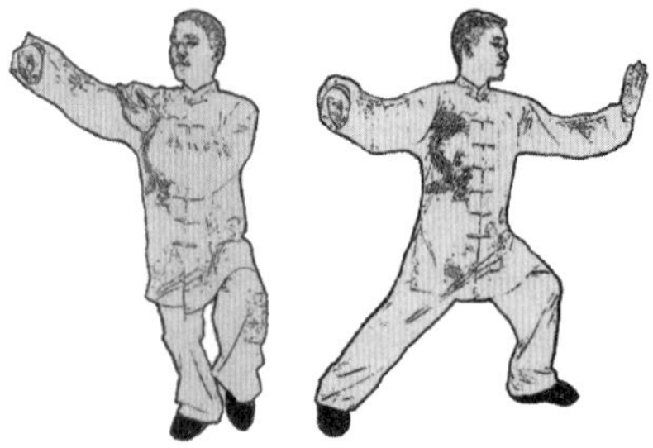

图 12-9　单鞭

（2）上体微左转，左手向左打开划弧，同时左脚向左前斜方迈出，脚跟点地，此时脚尖方向也是斜的（斜步斜脚斜方向）。在左脚脚掌落实的同时膝盖前顶，右脚蹬脚转胯，同时左手随腰的转动继续左转慢慢翻掌向前推出（此时身体面向斜方向。注意左手不要推直，右手肘部微屈，勾手不要高过肩膀）。

要点：准备出脚转腰的同时左手也要划弧打开；注意腿与脚的方向，斜步、斜脚、斜方向；右手注意屈肘，勾手不要高过肩膀；左手向外翻掌推出时，随身体左转边翻掌边推出，翻掌速度不要过快，切忌突然翻掌；上体正直，不要前趴；抓勾的手要亮出勾背。

（十）云手（图 12-10）

（1）重心后坐移于右腿，左脚脚尖翘起，上体右转，同时左脚内扣 90°，转体的同时左手掌心向下经腹前向右上方划弧至右肩前，同时左手变勾手为掌，掌心斜向前，此时重心偏于右腿。

（2）上体微向左转，重心慢慢左移，同时左手经面前向左侧运转至身体左侧，掌心面向自己（左手高不过眼），右手从右上方下按经腹前向左

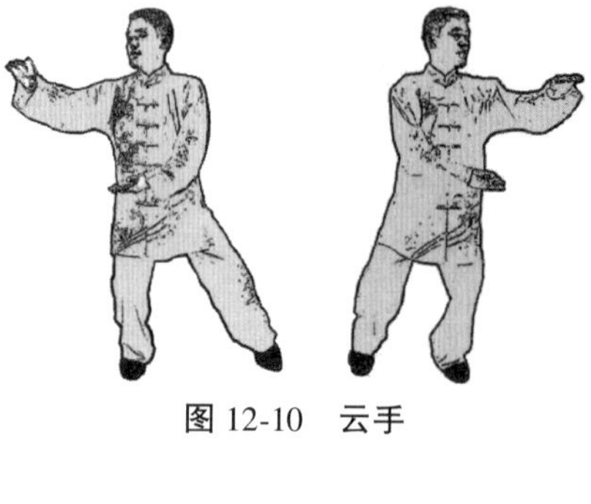

图 12-10　云手

上方划弧至左肩前，掌心斜向下，同时右脚向左平移，此时两脚脚尖均面向正前方，重心偏于左脚。注意两脚不要靠拢，距离大约为两拳的宽度。

（3）上体再向右转，重心慢慢移至右腿，同时左手翻掌下按经腹前划弧至右肩前，右手翻掌，掌心面向自己，经面前向右划弧至身体右侧，此时重心移于右腿，一个云手完成。

（4）第二个云手，上体微左转，左脚向左迈出一步，脚尖向前，同时两手的动作与第一个云手动作相同。

（5）第三个云手的动作与前两个云手的动作基本相同。

要点：在云手过程中腰要一直转动，动作幅度不要太大，但是一定要转；眼睛要跟着拂面的那只手动；两手上下变换时重心就要移动到腰转动方向的那条腿上；出脚时脚尖向前平行迈出，迈出的脚不要外扒，两脚不要靠拢，大约间隔两拳的距离；迈出的脚脚尖先着地，然后全脚掌慢慢落实。

（十一）单鞭

（1）上体继续右转，右手随腰转动也右移，至身体右侧时右手顺势抓勾，左手经腹前向右上方划弧至右肩前，同时左脚收于右脚内侧成丁字步，眼看勾手。

（2）动作同第九式的（2）。

要点：参考第九式要点。

（十二）高探马（图 12-11）

（1）重心前移，右脚向前跟半步，脚尖点地，重心移于左腿，同时右手勾手变掌，两手翻掌，掌心均向上，两肘微屈，右手在身体斜后方 45°方向，同时眼看后手。

（2）重心后坐，上体左转，同时右手折臂于耳畔，从耳畔推掌，同时左手收至左侧腰前，掌心向上，此时重心落于右腿，左脚脚尖点地成虚步，眼看右手。

图 12-11　高探马

要点：勾手变掌，两手翻掌、掌心向上与重心前移是同时进行的，切忌突然翻掌；重心在左腿时眼睛要看向后方的右手；右手向前推掌与左手收至腰前是同时进行的；右手不要推直。

（十三）右蹬脚（图 12-12）

（1）左脚微向前迈出一步（非常小的一步），重心前移，同时左手向右上方划弧经右手手背，两手在胸前交叉（左手在里，掌心面向自己；右手在外，掌心向外），随即两手上划弧至额前分掌下划弧，边分掌边翻掌，掌心斜向下，划弧至腹前搭掌，右手在外，左手在里，两掌掌心均向里，同时收右脚于左脚内侧成丁字步，重心在左脚。

图 12-12　右蹬脚

（2）重心慢慢向上，两手向上划弧至额前，同时右脚提膝，此时左腿伸直；两手在额前边分手边分掌划弧，两掌掌心均向外，右手与肩同高，眼看右手，左手比右手稍高，同时右脚向右前方蹬出，脚跟往外蹬。

要点：身体要立直，不要前趴后仰；两手划弧与右脚跟脚是同时进行的；两手下划弧在腹前搭掌时重心可以微微下移，这样有助于右脚的蹬脚；定式时后手要高于前手，两肘微屈成一个半圆，肘都不要打直；蹬脚时力达脚跟；右脚与右胳膊在同一个竖直平面内；定式时两腿都是蹬直的。

（十四）双峰贯耳（图 12-13）

（1）右腿回收，屈膝与腰同高，绷脚背，脚尖向下，同时左手从身体左侧向右下方划弧，右手从上往下划弧，两手均边划弧边翻掌至右膝上方，两掌心均斜向上，右臂与右腿在同一竖直平面内，此时身体面向右前方 45°。

（2）左腿微屈重心下移，右脚自然落地，脚跟点地；左脚脚掌落实，重心前移成右弓步，同时两手回收至腰间握拳，分别从两侧向前上方划弧至与太阳穴同高，两手距离为人脸的宽度，两手食指的掌指关节相对，两肘微屈。

图 12-13 双峰贯耳

要点：落右脚时重心先下移；两手收到右膝上方时，掌心斜向上；两手在收到腰间时慢慢变成拳。

拳的握法：四指并拢卷握，拇指扣压在食指、中指的指骨上，不要握紧，握成空心拳，拳中能容下食指。

（十五）转身左蹬脚（图 12-14）

（1）重心后坐，右脚脚尖翘起，右脚内扣 135°，同时上体左转，两手随转体带到身体前方；然后重心后移至右腿，收左脚于右脚内侧成丁字步，同时两拳变掌，右手向左下、左手向右下边翻掌边划弧至腹前搭掌，右手在内，左手在外，掌心斜向上。

（2）其他动作与右蹬脚相同，但是方向相反。

要点：同右蹬脚要点。

图 12-14 转身左蹬脚

图 12-15 左下势独立

（十六）左下势独立（图 12-15）

（1）左脚回收，收到右脚内侧，同时右掌变成勾，左手从上往下划弧，经腹前向右上方划弧至右肩前大约腋下位置，眼看勾手。

（2）右腿微屈，重心下移，右腿继续微屈下蹲，同时向身体左侧出左脚，脚掌内侧先着地，重心继续下移成仆步，同时左掌从体前划弧下落，掌心向外，顺着左腿内侧向前穿出，左手到左脚脚踝处时左脚脚尖变成朝向前方。

(3) 身体重心继续前移，右脚蹬脚成弓步，左手慢慢上挑，同时右手打直并背在身后，勾尖向上，此时左手在左膝上方。

(4) 重心前移，右腿向上提起，右膝与腰同高，绷脚面，同时左手翻掌划弧下按至左胯旁，掌心向下，右手勾手变掌，从身后向体前划弧上挑，右肘与右膝相对，右掌掌心向左。

要点：左脚出脚落地时脚掌内侧着地；手到脚踝处时注意左脚脚尖变冲前；起身时要缓慢，不要突然起身。

(十七) 右下势独立

(1) 右脚自然落地，脚尖点地（右脚不要与左脚靠拢）；然后以右脚脚尖、左脚脚跟为轴向左转体 90°，同时右手经面前划弧至左肩前，左手上扬至与肩同高顺势抓勾。

(2) 其他动作与左下势独立相同，但方向相反。

要点：身体左转与两手划弧是同时进行的；其他参考左下势独立。

(十八) 左右穿梭

该式完整动作过程为右穿梭—左穿梭。右穿梭（图 12-16）动作过程如下：

(1) 左脚在身体前方自然落下，脚跟先着地，随即左脚外搬 45°，全脚掌着地的同时，重心前移，右脚收至左脚内侧成丁字步，同时左掌翻掌，掌心向下，右掌边翻掌边经腹前划弧至左手下方。掌心向上，两手相对在身体左侧成抱球状。此时身体面向左前方 45°，重心在左脚。

图 12-16　右穿梭

(2) 身体微向右转，右脚向右前方 45° 出脚，脚跟先着地，脚尖向前，重心前移变成右弓步，同时右手边翻掌边向斜上方划弧至额前，右手掌心向外，同时左手先向下，再经体前向前推掌（右手护在额前，左手推掌。右架左推，即右手在额前架掌，左手推掌。右手与额的距离为两平拳的距离）。此时身体面向正前方。

(3) 重心后坐，右脚脚尖翘起，右脚外搬 45°，重心前移至右脚，同时左脚收至右脚内侧成丁字步；跟脚的同时，右手翻掌，掌心向下，左手翻掌，掌心向上划弧在身体右侧成右抱球状。

左穿梭与右穿梭动作相同，唯左右方向相反。

要点：注意出脚的方向及搬脚的角度；左手推掌时胳膊不要打直，左手在胸前推掌，左手在右手的外侧，距离身体的距离比右手要长。

图 12-17　海底针

(十九) 海底针（图 12-17）

(1) 重心先前移至左脚，右脚向前跟半步，脚尖点地，然后重心后坐落于右腿，左脚微收，同时上体微右转，左右手同时翻掌，掌心向下，右手先从体前向下划弧，然后向上提收至右耳旁，左手随腰右转划弧至右胯旁。

（2）上体左转，左手随腰左转，在体前划弧至左胯旁，右手从右耳旁斜向前下方插出，插在两腿之间，同时左脚在身体前方探出，脚尖点地成虚步。

要点：注意身体先向右转，然后左转，最后身体面向正前方；两手的动作是同时的；眼看插掌方向。

（二十）闪通臂（图 12-18）

（1）上体微右转，左脚收于右脚内侧，右手从体前上提至与耳同高，掌心面向自己，同时左手经腹前向右上方划弧至右手手腕处，两掌相搭，右手在外，左手在内，掌心相对，眼看两手。

（2）左脚向前迈出一步，脚尖向前，重心前移，左腿弓腿的同时两手边分手边翻掌推出，右手略高于左手，此时身体面向斜前方，眼看左手。

要点：弓腿时上体保持正直，不要前倾；分手与翻掌同时进行。

图 12-18 闪通臂

（二十一）转身搬拦捶（图 12-19）

（1）重心后坐，左脚脚尖翘起，左脚内扣 90°，然后重心移于左腿，上体左转，右脚收于左脚内侧成丁字步，同时左手翻掌，掌心向下，右手随身体左转经腹前向左下方划弧至左手下方，此时右手变掌为拳成抱球状，拳眼向上。

（2）上体微右转，右脚向右前方出脚，脚跟先着地，右拳从身体前方与左手之间经胸前翻转撇出，拳心向上，右拳与肩同高，同时左手下划弧按至左胯旁；然后右脚外搬 45°落实的同时左脚跟步收于右脚内侧，同时右手划弧至腰间。在划弧过程中右拳先内旋再外旋，最后收至腰间时拳心向上，右手划弧的同时左手随上体右转，揽手至体前。

图 12-19 转身搬拦捶

（3）左脚向前方出脚、脚跟点地，此时重心还在右腿；然后左脚掌落实的同时膝盖前顶成左弓步，同时右拳从腰间慢慢旋腕变立拳向前经左手虎口出拳，此时左手微向里收。

要点：刚开始练习时，从闪通臂到搬的过程，可以先停顿一下，待动作熟练后再连贯起来；拦的时候注意右拳是先内旋，然后再外旋，最后拳心向上收于腰间；捶的时候右拳向前出拳的同时注意左手稍微回收一下，以便右拳可以从左手虎口冲出，避免右臂出拳时伸直。

（二十二）如封似闭（图 12-20）

（1）左手从右腕下绕到右手下方同时右拳变掌，翻掌时两掌掌心均向上，然后两手分手至与肩同宽。

（2）右腿微屈，重心后移，同时两手边翻掌边向后下方划弧收至腹前，此时两掌掌心向前下方；然后重心前移同时两手慢慢向前上方划弧推掌，此时掌心向外，右腿蹬直变成左弓步。

图 12-20 如封似闭

要点：两手回收至腰间时一定要边翻掌边回收，不要收到腰间时再突然翻掌；向前推掌时的动作与揽雀尾是相同的，注意划弧。

（二十三）十字手（图 12-21）

（1）右腿微屈，重心后坐，脚内扣 90°的同时身体右转，右手随身体转动的同时向右平摆划弧，与左手在两臂侧平举，掌心向前，同时右脚脚尖随身体转动外掰，然后右手翻掌向左下方划弧，左手翻掌向右下方划弧至右膝上方搭掌，左手在上，右手在下，掌心均向上。

（2）身体左转，重心慢慢从右腿移至两腿之间，同时右脚内扣至脚尖向前，两手随身体转动带到身体正前方，然后右脚向左收回至与肩同宽。

（3）两手慢慢向上抬起至胸前，两手搭掌，左手在内、右手在外合抱于胸前，掌心均面向自己。

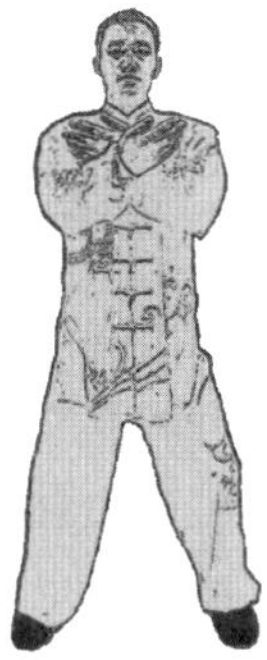

图 12-21　十字手

要点：左脚内扣与右脚外掰还有两手划弧搭掌是同时进行的；注意两手搭掌的位置只在右膝的正上方；右脚收回至两脚与肩同宽时，两脚是平行的，脚尖均面向正前方；注意此时两腿还是弯曲的。

（二十四）收势（图 12-22）

（1）两掌慢慢向外翻掌至掌心向下，然后两手分开至与肩同宽、与肩同高；两肘屈肘下按，同时重心上移，两腿慢慢立直，两手慢慢下按落于大腿两侧。

（2）右脚抬起收至左脚一侧（脚跟脚尖，脚尖脚跟），两脚并拢，目视前方。

要点：两手下按与重心上移是同时进行的。

图 12-22　收势

## 第三节　短兵对抗

### 一、短兵简介

短兵是中国武术中以刀剑等短形制冷兵器器械对抗的典范。短兵是传统武术一个重要的竞技项目，它的产生可以追溯到中国古代的击剑运动，其历史悠久，源远流长。在民国时期，它的名字叫“击剑”，为区别于西洋击剑，也称为“中国式击剑”。后来，因为它具有刀剑同体的特点，在技术上与西洋击剑明显不同，人们便改称为“短兵”。

### 二、进攻技术

（一）实战势

短兵实战，两兵相交、相斗，首先得有一个架势（姿势）。历史上曾把这个架势称作“出门架子”，也有称为“门户”的，如“亮个门户”。徒手相搏的拳术，两名剑客相击的剑术，以及长兵类的枪、棒（棍）等，通通都有这个“架势”。正确的短兵实战姿势（架子），应由持兵、步势、身形、眼神等诸方面构成。无论什么样的实战姿势（架子），它的构成必须符合以下三条原则：第一，有利于进攻；第二，有利于防守；第三，有利于移动（即进退闪展）。

1. 持兵（握法）

（1）锁握法：右手（或左手）拇指锁扣食指第一指处，其余三指紧握兵柄，虎口紧贴护手盘。

要点提示：锁握是指拇指扣住食指，其余三指自然握柄，不可过于用力，以防在画圈立劈和左右横砍时，握法僵滞，影响速度和敏捷度。

（2）开握法：右（左）手拇指打开，指尖前顶护手盘，其余四指并拢紧握兵柄。

要点提示：开握法有利于刺、挑等技法的运用，拇指须前顶，其余四指必须紧握兵柄，否则易因对手击打而致使武器脱手。转环时，拇按拽随即扣于食指部位。

（3）双手握法：双手握法是在单手握法的基础上，援以后手，构成双手持握操兵的技法。一般后手与前手手心相对，紧贴前手拳沿一侧，持握短兵柄部，握柄时，后手可紧握全把，也可用四指附着，以备形成合力。

要点提示：运用双手握法能增强防架和进攻时的劈、砍力度，在运用中以辅助前手为主，要灵活多变。

2. 步势

以右手持兵为例：右脚在前，足尖正对前方；左脚在后，足尖外展，与右脚约成90°。两脚相距约本人脚步的三倍；两大腿屈蹲下坐，大腿面成斜面，与小腿约成120°；重心置于两腿中间。

要点提示：实战姿势的步势似半屈蹲的“半马步”，但又非一般套路武术中的半马步取势那么低。要求步法捷便，进退得宜，重心必须置于两腿中间，取其中正，不偏不倚。

3. 身形

在实战姿势中，上体侧对前方，两肩前后成一线，躯干正直、自然，头部右转，收颈梗颈，目视前方，前手伸臂前举，与腰齐，兵尖上翘；后手伸臂后上举，前后臂成一线，这是常规的实战姿势。在实战竞技过程中，后手也可斜下垂，或贴身下垂扣腕。

要点提示：实战姿势必须保持侧对前方，切忌半面或正面对前面，后手臂的控制是非常重要的。如后臂不能置于后侧，摆动无制，而牵动上体的侧位，就会给对手以较大的攻击面积。

4. 眼神

实战中的眼神实质是眼法，也可称之为“视线”。看什么部位，瞄什么击点，这是至关重要的。眼睛除瞄视进攻部位外，其余光要兼视对方的手腕和肩、胯。

（二）攻击

进攻招式以劈、撩、点、崩、剪、挑、砍、斩、刺九个招法为主。

1. 劈

动作说明：短兵由上向下，进攻对手为劈。劈是进攻招法中常见的招式之一。劈分为立劈、斜劈和抡劈三种。

（1）立劈。

动作说明：以腕为轴，用短兵前端，劈击对手。

要点提示：以腕为轴，起动短兵，随伸臂前顺，劈击对手面、胸部位即可。前劈时，不可回收短兵再发出，力点达于对手肩胸高度后，顺势还原成实践姿势。

（2）斜劈。

动作说明：以腕为轴，起动短兵，经右向左下劈，为左斜劈；反之，由左向右下劈，为右斜劈。

要点提示：以腕为轴，起动短兵，随之伸臂前顺，向对手左（右）肩、胸方位斜面劈下。切忌回收短兵后蓄力再发；力点达于对手肩、胸高度即可；完成有效的斜劈打击之后，在还原实战姿势时，兵尖、刃部应自然朝向对手，为迎接对方的突发反击做准备。

（3）抡劈。

动作说明：以腕为轴心，大臂带动小臂，使短兵经持兵手臂内侧或外侧由前向下、向后再向前鞭转 360°后打击对手空当部位。

要点提示：抡劈必须以手腕为轴心，疾速抡动劈击，万不可以小臂为轴心挥动，更不可挥大劈。以腕为轴心，幅度小，转动快，能以出其不意之势，使对方猝不及防。

2. 撩

动作说明：撩是以腕为轴，由下向上撩击对手上体、手臂和腿部。短兵经身体外侧上撩，称为“正撩”。正撩时，转腕手心朝上，贴身成立圆上撩。短兵经身体内侧上撩，称为“反撩”。反撩时，小臂先外旋，手腕转动，手心朝上，随即短兵紧贴身体内侧，划圆由上向下、向前撩击。此时，小臂内旋，手心转向前上方，撩击对手。

要点提示：撩击招式在剑法和刀法中都是主要招法。撩与劈，都是以手腕为轴心，尽力缩短半径，加大转动速度，以出其不意之势，使对手猝不及防。

3. 点与剪

点的动作说明：腕部上提，上臂前伸，力点达短兵前端，直线点击对方手腕。

剪的动作说明：用短兵前端 5 厘米左右击对手手腕者，称为“剪”或“剪腕”。手臂内旋，手腕内扣上提，手心朝下，用短兵尖端 5 厘米左右的部位成交叉状，由内侧剪击对方手腕者，称为“内剪腕”；手臂外旋，手腕外转上提，手心朝上，用短兵尖端 5 厘米左右的部位成交叉状，由外侧击对方手腕者，称为“外剪腕”。

要点提示：点腕与剪腕，难以严格区分或界定，于是本书按一种招法讲述。点（剪）是短兵竞技和交手招法中最前沿的主要招法之一。两兵相照，暴露在前沿的莫过于持兵的前手、前腿的膝盖、小腿和足面。运用点、剪、崩是击中对方前沿部位的有效招法。对手前沿屡屡失守，必能动摇对手的意志。点（剪）不仅是取得有效得分的有力招法，而且是组成战术进攻的有力技法。

4. 崩

动作说明：手腕下沉，短兵尖端上翘，力达短兵尖端，由下而上崩击对方手腕和小臂。点崩结合，是阻挡对方进攻的主要招法之一。

要点提示：可以直线上崩，也可从两侧上崩。运用崩法，关键在于手腕。腕部下沉着力，力达尖端，方可陡然疾速，防不胜防。

5. 挑

动作说明：伸臂直腕，短兵由下向上挑击对手手臂。上挑时，力达短兵兵身中端处，兵身与手臂成一整体上挑。

要点提示：上挑时，短兵与手臂成一整体上挑。挑法得当，能收“无中生有”之效。

6. 斩

动作说明：斩是运用短兵前二分之一，以很小的幅度击打对手的武器（短兵）。也就是说，用“寸劲”斩击对方短兵，使对手武器偏离防线，为进攻开路，使对手露出受敌面积。斩击近似枪法中的砸枪手。运用斩法时，伸臂，从腕部发力，以“叉”状相交的剑位，斩击对手短兵。

要点提示：斩法虽不直接攻击对手肢体，但它是组织进攻的有效招法之一。可以一次斩击，也可两次、三次连续斩击。斩法如运用得当，也可使对手短兵脱手落地。

7. 砍

动作说明：短兵横向由右向左或由左向右平腰横击为砍。砍击时，以腕为轴心，由右向左平腰横击为“正砍”；反之，由左向右平腰横击为“反砍”。

要点提示：砍近似扫剑，但其力度大于扫剑。砍法可用于攻击对手上、中、下三盘，其效力显著，防范甚难，尤其对小腿横击十分奏效。在短兵攻法中，唯独砍法走横。

8. 刺

动作说明：运用短兵锋端，由后向前直线攻击对方。刺出时，直腕，伸肘直臂，虎口朝上，上体侧身前倾。平腰刺出者，称为“中平刺”；由下向上刺击者，称为“上刺”；由上向下刺击对手膝盖或足面者，称为“下刺”；反手由左向前刺击，小臂外旋，手心朝上者，称为“反刺”；短兵由右，小臂内旋，虎口转朝下前刺者，称为“插刺”。

要点提示：短兵技法中的“刺”，在诸多进攻招法中是最为有效和攻击力最强的招法。尤其“中平刺”是极难防守的。首先要准确地掌握各种刺法的动作要领，在此基础上，再配以速度、力度和准确性的训练，就能收到应有的效果。

（三）防守

进攻与防守是一对矛盾。进攻者求其发而中。防守者，则求其密而不漏。防守，并非只防不还，或守而不击、来而无返，更非单纯防而守之。正确有效的防守在于吃招还招，防中寓攻，守而待发（或“必发”）。当然，从某种意义上讲，进攻是最积极的防守，只是从某种战术意义上的考虑，绝不能替代防守上必备的技术修养。

1. 格挡防守

动作说明：格挡分为右格挡与左格挡两种。运用右格挡时，手腕内旋外翘，以短兵要部格开对手的剪腕、点腕或从侧刺击的进攻。注意兵锋不离中线。运用左格挡时，手腕内扣，略侧推 3~5 厘米，格开对手对腰部的刺与砍的进攻。注意，兵锋不离中线。

要点提示：无论向左格挡还是向右格挡，幅度均以不超越身体两侧沿线为标准，兵锋不离中线。同时，注意以短兵根部为力点，将对手的进攻动作格于体外。格是历代剑法中著名而有效的技法。在短兵竞技中，格挡是最常用的防守招法，也是组织防守还击、吃招还招的有效招法。

2. 架挡（托）

动作说明：实战姿势不变，小臂上举内旋，短兵成斜面架于头前方，手举位置高与头平，架点置于短兵中段部位，正手上架者，称为“正架挡”。小臂上举外旋，手心朝右，上举短兵成斜面架于左侧上方，手举位置高与头平，力点置于短兵中部，短兵尖端略低于短兵柄部，反手向上架托者为“反架挡”。

要点提示：架挡是用于挡架对手的劈击。上架时，上抬小臂，幅度不可过大，以护住头肩即可。

3. 拦截

动作说明：实战姿势不变，短兵向下，运用短兵中前段部位，拦截对腿部的扫砍。拦截分左、右两种拦法。运用右拦截时，小臂内旋，右手腕内转，短兵前端下落，成一斜面向右旋推至身体右外沿线。运用左拦截时，小臂外旋，右手腕外转，短兵前端下落，成一斜面向左旋推至身体左外沿线。

要点提示：拦的幅度不可过大，以本人身体内外侧沿线为界。力点着于短兵中间部位。下拦时，无论向左还是向右，都应略向后带，以化解对方的横向击力，也便于还击对手。

4. 垂闭

动作说明：垂闭，也称“封闭”。实战姿势不变，右手腕上提，内旋收扣，短兵前端回摆，尖端垂直朝下，或斜面朝下，以短兵中、根部挡住对手的大力横击和中平刺，身体随之向右侧移动。

要点提示：运用垂闭时，短兵除向左侧推挡外，还应略向后带动，便于还击。

（四）距离防守

1. 卸势

动作说明：卸势，是以步法后卸为基础，单脚或双脚向后退让一步或半步，使对手进攻落空，破坏对方的进攻或命中距离。在向后卸步的同时，配以上体后引前俯等身法的变化，以增加防守效率。

要点提示：卸步的步幅不宜过大，一般以半步为宜。卸步时可卸一次，也可卸两次、三次。但卸步不是消极地退让，而是以退为进。在卸势过程中，仍要注意运用武器保护受敌面积。

2. 闪展

动作说明：向左、向右稳步闪避。这也是横向距离间的防守。向右闪避，以后步向右移动；向左闪避，以前步向左移动。用横向间的距离移动，使对手的进攻落空。

要点提示：运用横向距离，牵动对方落空，避开对手的进攻。闪展而后进击、反击必须有机地结合。对手被闪空，必有漏洞与破绽产生，抓住这一机遇，实施还击，是积极有效的。

(五) 战斗剑位与实战距离

1. 战斗剑位

剑位，是指在双方进入战斗状态或竞技状态后，两兵在对抗场域范围内构成的空间状态。剑位状态在一定程度上能够折射出对抗双方的起始攻防技法，因此，在剑拔弩张、瞬息万变的对抗状态下，剑位是双方实施有效进攻或有效防守的基础性前提。

(1) 叉字状：即交叉状。

① 内交叉状：兵与兵内侧交叉。

② 外交叉状：兵与兵外侧交叉。

(2) 一字状：即两兵平面横兵相叉。

① 平行一字状。

② 上下一字状。

要点提示：由于剑位是实施攻防的基础性前提，且能够在一定程度上反映对方的起始技法踪迹，因此，剑位通常是实施战术布局的重要环节。

2. 实战距离

动作说明：在古代两兵相接，称为“入圈”；两兵脱离接触，称为“出圈”。那么，当今的短兵，按竞技常态，距离大体分为圈内距离与圈外距离两种。

(1) 圈内距离：两兵相交，短兵的中前部位相接的距离为圈内距离。

(2) 圈外距离：两兵尚未接触，其距离属圈外距离。

要点提示：两种距离的划分，依此为界。两兵进入圈内距离，即有进招攻防实战之举。此时的距离判断是至关重要的技术因素。

(3) 距离感：对距离的判断和运用是成败的主要因素。准确的距离感来自正确而有效的训练方法。

# 第十三章

# 健美操运动

## 第一节 健美操运动概述

### 一、健美操运动的起源与发展

健美操是一项新兴的体育运动项目，起源于1986年，最早出现在美国太空总署，是医学博士库伯尔（Cooper）为太空人所设计的体能训练内容。后来在健美操中加入了音乐伴奏，使之成为一项独特的运动，并迅速风靡世界，受到一致好评。

20世纪70年代末，随着简·方达健美操的出现，健美操开始成为一项独立的体育运动。好莱坞著名影星简·方达根据自己的亲身体会和实践编写了《简·方达健美操》一书并且录制了录像带。该书被翻译成20多种文字，在30多个国家出售，对健美操运动在世界范围内的流行与发展起了巨大的推动作用。同时，简·方达也成为20世纪80年代健美操的杰出代表人物。

健美操不仅在欧美等发达国家蓬勃发展，在一些发展中国家和地区也得到不同程度的开展。各种健美操俱乐部、健身操中心和健美操培训班如雨后春笋般涌现。许许多多的人选择健美操作为自己主要的健身方式。

20世纪80年代，随着我国教育制度改革的不断深入，美育逐渐在学校教育中占有一席之地，健美操运动的引进与兴起为我国美育提供了一个重要手段。我国报刊、电视台对人体健与美和健美操的一系列宣传，强化了人们对健美操运动的认识。全国许多高等院校将健美操列入教学大纲，使健美操运动在年轻人汇集的高校得到广泛开展，由此扩大了健美操运动的社会影响，并使这一新兴运动项目的开展向社会延伸。近年来，中国健儿多次在国际体操联合会举办的世界健美操锦标赛上获得冠军，中国队也成为世界竞技健美操比赛中的一支强队。目前，每年都会举办各种健美操指导员、教练员和裁判员培训班，并邀请国外专家来华授课，同时一些国内外的健身培训机构也开设了自己的教练培训课程。这些培训活动都起了加速我国健美操科学化进程的作用，对我国健身市场的迅速发展具有积极的促进作用。

### 二、健美操的分类

健美操分为健身健美操和竞技健美操两大类。

（一）健身健美操

健身健美操又称为大众健美操，它的主要练习目的是锻炼身体、保持健康，即健身。健身健美操是一项集音乐、舞蹈、体操、娱乐和健体于一身的群众性运动项目，通过多年的推广，已具有一定的知名度和较为广泛的群众练习基础。

健身健美操按照其练习形式可以分为徒手健美操、器械健美操和特殊场地健美操。

1. 徒手健美操

徒手健美操包括传统健美操和满足不同人群的多种风格健美操。

传统健美操的主要练习目的是增强人体的心肺功能和有氧代谢能力。传统健美操至今仍很受欢迎。当人们提到有氧运动时，健美操通常会被提及。随着社会的发展和进步，人们对健身的需求越来越丰富，因此，搏击健美操、拉丁健美操、民族健美操、街舞健美操等将健美操和各种舞蹈元素进行融合的新式健美操应运而生，并且获得了练习者的广泛喜爱。

2. 器械健美操

器械健美操是指利用轻器械（如小哑铃等），以锻炼力量为主要目的的一种有氧健美操运动。器械健美操通过多种可以移动的器械进行相关锻炼，可以较好地塑造和保持良好的肌肉线条、增加肌肉力量、防止肌肉退化，从而达到延缓衰老和增强体质的效果。比如器械健美操中经久不衰的踏板操，通过增加踏板这一器械来增加脚底与地面的距离，加强了大腿部位的运动负荷，增加了全身的运动量，相应减轻了下肢关节的冲击力，同时也使动作的编排更加多样化，增加了练习的趣味性。

3. 特殊场地健美操

特殊场地健美操包括水中健美操和固定器械健美操。水中健美操在国外是非常流行的有氧运动。水中健美操可以减轻地面对膝关节和踝关节的冲击力，利用水的阻力和水能快速传导热能的原理来增强练习的效果，从而达到减脂塑身的目的。练习固定器械健美操，比如练习动感单车（或功率自行车）时，可以将自行车固定在某一位置，根据自身的需求进行相应的锻炼。在练习过程中可以结合各种风格的音乐，使用不同的骑行姿势与动作，自行控制运动的强度，以达到愉悦身心和强身健体的目的。

总体来讲，健身健美操是具有良好健身功效、娱乐性较高、对练习者身体素质要求不高、入门门槛较低、适合广大群众练习的运动项目。健身健美操因其节奏感强，动作多样化，能够较为准确地捕捉流行趋势，并根据流行趋势进行动作的创新，近年来受到越来越多的关注和喜爱。

（二）竞技健美操

竞技健美操是运动员在音乐的伴奏下，表现连续、复杂、高强度动作能力的运动项目，它是在传统健美操的基础上经过演变发展而来的。竞技健美操是以成套动作为其表现形式。成套动作必须要展示连续的动作组合、柔韧性、力量和七种基本步伐，并且要将难度动作巧妙地融入其中。

练习竞技健美操的主要目的就是通过在赛场上展现自身能力而取得胜利。竞技健美操成套动作要进行全面、多样化的编排和训练，绝对避免动作的重复和对称性。竞技健美操对应的人群是专业的竞技健美操运动员或具有相关运动能力的人群。

按照比赛项目来划分，竞技健美操包括女子单人操、男子单人操、混合双人操（男女混合）、三人操（性别可自选）、五人操（性别可自选）。

按照比赛规模来划分，国际上较大规模的竞技健美操比赛有由国际体操联合会组织举办的健美操世界锦标赛、由国际健美操冠军联合会组织举办的国际健美操冠军赛、由国际健美操联合会组织举办的健美操世界杯赛。中国正式的竞技健美操比赛有全国健美操锦标赛、全国健美操冠军赛、全国青少年健美操锦标赛，此外还有各省市自行组织的相关比赛或通级赛事。

按照运动员参赛年龄划分，竞技健美操可以分为成年组和少年组两个级别。满 18 周岁的运动员参加成年组；少年组则包括少年甲组（15~17 岁）、少年乙组（12~14 岁）、少年丙组(9~11 岁)。

总体来讲，竞技健美操是一项对人的身体素质、技术能力和艺术表现力都有较高要求的运动项目。近些年来随着科学训练的发展和进步，运动员在成套动作中加入了越来越多的高难度动作，对身体提出了更高、更快、更强的要求，这也使健美操的观赏性越来越高，同时入门门槛也相应提高。

## 三、健美操运动的特点

### （一）健身健美操的特点

#### 1. 风格多样化

经过多年的发展，健美操已经从单一的、传统的健美操延伸出了许多不同风格的健美操，小哑铃、功率自行车等器械也开始加入健身健美操的编排中，这使其练习手段更加丰富多样化，增加了练习的趣味性。随着练习形式的多样化，健身健美操的音乐风格也开始多样化。总之，经过与时俱进的发展，无论练习手段的多样化还是练习音乐的多样化，都增加了健身健美操运动的吸引力。

#### 2. 广泛的适宜性

健身健美操的练习形式是多样化的，运动量可以根据个体的差异进行调节，对场地和器材的要求也较为简单，因此，不同年龄、体质和水平的人都可以根据自身条件选择相应的练习方式。

### （二）竞技健美操的特点

#### 1. 较强的艺术表现力

竞技健美操的音乐具有良好的烘托气氛、激发人们情感的效果。运动员在成套动作的表现中通过肢体语言和面部表情将音乐风格表现出来，各种姿态和造型富于变化。竞技健美操具有很强的艺术表现力，而优秀的音乐可以使运动员的表现得到升华，使动作更具有感染力和观赏性。

#### 2. 高难度和高体能素质

运动强度大、时间短、速度快、难度大、动作多样化和技术复杂化是竞技健美操的主要特征。近年来，高难度和高体能素质已经成为竞技健美操的发展趋势，运动员必须具备高体能素质，才能使动作刚劲有力，对难度动作游刃有余，同时还须具备良好的表现力，呈现出愉悦欢快的精神状态。

# 第二节 健美操运动基本技术

## 一、健美操运动基本技术

健美操运动基本技术主要包括落地技术、弹动技术、半蹲技术和身体控制技术，较好地掌握这四项技术，不仅能提高成套动作的完成质量，还能够较大程度地预防运动损伤。

(一) 落地

落地动作对人体所产生的冲击力很大，如果技术的掌握水平和身体素质不足，关节、肌肉则很容易受到损伤，所以落地技术在健美操运动中尤为重要。

落地时，应该先由前脚掌着地，然后再过渡至脚心、脚后跟，直至整个脚掌着地，接着弯曲膝盖和髋关节进行缓冲。值得注意的是，在前脚掌着地后，脚后跟长时间不着地容易使小腿的肌肉承担过度的负荷，导致小腿肌肉拉伤或者过度疲劳，严重者还会导致胫骨或者腓骨骨膜炎的发生。

(二) 弹动

弹动技术是健美操的核心技术，是健美操运动的主要特征，是影响健美操基本动作完成质量的重要因素。这项技术主要依靠踝关节、膝关节、髋关节进行缓冲。踝关节的力量尤为重要。练习者可以通过提踵等练习来增强踝关节的屈伸能力，比如，可以面对把杆，双脚并拢，双手扶把，身体保持收紧，脚后跟进行反复的上提和下落练习。还可以面对把杆，双手扶把，双脚分开比肩宽，进行半蹲和起立练习来增强膝关节和髋关节的屈伸能力。

要想熟练掌握弹动技术，仅对踝关节、膝关节和髋关节进行练习是不够的，还需要加强相应肌肉的协调能力练习。这样才会使动作流畅、弹性充足、节奏均匀、不僵硬。良好的弹动技术不仅能够使练习者感觉轻盈自如，还能给观众带来美的感受，对运动损伤的发生也具有良好的预防作用。

(三) 半蹲

半蹲技术是健美操运动中十分重要的一项技术。在落地技术和弹动技术中非常关键的一个环节都是膝关节的弯曲缓冲，所以它们都与半蹲技术有着密切的联系。良好的半蹲技术对落地技术和弹动技术的完成起着重要的作用。

在完成半蹲技术时，练习者上半身要收紧、直立，不可弓腰塌背，臀部需收紧，重心在两腿中间，不可偏左或偏右，膝关节弯曲的幅度不可超过90°，两脚外开，膝盖和脚尖朝向同一个方向，膝盖不可超过脚尖。膝盖千万不可内扣，以免发生膝盖损伤。

(四) 身体控制

身体控制技术包括身体姿态的控制和操化动作的控制。良好的身体姿态是健美操成套动作成功的主要因素之一。在现代审美的标准下，良好的身体姿态包括目视前方、下颌微收、颈部顺着头顶的方向向上延伸、两肩自然下沉、挺胸、收腹、立腰拔背、臀部内收、尾椎骨朝下、膝盖收紧并拢、脚后跟并拢、提气在胸腔。在健美操运动中，操化动作要求肢体迅速、有力，精准到达指定位置。在这个过程中如果只有力度而没有速度和准确度，动作就会变得僵硬和晃动，使美感大打折扣或者毫无美感可言。

## 二、健美操运动基本动作

（一）健美操运动基本手型

1. 掌

（1）并掌（图 13-1）。拇指的指关节弯曲并内扣，其余四指并拢并伸直，指尖尽量不要上翘且保持延长，手腕保持伸直，与手臂成一条直线。手掌和手腕都应保持适度紧张，不可松懈。

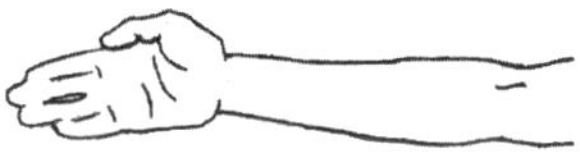

图 13-1　并掌

（2）开掌（图 13-2）。五指用力分开，每个手指之间的距离尽量张大，伸直成一个平面。

（3）花掌（图 13-3）。在开掌的基础上，小指、无名指和中指依次向内旋转。需要注意的是，手指依然保持伸直，不能弯曲。

2. 拳（图 13-4）

四指并拢握拳，拇指弯曲放于食指、中指和无名指的第二关节上。

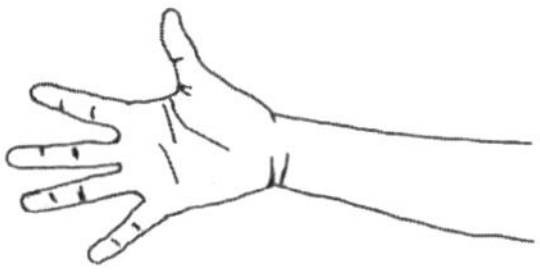

图 13-2　开掌

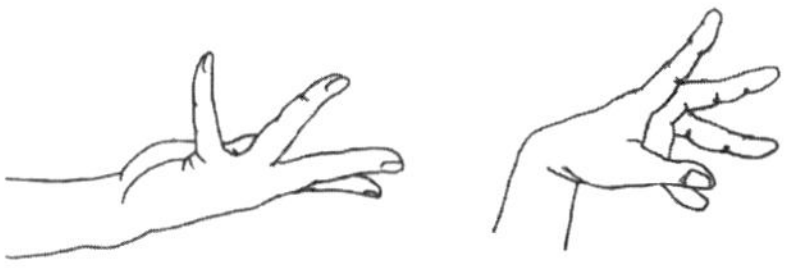

图 13-3　花掌

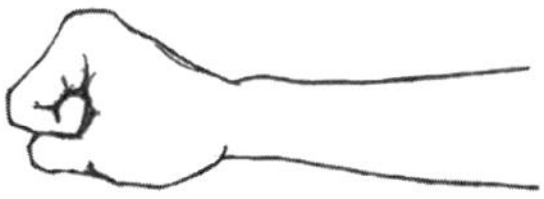

图 13-4　拳

3. 指

（1）剑指（图 13-5）。食指和中指伸直且并拢，拇指、无名指和小拇指自然弯曲握拳。

（2）一指（图 13-6）。食指伸直，其余四指皆自然弯曲握拳。

（3）响指（图 13-7）。拇指与中指用力摩擦发出响声，其余四指皆自然弯曲握拳。

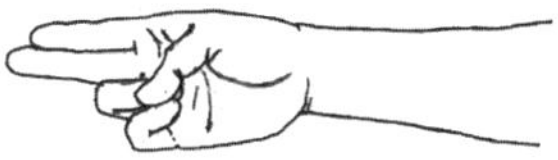

图 13-5　剑指

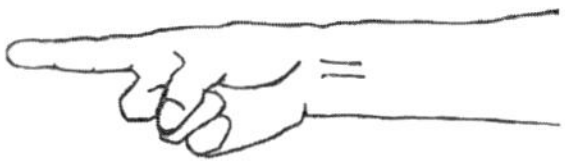

图 13-6　一指

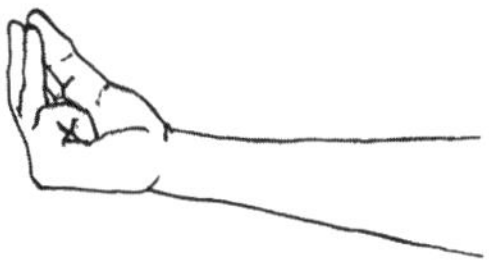

图 13-7　响指

（二）健美操运动手臂动作

1. 摆动（图 13-8）

做法：双手自然握拳，肘关节弯曲，双臂前后摆动。

要点：肘关节弯曲的角度大约在 60°，不可过大或过小。以身体躯干为中心，向前摆臂时，肘关节不可超过躯干；向后摆臂时，手不可摆至躯干后面。

2. 屈（图 13-9）

动作形式：胸前竖屈、胸前平屈、肩上屈、肩侧屈等。

做法：上臂固定，肱二头肌收缩，以肘关节为轴，手臂由弯曲到伸直或者由伸直到弯曲。

要点：肩部保持自然下沉，不可紧张耸肩，手臂屈伸有力。

图 13-8 **摆动**

图 13-9 **屈**

3. 举（图 13-10）

动作形式：后举、前举、侧举、侧上举、侧下举、上举等。

做法：以肩关节为轴，手臂伸直向特定的方向抬起。

要点：手臂快速到位，有力度，路线清晰。

图 13-10 **举**

4. 上提和下拉（图 13-11、图 13-12、图 13-13、图 13-14）

动作形式：屈臂提拉、直臂提拉、上举下拉、侧上举下拉。

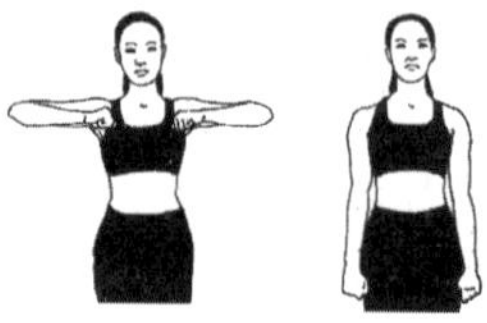

图 13-11 **屈臂提拉**

图 13-12 **直臂提拉**

图 13-13 **上举下拉**

图 13-14 **侧上举下拉**

做法：屈臂或直臂由下举提至胸前或体侧；直臂由上举或侧上举下拉至髋部。

要点：动作路线清晰，用力到位。

5. 绕和绕环（图 13-15）

动作形式：单臂内外绕、双臂内外绕、单臂前后绕、双臂前后绕。

做法：手臂伸直，以肩关节为轴做弧线运动。

要点：动作路线清晰，位置明确。

图 13-15　绕和绕环

（三）健美操运动基本步伐

根据动作完成形式，传统有氧健身操的基本步伐可分为双脚类动作、交替类动作、迈步类动作、点地类动作和抬起类动作。

1. 双脚类动作

（1）弹动（图 13-16、图 13-17）。

要点：膝关节有弹性地进行屈伸。弹动技术是健美操运动的关键技术。

（2）分腿半蹲（图 13-18）。

要点：双腿分开，比肩宽，脚尖朝向 45°，屈膝半蹲时，膝盖和脚尖朝向同一个方向，膝关节的角度不小于 90°，髋关节稍微前倾使臀部向后下方运动，腰部、腹部保持收紧，不可放松。

（3）箭步蹲（图 13-19）。

要点：站立，两脚前后分开，后脚用脚前掌站立，脚后跟离开地面，两脚脚尖均向前，重心在两脚之间，不可偏前或偏后。

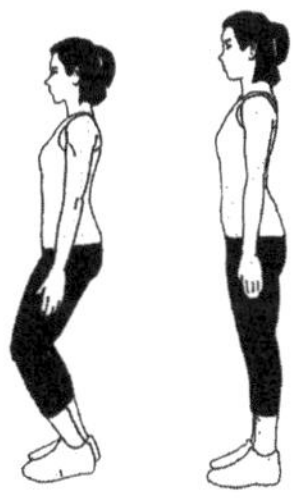

图 13-16　膝弹动

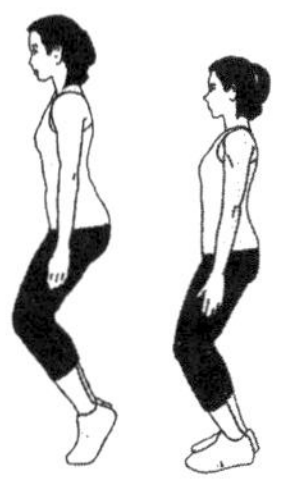

图 13-17　踝弹动

图 13-18　分腿半蹲

图 13-19　箭步蹲

（4）开合跳（图 13-20）。

要点：双腿并拢起跳，落地时双腿分开宽于肩，再次跳起，落地成并腿。每次落地时膝关节须弯曲，起跳时膝关节须伸直，在空中时须保持好身体姿态。

**图 13-20 开合跳**

2. 交替类动作

（1）原地踏步（图 13-21）。

要点：两脚交替抬起和落下。在踏步时注意保持膝关节的弹动性，应由前脚掌先着地再过渡至全脚着地，踝关节、膝关节、髋关节依次得到缓冲。

（2）一字步（图 13-22）。

要点：站立，两脚并拢，两脚依次向前迈一步，再依次向后退一步，还原至双脚并拢站立状态。向前迈步时，由脚后跟先着地，然后过渡至整个脚掌着地，向前和向后都需要有并腿的过程，而且每个动作都需要双膝保持有弹性的缓冲，不可直膝完成。

**图 13-21 原地踏步**

**图 13-22 一字步**

（3）漫步（图 13-23）。

要点：以右侧为例，站立，两脚并拢，右脚向前迈一步，重心前移，膝盖微弯曲，左脚原地抬起、原地落下，右脚向后迈一步，重心后移，左脚原地抬起、原地落下。每次落地时膝关节须保持缓冲。

**图 13-23 漫步**

3. 迈步类动作

（1）并步（图 13-24）。

要点：以右侧为例，站立，两脚并拢，右腿向右侧迈出一步，同时身体重心移动，左腿随之并拢、屈膝、点地。在做并步时应注意保持重心的移动和膝关节的弹动。

（2）交叉步（图 13-25）。

要点：以右侧为例，站立，两脚并拢，右腿向侧迈出，左腿跟在其后成交叉动作，膝盖微屈，右腿再向侧迈出一步，左脚随之点地并拢。在做交叉步时，应该尽量增大步伐的幅度，在落地时膝关节应注意缓冲，其间应保持腰腹部的稳定。

图 13-24 并步

图 13-25 交叉步

4. 点地类动作

（1）脚尖点地（图 13-26）。

要点：一条腿屈膝站立，另一条腿伸出，脚尖点地，然后还原至并腿姿势。支撑腿应始终保持屈膝站立，并随动作有弹性地进行屈伸。

（2）脚跟点地（图 13-27）。

要点：一条腿屈膝站立，另外一条腿向前或向侧伸出，脚后跟点地，然后收回还原至并腿姿势。支撑腿应始终保持屈膝站立，并随动作有弹性地进行屈伸。

5. 抬起类动作

（1）吸腿（图 13-28）。

要点：站立，两脚并拢，一条腿支撑地面，另一条腿屈膝向上抬起，大腿上抬至平行于地面，小腿自然下垂，绷脚尖，然后落地。在做吸腿时应注意保持支撑腿的弹性缓冲和上身稳定，不可弓腰塌背。

（2）弹踢腿跳（图 13-29）。

要点：站立，两脚并拢起跳，单脚落地，另一条腿的小腿先向后屈，再向前踢至伸直。在做弹踢腿跳时，大腿先发力，小腿再弹踢伸出，绷脚尖，小腿向前下方伸，在双脚落地时应注意保持膝关节、踝关节的弹性。

图 13-26 脚尖点地

图 13-27 脚跟点地

图 13-28 吸腿

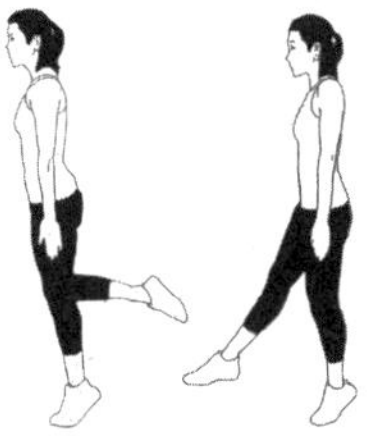

图 13-29 弹踢腿跳

（四）健美操运动难度欣赏

1. A 组——动力性力量类动作（图 13-30）

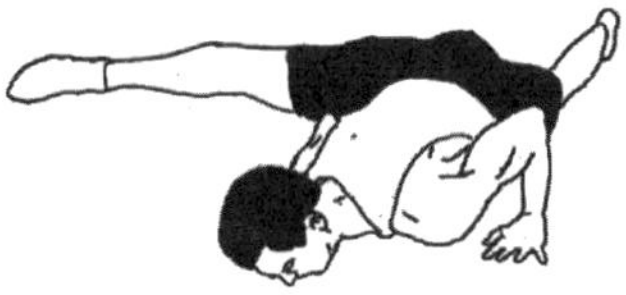

图 13-30 文森俯卧撑

2. B 组——静力性力量类动作（图 13-31、图 13-32）

图 13-31　并腿高直角支撑

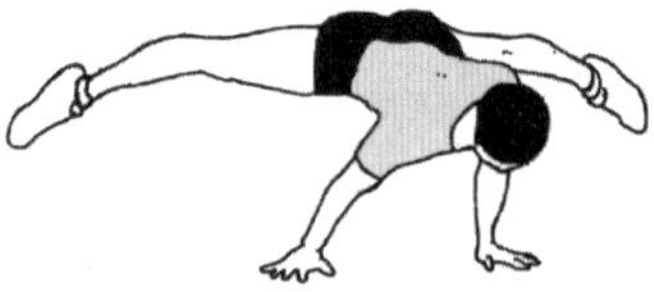

图 13-32　分腿水平支撑

3. C 组——跳跃类动作（图 13-33）

4. D 组——平衡与柔韧类动作（图 13-34）

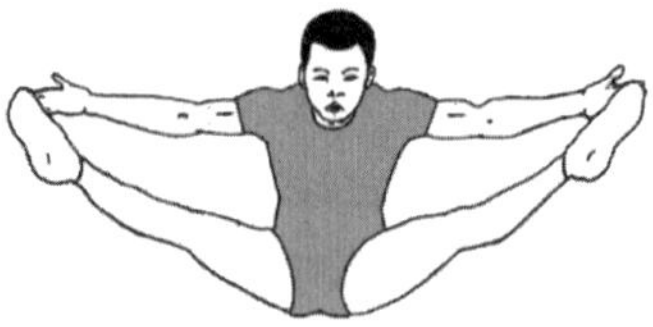

图 13-33　屈体分腿跳

图 13-34　垂直劈腿

# 第三节　健美操运动专项体能训练

## 一、基本力量训练

（一）上肢力量训练

1. 俯卧撑（图 13-35）

做法：俯卧，双手双脚撑地，双手分开宽于肩，双脚并拢，躯干和臀部保持在一条直线上，不可塌腰，也不可向上翘起臀部。屈臂时，肘关节弯曲至大臂和小臂成 90°，然后再推起至大小臂成伸直状态。

要点：在俯卧撑练习过程中身体应始终保持紧张和直线的状态，头颈部应该顺着脊柱的方向向前延伸，头不可随意晃动或者松懈低垂，在屈臂时吸气，伸臂时呼气，不可憋气完成这一动作。

作用：俯卧撑可较好地锻炼胸大肌、肱三头肌和肩带周围的力量。

图 13-35 俯卧撑

2. 坐姿臂屈伸（图 13-36）

做法：弯曲双腿并坐于地面，双手放在身体后面，肘关节自然弯曲，十指向前，抬起臀部时胳膊伸直，臀部落地时胳膊弯曲。

要点：弯曲胳膊时吸气，伸直胳膊时呼气，不可憋气完成动作。

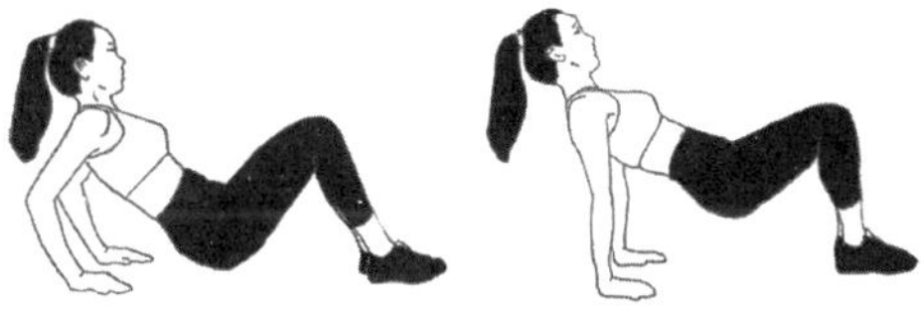

图 13-36 坐姿臂屈伸

作用：坐姿臂屈伸对发展肱三头肌的力量有较好的作用。

（二）核心力量训练

1. 平板支撑（图 13-37）

做法：俯卧，双脚并拢，双臂屈肘，小臂与前脚掌撑于地面，躯干和臀部保持在一条直线上，不可塌腰，也不可向上翘起臀部，侧面看身体成一条直线。

要点：在练习平板支撑时腹部应该体会向身体内部收紧的感觉，身体始终保持稳定，严禁出现塌腰，不可长时间憋气。

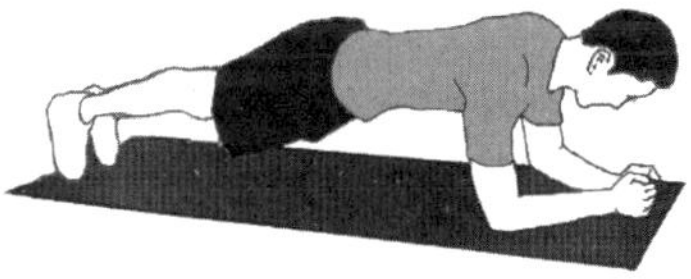

图 13-37 平板支撑

作用：腹横肌是人体稳定最重要的肌群。平板支撑对腹横肌力量的发展有良好的作用，同时可以减少脂肪的囤积，塑造良好的腰围。

2. 仰卧卷腹（图 13-38）

做法：仰卧于地面，双手放于双耳旁，肘关节外开，自然屈膝，大小腿夹角呈 90°，双脚自然分开与肩同宽，吸气，头部、颈部、胸部抬起，腹部肌肉群收缩，腰部不要离开地面，呼气，胸部、颈部和头部依次落地。

要点：在练习仰卧卷腹时，不要过快过猛，体会缓慢抬起和缓慢下落的过程。上背部离开地面到达最高点时，可以稍作停顿，再缓缓落地。当双手放在双耳两旁，上背部卷起困难时，双手可做向前带动的动作或放在胸前交叉。

作用：仰卧卷腹练习的目标肌肉是腹直肌。发达的腹直肌可以起到收紧腹部且缓解腹部松弛的作用，对于防止骨盆前倾有良好作用。

图 13-38 仰卧卷腹

3. 仰卧飞鸟（图 13-39）

做法：俯卧于地面，双臂、双腿自然分开，双臂前伸，呼气，缓慢抬起双臂和双腿，收紧背部、臀部和腿部，头部不可低垂或过于后仰，应该保持在脊柱的延长方向，吸气，双臂和双腿慢慢落回地面。

图 13-39 仰卧飞鸟

要点：在练习仰卧飞鸟时，抬起和落地不可过快过猛，体会缓慢抬起和缓慢下落的过程。如果腰部受到挤压，感觉疼痛，应该减小动作幅度或者更换练习动作。

作用：仰卧飞鸟可以有效地训练腰部、背部、臀部和大腿后部的肌肉力量，而这些肌肉对人体具有重要的支撑和保护作用，对于维持腰椎的稳定有十分重要的意义。通过对背部肌肉力量的改善，还能缓解因久坐不动引起的腰背酸痛。

（三）下肢力量训练

1. 深蹲跳（图 13-40）

做法：站立，下蹲，双手向后摆动，然后双手向上摆动跳起，如此反复。下蹲时，脚尖和膝盖方向保持一致，膝关节千万不可内扣，以免扭伤。起跳时，应该利用下蹲时大腿和臀部的肌肉力量瞬间跳起，手臂随之上摆，起到带动作用。

图 13-40 深蹲跳

要点：下蹲时背部应该挺直，不可弓背，腰腹应收紧，不可松懈，落地时应有缓冲，以免造成损伤。

作用：深蹲跳发展的目标肌肉是股四头肌。股四头肌力量的增强可以提升下肢的稳定性，在膝关节活动时起到更好地维持稳定和减少压力的作用，对于缓解因关节退化和力量减弱造成的膝关节疼痛有良好的作用。

2. 后踢腿跑（图 13-41）

做法：站立，双手放于臀部或者髋部位置，背部挺直，核心收紧，两条腿快速交换后踢跑，脚后跟要尽量踢到臀部。

要点：在做后踢腿跑时，身体不可左右摇晃，重心要高，双膝尽量贴紧不分开，双脚落地时要有缓冲。

作用：后踢腿跑发展的目标肌肉为腘绳肌。腘绳肌和股四头肌是“对抗肌群”。腘绳肌的肌肉力量过于薄弱，对股四头肌的力量发展也会产生较大的影响。腘绳肌在大腿后部，其肌肉力量相对较为薄弱，更需要加强力量练习。

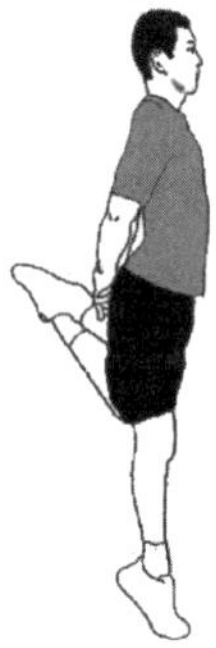

图 13-41 后踢腿跑

## 二、伸展训练

（一）股四头肌的伸展练习方法（图 13-42）

做法：以右腿为例，站立，右腿向后弯曲，右手抓住右脚脚背，两腿并拢不分开，上半身保持收紧和挺直，髋关节微微后倾。

图 13-42　股四头肌伸展练习

（二）腘绳肌的伸展练习方法（图 13-43）

做法：以右腿为例，站立，右腿往前迈出一步，腿伸直，脚后跟着地，左腿屈膝，上半身背部伸直，身体前倾。

（三）腓肠肌的伸展练习方法（图 13-44）

做法：站立，双脚或单脚脚掌站于台阶上，脚后跟用力下压。

（四）胸大肌的伸展练习方法（图 13-45）

做法：站立，双手放于身体后侧并两手相握，双肘关节伸直且双臂尽量向上抬起，同时身体保持抬头挺胸的姿势。

（五）肱三头肌的伸展练习方法（图 13-46）

做法：以右臂为例，右臂上举，弯曲小臂，使右手掌贴于肩胛骨处，左手握住右手的肘关节处，向头后部和左下方拉伸，上半身保持直立，不可弓背。

图 13-43　腘绳肌伸展练习

图 13-44　腓肠肌伸展练习

图 13-45　胸大肌伸展练习

图 13-46　肱三头肌伸展练习

## 第四节　健美操运动的主要竞赛规则

### 一、健美操竞赛的种类、内容

（一）健美操竞赛的种类

健美操竞赛分为健身健美操竞赛和竞技健美操竞赛两大类。

健身健美操竞赛是以强身健体、大众交流、推动全民健身为目的的竞赛，以鼓励大众参与健身健美操这项运动为主。所以，对于参赛者的专业技术水平、参赛人数、音乐等方面的要求较低。比赛形式一般是由各省、市、协会等举办的相关赛事。

竞技健美操竞赛是竞技性比赛，主要是以获取优异成绩和提高运动员技术水平为目的的竞赛，要求参赛者受过良好的竞技训练，具备专业的技术水平，且竞赛规则较为严格。比赛形式一般是锦标赛、冠军赛、运动员等级赛等专业性较强的相关赛事。

（二）健美操竞赛的内容

健美操竞赛的内容分为规定动作和自编动作两大类。

规定动作是权威部门所创编的成套动作，赛前被明确在竞赛规程里面的，是参赛队伍共同比赛的成套动作。自编动作是根据竞赛规程和竞赛规则的要求所创编的成套动作。每支队伍的成套动作都不一样。

## 二、健身健美操的比赛规则

由于健身健美操的普及度更高，本书在此仅介绍健身健美操的比赛规则。

（一）比赛场地和设备

场地为不小于12米×12米的地板或者地毯，赛台高80~100厘米，有背景遮挡，现场具有专业的音响和灯光设备。裁判席必须设置在舞台的正前方。

（二）参赛年龄及人数

1. 各组别参赛年龄要求

儿童组（小学生）：12岁以下。

少年组（中学生）：13~17岁。

青年组：18~34岁。

中年组：35~49岁。

老年组：50岁以上。

2. 参赛人数要求

规定动作：5人/队，性别不限或按比赛规程执行。

自选动作：个人、双人和集体项目等，按照比赛规程执行。

（三）音乐伴奏

（1）规定动作：由大会统一播放。

（2）自选动作：音乐需按要求提交，并进行现场核对。比赛音乐必须清晰，不可出现杂音等现象。

（四）比赛服饰

运动员需身着健身服或运动式休闲服和休闲鞋（不可穿球鞋、体操鞋等），服装上可以有亮片作为装饰物。女运动员可以化淡妆，比赛时不可佩戴任何饰品。

（五）裁判组及评分办法

1. 裁判组组成

裁判组由1名裁判长、5~7名裁判员、1名总记录长、2~3名记录员、1名计时员（用于自选动作比赛）、1~2名放音员、2~3名检录员和1名宣告员组成。裁判人员的数量可根据比赛规模的大小进行适量的增减。

2. 评分方法

成套动作满分为10分，裁判员打分精确到0.1分。所有裁判员的评分去掉1~2个最高分和1~2个最低分，中间3个分数的平均分为得分。该得分减去裁判长的扣分即为最终分数。

3. 分值分配

规定动作：团队精神（4分）、动作完成（6分），总分10分。

自编动作：动作设计（集体项目3分/个人项目4分）、动作完成（集体项目4分/

个人项目 4 分)、表演和团队精神（集体项目 3 分/个人项目 2 分），总分 10 分。

4. 评分内容

（1）表演和团队精神。

（2）动作完成。

（3）动作设计。

# 第十四章

# 啦啦操运动

## 第一节 啦啦操运动概述

### 一、啦啦操运动的起源与发展

啦啦操（Cheerleading）最早起源于早期部落社会。为了激励部落中外出打仗或打猎的战士们，人们通常会举行一种仪式。在仪式中族人们用欢呼和手舞足蹈的表演来激励战士们，希望他们能够凯旋，其中“cheer”一词就有振奋精神、鼓舞士气的意思。

啦啦操运动项目起源于美国，是一项新兴的体育运动项目，至今已有 120 多年的历史。最初，啦啦操是为美式足球呐喊助威的活动，因其形式和内容新颖，有鼓舞士气的作用，深受美国人民的喜爱。随后啦啦操借助美国职业篮球联赛（NBA）的影响力开始逐渐在全球范围内广泛传播。

随着美国 NBA 在全球影响力的提升，啦啦操通过 NBA 进入了中国。1998 年，中国大学生篮球联赛（简称 CUBA）诞生。啦啦操这一表演形式也相应出现。啦啦操以其青春活力的气息和激情四射的表演给观众留下良好的印象，成为赛场上一道亮丽且不可或缺的风景线。自此，啦啦操开始了在中国的发展之路。

2001 年，中国大学生健美操艺术体操协会在广州举办了首届全国大学生啦啦操大赛，这是我国啦啦操发展史上第一次全国性啦啦操赛事。

随后，在各方的共同努力下，啦啦操开始在全国大、中、小学及幼儿园遍地开花，各类赛事也应运而生。目前啦啦操已经成为国家体育总局发展最快的赛事之一。

### 二、啦啦操的分类

我国啦啦操的分类方式众多。啦啦操进入中国以来深受喜爱，也融入了很多中国风，形成了风格鲜明的中国特色啦啦操。

啦啦操按照活动目的可划分为竞技性啦啦操、表演性啦啦操和其他啦啦操。其中，竞技性啦啦操按照动作表演划分为舞蹈啦啦操和技巧啦啦操；表演性啦啦操按照表演场地划分为看台啦啦操和场地啦啦操；其他啦啦操按照练习对象划分为校园啦啦操、社区啦啦操、职工啦啦操、亲子啦啦操和残疾人啦啦操（图 14-1）。

（一）竞技性啦啦操

竞技性啦啦操是队员以参加竞技比赛为目的，在音乐的衬托下，完成高超难度的啦啦操动作，结合各种舞蹈元素，体现青春活力、健康向上的团队精神，追求最高团队荣誉感的体育运动。

1. 舞蹈啦啦操

舞蹈啦啦操包括花球啦啦操、爵士啦啦操和街舞啦啦操。

舞蹈啦啦操是一项在音乐伴奏下，运用包含多种舞蹈元素的动作组合，结合转体、跳步、平衡与柔韧等难度动作及舞蹈的过渡连接技巧，通过空间与队形的变化表现出不同的舞蹈风格特点，强调速度、力度与运动负荷，展示运动舞蹈技能及团队风采的体育项目。

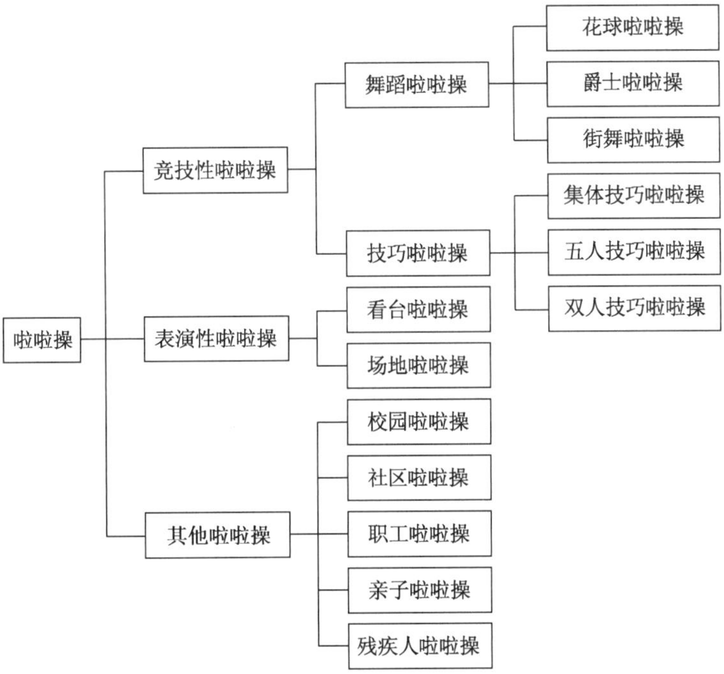


**图 14-1　啦啦操的分类**

2. 技巧啦啦操

技巧啦啦操包括集体技巧啦啦操、五人技巧啦啦操和双人技巧啦啦操。

技巧啦啦操是在音乐的伴奏下，以跳跃、托举、叠罗汉、筋斗、抛接和跳跃等技巧性难度动作为主要内容，配合口号、啦啦操基本手位、舞蹈动作及过渡连接等，充分展示运动员高超的技能技巧的团队竞赛项目，包含翻腾、托举、抛接、金字塔等难度动作。其动作比较随意，用力方向向下，音乐节奏要求明快、热情、动感、奔放，并富于震撼力和感染力。

（二）表演性啦啦操

表演性啦啦操可分为看台啦啦操和场地啦啦操，是以提升士气、激励人心、活跃赛场气氛、振奋观众情绪，让整个比赛更加精彩和激烈为目的的集体活动。

看台啦啦操的主要方式为呐喊、唱歌和打鼓等，是赛场上最为壮观、最能调动运动员和观众情绪的表现形式。

赛场啦啦操就是场间啦啦操，主要在比赛中场休息时进行表演，目的是活跃赛场气氛、鼓舞运动员士气、调动观众情绪，是赛场文化的重要组成部分。

（三）其他啦啦操

还有一些啦啦操具有中国特色，如校园啦啦操、社区啦啦操、职工啦啦操、亲子啦啦操和残疾人啦啦操。

校园啦啦操主要适合青少年学生参与，目的是丰富校园体育文化，帮助学生健康成长；社区啦啦操主要面向中老年群体，融入社区体育文化，助力全民健身发展；职工啦啦操主要针对企事业单位职工开展，重在提升练习者的身体健康水平，增强职工凝聚力；亲子啦啦操主要是以家庭为单位参与的啦啦操，有助于家庭和谐，促进家庭体育的发展；残疾人啦啦操是符合残疾人身心特点的啦啦操，参与对象主要为残疾人。它们针对不同练习人群的身心特点与需求，具有适合参与者健身、表演或比赛的成套动作，充分体现出啦啦操的健身价值与休闲娱乐价值，同时表现出健康快乐的文化特质。

### 三、啦啦操运动的特点

（一）强调团队合作

团队合作是啦啦操运动最大的特点。要求队员在展示个体不同能力的基础上，注重通过与其他队员间的相互协调配合来完成基本动作及翻腾、抛接、托举、金字塔等不同难度的动作。而这些难度动作往往具有一定的危险性，这就要求队员之间相互信任，高度精准配合。各队员在整套动作的完成中均在不同的位置扮演不可或缺的重要角色。啦啦操强调整个团队完成动作的高度一致性，包括动作、口号、难度、配合等多方面的一致性，以营造队员间相互信任的集体氛围、健康向上的团队精神，激励运动员高昂的斗志，增强团队的凝聚力。

（二）充满健康活力

健康活力是啦啦操运动最鲜明的特点。啦啦操是一项朝气蓬勃、充满活力的运动项目，这就要求运动员也要拥有青春阳光的形象、健康的体魄。

啦啦操的动作技术风格和动作编排均具有短暂加速和快速定位的特点，以此来实现集体的快速变化和一致性。啦啦操的这种动作表演形式，也使得青春活力弥漫整个赛场，影响在场的所有运动员和观众。

（三）具有艺术观赏性

高度的艺术观赏性是啦啦操最突出的特点。啦啦操通过丰富、时尚的舞蹈动作元素，自由活泼、热情奔放、节奏感强的音乐，再配合色彩鲜艳、造型时尚的服装道具，在音乐、美术和体育三种层面上给人一种美的感受。

## 第二节 花球啦啦操的基本动作

前面已介绍，竞技性啦啦操分为舞蹈啦啦操和技巧啦啦操。舞蹈啦啦操因舞蹈动作的元素较多，风格多变，可难可易，危险动作少，从而得到了广泛开展；而技巧啦啦操因包含翻腾、托举、抛接和金字塔一系列高难度且相对危险的动作，在学校的开展并不广泛。目前只有一些体育院校的专业啦啦操运动队或少数具备条件的大、中、小学开展了技巧啦啦操。

舞蹈啦啦操包括花球啦啦操、爵士啦啦操和街舞啦啦操。在以上三种舞蹈啦啦操中，最传统、最具代表性、开展和认知度最为广泛的是花球啦啦操。下面我们将着重讲解花球啦啦操的基本技术。

## 一、发力技术

（一）快

“快”是指在完成动作时要快速定位。要想完成快速定位，必须要发力迅速，快速、准确地到达所需位置。快速定位是啦啦操成套动作的重要保障。若没有快速定位，成套动作就会拖沓、松垮，失去啦啦操的主要特征。

（二）准

“准”是指动作的路线直接。完成动作时，要保证动作的路线干脆、清晰、直接，能够准确定位，不出现路线偏离的现象。

（三）稳

“稳”是指动作清晰。完成动作时要注意保证动作的准确性。比如快速发力到达所需位置后手臂和所持花球没有晃动，这就显得动作干净、利索、欣赏度高。

（四）狠

“狠”主要是指动作有力。完成动作时，除了要做到快、准、稳外，还要注意发力。没有力量、动作软绵绵，则失去了啦啦操的灵魂。

## 二、上肢动作

花球啦啦操 36 个基本手位术语及动作解析如表 14-1 所示。

**表 14-1 花球啦啦操基本手位术语及动作解析**

| 序号 | 名称 | 动作示范 | 技术解析 |
|---|---|---|---|
| 1 | 上 A |  | 双臂上举，双手握拳，拳心相对并拢，小拳眼向前 |
| 2 | 下 A |  | 双臂做体前斜下举，双手握拳，拳心相对且并拢，大拳眼向前 |

续表

| 序号 | 名称 | 动作示范 | 技术解析 |
| --- | --- | --- | --- |
| 3 | 上 V |  | 双臂斜上举，双臂夹角成 60°~90°，拳心向外，大拳眼向前 |
| 4 | 下 V |  | 双臂斜下举，双臂夹角成 60°~90°，拳心相对，大拳眼向前 |
| 5 | 加油 |  | 双臂做胸前上屈，双手击掌，拳心相对，小拳眼向前，拳位于锁骨下方 |
| 6 | T |  | 双臂侧平举，拳心向下，大拳眼向前 |
| 7 | 短 T |  | 双臂做胸前平屈，拳心向下，小拳眼向前 |
| 8 | W |  | 双臂做肩侧上屈，前臂与上臂夹角成 90°，拳心相对，小拳眼向前 |
| 9 | 上 L |  | 一臂上举贴近头部，拳心向内，小拳眼向前，另一臂侧平举，拳心向下，大拳眼向前 |

续表

| 序号 | 名称 | 动作示范 | 技术解析 |
| --- | --- | --- | --- |
| 10 | 下 L |  | 一臂下举，拳心向内，大拳眼向前，另一臂侧平举，拳心向下，大拳眼向前 |
| 11 | 斜线 |  | 单臂侧上举 30°，拳心向外，大拳眼向前，另一侧手臂侧下举 30°，拳心向内，大拳眼向前，双臂成一条斜线 |
| 12 | K |  | 一臂做体前斜上举，另一臂做体前斜下举，双臂成 90°，斜上举的手大拳眼向前，斜下举的手小拳眼向前，双手手背向上，拳心向下 |
| 13 | 侧 K |  | 一臂侧上举，大拳眼向前，另一臂做体前斜下举，拳心向下，小拳眼向前，双手手背向上，拳心向下 |
| 14 | 弓箭 |  | 一臂做体侧平屈，前臂和上臂夹角为 30°，小拳眼向前，另一臂侧平举，拳心向下，大拳眼向前 |
| 15 | 小弓箭 |  | 一臂做体侧上屈，前臂和上臂夹角为 90°，小拳眼向前，另一臂侧平举，拳心向下，大拳眼向前 |
| 16 | 短剑 |  | 一臂做胸前上屈，垂直于地面，小拳眼向前，另一侧手臂叉腰，拳心向下 |

续表

| 序号 | 名称 | 动作示范 | 技术解析 |
| --- | --- | --- | --- |
| 17 | 侧上冲拳 |  | 一臂斜上举（同上 V），另一臂叉腰，拳心向下 |
| 18 | 侧下冲拳 |  | 一臂斜下举（同下 V），另臂叉腰，拳心向下 |
| 19 | 斜下冲拳 |  | 一臂做体前斜下举，小拳眼向前，另一臂叉腰，拳心向下 |
| 20 | 斜上冲拳 |  | 一臂做体前斜上举，拳心向下，小拳眼向前，另一臂叉腰，拳心向下 |
| 21 | 高冲拳 |  | 一臂做体前上举，拳心向内，小拳眼向前，另一臂叉腰，拳心向下 |
| 22 | R |  | 一臂做体前斜下举，小拳眼向前，另一臂做肩上后屈，拳心向内贴于头后部 |
| 23 | 上 M |  | 双臂做肩侧上屈，双拳轻触肩部，拳心向下，小拳眼向前 |

续表

| 序号 | 名称 | 动作示范 | 技术解析 |
|---|---|---|---|
| 24 | 下 M |  | 双臂叉腰，拳心向下 |
| 25 | 屈臂 X |  | 双臂做胸前斜上屈，前臂交叉，小拳眼向前 |
| 26 | 上 X |  | 双臂做体前斜上举，前臂交叉，小拳眼向前 |
| 27 | 前 X |  | 双臂前平举，前臂交叉，拳心向下 |
| 28 | 下 X |  | 双臂做体前斜下举，前臂交叉，拳心向内 |
| 29 | X |  | 双臂做肩上后屈，拳心向内贴于头后部 |
| 30 | 上 H |  | 双臂做体前上举，拳心相对，小拳眼向前 |

续表

| 序号 | 名称 | 动作示范 | 技术解析 |
|---|---|---|---|
| 31 | 下 H |  | 双臂做体前下举，拳心相对，大拳眼向前 |
| 32 | 小 H |  | 一臂做体前上举，另一臂做胸前上屈，肘关节垂直于地面，双拳拳心向内，小拳眼向前 |
| 33 | 屈臂 H |  | 双臂做胸前上屈，肘关节垂直于地面，拳心相对，小拳眼向前 |
| 34 | 前 H/持烛式 |  | 双臂前平举，拳心相对，大拳眼向上 |
|  | 前 H/提桶式 |  | 双臂前平举，拳心向下，大拳眼相对 |
| 35 | 后 M/起式位 |  | 双臂做体侧后屈，双拳小拳眼向内轻触腰侧，肘关节朝后，拳心向上 |
| 36 | O |  | 双臂做头上举，双拳拳面并拢，屈肘关节，在头上形成“O”形，小拳眼向前 |

## 三、下肢动作

花球啦啦操常用下肢动作及解析如表 14-2 所示。

**表 14-2　花球啦啦操常用下肢动作及动作解析**

| 序号 | 名称 | 动作示范 | 技术解析 |
| --- | --- | --- | --- |
| 1 | 军姿站 |  | 直立，脚跟并拢，脚尖外开，两手背于体后 |
| 2 | 弓步站 |  | 前腿弯曲，后腿伸直，重心在两腿之间，两手背于体后（也有后腿弯曲的弓步站） |
| 3 | 侧弓步站 |  | 一腿弯曲支撑，另一腿伸直，脚尖侧点地，重心在支撑腿上 |
| 4 | 锁步站 |  | 两腿弯曲，一腿交叉于另一腿前 |
| 5 | 吸腿站 |  | 一腿直立，另一腿屈膝抬起，大小腿保持 90° |
| 6 | 半蹲 |  | 双脚宽度大于双肩，半蹲，大小腿约成 90°，上半身前屈，双手握拳放于膝盖上方的大腿处，头颈部沿着脊柱方向延伸 |

### 四、花球啦啦操难度欣赏

（一）跳跃类（图 14-2、图 14-3、图 14-4）

图 14-2 跨跳

图 14-3 踢尔特跳

图 14-4 紫金冠跳

（二）转体类（图 14-5）

图 14-5 阿提秋转体

（三）柔韧与平衡类（图 14-6、图 14-7、图 14-8）

图 14-6 控旁腿

图 14-7 前搬腿

图 14-8 后搬腿

## 第三节 舞蹈啦啦操专项体能训练

### 一、力量素质训练

（一）上肢力量训练

1. 直角倒立（图 14-9）

两人一组，甲俯卧于地面，双臂伸直，两只脚依次抬起至乙手中。乙握住其双脚缓慢前推，直至甲的手臂和脊柱垂直于地面、双腿平行于地面。

图 14-9 直角倒立

2. 倒立（图 14-10）

两人一组，甲倒立于地面，上臂伸直，腰腹收紧，臀部内收，双腿并拢，脚背绷直。乙握住其双脚作为支撑。该动作难度较大，对上肢力量要求较高，初学者可以先选择直角倒立练习，等力量有所增加再逐渐选择倒立练习。

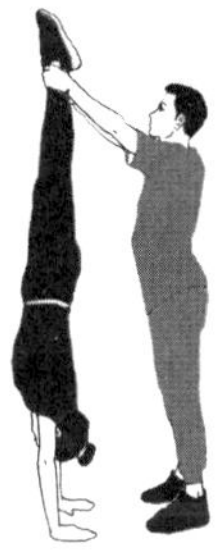

图 14-10　倒立

（二）核心力量训练

1. 仰卧并腿两头起（图 14-11）

仰卧于地面，双臂伸直放于双耳两侧，腹部发力将上臂和双腿折叠，然后还原。收起时双腿应伸直且并拢，膝盖不得弯曲，还原落地时需要控制身体缓慢落下，不可直接摔至地面。

2. 俯卧撑侧踢腿（图 14-12）

俯卧于地面，双臂伸直垂直于地面，双腿并拢踩地，腰腹收紧，身体呈一条直线。以右腿为例，右腿向后脑勺处进行侧踢，髋关节保持开度，不可过分紧张，在踢腿过程中尽量保持双膝不弯曲、腰腹不晃动和塌陷。

图 14-11　仰卧并腿两头起

图 14-12　俯卧撑侧踢腿

（三）下肢力量训练

1. 弓步深蹲跳（图 14-13）

站立，右腿后撤、下蹲，以膝盖十分接近地面但又不触碰地面为标准，然后双腿并拢，奋力向上跳起，伸直膝盖并绷脚背，尽量远离地面，落地后再换另外一条腿做动作。

2. 双人深蹲举（图 14-14）

两人一组，前后站立。甲双手掐住乙的腰部，乙双手按住甲的手腕，两人一起下蹲，然后奋力蹬起。甲的脚后跟离开地面只剩前脚掌着地，双手将乙上举至最高处，再缓冲落地，然后还原。

图 14-13　弓步深蹲跳

图 14-14　双人深蹲举

## 二、柔韧素质训练

（一）肩部柔韧训练（图 14-15）

把杆压肩：面对把杆，远离一步站立，双臂前伸，双手与肩同宽或双手手腕交叉放于把杆上，背部伸直，腿部伸直且与地面垂直，肩部放松反复下压。

图 14-15 肩部柔韧训练

（二）腰部柔韧训练（图 14-16）

地面挑胸腰：仰卧于地面，双手平铺于身体两侧，掌心朝下，双腿伸直，膝盖并拢，脚背绷紧，胸椎尽可能向上顶起，头顶仍留在地面，停留 10~30 秒后落回原地。

（三）髋部柔韧训练（图 14-17）

坐立压垮：坐于地面，屈膝，两脚掌相贴，双手握住双脚，上身直立，呼气时身体下压，胯部放松，膝盖贴近地面。

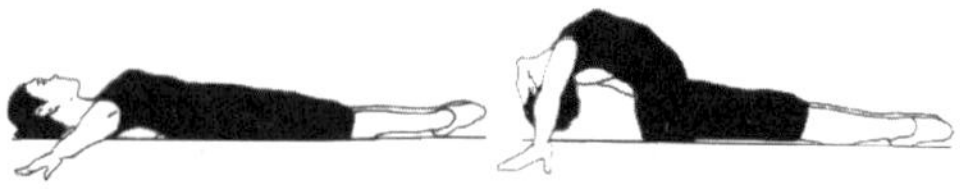

图 14-16 腰部柔韧训练

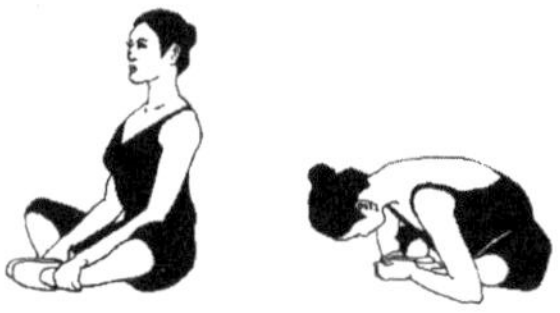

图 14-17 髋部柔韧训练

（四）腿部柔韧训练

1. 前压腿（图 14-18）

以右腿为例，坐立于地面，右腿向前伸直，左腿向后弯曲，上半身直立，呼气时，身体下压去贴近右腿，双手往前延伸，背部伸直，吸气时上身原路返回。

2. 旁压腿（图 14-19）

以右腿为例，坐立于地面，右腿向身体正旁方向伸直，保持胯部外开，左腿的小腿弯曲贴于大腿处，双手呈四位手，呼气时身体下压，右肩放于右膝盖前方，左手拿住右腿脚踝或小腿，左侧腰部拉直，吸气时上身原路返回。

3. 后压腿（图 14-20）

以左腿为例，坐立于地面，左腿往后伸直，右腿大小腿折叠放于体前，双脚绷脚背，双手呈三位手，呼气时，胸腰上挑，头后仰延伸，双手下落至身体两侧，吸气时上身原路返回。

图 14-18 前压腿

图 14-19 旁压腿

图 14-20 后压腿

（五）踝部柔韧训练（图 14-21）

跪姿压脚背：双腿并拢跪坐于地面，双手放于膝盖两侧，背部伸直，吸气时双手撑地，双膝离开地面向胸部靠拢，脚趾正面贴于地面，切不可用脚趾踩地。

图 14-21 踝部柔韧训练

## 三、耐力素质训练

啦啦操成套动作的规定时间为 1 分 45 秒至 2 分 15 秒，其中包含舞蹈动作和各种类别的难度动作。表演者必须具备良好的耐力素质，才能高标准地完成成套动作。耐力素质是指机体长时间坚持运动的能力，分为有氧耐力和无氧耐力。在做耐力训练时每一项练习都应全力以赴。

（一）成套动作练习法

连续完成两遍成套动作，两遍中间无间歇时间，要求操化动作、难度、托举、表情等全部按照比赛要求完成。

（二）专项组合练习法

首先，在音乐的伴奏下，完成高踢腿组合练习，正踢腿、旁踢腿和后踢腿各踢 4 个 8 拍；其次，进行啦啦操组合动作的练习，即选择成套动作中出现的或者教师自编的组合动作进行练习；最后，再完成一套完整的啦啦操成套动作。整个流程重复 3~6 组，间歇时间为 3~5 分钟。

（三）难度组合练习法

将直体跳、团身跳、跨栏跳、屈体分腿跳进行难度组合，连续跳 3 组，重复 3~6 次，在间歇时间不充分、机体未完全恢复的情况下进行下一组练习。

# 第四节 啦啦操运动的主要竞赛规则

## 一、啦啦操竞赛的分类

啦啦操竞赛目前分为两大类：国际赛事和国内赛事。国内赛事按照不同的赛事级别又分为国家级、省级、市级赛事等。

（一）国际啦啦操赛事

国际啦啦操赛事一般包括世界啦啦操锦标赛、各类洲际赛事和在各个国家举办的国际啦啦操公开赛。

（二）国内啦啦操赛事

国内啦啦操赛事包括：

（1）中国蹦床与技巧协会啦啦操分会组织的全国啦啦操锦标赛、全国啦啦操联赛等，联赛又分为分站赛和总决赛。

（2）中国大学生体育协会健美操啦啦操分会组织的中国大学生啦啦操锦标赛等。

（3）各省、市的教育局、体育局或啦啦操协会等组织的省市级竞赛等。

## 二、部分要求

（1）场地：12 米×14 米的专业啦啦操地垫。

（2）音乐：无论是规定套路还是自编套路，都由大会统一播放音乐。

（3）着装：比赛服应首先保证安全性，应覆盖身体相关部位；超短裤、三角裤内应该穿着紧身衣；必须穿鞋；不可单独佩戴首饰等，如果首饰是作为服装的一部分，则允许使用；男性运动员必须在比赛服内穿着一件紧身打底衣。

（四）道具：在花球啦啦操比赛中，花球被视为服装的一部分；舞蹈啦啦操比赛中禁止使用手持道具；帽子、项链、外套等具备比赛元素的物品，可以有目的地使用或去除。

## 三、舞蹈啦啦操成套动作归纳

由于舞蹈啦啦操在各学校开展得较广泛，本书在此只介绍舞蹈啦啦操的相关内容。舞蹈啦啦操成套动作归纳如表 14-3 所示。

**表 14-3　舞蹈啦啦操成套动作归纳**

| 项目 | 性别 | 人数 | 音乐时长 |
|---|---|---|---|
| 集体舞蹈啦啦操（规定动作） | 男女均可 | 8~24 人 | ≤2 分 15 秒 |
| 集体舞蹈啦啦操（自选动作） | 男女均可 | 花球啦啦操、街舞啦啦操 16~24 人；爵士啦啦操 18~24 人 | ≤2 分 15 秒 |
| 双人舞蹈啦啦操（自选动作） | 男女均可 | 2 人 | ≤1 分 30 秒 |

## 四、花球啦啦操竞赛评分表

由于花球啦啦操开展度和认知度较高，本书在此仅介绍花球啦啦操的相关内容。花球啦啦操成套动作 100 分制评分标准、减分表分别见表 14-4、表 14-5。

**表 14-4　花球啦啦操成套动作 100 分制评分标准**

| 分值分布 | | 评分标准 |
|---|---|---|
| 完成分（60 分） | 基本技术技能（30 分） | 1. 动作快速、有力、精确<br>2. 完成舞蹈动作时的身体姿态、身体控制力等<br>3. 能完成柔韧与平衡、跳跃、转体、托举等技巧 |
| | 团队协作一致性（30 分） | 1. 动作与音乐的同步性<br>2. 队员动作的统一性<br>3. 空间/队形间距的一致性 |
| 艺术分（40 分） | 编排（30 分） | 1. 舞台效果及视觉效果<br>2. 多样的队形变化，层次感、空间感、流畅感等<br>3. 添加相应的难度技巧 |
| | 总体评价（10 分） | 1. 运动员现场的表现力，对观众的吸引力和号召力<br>2. 所选服装、道具适合动作风格、运动员年龄及大众审美 |

表 14-5　花球啦啦操减分表

| 序号 | 评判内容 | 减分值 |
|---|---|---|
| 1 | 人数不足或超出 | 减 3 分/人/裁判 |
| 2 | 服装、鞋子、头饰等掉落 | 减 1 分/裁判 |
| 3 | 道具掉地后迅速捡起继续做动作 | 减 1 分/裁判 |
| 4 | 道具掉地后不捡起而继续做动作 | 减 2 分/裁判 |
| 5 | 将道具抛出场外 | 减 1 分/裁判 |
| 6 | 成套动作中断 10 秒以上 | 减 5 分/裁判 |
| 7 | 渲染暴力、宗教信仰、种族歧视、性爱主题的动作 | 减 1～10 分或取消参赛资格 |
| 8 | 违反赛场纪律 | 减 1～10 分或取消参赛资格 |

# 第十五章

# 体育舞蹈

## 第一节 体育舞蹈概述

### 一、体育舞蹈的起源与发展

舞蹈起源于远古人类的劳动生产（狩猎、农耕）、生活、健身和战斗操练等活动，是一种表现自身情感、思想和内在冲动的有节奏的肢体运动。舞蹈常和诗歌、音乐结合在一起，是人类历史上最早产生的艺术形式之一。

研究表明，各种舞蹈都起源于原始舞蹈，体育舞蹈也不例外。体育舞蹈经历了原始舞蹈—公众舞—民间舞—宫廷舞—社交舞—新旧国际标准交际舞的发展过程。其中，普及度相对较高的体育舞蹈是社交舞，也称交谊舞、交际舞。社交舞早在14—15世纪已在意大利出现，16世纪末传入法国。1768年，巴黎开办了第一家交际舞厅，由此社交舞开始流行于欧洲各国，成为一种普遍的社交方式。目前，体育舞蹈运动已经成为全世界公认的最受欢迎的室内运动项目之一。由于它兼有文化娱乐的内涵和体育竞技的双重特点，以及很强的表演观赏性和技艺性，很多国家地区将它纳入体育的竞技范畴，继而成立了各种体育舞蹈组织，并致力促进体育舞蹈事业的发展。

我国体育舞蹈的开展受到西方文化的影响。社交舞最先进入上海市，20世纪30年代后，开始在天津、广州等大城市广泛流行。1956年以后，社交舞的发展陷入困境。20世纪80年代初，随着改革开放的进一步深入，体育舞蹈在我国也进入了一个新的发展时期。外国专家及优秀选手纷纷来华讲学、表演、交流、培训，体育舞蹈迅速从北京、广州向全国推广。2006年，国家体育总局正式把体育舞蹈列为全国体育大会比赛项目。在2010年广州亚运会上，中国代表团囊括了体育舞蹈项目全部10枚金牌。中国已经跃然成为亚洲体育舞蹈第一强国。2014—2021年，中国体育舞蹈更是满载荣誉。

### 二、体育舞蹈的特点

体育舞蹈分为两个大系列：摩登舞和拉丁舞。其中，摩登舞含有华尔兹、探戈舞、快步舞、狐步舞和维也纳华尔兹，拉丁舞则包括伦巴舞、恰恰舞、牛仔舞、桑巴舞和斗牛舞。它们各有特点。

（一）摩登舞

1. 华尔兹

华尔兹又称“圆舞”，是体育舞蹈中历史最悠久、生命力最强的一种舞蹈。华尔兹一词最早来自古德文 Walzel，是“滚动”“滑动”“旋转”的意思。

华尔兹的特点是庄重典雅、华丽多彩，舞蹈动作流畅，旋转性强，重心起伏跌宕，转体潇洒。所配服装华丽，音乐优美。华尔慈体现舞伴间的内心世界，它有身体的摆荡、倾斜和反身动作。舞蹈时，男舞伴似王子气宇轩昂，女舞伴似公主温文尔雅，舞姿飘逸优美，文静柔和。

2. 探戈舞

探戈舞起源于非洲中西部的民间舞蹈“探戈诺”，16 世纪末，随着被贩卖的奴隶进入美洲，探戈融合了拉美民间舞蹈风格，形成了舞姿优雅洒脱的墨西哥探戈舞和舞姿挺拔、舞步豪放的阿根廷探戈舞。探戈舞后来传入欧洲，受欧洲民间舞蹈尤其是西班牙民间舞蹈的影响，在豪放洒脱的基础上，增加了优雅含蓄的情趣，形成了西班牙探戈舞、意大利探戈舞和英国皇家探戈舞。

探戈舞动作刚劲有力，动、静、快、慢错落有致，头左顾右盼、快速转动；舞蹈风格动静交织，潇洒大方；沉稳中见奔放，闪烁中显顿挫。探戈舞音乐速度中等，气氛肃穆，听来铿锵有力，令人精神振奋。

3. 快步舞

快步舞，早期舞步吸收了狐步舞动作，后又引入了芭蕾舞的小动作，使动作显得更加轻快灵巧。快步舞动作较难掌握。初学者一般掌握了华尔兹、维也纳华尔兹、探戈舞和狐步舞后才学跳快步舞。现在体育舞蹈中的快步舞是英国式快步舞。快步舞动作轻快活泼，富于激情，舞步轻松，自由洒脱。舞蹈风格简洁明快，饱含动力感和表现力。

4. 狐步舞

狐步舞起源于美国黑人舞蹈，它的产生比华尔兹和探戈舞要晚。大约在 1914 年，美国演员哈利·福克斯模仿马慢走时悠闲自在、从容恬适的情态，设计了一种舞蹈形式。这种舞迅速在全美流行。福克斯（Fox）意即“狐狸”。这种轻快的舞被称为“福克斯舞”，后又被称为“狐步舞”。现在国际上流行的狐步舞是由英国的约瑟芬·宾莉改编而成的。

狐步舞步法轻柔、圆滑、流畅，方向多变，且没有合并步；动作衔接性好，升中有降、降中有升，呈线性流动状；舞蹈风格典雅大方、舒展流畅、轻盈飘逸、平稳大方。

5. 维也纳华尔兹

维也纳华尔兹是历史悠久的舞蹈，和华尔兹一样。维也纳华尔兹又称“快华尔兹”，是由德国农村的土风舞和奥地利民间舞结合而成的。17 世纪初，该舞在维也纳宫廷中流行，18 世纪中叶流行于法国，然后在欧洲广为流传。维也纳华尔效动作优美，舞步轻快流畅、旋转性强，音乐节奏清晰，旋律活泼。

（二）拉丁舞

1. 伦巴舞

伦巴舞是拉丁舞中具有独特魅力的舞蹈。由于音乐的基调不同，伦巴舞曲表现的情感也不尽相同，有的是欢快的，有的是深沉而柔情的，也有的是忧虑而伤感的。伦巴舞具有文静、含蓄、柔媚的风格，更加展示了女性婀娜多姿的美态。男士亦能感受到音乐的魅力，分享舞蹈过程中内含的活力。伦巴舞在拉丁舞中历史悠久，舞型成熟，具有独特的吸引力。

2. 恰恰舞

恰恰舞是模仿企鹅的动作而创编的舞蹈。该舞风趣诙谐，热烈而又俏美，胯部的扭摆独具特色。恰恰舞名称动听，节奏欢快易记，配以邦伐斯鼓和沙球的“咚咚”“沙沙”声，备受欢迎。它是拉丁舞中最受欢迎的舞蹈。

3. 牛仔舞

牛仔舞源于美国西部，带有踢踏动作，欢快、热烈、风趣。其强烈的扭摆和连续快速的旋转使人目不暇接，音乐节奏快且有跃动感，令人兴奋不已。舞蹈中有举持和拖甩舞伴等动作，以表现牧人强健的体魄和自由奔放的情感。

4. 桑巴舞

桑巴舞是拉丁舞中最强烈、最有个性的舞蹈，乐曲热烈、欢快，舞蹈动作粗犷豪放，起伏强烈；膝部连续弹动，舞步奔放敏捷，富有强烈的感染力。桑巴舞区别于其他拉丁舞的一个显著特点是舞蹈时沿舞程线方向绕场移动，是一种行进性舞蹈。

5. 斗牛舞

斗牛舞是模仿西班牙斗牛士的动作创编而成的。舞蹈中男士代表斗牛士，女士代表斗牛士手中艳丽的红斗篷。斗牛舞舞姿威猛、刚劲，舞步坚定有力。

## 第二节　体育舞蹈的姿势、基本术语与基本舞步

### 一、体育舞蹈的姿势

要想学好体育舞蹈，首先要掌握正确的基本舞姿，体育舞蹈舞姿主要分为闭式舞姿、开式舞姿和外侧舞姿三种。

（一）闭式舞姿（图 15-1）

1. 站位

男女舞伴相对站立，双膝稍屈，以右脚对准对方两脚中间，双脚及身体稍前倾，男女足尖相距约 10 厘米。男士身体重心在右脚；女士身体重心在左脚。男女双脚可并脚站立平放，也可稍分脚站立。

图 15-1　闭式舞姿

2. 接位

男女均以右腹接触对方，横位自腹部中间 1/2 的右腹部位贴靠对方，纵位以胸下至大腿根部（腹股沟）与对方相贴。腰部紧撑，肩膀自然放松，胸部不可紧拉，身体重心稍前倾，放在脚掌上。这种接触位置在各种舞步中不能上下错位、左右分离。

3. 头姿

女士头部要向左转 45°，拉直收紧胸锁乳突肌（脖筋），同时颈部尽量向上牵伸，有头顶天花板的感觉。不仅如此，头部还需向后伸展。男士要收缩躯干背面的斜方肌和竖脊肌，牵动胸椎后伸，为打开胸部线条创造条件。要含颌，突出气韵。

4. 握持

男士双臂侧平举，两肘水平。左臂的大臂和小臂弯曲成 90°角，左肘比肩低 5～10 厘米。左手高度齐女士右耳，左手虎口与女士右手虎口相交，轻轻相握，手掌鱼际相贴，掌心空，以拇指和中指卡在女士右掌骨和指骨关节处，其余三指含合。右臂的大臂与小臂弯曲成 70°～80°角。右手五指并拢，置于女士右肩胛骨外侧稍向上位置。右腕松弛，不要出现折痕。

女士双臂侧平举，两肘水平。右臂弯曲，大臂与小臂内角约为 150°。右手高度齐右耳，右手虎口与男士左手虎口相交轻握，掌心向前，手腕松弛。左臂轻置于男士右臂上，左手虎口张开，大拇指和中指像端一杯酒，轻轻卡在男士右上臂三角肌的中部。其余三指可上翘，五指呈兰花指或弹指状。

男女握持的手要放置于两人身体侧位的中间，不可偏向前或后。

5. 躯干

人体除去头部、四肢外，余下的部分叫躯干。将自然形体转变为艺术形体，躯干的表现是十分重要的。含胸、收腹、挺背、收臀基本可以概括整个躯干的艺术姿态。人体生理学常识可以帮助我们更好地理解艺术形体的表现形式。我们必须这样理解：收紧与放松是相对的，放松一部分肌肉，则要收紧另一部分肌肉。

（二）开式舞姿（图 15-2）

开式舞姿由于两人身体向一侧分开，成为扇子式“V”字形，故又称“V”字形舞姿。在探戈舞中，两人肩挨肩并列，习惯称为“并步舞姿”。男、女仍先摆好闭式舞姿。男女腹部的横位接触约 1/3；纵位接触部位较长（自胸下至右膝关节以上）。男女头颈均向左转 45°。男女握持需要紧密。男士左前臂弯曲成锐角，右臂围绕女士的背部，而其前臂则与地面平行。左肘较做其他舞姿时稍高，外开比肩低 3～5 厘米，左手略高于肩。右手五指并拢，手掌置于女肩胛骨下方，中指稍过女士脊柱。女士左臂环绕男士右臂外侧，左肘内侧包裹在男士右肘外侧，左手虎口张开，架在男士右上臂下边靠近腋下，除拇指外的四指并拢，手指略向下。

图 15-2 开式舞姿

图 15-3 外侧舞姿

（三）外侧舞姿（图 15-3）

外侧舞姿，就是男士走在女士的身体侧边的跳舞姿势。一般常用的是男士在女士的右边外侧跳，所以又叫

“右外侧舞姿”。男士跳前进外侧舞姿的时候，两人上身舞姿仍用“闭式舞姿”。男士右脚向女士右边身体的旁边走过去，前进一步，步子交叉在身体的前面，女士则用左脚向后方后退一步，步子交叉在身体的后面，两人均做“反身动作”，身体的侧面仍须紧密地贴住，成并肩站立，右肩靠近。男士跳后退外侧舞姿时，两人上身舞姿仍用“闭式舞姿”。男士左脚向女士右边身体的旁边走回来，后退一步，步子交叉在身体的后面，女士则用右脚向前方前进一步，步子交叉在身体的前面，两人均做“反身动作”，身体的侧面仍紧密地贴住，成并肩站立，右肩靠近。

## 二、体育舞蹈的基本术语

(一) 舞程向

在一个舞池中，为避免舞者互相碰撞而严格规定的舞者必须按照舞池逆时针方向行进的这个方向叫舞程向。

(二) 舞程线

舞者必须以逆时针方向，围绕舞池中央行进，行进的路线就叫舞程线。舞程线通常由两条长线和两条短线构成。沿舞程线产生的 8 个常用方位如图 15-4 所示。

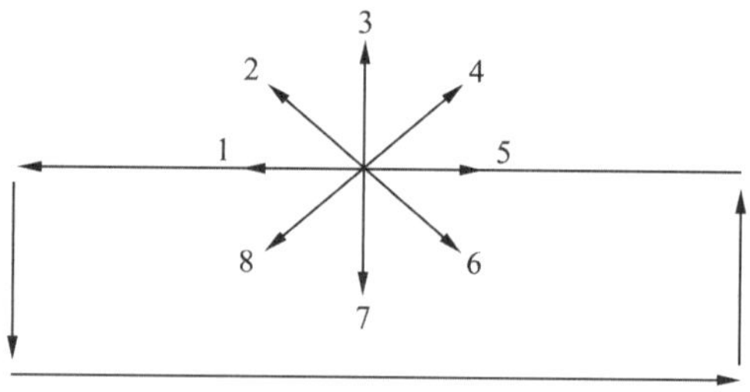


**图 15-4 舞程线及方位图**

只要沿着逆时针方向行进，任何一点都有以下 8 个方位，如表 15-1 所示。

**表 15-1 体育舞蹈 8 个常用方位**

| 序号 | 方位 | 序号 | 方位 |
|---|---|---|---|
| 1 | 面对舞程线 | 5 | 背对舞程线 |
| 2 | 面对斜墙壁 | 6 | 背对斜墙型 |
| 3 | 面对墙壁 | 7 | 面对中央 |
| 4 | 背对斜中央 | 8 | 面对斜中央 |

(三) 转度术语

旋转时 360°为一周，45°为 1/8 周，90°为 1/4 周，135°为 3/8 周，180°为 1/2 周，225°为 5/8 周，270°为 3/4 周，315°为 7/8 周。记录旋转动作时，应先标明旋转的方向，即左转或右转，再标明角度。

（四）动作形式术语与音乐术语

（1）基本舞步：构成一种特定舞蹈的基础舞步。

（2）组合：两个或两个以上的舞步的结合。

（3）套路：由若干个组合串编成的一套完整的舞步。

（4）节奏：以一定规律反复出现、赋予音乐以性格的具有特色的节拍。

（5）音乐速度：一分钟内所演奏的小节总数。

（五）动作名称术语

（1）闭式位：男女面对面，且女士略靠男士右侧，男士右手放在女士背后左肩胛骨下半部，左手与女士右手扶握的身体位置。

（2）分式位：男女面对面，分开约一臂距离的身体位置。

（3）侧行位：男士的右侧与女士的左侧靠近或紧密接触，而身体的另一侧向外展开成"V"字形站立或行进的身体位置。

（4）外侧位：在标准舞中，男女舞伴的一方向另一方的右外侧（常见）或左外侧（较少见）前进所形成的身体位置。

（5）并肩位：在拉丁舞中，男女面对同一方向肩臂相并的身体位置。以男士为基准，男士左肩与女士右肩相并叫"左并肩位"，男士右肩与女士左肩相并叫"右并肩位"。

（6）擦步：当动力脚从一个开位向另一个开位移动时必须先与主力脚靠拢而重心不变的舞步。

（7）滑步：在第二步双脚并拢的三步组成的舞步。

（8）锁步：两脚前后交叉的舞步。

## 三、体育舞蹈的基本舞步

（一）运步

体育舞蹈中各舞种的运步方法不尽相同，但不管是哪一个舞种，其运步的过程总是离不开以下四个技术要点。下面介绍有关运步的技术。

1. 升降动作。

（1）上升动作。

上升动作是身体重心从低位向高位的转移。身体重心的上升是靠脚与脚的协调配合实现的。上升动作主要靠支撑腿的"吸腿动作"实现。吸腿动作程序为支撑腿在屈膝的状态中脚掌向地板方向用力，通过蹬地产生向上的速度和力量，再通过膝、踝、脚、趾的上升使身体重心由低位向高位升起。身体重心引导带领运动腿与脚向上转移，运动脚本身不发力，只是随着身体重心到达一定的高度而已。运动腿上升顺序为先伸膝，再伸踝，再伸趾。上升过程需要提高膝、踝、脚、趾的力量和柔韧性，以期达到完美的弹性过程。一般来说，在运动脚到位瞬间，上升动作并没有完全结束，重心在另一只脚的并合中继续上升。膝关节是否完全伸直，身体是由脚掌还是脚尖支撑，将直接影响上升的高度。

（2）下降动作。

下降动作是身体重心由高位向低位转移。当身体重心处于高位状态时，膝关节伸直，脚跟离地。首先身体向地板方向挤压，然后脚趾、脚踝屈曲并向下踩落，使脚跟着地；随之屈膝。大腿后部与内侧肌肉群的收缩对于屈膝是至关重要的，可以减缓膝关节的受力。屈膝时要收紧臀部、挺髋。

升降身体重心是通过膝、踝、脚、趾的屈伸达到由高到低或由低到高的转移。升降技巧是身体重心转移的一种形式。摩登舞中除探戈舞没有固定的升降模式外，其余四种舞均有升降动作。拉丁舞中桑巴舞和牛仔舞有升降动作。

2. 平衡动作

跳舞时要正确掌握身体的重心，保持身体平衡。身体的重心未移动而先移动脚，必然会踩踏女士的脚，所以重心的移动一定要比脚的移动早，因为脚的运动速度总是比身体运动的速度快。只有身体重心移动了，才能保持身体的平衡，使步子平稳，保持优美的姿态。只有掌握了平衡动作，才不会使自己与舞伴有摇摇欲坠的感觉。

准备要运步的时候，身体直立、前倾，重心放在两脚的前脚掌上，脚跟不可离地，两膝略为松弛。按照长期形成的惯例，男士左脚先起步，女士必然右脚开始。左脚起步，从大腿的根部开始，左脚向前摆动，用前脚掌接触地面，脚跟擦着地面前进，脚尖不可翘得过高。当左脚经过右脚尖的时候，右脚跟要离地，靠着右脚掌的推动力，使左脚前行。左脚向前方前进一步后，左脚整只脚掌着地，重心移至左脚上。右脚起步时，与前相同。后退时，男士仍旧从左脚开始，身体后倾，重心向右移动，从大腿根部开始，左脚向后摆动，用前脚掌接触地面，脚趾擦着地面后退。当左脚经过右脚跟时，左脚前脚掌离地，靠着左脚掌的推动力，使右脚后退。右脚向后方后退一步，右脚整只脚掌着地，重心移至右脚上。跳舞不是仅仅依靠脚的移动，而是身体、腰部、腿部等都要同时前进或后退。上身要平稳，重心要平均放在两脚的脚掌上。

3. 反身动作

反身动作一般表现在运动脚出步之前，它是整个身体转动过程的初始阶段。而初始阶段完成后，腰胯并没有停止转动，腰胯的转动将延续到运动脚运行到位。根据腰胯物理转动幅度，在运动脚不出步的静止状态下，腰胯只能有限地达到一定的转度。运动脚出步后，腰胯将继续加大转动的角度，使其达到合理的指定度数。一个舞步一般由三步或更多步构成。反身动作完成后，身体将持续转动，不再出现反身动作。

除反身动作外，还有一种动作，即“反身动作位置”。“反身动作位置”就是前进或后退的活动腿越过休止腿的位置，与身体自然成交叉的姿势，也就是相对运动定位。如右脚越过左脚，即超过身体左侧，向对方的右侧身边前进的时候，左肩自然形成的与右脚同一方向的姿势。

4. 倾斜动作

倾斜是人体纵轴主动偏离地面垂直坐标的技法。身体倾斜产生于身体重心从低位向高位的摆荡转移中。运动脚总是先于身体到位，身体纵轴自然地偏离地面垂直坐标。我们把这种情况称为自然倾斜。但自然倾斜不能成为一种技法，因为技法必须是身体主动运用技巧的方法。在身体产生自然倾斜的基础上，为了控制身体前冲惯力，防止身体倾倒，身体侧面骨骼肌主动拉长收缩，使身体在保持自然倾斜的基础上，加大倾斜角度，重新排列纵轴线，找到与地面垂直坐标重合的部分。此时的身体虽然倾斜，但保有垂直重心。倾斜起了制动、减速的作用。倾斜技巧充分展现了人体美，巧妙而不露痕迹地实现了双脚的重心转换。

（二）步法

舞步是体育舞蹈入门的第一级台阶，初学者只有按部就班，循序渐进，才能由浅入深。如果还未掌握好基本舞步，就进入复杂的套路演练或者双人配合，往往难以驾驭。以下介绍几种常用的步法。

1. 常步

常步是体育舞蹈中最简单的一种舞步。有人认为这与平常走路的步法相仿，其实不然。体育舞蹈中的常步在不同的舞种中有所区分，拉丁舞中较为常见的是脚尖、脚掌先触地，摩登舞中则是脚跟先触地。

2. 并步

并步就是左右两脚并拢在一起，左脚向左侧横进一步后，右脚立即向左脚并进，然后改用右脚出步，向右侧横进，左脚立即向右脚并进。前进并步与后退并步都是如此。常步以慢步居多，并步则相反，以快步居多。并步是两个快步成为一个慢步。

3. 旁步

旁步就是侧步，也就是一脚向左侧或向右侧横进一步的舞步。在出步的时候，一脚循常规向前进或向后退的时候，在另一脚的旁边轻轻擦过，再向侧面横走一个小步。

4. 边步

边步就是外步，是站在舞伴身体的旁边跳。平常的舞姿和跳法两人面部和身体都是相对的，出步也是相对而跳的。跳边步的时候，男士前进或后退都在舞伴的身体旁边，形成两人同时站在一条横线上、肩部相互靠近的外侧舞姿。

（三）基本舞步

1. 摩登舞

并步：也叫追步或追并步，是双脚并合的一种舞姿。重心集中于双脚，瞬间应立即转移于另一只脚。

实步：重心所在的舞步。

虚步：非重心所在的舞步。

虚点：用脚掌点地而不做重心支撑。

锁步：双脚一前一后交叉的舞步。锁步的一只脚的脚掌外侧与另一只脚的脚跟外侧相贴。前进的运动脚锁在支撑脚后，后退的运动脚锁在支撑脚前。

交叉步：双脚一前一后的舞步。男步前交叉时女步必须后交叉，反之亦然。与锁步不同的是，交叉的双脚未必相贴，且深度交叉时两脚分离较远。

叉形步，叉形步也叫排步或扫步，分为左叉形步和右叉形步两类。男士左脚与女士右脚或者男士右脚与女士左脚通过自己支撑脚做交叉的舞步。

撇转：也叫轴转，一只脚脚掌或脚尖弧线滑移后做定点圆心转动，使重心在快速转动中下降的舞步。

跟转：也叫跟轴转，是以重心脚脚跟为轴的一种旋转方式。另一只脚并于重心脚与重心脚同转，但只是虚转。转动结束时重心如上升，重心往往落在虚转脚的脚尖或脚掌上。

正转：向右转动的舞步，也叫自然转。

反转：向左转动的舞步。

刷步：运动脚像刷子一样轻擦地面向重心脚靠近或并合，但不形成重心。

外侧舞步：在对方身体和脚的外侧运行的舞步。

逗留步：也叫犹豫步或踌躇步，脚下短暂停止运行而后改变运行方向的舞步。一只脚做逗留步时，另一只脚或靠近或并合，但重心不转移。

滑旋步：一只脚在反身动作位置中前进滑移后，脚掌或脚尖旋转的舞步。运动脚在支撑脚定点旋转中，做滑移和旋转，放置于支撑脚后旁。

2. 拉丁舞

（1）抑制前进步。

在跳伦巴舞和恰恰舞的某个前进步时，用来改变方向、造成停顿的那一步就是“抑制前进步”。它与一般前进走步的不同点有：前移的脚可以比上体先到位；只有部分体重移到前脚，前移的脚向外转动约 1/16 周；前腿膝盖伸直，后腿膝盖弯曲，两膝相靠，后腿膝盖与前腿腘相碰；正常的前进走步结束时，重心到达前脚，在前脚转胯前，膝盖已经先伸直，准备下一步的移动。

（2）延缓走步。

在伦巴舞和恰恰舞中有一种特别的走步动作，其目的是改变上体和脚部的速度，以突出旋律。这类走步动作就是延缓走步。它包括以下三种类型：屈膝延缓前进走步、直膝延缓前进走步、屈膝延缓后退走步。

在跳延缓走步时，移动脚先到位，重心不必随脚马上移动，而应该是重心的移动比正常走步慢，上体和转胯动作在重心到位时同步完成。在跳延缓前进走步时，前移腿的膝盖可屈可伸，没有重心，在重心到达前，膝盖通常是伸直的。

（3）前进走步转。

当向前运动，要用转动来改变下一步向前或向后的方向，且不影响正常的身体和臂部动作时，则使用前进走步转。这种方向变换方法与前进走步要领相同，只是需要均匀转到方位。使用前进走步转改变方向后，原来的前进变为后退，上体最大转 3/8 周，结束脚位置是在身后稍侧。

（4）拉丁交叉步。

在跳拉丁舞时，不管前交叉还是后交叉，所完成的脚步位置都是相同的，这种脚步位置就是拉丁交叉步。拉丁交叉步有右脚向后交叉和左脚向后交叉两种类型。以右脚向后交叉为例：当右脚交叉到左脚后方时，双膝弯曲，然后右脚脚尖外转，右膝靠在左膝后，右脚脚尖与左脚脚跟相距约 15 厘米。

# 第三节 体育舞蹈的主要竞赛规则

## 一、场地与服装

竞赛场地：长 23 米、宽 15 米。选手按逆时针方向运动，交换舞程线时应过中心线。

竞赛服装规定：摩登舞男选手穿燕尾服，女选手必须穿长裙；拉丁舞服装有拉美风格，男女选手服装必须协调，男选手下身穿紧身裤或锥形裤，上身穿宽松式长袖衣，女选手穿露背、露腿的短裙。男女舞鞋应与服装颜色一致。摩登舞男选手一般穿黑色舞鞋，女选手穿 5~8 厘米高的高跟船鞋，且鞋面可镶嵌亮饰；拉丁舞男选手的舞鞋同摩登舞的舞鞋，女选手穿高跟凉鞋，鞋亦可加亮饰。

## 二、基本规则

（一）基本技术

（1）足部动作：各种步伐的方位、角度准确；脚和地面接触部位准确；脚步的时间值准确。

（2）姿态：各个不同舞种的握转动作准确；运动过程中姿态准确、漂亮。

（3）平衡、稳定：舞伴之间力的使用得当，动作能保持平衡、稳定；在完成高难度动作时能保持身体平衡、稳定。

（4）移动：移动是由身体带动的，不只是脚的动作；移动要流畅，能根据不同舞种的移动特性，给予正确判断。

（二）对音乐的表现力

（1）对各种不同的舞种的节奏表现清晰准确。

（2）对各种不同的音乐风格有很好的理解，并能很好地体现音乐的风格与情调。

（3）脚步应踩在节拍上，身体应流动在旋律里，要求舞者能跳出音乐的境界。

（三）对国际标准舞风格的体现

（1）能表现出不同舞种之间的风格及韵味上的差别。

（2）在表现各舞种风格的同时，还能体现出舞者个人的风格。

（四）舞蹈的编排

（1）动作编排新颖流畅，运用自如。

（2）舞蹈的编排既体现舞种的基本风韵，又含有一定的难度。

（五）临场表现

（1）比赛现场遇到意外情况，有应变能力。

（2）比赛时能保持良好的竞技状态，专注、自信并能控制动作，临场发挥好。

（六）赛场效果

赛场效果包括舞者的气质、风度、仪表、姿态、出场和退场的总体形象。

随着体育舞蹈技术动作的不断发展和创新，评判的标准也相应地发生了一些变化，主要从以下五个方面做出了更为严格的要求。

姿态和平衡：姿态部分包括姿势、身体线条、形状、握持、位置和变化等；平衡部分包括静态平衡和动态平衡，也包括双人平衡和单人平衡。

动作质量：动作方面必须包括通用性动作和每个舞种的特定动作；舞蹈动力方面包括动作流动性、动作重心、动作的时间值、动作的空间感的处理。

动作与音乐：包括动作的时间值、动作的节拍、动作的节奏、乐句、乐段、音乐等内容。

双人配合技术：包括有肢体接触的配合、无肢体接触的配合，以及双人配合技术的正确度、有效度和黏合度。

编舞与表现：包括舞蹈良好的平衡、舞蹈的内容体现、舞蹈的空间应用、舞蹈的双人配合技术的应用、舞蹈的难度动作的等级、舞蹈的氛围、舞蹈的创新、舞蹈的表情及舞蹈的诠释。

（七）对选手的规定

（1）不允许在同类舞场中交换舞伴。

（2）准时入场，否则按弃权论处。

（3）编组后不能改变组别。

（4）摩登舞比赛必须男女交手跳舞；拉丁舞比赛不允许出现托举上肩、跪腿等动作。

## 三、竞赛方法

比赛分为预赛、复赛、半决赛和决赛。

（一）预赛、复赛的评分比例

（1）基本技术占40%，其中脚步动作、姿态、手稳定和移动各占10%。

（2）音乐表现占20%。

（3）体育舞蹈风格的体现占10%。

（4）体育舞蹈的编排占10%。

（5）临场表现占10%。

（6）现场效果占10%。

（二）半决赛的评分比例

（1）基本技术占30%。

（2）音乐的表现占20%。

（3）体育舞蹈风格的体现占20%。

（4）体育舞蹈的编排占10%。

（5）临场表现占10%。

（6）现场效果占10%。

在决赛中，裁判将全面考察选手的各项要求。

# 第十六章

# 瑜伽运动

在紧张的生活节奏下，瑜伽作为一种日益流行的健身方式，以其能保持身材、平衡心态，使练习者全面焕发出健康、快乐、宜人的气质而深受人们的欢迎。

## 第一节　瑜伽运动概述

### 一、瑜伽运动的起源与发展

瑜伽起源于印度。早期的瑜伽修行者在大自然中修炼身心时，无意中发现各种动物与植物天生具有治疗、放松、睡眠或保持清醒的方法，患病时能不经任何治疗就能自然痊愈。因此，古印度瑜伽修行者根据对动物、植物姿势的观察、模仿并亲自体验，创立出了一系列有益于身心的锻炼系统。这就是我们现在所说的瑜伽体位法。

瑜伽主要有六个发展阶段：原始发展时期、吠陀时期、前经典时期、经典时期、后经典时期和近现代发展期。大约在公元 4 世纪，瑜伽随着佛教的传播进入中国。中文“瑜伽”一词早在唐代就已出现。另有学者考证，唐代流行的“天竺国按摩法”、宋代的“婆罗门导引法”都可能是从印度传入我国的瑜伽术。20 世纪 80 年代中期，美籍华人张蕙兰女士通过电视将现代瑜伽展示给了中国民众，从此瑜伽这一新奇的健身方式开始被中国人了解。时至今日，瑜伽已成为现代人喜爱的运动项目。

### 二、瑜伽练习的基本元素

（一）坐姿

瑜伽坐姿有多种：双盘、单盘、对足坐、自然盘等（图 16-1）。不管是哪一种坐姿都应该是舒适、稳定并能持久的。练习瑜伽时，所有的坐姿均要保证重心放于坐骨上，脊柱伸展向上，腹部微收，肋骨微收，胸骨柄向上提，各个关节要放松，身体力量要均匀地分布在双腿和双脚上。保持好一个正确的坐姿能让练习者顺利地练习瑜伽，并获得较大的进步。

**图 16-1　瑜伽练习基本坐姿**

（二）呼吸

呼吸是指呼气和吸气。在瑜伽练习中常用的呼吸方式有腹式呼吸、胸式呼吸和完全式呼吸。安全有效的呼吸，可调节神经系统，从而给身心减压，还有助于调节循环系统和呼吸系统。

(三) 冥想

瑜伽冥想是一种促进心理健康的锻炼方式，有助于净化心灵、缓解压力。

(四) 放松

放松是达到身体健康和心意稳定的关键之一。身体不紧张，行动必然轻松自如，头脑也会清醒。在瑜伽运动中，我们需要让身心处于一种放松的状态，保持一种平和的心境。

## 三、瑜伽运动的特点

瑜伽运动不同于其他运动项目，概括起来主要有五个特点。

(1) 整套瑜伽练习是将调息、入定、姿势、呼吸和冥想有机结合在一起的。它们相辅相成，共同发挥调和身心的作用。

(2) 瑜伽的呼吸均匀而深长，并且与瑜伽的动作姿势和意识引导紧密配合起来，达到内外合一的境界。

(3) 瑜伽运动强调内外合一、身心同练，通过意识引导和姿势配合，对全身各系统均产生功效，从而调动和增强人体各项生理和心理机能的潜力。

(4) 练习瑜伽的过程不仅是肢体运动的过程，也是一个内心自我完善的过程。它要求练习者要从自身情况出发对运动强度进行自我调控，排除一切杂念的干扰，达到内心的平和。

(5) 练习瑜伽要配合柔和舒缓的音乐，以放松身心、集中意念，进入和谐安静的境界，在内心的平和中充分释放自我。

总之，瑜伽是一项内外兼修、形神合一、自我完善的运动。它追求的境界类似我国古代哲学家们所强调的“天人合一”，讲求身与心的协调一致。

# 第二节 瑜伽姿势

瑜伽姿势能够调节激素的释放，对情绪、心态、新陈代谢、免疫功能及生殖系统都有着较大的影响。另外，瑜伽姿势能舒筋活络，有助于恢复神经系统的功能。

## 一、坐或躺

(一) 扭臂式 (图 16-2)

1. 练习方法

(1) 坐跪于垫面上。

(2) 吸气，手臂前平举，掌心相对，左臂在下，手肘交叉；呼气，屈左臂，手、肘夹住右臂，右臂平行于地面。

(3) 屈右臂，两小臂交叉，掌心相对，尽量让两掌心重叠在一起。

图 16-2 扭臂式

2. 练习功效

该姿势能使肩肘关节灵活，消除上背部僵硬，有益心肺健康。

3. 注意事项

肩膀、颈部要放松，背部要挺直，腹部收紧。

（二）骆驼式（图 16-3）

1. 练习方法

（1）双膝分开与肩同宽，跪立于垫子上，双手放于腰后。

（2）保持大腿垂直于地面，身体的前侧伸展向上。

（3）保持臀部内收，吸气，延展脊柱，胸腔充分向上提，保持骨盆中正，呼气时弯曲躯干向后，依次将双手放于双脚上（根据自己的情况），头自然垂落；保持颈部的长度，头向后，眼睛向后看（头部自然向后，不要挤压脖颈）。

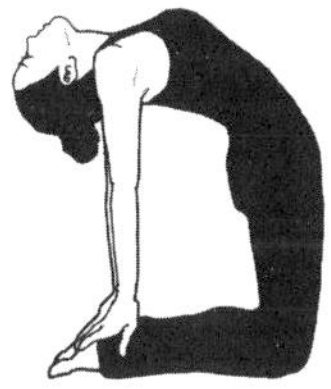

图 16-3 骆驼式

（4）吸气，抬起头，通过双手依次扶髋部慢慢回正身体；呼气，做婴儿式放松。

2. 练习功效

该姿势能改善呼吸系统的功能，增强脊柱弹性，矫正圆肩、驼背、双肩下垂等不良体态，强壮神经系统的功能，加快全身气血循环。

3. 注意事项

（1）腰间盘突出、颈椎有毛病的练习者要根据自己的情况适当练习。

（2）在练习时，身体要收紧，避免向后倒而伤到脊柱。

（3）脖子要放松，保证头部血液的流畅，避免造成眩晕等不适。

（三）船式（图 16-4）

1. 练习方法

（1）仰卧，双腿并拢伸直，双手掌心相对放于身体两侧。

（2）吸气，将重心移到坐骨与尾骨之间，同时抬起双腿和上半身，使之均与地面呈 30°，双臂前平举；呼气，身体回到垫子上。

图 16-4 船式

2. 练习功效

该姿势能强化腹部器官和肌肉，促进肠道蠕动，改善消化功能，强壮背部，缓解神经紧张。

3. 注意事项

肩膀、颈部要放松，背部要挺直，胸腔要向上提，腹部要尽量收紧，以保护好腰椎。

（四）蝗虫式（图 16-5）

1. 练习方法

（1）双腿并拢，脚背贴地，俯卧于垫子上，下巴点地，双手掌心向上放于体侧。

（2）吸气，收紧核心，四肢和上半身同时向上抬高，仅腹部贴地。

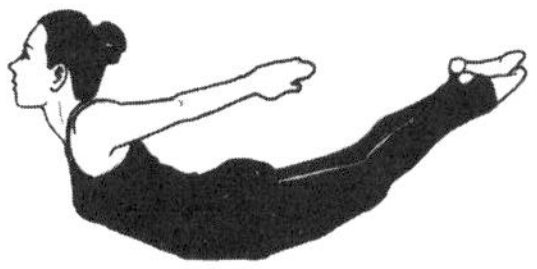

图 16-5 蝗虫式

（3）臀部沉向地面，尾骨下压，朝脚的方向伸直手臂。

（4）进一步抬起胸腔和大腿并向上看。

（5）保持呼吸。

（6）呼气，身体还原俯卧。

2. 练习功效

该姿势能收紧腰部及臀部肌肉，消除胃肠胀气，增强脊柱弹性，强化心脏和肾脏；提高专注力，缓解腰椎间盘突出。

3. 注意事项

肩膀和颈部要放松，核心要尽量收紧，上半身和脚背要尽量向上抬，大腿内侧肌肉要收紧。

（五）坐角式（图 16-6）

1. 练习方法

（1）长坐于垫面上，双腿分开至最大处，保持脚尖回勾。

（2）吸气，延展脊柱；呼气，以髋为折点，坐骨向后，双手前三指勾住大脚趾，保持呼吸。

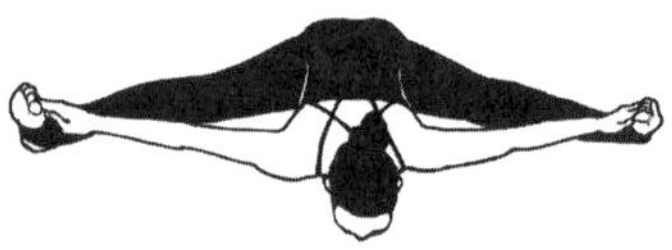

图 16-6　坐角式

（3）吸气，再次延展脊柱，打开双肩，胸骨柄上提，保持呼气。呼气时，保持上半身伸展，继续向前向下至极限处保持呼吸。吸气时，有控制地让脊柱一节节伸直。

（4）吸气，抬头，抬起身体，还原长坐。

2. 替代做法

如果腿部柔韧性不足，手勾不住脚趾，可以用手抓毛巾来勾住脚底的方法进行。

3. 练习功效

该姿势能刺激卵巢、前列腺等生殖腺体，加强骨盆区域循环，防止疝气、月经不调等，减少腹部赘肉，减少坐骨神经痛。

4. 注意事项

（1）双腿分开时，为避免髋关节被卡住，要正好坐在坐骨上。

（2）腰部有不适或受过伤的练习者，在身体承受范围内进行练习。

（3）初学者可以在脚下放一个瑜伽砖或采用弹力带练习。

（六）脊柱扭动式（图 16-7）

1. 练习方法

（1）长坐于垫面，屈右膝放于左膝外侧（左小腿从右膝下侧穿出，右脚跟放于左臀外侧）。屈左手臂，肘放于右膝外侧，右手成空杯状放于右臀后一到两个手掌位置处。

（2）吸气，坐骨下沉，延展脊柱。

（3）呼气，右肩带动上半身转向右后方，左手肘用力将右膝推向左侧，视线看向右后方。

图 16-7　脊柱扭动式

（4）吸气，身体回到长坐状态。

2. 练习功效

该姿势能减少腰部赘肉，按摩腹内脏器，缓解腰背疼痛、消化不良、便秘、糖尿病及轻微的风湿，调整脊柱侧弯，保健肝、脾。

3. 注意事项

（1）脊椎受过伤者，需要咨询医生或者理疗师再进行练习。

（2）在进行扭曲动作时，不要操之过急，用力要缓慢，要根据自己实际承受范围练习。

（3）在练习过程中，要始终保持脊柱伸展并处于中立位置，让脊柱成为身体扭转的中轴。

（4）在练习过程中，肩膀要保持水平放松，重心要均匀地放在臀部两侧。

## 二、站立与站立平衡

（一）树式（图 16-8）

1. 练习方法

（1）山式站立，屈左膝，左脚跟放在右大腿内侧根部，左膝向外打开，与右腿在一个平面。

（2）吸气，双手在胸前合十，手臂缓慢向上伸展，举过头顶，大臂贴近耳后根，双肩下沉，伸展颈椎。

（3）呼气，双臂落回体侧，左脚落回地面。

（4）反方向练习。

图 16-8　树式

2. 练习功效

该姿势能增强稳定性、平衡性、协调性，集中注意力。

3. 注意事项

（1）练习时，要找到大腿内侧和脚掌之间的对抗力来保持身体平衡。

（2）骨盆要保持中立位，正对前方，膝盖要向外侧打开。

（3）练习者如果柔韧性较差，可以将脚掌放在小腿或者膝盖处。

（二）三角伸展式（图 16-9）

1. 练习方法

（1）山式站立，双脚分开至两倍肩宽，脚趾朝前。

（2）吸气，双臂侧平举（基础三角式）。

（3）左脚向外打开 90°，右脚内扣 30°，左脚跟对右脚足弓。

（4）吸气，延展脊柱，呼气，保持侧腰伸展，上半身向左侧弯曲，左手放于左手能放到的位置，右臂朝上伸展，与左臂保持一直线。

图 16-9　三角伸展式

（5）吸气，延展脊柱，呼气，保持脖颈两侧延展，转头看右手指尖，保持呼吸。

（6）吸气，右臂拉起上半身；回到基础山式，换另一侧练习。

2. 练习功效

该姿势能伸展左右腹斜肌，强化腰椎，减少腰部赘肉，增强身体的灵活性与柔韧性。

3. 注意事项

（1）练习时，足弓要和脚跟在一条直线上，头部、脖子和脊柱保持在一条直线上，身体不要随意扭动。

（2）侧弯时，骨盆不动，侧腰收紧。

（3）胸腔要打开，肩胛发力，将身体往上送。

（4）所有动作的完成都要在身体允许的范围内进行，切忌勉强拉动身体。

（三）战士一式（图 16-10）

1. 练习方法

（1）山式站立，双脚分开至两倍肩宽，脚趾朝前。

（2）吸气，双手在头顶合十，大臂寻至耳根，左脚向外90°，右脚内扣60°，左脚跟与右脚跟内侧在一条直线上，呼气，身体转向正左方，骨盆中立。

（3）吸气，延展脊柱，保持上半身垂直于地面。

（4）呼气，屈左膝，让左大腿与地面平行，膝盖对准2、3脚趾但不可超过脚尖，保持呼吸。

图 16-10 战士一式

2. 练习功效

该姿势能打开双肩，扩展胸腔，延展脊柱，增强平衡性，减少腰部、大腿赘肉。

3. 注意事项

（1）心脏不好的人不适宜练习此动作。

（2）练习时，骨盆不可能完全中正，生理倾斜属正常。

（3）完成动作时，尾骨下拉，胸腔上提，可避免挤压腰椎。

（四）战士扭转式（图 16-11）

1. 练习方法

（1）吸气，延展脊柱；呼气，上半身向左侧弯曲，左臂穿过左大腿与右手在背后十指相扣。

（2）吸气，胸骨柄上提，延展脊柱；呼气，打开双肩，转头，看向天花板；保持呼气。

图 16-11 战士扭转式

2. 练习功效

该姿势能收敛战士一式的阳刚之气，滋养内脏。

3. 注意事项

（1）弯曲腿的膝盖不要超过脚尖。

（2）做扭转时，肩膀要放松，胸腔要打开，腿要尽量伸直。

（五）舞者式（图 16-12）

1. 练习方法

（1）山式站立，弯曲右脚向后，右手握住脚背或脚踝，吸

图 16-12 舞者式

气，左臂向上伸展。

（2）呼气，折髋向前并抬高右脚，保持几次呼吸。

（3）吸气，手臂向上带动身体回正。

（4）呼气，还原到山式，换另一侧练习。

2. 练习功效

可以增强身体平衡感和全身各关节的机能及柔韧性，辅助治疗关节炎、失眠症、腿部痉挛等。

3. 注意事项

（1）不翻髋。

（2）肩膀的关节和肌肉要放松。

（3）可弯曲站立腿，或靠墙，站立腿严禁超伸。

（六）半月式（图 16-13）

1. 练习方法

（1）做基础三角式，左脚向外 90°，右脚内扣 30°；前脚跟对准后足跟，屈左膝，左手指腹点地放于左脚小指斜前方一到两个手掌的距离，眼看向左手；向前转移重量，使重量落在左脚和左手上。

图 16-13　半月式

（2）右手扶髋，右脚略微向左移动，吸气，向上抬高右脚，与地面平行，同时伸直左腿。

（3）吸气，延展脊柱，呼气，转动胸腔向上，稳定后，伸展右臂，使之与左臂在一条直线上（加强：转头看右手指尖）。

（4）呼气，屈左膝，右手和右脚落地，还原基础山式，反方向练习。

2. 练习功效

该姿势有益于消化系统正常运作，消除肠胃问题，滋养神经系统，强健腿部和下背部，消除腰、腹部赘肉。

3. 注意事项

（1）高血压患者在练习时，头部不要转向上方，眼睛可以望向前方。

（2）有头痛、失眠、眼疾、静脉曲张等疾患者不要做该姿势。

（3）将手落在地面时，身体的髋部和脚趾要在一条直线上。

## 三、手的平衡

（一）侧板伸展式（图 16-14）

1. 练习方法

（1）双腿并拢，脚尖回勾，俯卧于垫子上，支撑手屈手肘，指尖朝前，放于胸的两侧。

图 16-14　侧板伸展式

（2）吸气，收紧核心，伸直手臂到平板；呼气，右臂撑地，身体转向左侧，左臂朝天花板伸展，与右臂成一条直线，眼睛看向左手指尖，保持呼吸。

（3）吸气，还原平板；呼气，反方向练习。

2. 练习功效

该姿势能加强侧腰肌群和腰腹肌力量，伸展胸、腹部脏器，锻炼身体平衡力。

3. 注意事项

（1）肩膀要放松，保持整个身体在一个平面上，收紧核心。

（2）在身体转动时，保持髋不动，转动胸腔，同时胸腔要打开。

（二）前伸展式（图 16-15）

1. 练习方法

（1）长坐于垫子上，双手指尖朝前放于臀部后侧一到两个手掌的位置，胸骨柄上提，肩胛骨往中间收。

（2）吸气，髋关节向上，骨盆抬离地面，脚掌贴实地面，双臂伸直并垂直于地面；呼气，伸展颈部，头轻柔后仰。

图 16-15 前伸展式

（3）吸气，头部回正；呼气，还原长坐。

2. 练习功效

该姿势能加强肩和髋的伸展肌群力量，增强肩带、骨盆和躯干的稳定性，锻炼全身各个大关节，扩张胸部。

3. 注意事项

（1）在做头部后仰动作时，颈椎有问题或者觉得有压力者，可以做下巴寻找锁骨练习，不仰头。

（2）肩胛骨肌肉群薄弱的练习者，可以采用夹方块的方式进行练习。

（3）练习时，脚尖要向下用力，夹紧臀部向上抬高，颈部要放松。

## 四、倒立

（一）肩倒立（图 16-16）

1. 练习方法

（1）仰卧在垫子上，双腿弯曲，放在胸前。手臂放在身体两侧，掌心朝下。

（2）吸气，双腿并拢向上抬起至臀部离开地面，力量压在双手上，臀部带动双膝向前额靠近；屈肘，双手放至臀部以下的位置，双腿并拢慢慢向上伸直，指尖推动臀部，直到双手放于后背处，使身体倒立成一条直线。配合呼吸，先收缩臀部肌肉，再放松。

图 16-16 肩倒立

（3）保持呼吸，结束姿势时，先屈膝到前额，再将身体慢慢滚落到地面，回到仰卧位。

（4）当出现颈部压到地面的情况时，可以在颈部垫一块毛巾，但头部还是要放在地面上。

2. 练习功效

该姿势能改善失眠、头痛和精神崩溃的症状，消除骨盆和腹部的充血，维护肾上腺正常活动，改善静脉曲张。

3. 注意事项

(1) 患有心脏病、高血压、视网膜分离、不适合倒立的耳疾者不要尝试倒立姿势；正值月经期者、孕妇不要尝试倒立；脖子或者其他身体部位不适者，也不要进行该练习。

(2) 做倒立姿势时，一定不要独自一人盲目练习，需要在教师的监督下完成。

(3) 做动作时，切忌摇晃身体，防止侧倒，扭伤脖颈。

(二) 桥式 (图 16-17)

1. 练习方法

(1) 仰卧于垫子上，屈双膝，脚跟、脚掌踩实地面并靠近臀部，双脚分开与肩同宽。

(2) 吸气，骨盆抬离地面，胸腔上提，下巴寻找锁骨，保持呼吸；呼气，有控制地将脊柱一节节落回到地面。

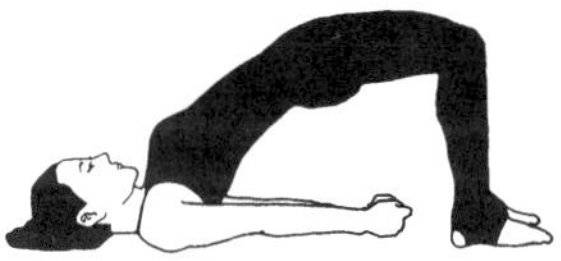

图 16-17　桥式

2. 练习功效

该姿势能强化神经系统的功能，打开胸腔和肩关节，伸展颈椎，控制血压，调节甲状腺和甲状旁腺的功能。

3. 注意事项

(1) 脚掌和膝盖不要外撇，脚掌可稍稍内扣。

(2) 背肌要发力，胸腔要向上提，髋的位置要摆正，大小腿要垂直。

(三) 轮式 (图 16-18)

1. 练习方法

(1) 双腿分开与肩同宽，仰卧于垫子上，屈双膝，脚跟靠近臀部，屈手肘，指尖朝身体方向，掌心贴地。

(2) 吸气，核心收紧，掌心推地，臀部向上抬起，臀部、背部、肩部、头依次离开垫子，保持呼吸。

(3) 身体还原时，头、肩部、背部、臀部依次落下，回到仰卧。

图 16-18　轮式

2. 练习功效

该姿势能加强背部肌群力量和脊柱的柔韧性，促进血液循环。

3. 注意事项

(1) 有心脏病、颈部疾患者不适合做该姿势。

(2) 练习时，核心要收紧，肩膀要放松打开，胸腔要向上提。

(3) 脚要踩实，同时发力向上推，臀部肌肉要收紧。

# 第三节 舞韵瑜伽

## 一、舞韵瑜伽的概念

舞韵瑜伽是将瑜伽体式与基础舞蹈动作相结合，并配合舒缓音乐进行创编而形成的一项健身运动。舞韵瑜伽将瑜伽体式舞蹈化，使单一的瑜伽体式体现更加丰富的艺术性和感染力（图 16-19）。

图 16-19 舞韵瑜伽

舞韵瑜伽是一种很好的舒缓身心的锻炼方式，它巧妙地把瑜伽、芭蕾、中国古典舞的元素融为一体。瑜伽的体式练习能伸展全身的肌肉、韧带，塑造优美的肌肉线条，保持苗条柔韧的身材。而发源于西方的芭蕾舞和源远流长的中国古典舞能够塑造人体优美的曲线，培养高雅的气质，锻炼肢体的协调能力。

## 二、舞韵瑜伽的特点

舞韵瑜伽是一项有特色又很新颖的健身运动，具有健身性、艺术性、实用性、创新性等特点。

### （一）健身性

瑜伽对身心健康有促进作用，被认为是世界上最健康的运动之一。舞韵瑜伽更是在瑜伽运动的基础上有更加丰富的内涵和健身运动效果，可以促进大学生身心健康发展。同时，舞韵瑜伽没有对抗性和竞技性，更加注重自身的体验，可易可难，对学生终身体育习惯的养成有重要意义。

### （二）艺术性

瑜伽和舞蹈本身都具有艺术性。舞韵瑜伽将两个具有高度艺术性的项目结合，不仅可以强身健体、愉悦身心，还具有更强的美育作用。通过练习，学生能形成优美的形体，同时增强审美能力，陶冶情操。

### （三）实用性

舞韵瑜伽成套动作可作为一个展示作品，通过个人或集体的练习和编排形成一些表演或展示的节目。现代大学生在社交、娱乐等诸多方面有很大需求，舞韵瑜伽可以让学生展示自我，满足学生在社交等方面的需求，具有很强的实用性。

### （四）创新性

目前瑜伽运动已经成为大众健身、美体、休闲的选择之一，而舞蹈课程一直是青年学生提高形态气质的最佳选择。舞韵瑜伽将两个项目完美结合，不仅使该项目的健身效果更加突出，还成了一种健身领域的新时尚。舞韵瑜伽符合现代大学生追求时尚、崇尚新鲜事物的特点。

## 三、舞韵瑜伽课程的设计与开发

（一）舞韵瑜伽课程的设计

舞韵瑜伽课程可以按照体育类实践课程安排，将一堂课划分为三个部分：准备部分、基本部分和结束部分。准备部分可安排瑜伽冥想、呼吸调节及一些活动关节的热身瑜伽体式；基本部分可安排瑜伽体式的学习、舞韵瑜伽组合和成套的学习和练习，或者对舞韵瑜伽成套动作进行队形的设计和创编；结束部分可安排一些拉伸体式，同时运用瑜伽休息术进行整理和放松。

（二）舞韵瑜伽组合、成套动作的开发

目前社会上已经有很多舞韵瑜伽成品套路。这些成套动作大多是由社会上的瑜伽教练根据不同的音乐曲风来设计和编排的。在学校瑜伽课程教学中，教师可以结合实际情况，开发适合本校学生基础和实际情况的舞韵瑜伽套路。编排成套动作应从成套功效定位、音乐曲目选择、瑜伽体式选择、舞蹈过渡动作设计等多方面进行考虑。

# 第十七章 美式橄榄球运动

## 第一节 美式橄榄球运动概述

### 一、美式橄榄球运动的起源与发展

美式橄榄球又称美式足球（American Football），源于英国，发展于美国，在欧美等地区较为流行。橄榄球原名拉格比足球（Rugby），因为形状与橄榄相似，所以在中国被称为橄榄球。自1880年起，美式橄榄球之父沃尔特·坎普起草了一系列的规则，引进了“档”的概念。之后，规则又把向前传球合法化，规定了中立区，确定了球的外形、尺寸，以及头盔、肩甲等护具的规格和要求。

美国职业橄榄球联盟（National Football League，简称NFL）和美国大学体育协会（National Collegiate Athletic Association，简称NCAA）的橄榄球比赛很受美国人欢迎。NFL是美国最具影响力、最有商业价值的体育联盟之一，其品牌赛事——NFL联赛冠军争夺战“超级碗”（Super Bowl）被誉为美国的“春晚”。

随着体育产业的发展，NFL美式橄榄球慢慢被引入中国。1926年11月，一场美式橄榄球季后赛在上海美国学校和上海圣约翰大学之间展开，拉开了美式橄榄球在中国发展的序幕。1996年7月18日，天津长城队登记成为一个正式的美式橄榄球俱乐部，成为我国首个美式橄榄球俱乐部。2013年，中国美式橄榄球联盟（American Football League of China，简称AFLC）成立。同年，中国大学生美式橄榄球联盟（China University American Football League，简称CUAFL）由上海大学、上海交通大学、复旦大学、同济大学四所大学的队长发起成立。2014年，AFLC联赛出现混乱。随后，新联盟城市碗宣告成立。2016年，全国美式室内橄榄球职业联赛（China Arena Football League，简称CAFL）创立。2019年，中国大学生体育协会正式启动中国大学生橄榄球联赛（China University Football League，简称CUFL）。2021年，城市碗暂停运营，南北橄榄球联盟官宣成立。

### 二、美式橄榄球运动的特点

#### （一）高强度、快节奏

美式橄榄球运动中，不同的攻防位置对球员的身体素质条件有不同的要求。外接手需要有极快的速度和极强的弹跳能力，跑卫需要有敏捷的步法和强悍的抗干扰能力，四分卫则需要敏捷的思维、开阔的视野和强壮的臂力。进攻方每次的进攻都需要尽可能地推进，防守方则需要拼尽全力来抵挡对方的推进。因为不存在类似足球和篮球比赛中的来往传导球，所以比赛节奏非常快。

（二）耐力、灵敏性、柔韧性并存

美式橄榄球运动需要持久的耐力。美式橄榄球比赛时间虽然只有四节，每节 15 分钟，但由于比赛规则的特殊性，每场比赛的耗时都会在 3 小时左右。这对各个位置球员的耐力都提出了很高的要求。

美式橄榄球运动还需要很强的灵敏性和柔韧性。发展灵敏、柔韧素质除了可以加大动作幅度，使动作更加协调外，还能加大动作力量，减少受伤的可能性。

（三）个人英雄主义与团队合作并重

现代美式橄榄球比赛对抗激烈。运动员在比赛中要完成不少高难度的技、战术动作，各司其职，不兼任其他位置。这就要求运动员不仅有出色的速度、力量和灵敏素质，还有敢于冒险、奋不顾身和勇往直前的个人英雄主义精神。这项运动也需要团队合作。运动员之间要相互配合，才有机会赢得比赛。个人英雄主义与团队合作并重，能给观众带来场面宏大、对抗激烈等强烈的感受。

## 第二节 美式橄榄球运动基本技术

### 一、所有位置的基本技术

持球跑动：护球时，要把球的后尖部护在肘窝，即把后尖部塞在肘和体侧之间。将前臂放在球的外侧，迫使球紧贴身体，并在整个跑动过程中都保持这种接触。手掌要覆盖球的前尖部，手臂要包围着球，手指要伸展护球，手要持续加压，迫使球紧紧贴在肘窝。遇到防守擒抱或感到危险时应用双手护球，以免掉球。

接球：手臂自然弯曲，屈肘置于眼前，掌心向外，虎口相对，手指自然张开。低位接球时，掌心向上，小臂内收。

冲抢掉球：冲向地面，侧身倒地，扑盖住球，双手将球紧紧抱到腹部，两臂护球。这个姿势要求球员把双膝卷向胸部，确保腿、脚团在一起，保持全身蜷成球状，直到哨响。

擒抱：头抬高，眼睛注视对方球衣胸前号码，一侧肩膀对准持球者髋部，用肩胛先接触持球者，保持臀部发力，双臂抱紧持球者。开始学习擒抱时可慢速进行，待掌握了正确的技术之后，才可以提高练习擒抱的速度。

### 二、进攻组基本技术

（一）四分卫

1. 站姿

接传统开球的站姿：双脚平行，与肩同宽，脚趾向前，重心在两脚之间，抬头挺背。

霰弹枪开球站姿：站在线后约 4 码（1 码≈0.91 米）的地方，双脚前后站立，在中锋开出球后要一直盯着球，直至球到自己手中。

紧贴中锋开球站姿：四分卫要屈膝调整高度，确保双手在舒适的位置，上方手紧贴中锋臀部，在中锋开给他球时立刻用下面的手把球抓牢。

2. 传球

跑球进攻：四分卫要用靠近跑球者的手递交球，并把球紧紧贴在跑球者的腹部，抛传（单手抛传或双手抛传）的时候则要根据跑球者移动方向给一个适当的提前量，因此，四分卫交递球的时机及隐蔽性非常关键。

传球进攻：四分卫在传出球之前传球手的食指要靠近球的顶部，中指和无名指放在缝合线上（四分卫手的大小也决定着手指放置位置有差异）。四分卫的前脚趾指向他要传球的方向，同时前脚踏出，非传球手离开球，传球手后拉，传球手臂屈肘。四分卫开始传球时，胯部和肩部转向传球目标，超越传球手臂。在身体转向传球区域时，肩、传球手、臂也向前移动。传球后，传球手向内旋转。手掌完成传球动作后，向下翻，掌心向地。初级四分卫应该从后撤步传球开始，然后学习假跑真传和移动中传球，最后学习跑出口袋的传球。

（二）进攻锋线

1. 站姿

三点站姿：有利于快速反应，保护四分卫。双脚分开略大于肩，距离球远一侧的脚在前，后脚脚趾与前脚脚跟平行，双脚脚跟略微抬起。屈膝，重心前倾。距离球远一侧的手触地，手指分开，放在鼻子正下方，另一只手自然放在腿上，背微微拱起，收紧臀部，抬头向前。

四点站姿：球队向前阻挡时，或者在短码、得分线前的情况下使用较为合适。进攻锋线开始时两只前臂在大腿上，然后向前伸出双臂，把双手放置在略微在肩膀前方的地上，双肩水平，重心在双手之间，双脚脚跟离地。对于一个传球较多的球队，其进攻锋线会使用两点式启动，以便更好地做口袋，保护四分卫传球。

2. 阻挡

大部分的阻挡是由进攻锋线来完成的。他们有直线移动的阻挡（冲挡）、向左或向右的阻挡（钩挡、斜挡）、和其他锋线一起阻挡（双挡、合挡）、线后侧面移动的阻挡（拉出冲挡）及从线上后撤以保护四分卫传球的阻挡（传球保护阻挡）

3. 中锋开球

以右手开球为例，双脚略宽于肩，屈膝、俯身，与腰同高，背部微微拱起，始终抬头。左手放在左腿上准备开球后冲撞。拇指握住缝合线，食指放在球尖，五指张开，将球球尖着地向外 45°斜放在开球线上。

（三）跑卫

跑卫必须保持机警，因为在洞突然打开的时候要准备好持球迅速冲出去。一名好的跑卫要具备以下关键的技术：开始的站姿、递交球、接球、躲过防守人、为队友阻挡，有时跑卫还要传球。

（四）外接手

外接手主要技术是站姿、传球跑动路线和接球、阻挡。直立 2 点启动时，首先两脚平行站立，与肩同宽，然后外侧脚后撤，和前脚有几英寸的距离，头稍转向内侧，以便看清开球。在被紧逼防守时的启动需要技巧，外接手后脚向前，与防守者成一角度迈出，而不是正对他。这种姿势可以形成利于行动的一个小空间，有机会将靠近防守者的手臂向后抬起，穿过防守者的肩膀。这种撕裂式摆脱一般足够把防守者放在自己球衣上的手打掉。

（五）近端锋

近端锋需要把进攻锋线、外接手和跑卫的技术合为一体。一名近端锋需要的技术有站姿、阻挡和传球的跑动路线等。

## 三、防守组基本技术

（一）防守锋线

1. 站姿

防守锋线的站姿取决于他面对的阻挡类型，也要根据档数和首攻距离做出相应的调整，一般用 3 点启动式站姿。

2. 摆脱阻挡

用手冲击：手着力于阻挡者胸部或肩胛位置，手臂微屈，肘关节内收，与阻挡者保持一臂左右的距离。

前臂冲击：小臂同大臂成 90°角，平行于地面，顶住阻挡者球衣胸前号码位置，看准时机用一只手将阻挡者推开。

3. 冲击传球手

正面推进：正面将阻挡者往后推，两腿用力蹬地，肘关节夹紧。

自由泳式过人：面对比自己矮的阻挡者时使用较为合适。选择一边突破，远离阻挡者一侧的手推阻挡者后背，内侧手做一个自由泳动作，绕过阻挡者。

撕裂式过人：肩膀迅速靠近阻挡者，利用靠近阻挡者一侧手臂抵住腋窝，向上顶，使阻挡者行动变慢。

（二）线卫

1. 站姿

半蹲；双脚平行站立，身体重心偏向靠近球侧的前脚掌上；抬头注视四分卫，双手自然放于体前超过膝盖位置。

2. 突袭

线卫直冲四分卫或者持球者。当线卫遇到进攻锋线阻挡，而护锋身高和他一样或者较低时，线卫可用手臂下摆突袭；当线卫遇到高个子的对手时，则可用手臂上摆突袭。

（三）角卫

1. 站姿

半蹲，前后站立，靠近球一侧脚站前，前后脚相距半步距离；鼻子超过脚尖，转头注视四分卫；臀部平行于起球线，双臂自然放于体侧。

2. 跑动

开球后，前脚蹬地，做后退跑，上体微微前倾，手臂前后摆动，脚尽量贴紧地面并且步子短小，保持自己处于外接手的一侧。

（四）安全卫

安全卫是最后一道防线，破坏进攻，争取超截、制造掉球。其姿势半蹲，与起球线大概成 45°角站立，身体侧对四分卫，双手自然放于体侧，眼睛注视四分卫。

## 四、特勤组基本技术

（一）中卫

长开球：双手扶球，让缝合线正对自己，球与地面夹角尽可能小，从胯下低头确认目标，找到并注视扶球手；双手将球旋转开出，随后迅速起身阻挡对手。

（二）扶球手

扶球：靠近中卫一侧小腿完全贴地，另一腿半蹲，与中卫、球门成三点一线。确定放球位置，踢球手准备就绪。双手接开球，调整球于合适位置，接近踢球手一侧的一根手指扶住球尖，尽量避免缝合线面对踢球手。

（三）踢球手

射门：助跑角度大概为 30°，微微低头确定球的位置，在扶球手接到球后开始助跑，最后一步上大步，脚尖正对球门，用正脚背踢球。

（四）弃踢手

弃踢：弃踢手微微前倾站立，踢球脚在后，双手置于胸口稍高位置；接球后将胳膊前伸，并将缝合线转至上方；踢球腿向前上一小步，另一只腿向前正常上一步，同时松手让球自然下落，踢球腿大腿带动小腿用正脚背尽量往高处、远处踢。

（五）回攻手

回攻：回攻手眼睛注视球，确定好球的落点，双手手掌朝向胸口位置，肘关节加紧，接好球并保护住球，开始跑动回攻。

# 第三节 美式橄榄球运动基本战术

## 一、球员简介

进攻方尽力在球场上利用跑球或者传球向前推进，防守方目标是阻止对方前进，同时争取获得球权。进攻方必须在 4 档进攻内推进至少 10 码。如果成功推进 10 码及以上，进攻方将获得新的 4 档进攻机会，否则将交换球权。得分方式主要是将球推进对方端区的达阵，或者将球踢过对方球柱之间的射门。在比赛结束时得分最多的一方获胜。

（一）进攻组位置

四分卫（QB）：进攻核心，负责战术布置，是战术发起点。

中锋（C）：在线上，负责开球和之后的阻挡。

护锋（G）：在线上中锋旁边，负责阻挡。

截锋（T）：在线上护锋旁边，负责阻挡。

近端锋（TE）：可跑出来做传球进攻中的接球员，也常常在线上负责阻挡。

外接手（WR）：在传球进攻时按照战术路线跑动，接住传给他的球；跑球时负责阻挡。

半卫（HB）：主要负责持球跑动。

全卫（FB）：第二持球跑攻者，同时也做阻挡。

（二）防守组位置

防守锋线（DL）：站在启球线上进攻锋线对面的球员，分为防守截锋（DT）和防守端锋（DE）。3-4 防守阵形中会有 2 个端锋和 1 个截锋，位于中间的截锋有时也叫防守尖锋（NT）。

线卫（LB）：线卫在防线后的 2~4 码处。4-3 防守阵形中有 3 个线卫，即强侧线卫（SLB）、中间线卫（MLB）和弱侧线卫（WLB）。强侧、中间、弱侧指的是各个线卫对应进攻的位置。强侧线卫位于近端锋的同侧，弱侧线卫位于近端锋的异侧。如果是 3-4 防守阵形，就会有 4 个线卫，用左右和内外来命名。

后卫（DB）：后卫包括角卫（CB）、强安全卫或强卫（SS）和游卫（FS）。强安全卫或强卫位于近端锋同侧；游卫可以自由移动到需要他的地方。角卫一般负责防守传球，特别是防外接手。强安全卫也防守传球，但他们往往被安置在中场，同时准备防守跑球。

（三）特勤组位置

特勤组是在踢球时上场的队员。一些进攻或防守组队员也会出现在特勤组中（如进攻锋线来阻挡，防守队员来擒抱），除了他们外，特勤组还有一些专门的队员。

踢球手（K）：负责开球、附加分和射门。有些队伍有两个踢球手，一个负责附加分和射门，一个负责开球。

扶球手（H）：一般在启球线的 7~8 码后，负责扶住球，由踢球手来踢。有时由于天气或者场地原因，球无法放到开球器上时，在开球时扶球手也会被派上场。

长开手（LS）：是一个特殊的中锋，负责把球直接开给扶球手或者弃踢手。和常规中锋区别之处就在于他开球要远很多。

弃踢手（P）：一般在启球线后 15 码。通常是在第四档，放弃球权给防守队，尽可能把球踢到防守的后场，但不要过得分线。

专职开球手（KOS）：只用于开球。

开球回攻手（KR）和弃踢回攻手（PR）：回攻手负责接球后持球回攻，他们一般是队中最快的队员。球队可能会用一个球员担任这两个职责，也可能有各自的弃踢回攻手和开球回攻手。

## 二、进攻基本阵形

美式橄榄球进攻体系较为复杂。以下是几种较为常见的进攻阵形：

（一） I 阵

如图 17-1 所示，该阵形为基础 I 阵阵形，可跑球、可传球，跑传均衡。如 FB 右移一步，和 TE 站在同侧，则形成强 I 阵阵形；反之；FB 左移一步，同 TE 站在异侧，则形成弱 I 阵阵形。

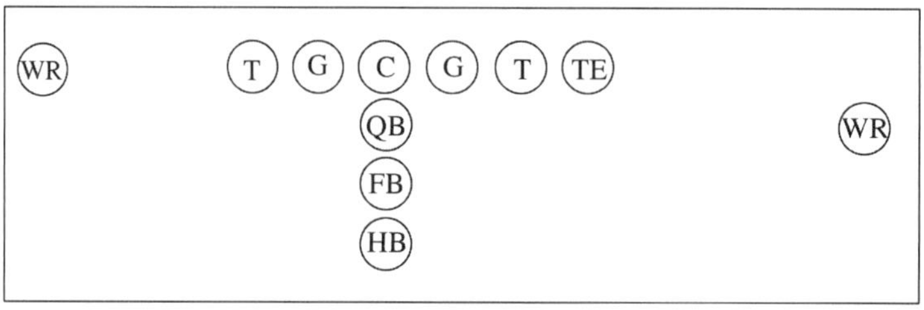


图 17-1　I 阵阵形

（二） 霰弹枪阵

如图 17-2 所示，该阵形为霰弹枪阵阵形。QB 在 C 后 5 码左右，有更多空间和时间进行传球，接球点有很多，所以该阵形偏用于传球。

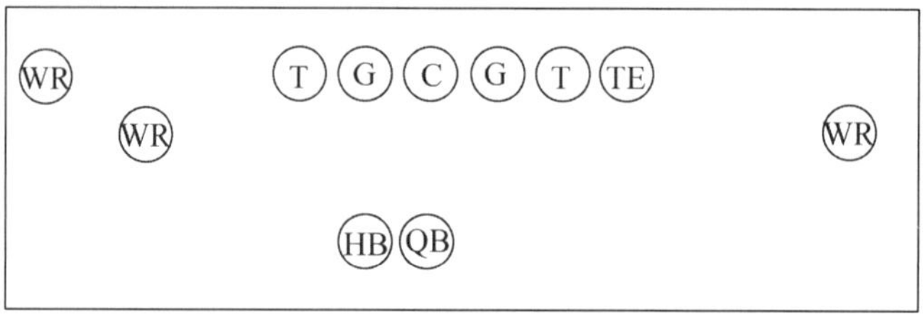


图 17-2　霰弹枪阵阵形

（三） 手枪阵

如图 17-3 所示，该阵形为手枪阵阵形，可假跑真传，具有迷惑性。

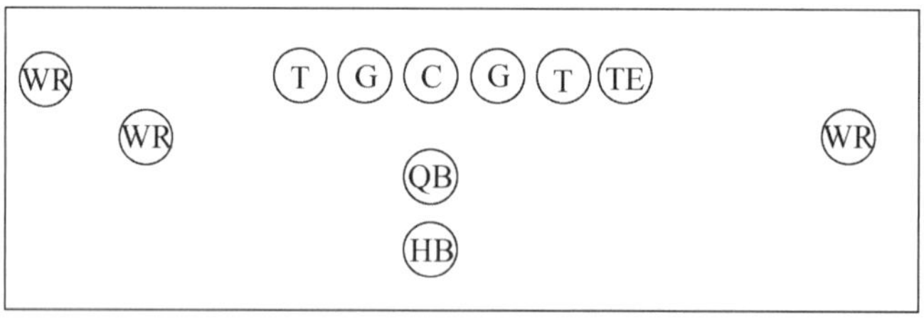


图 17-3　手枪阵阵形

## 三、防守基本阵形

在美式橄榄球比赛中，为了有效应对进攻的变化，防守方也会及时变阵。基本防守阵形包括 4-3 防守阵形、3-4 防守阵形、4-4 防守阵形。

（一） 4-3 防守阵形

如图 17-4 所示，这个阵形由 4 个防守锋线、3 个线卫和 4 个防守后卫（2 个安全卫、2 个角卫）组成。这是主要防守设置两个外接手的进攻阵形，可防传、防跑。在开始的 4-3 防守阵形中，防守截锋会站在进攻护锋的对面，防守端锋对着进攻截锋外侧肩膀。防传球进攻时，中间线卫常常负责防守所有的跑卫，强侧线卫负责防守近端锋，弱侧线卫负责一个后卫或者试图擒抱四分卫。

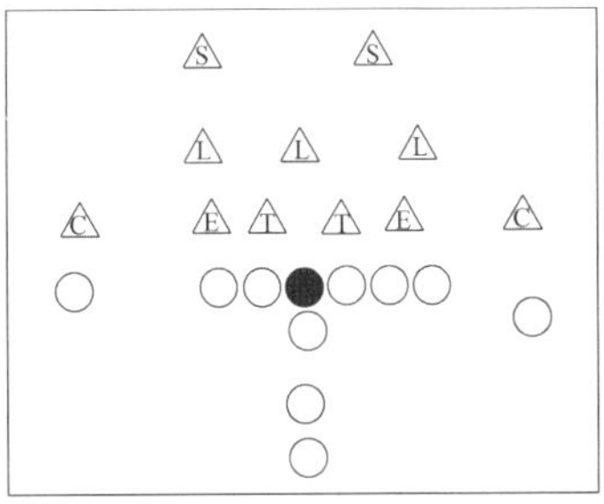


图 17-4 4-3 防守阵形

（二）3-4 防守阵形

如图 17-5 所示，这个阵形由 3 个防守锋线、4 个线卫和 4 个防守后卫（2 个安全卫、2 个角卫）组成。此阵形的优势是四分卫不能确定 4 个线卫哪个会和 3 个锋线来冲击进攻线。教练采用这种阵形就是为了弥补锋线身材上的不足。

（三）4-4 防守阵形

如图 17-6 所示，这个阵形由 4 个防守锋线、4 个线卫和 3 个后卫（2 个角卫、1 个安全卫）组成。4-4 防守阵形最大的优点是防跑，因为有 8 个人接近启球线，它会让进攻方很难判断出防守的突袭压力来自哪里。

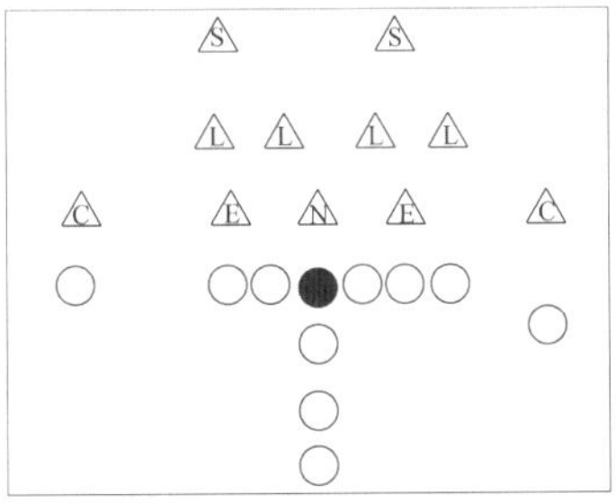


图 17-5 3-4 防守阵形

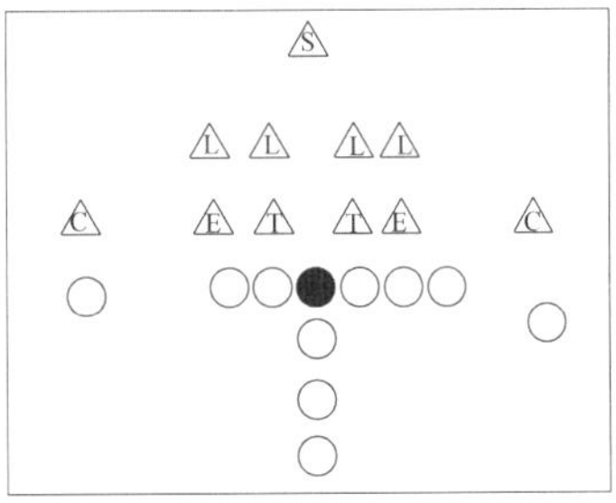


图 17-6 4-4 防守阵形

## 四、特勤基本阵形

（一）开球阵形

开球阵形一般是一条直线，10 名球员（如果用扶球手的话，就是 9 名球员）横跨球场站在球后不超过开球线 5 码的位置。一些联盟要求开球时，在踢球手的两边至少各有 4 名球员。

（二）开球回攻阵形

在开球回攻阵形中，有 11 名球员在整个场地上交错散开，有 2 名（很少 1 名）开球回攻手在球场后方准备接球，2 名队员在他们前面 20 码准备对方的滚地开球，还有 2 名队员在中场主要帮助阻挡，最后 5 名队员在距离开球线至少 10 码的位置。

（三）弃踢阵形

如图 17-7 所示，弃踢阵形有 5 名进攻锋线、3 名护球卫，有时也包括 3 名弃踢护卫。这 3 名弃踢护卫站在线后 3 码作为另一防线，2 个外接手是“枪手”，可以阻挡弃踢回攻手，1 个弃踢手站在启球线 15 码之后接长开球（如果弃踢球队在本方深区，15

码可以最多缩短5码，以保证弃踢手位于端线前）。护球卫和枪手的人数可以变化，另外，在“最大保护”情形下，两个位置都可以由近端锋来替代。

（四）弃踢回攻阵形

如图17-7所示，一般防守线在防守弃踢时会使用人盯人战术，有7个防守锋线、2个角卫、1个线卫、1个弃踢回攻手。他们会选择阻挡弃踢手，或者后退为接球手做阻挡。

（五）射门阵形

大多射门阵形的特点是有9个进攻锋线（7个在线上，两端是在近端锋的位置，另外2个在启球线两端稍微下线的位置）、1个扶球手（跪在启球线后7码的位置），还有1个踢球手。

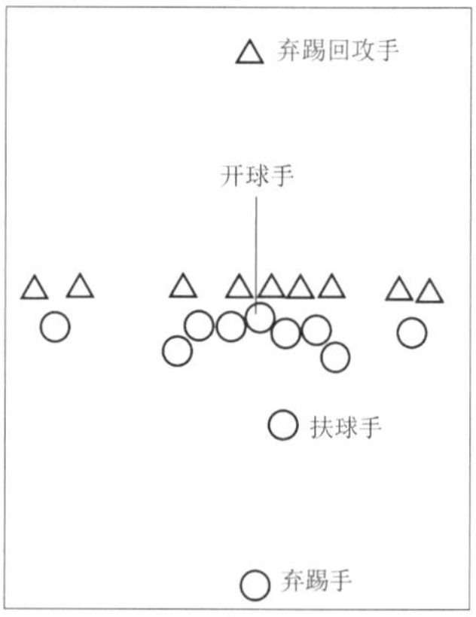


图17-7　弃踢、弃踢回攻阵形

## 第四节　美式橄榄球运动的主要竞赛规则

### 一、场地与器材

（一）场地

比赛应该在一个长360英尺（120码或109.7米），宽160英尺（53.3码或48.8米）的长方形场地上进行（图17-8）。场地两头的线称为端线（End Line），两边的线称为边线（Side Line）。得分线（Goal Line）是和端线平行，距离端线10码的线。由得分线和边线组成的区域为比赛场（Field of Play），由得分线、端线和边线围成的区域为端区（End Zone）。端线和边线也称为边界线（Boundary Line）。

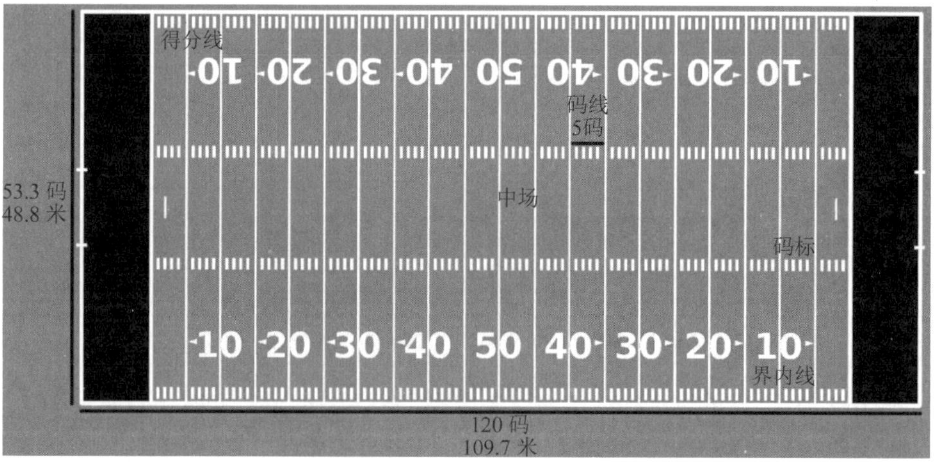


图17-8　美式橄榄球场地示意图

（二）球门

每条端线平面的中央有一根横梁，它的长度为 18.5 英尺（5.64 米），距离地面 10 英尺（3.05 米）。垂直于地面，在两侧球柱之间，由横梁向上无限延伸的区域称为球门。

## 二、比赛时间

一场比赛有四节，总比赛时间为 60 分钟，每节 15 分钟，节间休息 2 分钟。第一、二节为上半场，第三、四节为下半场，中场休息 12 分钟。每次进攻限时 40 秒，比赛结束后，若平分，则双方在 3 分钟后进入 15 分钟的加时赛，猜硬币决定攻防关系。第一和第二节之间及第三和第四节之间，双方应交换球门。球权归属、档号、球在场上的相对位置及离必需线的距离应保持不变。

## 三、得分方式

（一）达阵

当球员持球跑进对方阵区，或在对方阵区接到传球时便是达阵，得 6 分。达阵后得分一方可获得 1 次追加得分机会，球会放在对方两码线上，选择跑、传方式再一次达阵追加 2 分，选择射门得分则追加 1 分。

（二）射门

把球踢进球门，得 3 分，无追加得分机会。射门时球必须先着地，通常是由一名球员负责把球摁在地方。射门一般会在距离达阵区较近但难以达阵，又是第四档进攻时使用，或者在时间紧迫，想要反超比分时使用。

（三）安全球

安全球是指防守球员得分。进攻方被迫后退至己方达阵区，然后持球人被擒抱倒地或掉球，则防守方得 2 分，且获得开球回攻权。

## 四、常见犯规

（一）早动

进攻方除开球线后平行移动的一名球员外，有人在开球前移动，会被判早动。判罚：进攻方向后罚 5 码。

（二）越位

防守方在开球前，有队员越过球的位置，比如接触到进攻方队员，进入中立区，此时进攻队员立即开球，会被判越位。判罚：进攻方向前推进 5 码。

（三）拖延比赛

进攻方在 40 秒内未完成开球进攻，会被判拖延比赛。判罚：进攻方向后退 5 码。

（四）非法向前传球

进攻方在开球线之前的位置向前传球，会被判非法向前传球。判罚：进攻方向后退 5 码，并消耗一档进攻。

（五）非法阵形

进攻方攻防线上少于 7 人列阵，会被判非法阵形。判罚：进攻方向后退 5 码。

（六）非法变阵

进攻方球员可以在开球前改变站位，但只限列于开球线后的球员，并且每次只限一人，要在队友停下来后才可以进行易位，若其他球员或者非法球员易位，会被判非法变阵。判罚：进攻方向后退 5 码，防守方不受限制。

（七）非法接球员前冲

进攻方的合法接球员是指站于锋线最外的球员及所有开球线后的球员。若进攻方在传球时有上述球员以外的球员越过开球线，则会被判非法接球员前冲。判罚：进攻方向后退 5 码。

（八）场上人数过多

任何一方在开球时超过 11 人，在场上均会被判场上人数过多。判罚：向后退 5 码。

（九）拉人

不公平地使用拉扯球衣，用钩人或铲人的方式妨碍对方非持球人员正常行动，会被判拉人。判罚：进攻方犯规，向后罚 10 码；防守方犯规，进攻方向前推进 5 码并获得首攻。

（十）干扰接球

球传出后，防守队员推、钩、拉或击倒进攻方接球员，或进攻方以同样的方式对付防守队员以避免对方得到球，会被判干扰接球。判罚：防守方犯规，进攻方可选择接受和拒绝。接受犯规，由开球线向前推进 15 码并获得首攻；拒绝犯规（通常进攻方在这次进攻中获得 15 码以上推进），从犯规地点重新开球并获得首攻。进攻方犯规，向后罚 5 码。

（十一）个人犯规

粗暴冲击传球者、粗暴冲击踢球者、粗暴冲击掷球员、拉扯对方面罩、用头盔顶冲对方、在阻挡对方射门后蓄意飞身跳压在对方身上（守方已在己方的一码线不会被判罚），均属于个人犯规。判罚：进攻方犯规，向后退 15 码；防守方犯规，进攻方向前推进 15 码并获得首攻。

（十二）缺乏体育精神

言语辱骂、做出非体育道德的行为、故意延长得分后的庆祝、蓄意撞击裁判等犯规由主裁判临场判罚。判罚：向后退 15 码。

# 第十八章

# 气排球运动

## 第一节　气排球运动概述

### 一、气排球运动的起源与发展

气排球运动是排球运动的一种。它具有排球的基本属性，但又有别于排球，在球、场地、技术、竞赛规则等方面自成一体。它是一项地道的“中国制造”，1984年，呼和浩特铁路局集宁分局为了开展老年人体育活动，组织老年人将两个气球套在一起在排球场上隔着网击打。气排球由此得名。

经过多年的发展，如今的气排球已不只是老年人才参与的项目。参加活动的群体由最初的老年人快速发展到现今的广大中青年人。中青年参加的气排球活动，既有成年六人制排球运动的竞技性特点，又有老年气排球运动的娱乐性特点。他们参与气排球运动追求的目标主要是提高水平、强健体魄、体验自我、广泛交友。

气排球活动难度不大，技术要求不高，不伤手指，安全性较高，且比赛中来回球增多，增强了活动的兴趣性、欢快性和激烈性，因此，气排球运动越来越受到群众的喜爱。

### 二、气排球运动的特点

气排球运动除具有凌空击球、全身各部位均可击球、触球次数有限等排球运动的共性外，还有五个不同于排球运动的独特之处。

（一）球的质量轻

气排球质量为120~150克（排球质量为260~280克），容易接起球。

（二）球的弹性好

球体弹性适量，球员易控制击球力量，易传（发）高远球。

（三）球速慢

球在空中飞行时飘度大、滞空时间长，球落地速度较慢，便于移动后做出各种击球动作。

（四）场地小

比赛场区长12米、宽6米（排球、软排球、场地均为18米×9米），传、扣球或防守时不需要大范围移动和助跑。为避免出界，也不需要特别加力发、扣球。

（五）技术简单实用

气排球技术要求不高，规则也简单易行，一学就会，适合没有排球技术基础的学生。

## 第二节 气排球运动基本技术

气排球运动是排球运动的一种，其绝大部分基本技术与排球（六人制）基本技术是互通的，然而，气排球运动还是有独特的技术动作。

（一）正面上手发飘球

正面上手发飘球是指采用近似正面上手发球的形式，让击球作用力通过球体重心，使发出的球不旋转而不规则地飘晃飞行的一种发球方法。这种发球使接发球队员难以准确判断球的落点及击球时机。发球者面对球网站立，便于观察情况，瞄准目标，寻找对方弱点。

1. 动作方法（图 18-1）

（1）准备姿势：面对球网站立，两脚自然前后开立，左脚稍前半步，右脚在后，重心在右脚上，左手持球在胸前。

（2）抛球：左手把球向上托送一段距离，平稳地抛在右额的前上方，抛球高度以略高于击球点为宜。在抛球的同时，右臂上举后引，肘部适当弯曲，并高于肩，两眼盯住球的击球部位。

（3）击球手法：在左手抛球的同时，右手屈肘后引与肩齐平，再由后上方向前平击，手臂自后向前做直线挥动。击球时五指并拢，手腕稍后仰，用掌跟击球的中下部，挥臂动作小而快速，使作用力通过球体重心。击球面积要小，幅度要小，力量要集中。发力要突然、快速、短促，不加推压动作。击球结束，手臂要有突停动作。

图 18-1 正面上手发飘球

2. 技术分析

（1）为了击准球，抛球要平稳且不宜过高。抛球时，左手应将球向上托送一段距离，抛球高度以略高于击球点为宜。

（2）身材高、力量大、爆发力强的队员，发球仰角应小些；反之，发球仰角应大些。

（3）发飘球主要靠挥臂动作发力。动作幅度可小一些，但发力要突然、快速、短促。如果发远距离飘球，动作幅度可相应加大，以获得较大的初速度。击球时，触及面积宜小，力量要集中、短促，手腕不能前屈或左右晃动。

（4）为了升高击球点，加强攻击性，可采用跳起发飘球。这种发球不需要全力起跳。当球抛至最高点时，队员也应及时跳至最高点击球。击球时挥臂动作小而快速，使作用力通过球体重心，球不旋转地向前飞行。

（二）勾手大力发球

这种发球能充分利用收腹力量带动手臂猛烈挥动来击球。在目前的气排球比赛中，这种勾手大力发球常被采用。

这种发球的特点是速度快、力量大、弧度平而低。球向前旋转，加快了球的下落速度，容易造成对方措手不及，在心理上给对方造成较大威胁，有较强的攻击性。

1. 动作方法（图 18-2）

（1）准备姿势：左肩对网站立，两脚自然开立，与肩同宽，两膝微屈，上体前倾，重心落在两脚之间，左手持球在腹前。

图 18-2　勾手大力发球

（2）抛球：左手平稳地将球垂直抛至头的左前上方约 60 厘米。在抛球同时，右腿弯曲，重心移至右脚上，上体向右倾斜，并转动，同时右臂向右后侧摆动，抬头看球。

（3）击球：随着右腿用力蹬地，挺胸、转体，手臂迅速向上挥击。击球时要看准球，迅速收胸、收腹、转体，身体重心移至左脚上。击球的手臂要伸直，以提高击球点。击球的手应稍张开成勺形，用全掌击球的后中部，并加上手腕的迅速明显向前推压动作，使球向前呈上旋飞行。

2. 技术分析

（1）抛球时，将球平稳地抛至左肩前上方，高度约 60 厘米。抛球不宜偏后，以免影响发力。在左手抛球的同时，右臂放松，向体侧后下方摆动，身体重心向右移。

（2）挥臂击球时，手臂挥动轨迹呈弧线。击球瞬间，手指和手掌张开，与球吻合，同时手腕要迅速做推压动作。

（三）托球

托球是指参与活动的人，用双手在胸腹前、左（右）侧或中部托送球的一种击球动作。各地区气排球运动的托球动作大体相同，但名称不统一，如有的叫“插托球”，有的叫“混合式”传球，有的叫“蛤蟆式”传球，有的叫“托翻球”，等等。

1. 动作方法

（1）准备姿势：应根据来球方向（左、中、右）、速度（快慢）、弧度（高、低）与落点（前、后），采用不同的准备姿势。一般应采用稍蹲和半蹲的准备姿势。

（2）击球动作：

球从左边来：右脚内侧蹬地，左脚向左跨出一步，重心移至左脚上，左膝弯曲，上身稍向左倾斜，左肩略低于右肩，左手五指张开，迅速插到球的下部，用手掌托住（掌心不触球）成勺形，以手指指根触球的下部，同时右手五指张开，在来球的后上方顶包压着球体，承受球的重力，并掌握球的方向，如图 18-3 所示。

球从中部来：哪只手在上按各人习惯，使用迎、击球，两肘关节应适当内收成八字形，以确保将球传到位。

球从右边来：左脚内侧蹬地，右脚向右跨出一步，重心移至右脚上，右膝弯曲。上身稍向右倾斜，右肩略低于左肩，右手五指张开，迅速插到球的下部，用手掌托住（掌心不触球）成勺形，以手指指跟触球的下部，同时左手五指张开，在来球的后上方顶包压着球体，承受球的重力，并掌握球的方向，如图 18-4 所示。

图 18-3　托球（左侧来球）

图 18-4　托球（右侧来球）

（3）迎球手形。

在脚步迅速移动的基础上，当来球接近体前（侧）时，张开十指去迎球，在左（右）触球时，两肘弯曲，并略成一字形，托球的手掌心朝上，上面的护球手五指分开，朝来球方向成勺形，两手包住球，形成一个与球体吻合的弧形。触球后利用两手腕、手指拨动和身体协调力量，将球平稳地向上送出。送出的球以不转为好。

（4）用力方法。

在有正确迎球手形和击球动作的基础上，当手和球即将接触时，手腕和手指要有顺势缓冲动作。击球时，下手托球，手掌、手指给球体以撩拨动作。手掌、手指的撩拨用力从球体重心的后下方通过，使球在向上方送起的同时产生上旋。上面的护球手包住球，利用两手产生的合力将球送出。

2. 技术分析

（1）在接重发球、重扣球和吊球时，应采用半蹲和全蹲准备姿势，重心适当降低，便于接好球。

（2）在接一般轻发球或处理过来球时，可采用稍蹲准备姿势，身体重心可稍高一点。

（3）托球时，应使托球手的大小臂自然弯曲于体侧，尽量保持在腰腹高度，控制好球与身体的适当距离，充分保证手臂运动的幅度和角度，将球送向预定的目标。

（四）抱球

抱球是指参与活动的人，将离身体较远的正面来球或低球抱起的技术动作。它有两种形式：一是对掌抱球，即双手掌相对，拇指朝上的抱球（图 18-5）；二是对指抱球，即两手指相对，拇指朝前的抱球（图 18-6）。

图 18-5　对掌抱球

图 18-6　对指抱球

对掌抱球的特征：两手掌心相对，拇指朝上，手腕自然下垂，五指自然张开，形成一个与气排球大小相吻合的弧形。

对指抱球的特征：两手指相对，掌心朝上，拇指朝前，五指自然张开，手腕略呈紧张状态，形成一个与气排球大小相吻合的弧形。

1. 动作方法

（1）准备姿势：面对来球，两脚开立，约与肩宽，根据来球的力量、速度，以稍蹲或半蹲姿势准备迎球。

（2）迎球手形。

① 对掌抱球：当来球离身体较远时，两肘伸直，上臂与前臂夹角大于 90°，两手掌相对，拇指朝上，两拇指的距离大于两小指的距离，左、右手掌斜相对。

② 对指抱球：当来球离身体较近时，两肘弯曲，肘关节向外展，上臂与前臂夹角大于 90°，手腕略呈紧张状态，两手指相对，掌心朝上，拇指朝前。

（3）击球动作。

① 对掌抱球：双手形成一个弧形（手心空出），以手指和指根击球的两边后下部，以食指、中指、无名指三指受力为主，拇指在球的左右上部，小指托在球的底部，利用抬臂的力量将球抱出。击球点在腰腹附近。

② 对指抱球：双手指相对，托抱于球的底部，击球瞬间，以手指和手腕的抖动、弹拨及抬臂的力量将球抱出。击球点在胸腰之间。

2. 技术分析

来球时，双手要向来球的方向伸出。手和球即将接触前，有顺势迎球的动作，且两手形成一个弧形。击球瞬间，两手托住来球的后下部，靠手腕的抖动、手指的弹拨、抬臂动作及全身的协调发力将球抱出。

（五）捧球

捧球是指参与活动的人，用双手在腹前将离身体较远的来球捧起的技术动作（图 18-7）。它的明显动作特征是双手掌心朝上，十指微张开，形成一个弧形。捧球主要是处理速度较快的来球。单手捧球（图 18-8）方法基本与双手捧球方法相同。当对方来球很低而较远，不能或来不及用双手捧球时，只有向前或向左（右）伸出单手插入接近地面球的下方，用手腕、手指的抖动，将球捧起。

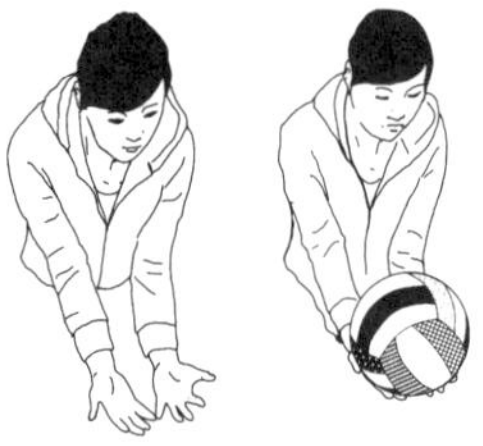

图 18-7　捧球

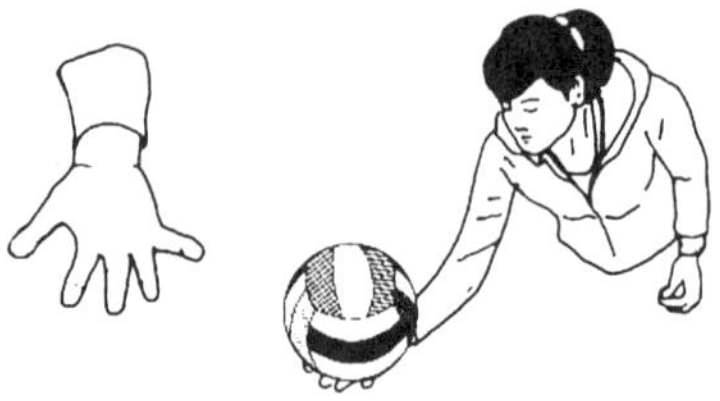

图 18-8　单手捧球

1. 动作方法

（1）准备姿势：面对来球，两脚分开与肩同宽，根据来球的速度和力量，呈半蹲或全蹲姿势站立，两肘弯曲，上臂与前臂夹角为 90°左右，两手臂分别位于腰部两侧。

（2）击球手型：来球时，双手掌心向上，手指张开，十指朝前，形成弧形，手指、手腕与前臂基本形成一个平面。

（3）击球部位与击球点：双手形成一个弧形，以全手掌触球的下部。

（4）用力方法：双手捧球时，大臂夹紧身体，手指、手腕与前臂在一个平面上，靠手指、手腕与前臂上托的瞬间发力动作将球击出，动作幅度较小。

2. 技术分析

击球瞬间，双手掌心插到球后部捧住来球，上臂要夹紧身体，手指、手腕与前臂要保持一定的紧张度，靠前臂、手腕、手指的力量击出来球，击球点一般在身体腹部前方。气排球捧球技术特别适用于对方速度快的追身球和低远球。

（六）脚垫球

脚垫球分为两种方式，一种是脚背垫球（图 18-9），另一种是脚内侧垫球（图 18-10）。当来球速度快、球远而低时，接发球者来不及用手去接球时，可用脚背或脚内侧将球垫起。

（七）单手上手传球

运用单手上手传球有两种情况：一是当来球离接球者较远，来不及双手上手传球时，接球者先移动脚步，对准来球位置，以左（右）手主动去迎球，手掌朝上托送球的下部；二是当一传高球而将飞过球网时，可用单手将在本方上空的球捞回，以便组织第三次击球。在接触球时，手指、手腕要紧张控制着球，并利用手指、手腕的弹力，配合两腿蹬地，将球传出，如图 18-11 所示。

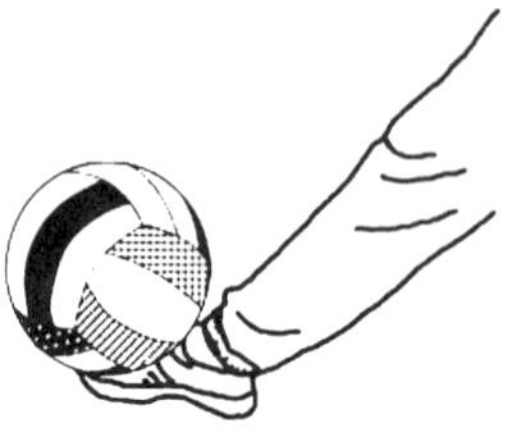

图 18-9　脚背垫球

图 18-10　脚内侧垫球

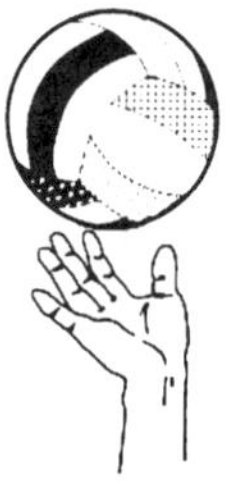

图 18-11　单手上手传球

（八）扒球

扒球是指接球者在来不及双手垫球、传球、托球等时将较远而高的球扒回的一种击球动作（图 18-12）。其特点是球在头顶后上方，在击球瞬间，双手掌心朝前上方，五指张开，形成一个弧形。

图 18-12 扒球

1. 动作方法

（1）准备姿势：根据不同的来球方向、速度、弧度与落点，采用稍蹲姿势。

（2）击球方法：当来球高而远时，接球者应迅速后退或前冲跳起，处理好人、球距离，双手十指稍张开朝前，成弧形，以全手掌、手指稍紧张地扒击球的中下部。

2. 技术分析

在击球瞬间，手指、手腕和前臂要保持一定的紧张度，手臂、手腕的动作用力大小和动作幅度都应根据来球力量大小和击球目标来控制。

（九）抱传球

当来球弧线较高、较远而身体处于不利位置时，二传队员来不及采用正面击球动作，所使用的侧面击球组织进攻的传球方法，称为抱传球。其特点是：一只手掌心向上，五指向前，另一只手掌心向侧，两手在球的后下方形成一个弧形（图 18-13）。

图 18-13 抱传球

1. 动作方法

（1）准备姿势：手形和迎接球动作基本与正面上手传球相同。

（2）击球方法：在击球瞬间，左手全掌托在球的底部，并向前上方送出，右手同时翻顶球的中后部，利用托、翻、顶的合力将球传出。

2. 技术分析

（1）做抱传球时，击球点应保持在托球的体侧，这样可充分利用手臂运动的幅度和角度，从而控制球的方向、高度和落地。

（2）做正抱传球时，一只手手掌托球的底部，另一只手位于球的中后部，两手同时向正前方发力；做侧抱传球时，一只手手掌托球的侧下部，另一只手位于球的中下部，两手同时向侧前方发力；做背抱传球时，一只手手掌托在球的前中下部，另一只手位于球的后中下部，两手同时向后上发力。

（十）单脚起跳扣球

单脚起跳扣球是指助跑的最后一步以单脚踏地，另一只脚直接向上摆动，帮助起跳，然后扣球的一种扣球方法。单脚起跳由于第二只脚不落地，直接上摆，且起跳腿下蹲较浅，因此比双脚起跳动作要快 0.2 秒左右。它能充分利用助跑速度，比双脚起跳冲得更远、跳得更高，对突破和避开拦网有较大的作用，动作过程如图 18-14 所示。

准备姿势为稍蹲。助跑可用一步、二步或多步助跑的方法。助跑路线与网的夹角不宜过大或过小，以免冲网犯规。助跑后，左脚跨出一大步，身体稍向后倾，右腿向前上方摆动，左脚用力蹬地，起跳的同时两臂积极快速上摆。起跳后的扣球动作与双脚起跳正面扣球动作基本相似。

（十一）拦网

当对方在近网附近有击球动作时，拦网双手应主动用力盖帽，如图 18-15 所示，使球反弹角度小，对方难以保护。在拦远网球时，由于对方击球点高，拦网队员不能拦死对方球，可采用手腕后仰方法堵截扣球路线，将球向上拦起，如图 18-16 所示。

图 18-14　单脚起跳扣球

图 18-15　拦近网球

图 18-16　拦远网球

## 第三节　气排球运动基本战术

### 一、阵容配备与交换位置

阵容配备是指参赛队根据比赛任务和本队特点，为了合理地组织队员发挥各自的优势，扬长避短地排兵布阵，将队员的能力积极调动起来，而采取的一种组织手段。气排球运动常见的阵容配备形式有两种：一是“四一”配备，即四名进攻队员、一名二传队员；二是“三二”配备，即三名进攻队员、两名二传队员。

交换位置是指为了最大限度地发挥每个队员的特长，使本方的攻守位置布局趋于平衡，弥补阵容配备上的某些缺陷，在规则允许的条件下，交换场上队员的位置，用以组织战术的方法。交换位置时应防止“位置错误”犯规。发球队员击球后方可换位，为避免队员之间相互干扰，换位移动的距离应尽量缩短。

### 二、接发球站位与进攻

气排球运动的接发球站位主要是以五人组合为主。前排 3 号位队员担任二传（图

18-17)，其他队员将对方发过来的球用传垫等方式给二传，完成一传到位的任务。二传队员负责将一传球传垫给其他队员进攻。图 18-18 中，4 号位、5 号位、1 号位、2 号位队员其中之一在进攻线后端起跳扣球。

当二传队员不在 3 号位而在 4 号位或 2 号位时，可采用换位的方式到 3 号位组织进攻。

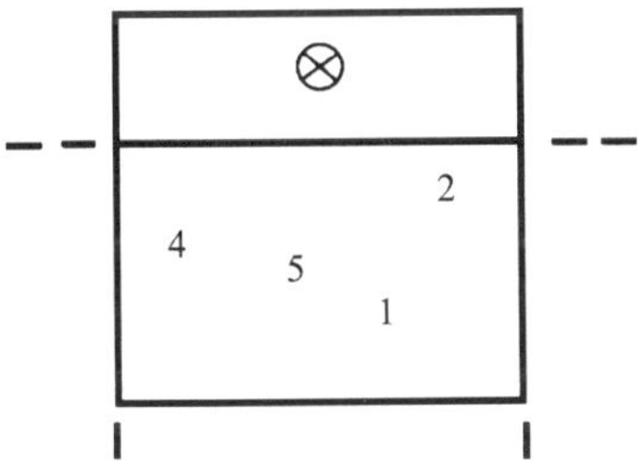

图 18-17　接发球站位

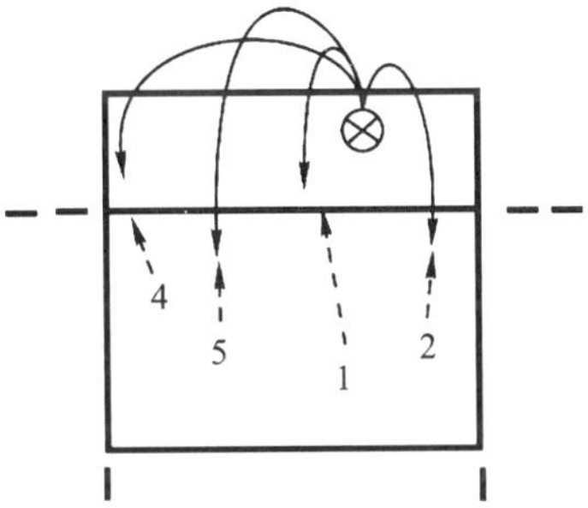

图 18-18　接发球进攻

# 第四节　气排球运动的主要竞赛规则

## 一、位置错误和轮转错误

位置错误：当发球队员击球时，如果其他队员不在其正确位置上（以位置表为准）。

轮转错误：没有按照轮转次序进行发球。

位置错误和轮转错误判罚步骤：第一步，该队被判失 1 分，由对方发球；第二步，纠正队员错误，恢复到正确位置和次序。

## 二、发球次序

发球队胜一球时，必须轮转发球，由前排右（2 号位）队员轮换至 1 号位发球；接发球队胜一球时，获得发球权并轮转，由前排右（2 号位）队员轮换至 1 号位发球。

## 三、进攻性击球的限制

在进攻线后（后场区），队员可以对任何高度的球完成进攻性击球，但击球起跳时脚不得踏及或踏越进攻线，击球后脚可以落在前场区。

接发球队队员不能对在本场区内高于球网上沿的对方发球完成进攻性击球。队员可以在进攻线前（前场区）完成进攻性击球，但球的飞行轨迹必须高于击球点，且有明显向上的弧度过网进入对方场区。

## 四、进攻性击球的犯规

进攻性击球犯规的形式：在对方场区上空击球；在前场区完成击球时，球的飞行轨迹没有高于击球点，球过网没有明显的向上弧度；对处于本方场区内高于球网上沿的对方发球完成进攻性击球。

## 五、拦网的犯规

拦网犯规的形式：后排队员参与完成拦网，拦对方发球，从标志杆以外伸入对方空间拦网。

# 参考文献

[1] 陈斐斐. 高校瑜伽健身指导研究 [M]. 长春：吉林人民出版社，2020.
[2] 陈欢，吴帆，李磊. 大学公共体育与健康 [M]. 苏州：苏州大学出版社. 2020.
[3] 陈小华，黄莉芹. 青少年乒乓球运动员体能训练 [M]. 武汉：中国地质大学出版社，2010.
[4] 范丽萍. 新编大学体育教程 [M]. 北京：航空工业出版社，2012.
[5] 付小康. 韩雪梅. 体育与健康 [M]. 北京：航空工业出版社，2011.
[6] 黄荣，张鹏，王彦旎. 健美操 [M]. 北京：清华大学出版社，2015.
[7] 黄伟明，郑印渝. 新编大学体育与健康教程 [M]. 镇江：江苏大学出版社，2014.
[8] 李德印，李春莲. 二十四式太极拳：教与学 [M]. 北京：北京体育大学出版社，1997.
[9] 李鸿江. 田径 [M]. 北京：高等教育出版社，2001.
[10] 李育林，李亚楠. 啦啦操运动 [M]. 北京：高等教育出版社，2021.
[11] 刘浩，张戈. 篮球 [M]. 重庆：重庆大学出版社，2018.
[12] 刘柳，吴卫. 健美操 [M]. 北京：北京师范大学出版社，2020.
[13] 马贤达. 中国短兵 [M]. 西安：三秦出版社，2003.
[14] 屈连朋，毛坤. 大学体育 [M]. 天津：天津大学出版社，2013.
[15] 冉勇. 美式橄榄球基础教程 [M]. 北京：中国石化出版社，2018.
[16] 施倍华，章步霄，周兰. 瑜伽与体育舞蹈 [M]. 北京：中国书籍出版社，2018.
[17] 宋元平，马建桥. 排球运动技能学习分析 [M]. 北京：北京体育大学出版社，2011.
[18] 苏丕仁. 乒乓球运动教程 [M]. 北京：高等教育出版社，2004.
[19] 孙克诚. 新编大学体育与健康教程 [M]. 北京：航空工业出版社，2007.
[20] 谭波. 大学体育与健康 [M]. 镇江：江苏大学出版社，2012.
[21] 托尼・格赖斯. 羽毛球运动从入门到精通：图解第 2 版 [M]. 孙奇，译. 北京：人民邮电出版社，2017.
[22] 宛祝平. 乒乓球 [M]. 长春：吉林科学技术出版社，2011.
[23] 宛祝平，杨志亭. 乒乓球 [M]. 长春：吉林科学技术出版社，2008.
[24] 王崇喜. 球类运动：足球 [M]. 3 版. 北京：高等教育出版社，2014.

［25］王国祥，王虎. 体育运动伤害防护［M］. 苏州：苏州大学出版社，2017.
［26］王洪. 啦啦操教程［M］. 北京：人民体育出版社，2013.
［27］王全法，王政. 大学体育理论与实践［M］. 2 版. 苏州：苏州大学出版社，2016.
［28］王小伟. 大学体育［M］. 上海：上海交通大学出版社，2014.
［29］文超. 田径运动高级教程［M］. 3 版. 北京：人民体育出版社，2013.
［30］夏云建. 羽毛球基础技术教程［M］. 武汉：华中科技大学出版社，2019.
［31］徐大鹏，谢争，李莉. 乒乓球［M］. 南京：江苏科学技术出版社，2018.
［32］杨萍. 健美操与科学健身［M］. 北京：人民体育出版社，2021.
［33］杨巧静，李逸群. 啦啦操运动教程［M］. 北京：人民体育出版社，2020.
［34］余保玲，郭虹. 啦啦操［M］. 杭州：浙江大学出版社，2021.
［35］张明，张毅超. 大学体育［M］. 北京：人民邮电出版社，2017.
［36］张相安，杨建华. 大学体育与健康［M］. 北京：北京邮电大学出版社，2017.